Collection Etudes Eurafricaines
Dirigée par André Julien Mbem

Le Sahara et la Méditerranée, frontières entre l'Afrique et l'Europe, sont aussi des passerelles par lesquelles, depuis des siècles, au-delà des tragédies et des drames, se rapprochent et se remodèlent ces deux ensembles géographiques et leurs civilisations. La collection « Etudes Eurafricaines » encourage la diffusion d'études historiques et prospectives sur les symbioses dont cette partie du monde est l'antique théâtre.

Déjà parus

OUMAR SAGARA Cheick, *Etudes de la confiance dans les transaction « M-banking » en Afrique. Le cas « Orange money » au Mali*, 2019.
BOGNI Téguia, *La cuisine camerounaise. Mots, pratiques et patrimoine*, 2019.
SOUGANE Arouna, *Migrations Internes au Mali et insertion des migrants de retour*, 2019.
AMABIAMINA Flora, NANKEU Bernard Bienvenu, *Discours et sexe dans les littératures francophones d'Afrique. Vers un changement des mentalités ?*, 2018.
ILBOUDO Jean Christophe, *Gouvernance d'entreprise et développement des partenariats public-privé. Cas de pays d'Afrique au sud du Sahara*, 2018.
Saleh Adam, *La cogestion des réserves de biosphère de Waza et de la Bénoué dans le nord du Cameroun. Un modèle et son revers*, 2018.
Laure Nathalie Tsobgni Djoumetio, *Les banques et le dispositif préventif anti-blanchiment des capitaux. Analyse de sa mise en œuvre au Cameroun et en France*, 2018.
Anselme Nzoko, *Société civile et transformation sociale au Cameroun. Questions d'éthique sociétale*, 2018.
Fodié Tandjigora, *L'immigration des diplomés maliens de France. Fuite des cerveaux ou quête de promotion sociale ?*, 2018.

ASPECTS ÉTHIQUES DU DROIT PUBLIC

5-7, rue de l'École-Polytechnique ; 75005 Paris

http://www.editions-harmattan.fr/

ISBN : 978-2-343-17108-1
EAN : 9782343171081

François Narcisse Djame

Aspects éthiques du droit public

Un aperçu de la réalité camerounaise

Préface de Narcisse Mouelle Kombi

L'Harmattan

À Joséphine

REMERCIEMENTS

Mes remerciements s'adressent particulièrement à Monsieur le Professeur François-Xavier ETOA, Recteur de l'Université de Douala, qui m'a donné l'occasion de mener cette recherche dans un cadre approprié.

Je suis aussi reconnaissant à l'endroit du Professeur André AKAM AKAM, Doyen de la Faculté des sciences juridiques et politiques (FSJP), pour ses conseils et ses encouragements, de véritables catalyseurs dans la réalisation de cette étude.

Cette modeste contribution a par ailleurs bénéficié du concours et du regard avisé de Madame le Professeur Flora AMABIAMINA, chef du département de français et études francophones et du Docteur Daniel NOUMBISSIE de la Faculté des lettres et sciences humaines (FLSH), des Docteurs André NYETAM TAMGA et NKAKE EKONGOLO David, de la FSJP ainsi que de M. Anselme MVILONGO YOGO de l'ENSET de l'Université de Douala. Ces collègues et amis m'ont prodigué de précieux conseils, tout en me procurant la documentation nécessaire. Je ne saurais oublier le doctorant Achille TALLA NGUTCHOU, pour la relecture du manuscrit et les multiples tâches accomplies.

Que tous les collègues, amis et collaborateurs, qui n'ont cessé de m'encourager et ont contribué, chacun à sa manière, à l'aboutissement de ce travail de recherche, acceptent de recevoir ici mes sincères remerciements.

PRINCIPAUX SIGLES, ACRONYMES ET ABREVIATIONS

ACFRA : Assureurs conseils franco-africains

ADD : Avant dire droit

AJDA : Actualité juridique-droit administratif

al. : alinéa

ANIF : Agence nationale d'investigation financière

CAFRAD : Centre africain de formation et de recherche administrative pour le développement

CCA : Conseil du contentieux administratif

CDBC : Conseil de discipline, budgétaire et comptable

C.E. : Conseil d'État

CFJ/CAY : Cour fédérale de justice/Chambre administrative de Yaoundé

CHUY : Centre hospitalier universitaire de Yaoundé

CNC : Conseil national de la communication

CNDHL : Commission nationale des droits de l'Homme et des libertés

CONAC : Commission nationale anti-corruption

CS/CA : Cour suprême, chambre administrative

CS/CE : Cour suprême, contentieux électoral

DECC : Direction des examens, des concours et de la certification

DGSN : Délégué général à la Sûreté nationale

dir. : sous la direction de

ELECAM : Elections Cameroon

GICAM : Groupement inter-patronal du Cameroun

Ibid. : même page

Idem : même référence, page différente

INJS : Institut national de la jeunesse et des sports

J.O. : Journal officiel

MINAT : Ministère de l'Administration territoriale

MINEFI : Ministère de l'Economie et des Finances

MINFOPRA : Ministère de la Fonction publique et de la Réforme administrative

Mle : Numéro de matricule solde

OBC : Office du baccalauréat du Cameroun

ONEL : Observatoire national des élections

OSE : Ordonnance du sursis à exécution

Op.cit. : *Opus* cit

p. : page

pp. : pages

PPTE : Pays pauvres très endettés

PUCAC : Presses de l'Université catholique d'Afrique centrale

RCD : Revue camerounaise de droit

RDP : Revue de droit public et de la science politique

RDPC : Rassemblement démocratique du peuple camerounais

RFAP : Revue française d'administration publique

RFDA : Revue française de droit administratif

RFSP : Revue française de science politique

S.D.F.: Social Democratic Front

SGFPE : Statut général de la Fonction publique de l'État

SOCAR : Société camerounaise d'assurances et de réassurances

S.C.I.M.A. : Société civile immobilière « Maison d'Afrique ».

T.A. : Tribunal administratif

T.E. : Tribunal d'État

UCAC : Université catholique d'Afrique centrale

UCCAO : Union centrale des sociétés coopératives agricoles de l'Ouest

UNDP : Union Nationale pour la Démocratie et le Progrès

Vol. : Volume

SOMMAIRE

PRÉFACE

Associer un concept fondamental de la philosophie au droit et au fonctionnement de l'Administration et des pouvoirs publics a été, *prima facie*, un risque. Le mérite, voire l'audace de François Narcisse DJAME, transparaissent de l'idée d'entreprendre une étude sur Les aspects éthiques du droit public au Cameroun.

Partant de l'observation de la société camerounaise, l'auteur constate que l'éthique constitue une préoccupation majeure des pouvoirs publics, laquelle se décline sous plusieurs aspects, et révèle la richesse du droit public interne camerounais sur la question morale. La réflexion de l'auteur à ce niveau se veut à la fois éclectique et synthétique, en ce qu'il a réussi à fédérer et à convoquer au prétoire de l'éthique l'essentiel des disciplines du droit public interne camerounais. La thématique étudiée est originale et dévoile ainsi toute sa richesse, puisque la question éthique éclaire la lanterne de l'activité étatique et irrigue le droit constitutionnel, le droit électoral, le droit de l'environnement, le droit budgétaire et surtout, le droit administratif, compte tenu du fort ancrage de cette discipline dans la société. Elle est tout aussi actuelle, en ce que l'éthique, au sens large, est une préoccupation des sociétés modernes et une aspiration communément partagée.

La démarche adoptée par l'auteur est cohérente, dans la mesure où, rappelant la fonction préventive du droit, il démontre que le droit public camerounais répond parfaitement à cette préoccupation, laquelle constitue un garde-fou aux dérives éthiques de tous genres. Il constate, pour le déplorer, que malgré la panoplie de mesures législatives et réglementaires existantes, le droit continue de faire l'objet de violations d'ordre éthique au quotidien, heureusement sanctionnées à la fois par l'Administration et le juge. La jurisprudence, plus particulièrement, garante de l'Etat de droit, s'illustre par son extrême fertilité dans les domaines aussi divers que variés (élections, comptes publics, fonction publique, foncier, etc.). L'étude dévoile par conséquent les multiples violations et dérives éthiques, auxquelles se heurte l'arsenal juridique mis en place pour garantir l'effectivité de la règle de droit.

François Narcisse DJAME rappelle que le principe de légalité, situé au cœur du droit public, ne dédouane pas l'Administration de l'obligation qui lui incombe de se soumettre au droit. L'auteur interpelle surtout la conscience individuelle et collective pour faire respecter l'éthique, sursaut vertueux sans lequel la règle de droit ne peut que jouer difficilement le rôle qui lui est assigné.

Cet ouvrage touche par conséquent à la sensibilité éthique de chaque individu et l'invite, pour une vie harmonieuse en société, à respecter le droit posé par les pouvoirs publics, mais aussi, les pratiques reconnues et validées par le juge administratif comme de véritables règles de droit. Il y a par conséquent ce souci pour l'auteur de concilier la technicité du droit avec la nécessité de rendre l'ouvrage accessible à tous.

L'auteur a essayé de comprendre la raison d'être des constantes violations des règles éthiques par tous les acteurs sociaux, tout en dénonçant les comportements peu citoyens de plusieurs individus, les agents publics, plus particulièrement, davantage enclins à privilégier leurs intérêts égoïstes. Raison pour laquelle la difficulté de concilier l'exigence éthique avec les comportements dénoncés, demeure. A cette problématique cruciale, François Narcisse DJAME attribue la principale responsabilité aux décideurs, architectes de la norme juridique, d'œuvrer pour le respect de la règle de droit, en donnant force au Droit par l'instrument de la sanction effective et sans ménagement de sa violation. C'est, pour l'auteur et très certainement, l'une des voies à même de vaincre la résistance des membres de la société dans leur tendance naturelle d'user de leur liberté de conscience pour perpétrer des actes assouvissant leurs intérêts, parfois perfides.

Les propositions faites, préalables à cette délicate hypothèse, justifient la démarche de l'auteur de convoquer certaines disciplines environnantes au droit, telles que la gouvernance publique ou l'économie, plus à même d'éclairer le lecteur sur la thématique de la corruption, par exemple, dont le droit public ne saurait réclamer la paternité.

Cet ouvrage est fourni et suffisamment renseigné. Il permet d'examiner l'évolution de la réglementation et surtout l'œuvre du juge dans sa détermination à combattre les différentes entorses à la règle morale. Il est rehaussé aussi dans son contenu par le fait qu'il est nourri à la fois de la sève théorique et de l'expérience administrative accumulée au fil de plusieurs années de pratique. Cette passerelle ouvre des perspectives aux études d'éthique publique dans l'enseignement supérieur, en particulier, souhaitées par les pouvoirs publics camerounais, au regard de l'actualité ambiante, attestée par des actions énergiques, sanctionnant des comportements récurrents, contraires à la moralité publique.

La démonstration séduit par sa cohérence et sa rigueur, et le lecteur est servi par un style simple, élégant, justifiant un travail d'universitaire authentique et l'œuvre majeure réalisée par François Narcisse DJAME. Par ce mérite, cet ouvrage est susceptible de nourrir la pensée non seulement des théoriciens de la science juridique, mais aussi des praticiens, des dirigeants et politiques, sans oublier tous ceux qui s'intéressent au droit. Il mérite par conséquent que la communauté scientifique lui apporte la caution qui est la sienne au regard de l'intérêt qu'il suscite.

Pr. Narcisse MOUELLE KOMBI

Agrégé de Droit public

Université de Yaoundé II-SOA

INTRODUCTION GÉNÉRALE

I. Le contexte de l'étude

En raison de ce qu'elle repose sur le socle de la conscience, l'éthique est une notion complexe et une étude y relative, s'annonce délicate. La première difficulté provient du fait que l'éthique est une préoccupation générale. Toutefois, les normes et règles éthiques ne sont pas universelles ; elles varient en fonction des sociétés et des valeurs communément partagées dans ces lieux. L'éthique interpelle alors la conscience individuelle ou collective et est partout présente, dans la vie sociale, les organisations, les professions… La quête permanente de l'éthique et le souci de sa préservation préoccupent les pouvoirs publics,[1] qui œuvrent pour le respect de ses règles et son inscription dans les consciences. Déjà, en 1987, dans son ouvrage, *Pour le libéralisme communautaire*, Paul BIYA, président de la République du Cameroun, déclarait qu'il n'y a *« [P]as de développement véritable sans éthique ».*[2]L'auteur s'insurgeait ainsi contre la course effrénée vers les biens matériels et l'enrichissement personnel. Dans cette compétition qui veut qu' *« "[E]n affaires il n'y a point de morale !", … c'est le plus malin qui gagne, c'est-à-dire en fait, le plus malhonnête »* (*op. cit.*, p. 101). Pareille conception de la vie basée sur l'affairisme qui s'empare de la plupart des citadins camerounais, en particulier, « *tend à détruire toute préoccupation d'honnêteté, de régularité et de correction* ».[3]

Dans cette veine, dans son adresse à la nation du 31 décembre 2005, le président de la République insistait sur deux facteurs qui pourraient

---

[1]Cette préoccupation apparaît dans la devise du ministère de la Fonction publique et de la Réforme administrative, qui est : « Service-Éthique-Performance ».

[2]BIYA (Paul), Pour le libéralisme communautaire, Paris, Éditions Pierre-Marcel Favre, 1987, p.100.

[3]*Ibid.* L'auteur s'interroge sur ce que l'on peut attendre objectivement d'une société où le mensonge, le vol, la concussion, les indélicatesses avec la fortune publique, les atteintes aux bonnes mœurs, la paresse, sont plus prisés que la volonté du progrès, la discipline, le travail et le patriotisme. Nouvelle édition revue et actualisée, 2018, p. 107.

ralentir la marche du Cameroun vers son développement. Il signalait l'inefficacité de certaines administrations et, plus grave, la corruption, qu'il avait souvent dénoncée, mais qui continuait de sévir. À plusieurs reprises, le président de la République a condamné l'inertie administrative, engendrée surtout par la corruption. Alain-Didier OLINGA souligne que, dans l'esprit du chef de l'Etat, en toute vraisemblance, *« l'inertie [est] tantôt le résultat d'un ensemble de dysfonctionnements administratifs et managériaux, ou de faiblesses humaines dans la gestion des choses, tantôt un élément autonome à côté du laxisme managérial ou des dérives éthiques ».*[4]

La préoccupation de l'éthique, en dehors du discours politique, est également inscrite dans le processus de fabrication de la norme juridique, en ce que plusieurs textes et lois positives font mention des considérations morales et éthiques pour fonder l'organisation et l'action des pouvoirs publics, dans plusieurs domaines.

La thématique de l'éthique est plus que jamais d'actualité au Cameroun, ce d'autant plus que les violations des règles de la morale y sont sans cesse croissantes. Elles se manifestent en particulier par la corruption, les détournements de fonds publics, les fraudes et les indélicatesses de tous ordres de la part des citoyens, des fonctionnaires et agents publics, dans tous les secteurs d'activités.

Le clergé et la société civile ont, à plusieurs reprises, interpellé l'opinion et les décideurs sur l'ampleur de la corruption au Cameroun et l'urgence d'un élan de solidarité envers les plus démunis. La presse nationale, pour sa part, a régulièrement fait écho des agissements des citoyens portant atteinte aux règles éthiques, avec des révélations, parfois fracassantes, de nature à donner le tournis... Voici, à titre d'illustration, ce que nous apprend le quotidien *La Nouvelle Expression*, commentant le Rapport de la Commission nationale anti-corruption (CONAC) 2016, dans sa livraison du mercredi 27 décembre 2017[5].

---

[4]OLINGA (Alain-Didier), *Propos sur l'inertie*, Yaoundé, Éditions CLE, 2009, p. 22. Lire également les extraits des discours du président camerounais, sélectionnés par l'auteur, pp. 19 et suiv.

[5]*La Nouvelle Expression* n° 4633 du 27 décembre 2017, pp. 1 et 3. Les coupures de journaux, celles du quotidien gouvernemental, *Cameroon Tribune*, plus particulièrement, seront d'une grande utilité dans ce travail, en raison de ce que, en

« ...13 villas, un immeuble de cinq niveaux, 10 terrains immatriculés, cinq camions de 30 tonnes, cinq cars Toyota Coaster de 28 places, deux cars de 18 places, un parc automobile plein de véhicules personnels haut de gamme...Rassurez-vous, ce patrimoine n'est pas la propriété d'un riche homme d'affaires...Ces biens appartiennent à un « modeste fonctionnaire » de l'Etat du Cameroun ».

Le cas de ce fonctionnaire de catégorie inférieure n'est pas isolé et ne concerne pas uniquement le corps des Douanes. Si celui-ci figure parmi les plus corrompus de l'administration publique camerounaise,[6]les mêmes déviances éthiques s'observent dans d'autres corps de métiers. Il faut reconnaître, toutefois, que la nature des fonctions des fonctionnaires et agents des « régies financières » (Douanes, Impôts, Trésor) dans l'ensemble, la proximité avec les usagers et le traitement encore manuel de certains dossiers font en sorte qu'ils sont en contact permanent avec les sources d'argent et les niches de corruption. Cette possibilité n'est pas offerte à un cadre des Affaires sociales ou un enseignant, par exemple, tentés de s'enrichir par les mêmes voies.[7]

Toutefois, pour une détermination de l'objet de l'étude, l'on devrait s'accorder sur la signification des concepts-clés du sujet, notamment le contenu des termes éthique et droit public, au cœur de la réflexion.

II. Les précisions terminologiques

Il convient, au préalable, de situer la notion d'éthique par rapport à d'autres concepts autour desquels elle gravite.

II. 1 L'éthique : ses significations

Trouver une définition claire et précise de l'éthique, n'est pas chose aisée, en raison de son vaste champ d'intervention et de ses nombreuses

---

plus de la parution tardive du Journal officiel, ce support ne publie pas tous les textes juridiques pris par les autorités publiques.

[6]Voir le Rapport de la Commission nationale anti-corruption (CONAC), 2016.

[7]Le monnayage des places des élèves dans les lycées est une réalité au Cameroun. Cette pratique du marchandage du service public a fait exploser les effectifs qui atteignent parfois la barre de 200 élèves par salle de classe ! La décision prise par le ministre des Enseignements secondaires au début de l'année scolaire 2016/2017 de ramener les effectifs à 40 élèves par classe s'est heurtée, à l'évidence, à des résistances. Cette pratique est d'autant plus malsaine que les proviseurs qui s'y livrent soustraient généralement leurs enfants du système éducatif camerounais, pour les envoyer dans des pays occidentaux, en particulier, où ils reçoivent une meilleure formation.

déclinaisons. L'éthique est susceptible de revêtir plusieurs significations pouvant renvoyer à la discipline, au respect de la déontologie, à la lutte contre la corruption, à la fraude, à la non-implication du fonctionnaire dans les affaires qui compromettent les intérêts de l'Administration, aux nombreuses indélicatesses, dont la liste ne saurait être dressée ici de façon exhaustive. L'éthique exige de faire le départ entre le bien et le mal. Diane GIRARD traduit cette idée en ces termes : « *[L]'éthique procède non seulement de la connaissance de la différence entre le bien et le mal, mais aussi de la volonté d'agir correctement une fois que l'on a compris ce qu'il faut faire* ».[8]

L'on souligne, d'emblée, que si l'éthique est sollicitée par le droit, ce concept n'appartient pas au registre du droit. Concept de philosophie politique et morale, l'éthique se pose, dans sa conception politique, comme un système de gouvernance de la cité ; tandis que, lorsqu'elle renvoie à la philosophie morale, elle se décline en une discipline portant sur les jugements de valeur[9]. De son étymologie grecque *Ettiotnum*, synonyme de *morale*, l'éthique est liée à la morale et établit ce qui est correct, permis ou souhaitable au sein d'une organisation ou d'une société. Dans sa conception latine, l'éthique renvoie à *Ethicus*, synonyme de morale. C'est une partie de la philosophie chargée de l'étude des principes de la morale. Elle est définie comme la science des mœurs et de la morale. Selon Claude BISSON, l'éthique concerne les valeurs auxquelles on est censé adhérer de façon naturelle.[10] Elle est aussi un ensemble des normes de conduite et de règles morales propres aux différentes activités des corps de métiers. On parle alors de déontologie, définie en tant que code de bonne conduite d'une profession, un ensemble de règles et devoirs régissant une profession, la conduite de ceux qui l'exercent et les rapports entre ceux-ci et leurs

---

[8]GIRARD (Diane), « Ethique et service public : où en sommes-nous ? », *Éthique publique*, Revue internationale d'éthique sociétale et gouvernementale, [En ligne], vol. 4, n° 1, 2002, mis en ligne le 15 mai 2016, consulté le 19 avril 2018. URL : http://journals.openedition.org/ethiquepublique/2500;DOI:10.4000/ethiquepublique.2500, § 27.

[9]BEGNI BAGAGNA, « L'éthique en matière fiscale », Revue communautaire de Droit des affaires, numéro spécial, 2016, p. 352.

[10]BISSON (Claude), « Pourquoi légiférer l'éthique ? Pour apaiser le public ou pour soutenir l'exercice d'une charge publique ? », *Ethique publique,* Revue internationale d'éthique sociétale et gouvernementale, [En ligne], vol. 13, n° 1/2011, mis en ligne le 20 décembre 2001, consulté le 19 avril 2018. URL : http://journals.openedition.org/ethiquepublique/345;DOI:104000/ethiquepublique.345, § 3.

clients ou le public (*Le Petit Larousse illustré*, 2009, p. 304). Si la déontologie n'est pas à confondre avec l'éthique, elle renvoie néanmoins à des règles morales dans une profession ou une organisation et justifie la multiplication des codes d'éthique en leur sein. L'éthique médicale, par exemple, peut se confondre avec la déontologie médicale. L'éthique des affaires, quant à elle, est un ensemble de règles morales prescrites aux acteurs de l'économie marchande. C'est à travers l'éthique des affaires que la notion d'éthique intègre le droit fiscal et, dans ce cadre, elle entretient un lien avec le devoir fiscal, lequel constitue une exigence sociale liée à une communauté[11]. Elle cherche à établir des liens entre l'économie et la morale et se fonde sur l'éthique «normative », laquelle veut que, pour distinguer le bien du mal, les normes éthiques spécifiques soient défendues et appliquées. Cette éthique qui intègre la vie des affaires se préoccupe de la morale, dans l'ensemble, dans cet environnement. Tel le souligne Alasdair MACINTYRE *« [L]e mensonge, la tricherie, le vol et la corruption sont moralement mauvais pour les cadres d'entreprise, exactement comme ils le sont pour les professeurs ou les éboueurs ».*[12] *L'éthique des affaires tend ainsi à garantir la moralité dans le fonctionnement des systèmes économiques, par la production des « règles éthiques appropriées auxquelles les acteurs de l'économie marchande seraient contraints de se conformer »* (Alain ANQUETIL, *idem*, préface, pp. 89).

S'agissant de l'éthique publique ou l'éthique gouvernementale, elle renvoie à l'éthique du service public et intègre la bonne gouvernance, laquelle peut *« se percevoir comme une éthique appliquée à la gestion de l'Etat et de ses ressources, sur la base des principes d'intégrité et de responsabilité ».*[13] Aussi le service public doit-il se fonder sur les valeurs fondamentales, notamment l'impartialité, la légalité, l'intégrité, la transparence, l'égalité, la responsabilité et la justice (*ibid*). L'impartialité, de son côté, justifie le plus souvent l'éthique du juge, à qui il incombe *« d'observer une réserve rigoureuse et d'éviter tout*

---

[11]BEGNI BAGAGNA, op. cit., p. 354.

[12]MACINTYRE (Alasdair), « Pourquoi les problèmes de l'éthique des affaires sont-ils insolubles ? », *in* ANQUETIL (Alain), *Ethique des affaires*, Marché, règle et responsabilité, Paris, Librairie Philosophique J. VRIN, 2011, p. 32.

[13]TEKAM (Georges), « La gouvernance : une exigence majeure dans la gestion des affaires publiques », AMAMA Benjamin (dir.), *20 propos sur l'administration publique camerounaise*, Yaoundé, juin 2003, p. 111.

comportement de nature à entraîner le risque que son impartialité puisse être mise en doute ».[14]

Le concept de l'éthique a dévoilé sa richesse et son extrême diversité. Nous n'aurons pas ici, à l'évidence et au regard de ces multiples facettes esquissées plus haut, la prétention de révéler tous les pans de cette notion multidimensionnelle et des domaines qu'elle sous-tend, encore moins de livrer, de façon exhaustive, le sens et le contenu de chacune de ses déclinaisons.

II. 2 L'éthique et les notions environnantes

Afin de mieux cerner le contenu et la signification du concept de l'éthique, il convient de le distinguer ou de le rapprocher d'autres desquels il est voisin. Plusieurs notions gravitent autour de l'éthique et lui sont intimement liées. Elles se caractérisent par leur attachement à la recherche commune du « bien », du « bon comportement » ou de la « bonne vie »… Il s'agit, notamment, de la morale, des mœurs, et de la vertu. On peut aussi citer, sans prétendre à l'exhaustivité, des notions entretenant des rapports avec l'éthique, sans toutefois se confondre avec elle. Il s'agit principalement de la *religion* et des *valeurs*.

La *morale* et la *vertu* sont des concepts philosophiques. La morale englobe des normes ou des règles de conduite propres à une société donnée, « un ensemble de principes de jugement et de conduite qui s'imposent à la conscience individuelle ».[15] Si la morale touche à la conscience individuelle, elle véhicule un ensemble de règles de comportements tenues pour universellement admises et valables. En philosophie, la morale est la théorie du bien et du mal, fixant par des énoncés normatifs des fins de l'action humaine.[16] Pour distinguer la morale de l'éthique, Paul RICŒUR propose de réserver le terme éthique à l'ordre du bien et la morale, à l'ordre de l'obligation.[17] Bien que se distinguant, *a priori*, sur le plan personnel, l'éthique et la morale sont étroitement liées, et l'on admet qu' « une éthique ne peut faire l'économie de la morale » (*idem*, p. 6). Autant que l'éthique, la morale concerne le bien. Elle « est un absolu qui s'impose en tant que tel et qui

---

[14]Conseil supérieur de la magistrature en France, cité par Marcelin NGUELE ABADA, *in* « La réception des règles du procès équitable dans le contentieux du droit public », *Juridis Périodique*, n° 63, 2005, p. 23.

[15]*Dictionnaire universel*, 4e éd., HACHETTE/EDICEF, 2002, p. 797.

[16]Dictionnaire *Le Petit Larousse illustré*, Paris, 2009, p. 662.

[17]RICŒUR (Paul), « Morale, éthique et politique », *Pouvoirs*, n° 65, 1993, p. 5.

ne souffre d'aucun relativisme ».[18]La vertu, quant à elle, est une disposition particulière propre à telle espèce de qualité et de devoir moraux ; c'est aussi la disposition à faire le bien et à fuir le mal. ARISTOTE considère la vertu comme une « habitude conforme […] à la juste raison ». Dans l'Éthique à Nicomaque, Traité d'Aristote (IVe siècle avant Jésus-Christ), le célèbre philosophe *« introduit le lien politique comme l'effectuation par excellence de la visée éthique »* (p. 10).

S'agissant des mœurs, elles sont les habitudes de conduite d'une personne, lesquelles peuvent être bonnes ou mauvaises. Les juristes sont très attachés à la notion de bonnes mœurs, lorsqu'ils sont appelés à se prononcer par exemple sur les conventions ou sur la valeur juridique de la coutume autochtone africaine. Suivant l'article 6 du Code civil, les conventions contraires aux bonnes mœurs sont « immorales et nulles de nullité absolue ». Par ailleurs, pour que la coutume africaine puisse accéder au monde du droit, elle doit être « parée de certaines vertus purificatrices, pour être appliquée par le juge et jouir de la même force juridique que la loi ».[19] La Cour suprême du Cameroun exige que cette coutume soit conforme aux bonnes mœurs et à l'ordre public.[20] Les bonnes mœurs auxquelles on associe généralement l'ordre public sont un ensemble de règles conformes à la norme sociale, ou bien imposées par une certaine morale sociale.[21] Elles sont liées à l'obligation de moralité qui pèse sur tout agent public ; la jurisprudence ne manque pas d'y recourir pour sanctionner le comportement déviant d'un fonctionnaire. Tel est le cas d'un instituteur qui a eu des relations avec son élève, attitude « constituant un manquement aux bonnes mœurs » (C.E., 20 juin 1958, *Louis*, Lebon, p. 369).

Si la morale, la vertu et les bonnes mœurs peuvent se combiner et s'associer dans le cadre de cette étude pour désigner ou renvoyer à l'éthique, en ce qu'elles poursuivent toutes l'objectif de la recherche du bien en société, elles se distinguent de la religion. Cette dernière est

---

[18]MENDRAS (Henri), *Eléments de sociologie*, Paris, Armand Colin, 1967, p. 101.
[19]DJAME (François Narcisse), *Usages et coutume en droit administratif camerounais*, Paris, Dianoïa (Diffusion PUF), 2009, p. 102.
[20]CS/CO, 22 mai 1962, Bull. 1962, p. 315; CS, arrêts n° 14/L du 03 janv. 1965, Bull. 1965, p. 212 ; n° 47/L du 8 fév. 1979, p. 6070.
[21]CORNU (Gérard), *Vocabulaire juridique*, Association Henri CAPITANT, (dir.), 11e éd. mise à jour, Paris, PUF, 2016, p. 134

attachée aux croyances et véhicule les valeurs. La religion est, en effet, l'ensemble des croyances et dogmes définissant le rapport de l'homme avec le sacré ; c'est aussi l'ensemble de pratiques et rites liés auxdites croyances. Toutefois, la religion n'est pas sans lien avec la morale qu'elle féconde. Aussi parle-t-on souvent, de « morale religieuse ». KANT considère que « la religion est la moralité appliquée à Dieu ».[22] Elle est la morale qui s'applique à la théologie et constitue l'alliance de celle-ci avec la moralité, qui forme la religion (*ibid.*). L'auteur précise que la moralité est nécessairement unie à la religion. Celle-ci n'est pas à l'origine de la première, « elle est plutôt l'application des lois de la morale à la connaissance de Dieu » (*idem*, p. 180).

L'Église, souligne Georges RIPERT, n'avait pas manqué de condamner une doctrine (juridique) prétendant éliminer la morale religieuse pour la direction des hommes.[23] À propos du christianisme, il relève que cette religion «… a apporté au droit l'appui d'une morale qui ne changera pas et a donné ainsi une valeur nouvelle au statisme ».[24]

Le mot valeur, associé souvent aux valeurs morales ou éthiques, est polysémique et renvoie à un champ disciplinaire varié et diversifié. Il touche notamment à l'économie, aux mathématiques, à la littérature et à la sociologie. En économie, la valeur se définit comme le prix selon lequel un objet peut être vendu ou échangé. Appliquée aux mathématiques, la valeur est l'une des déterminations possibles d'un élément variable, tandis qu'en littérature, la valeur s'entend de ce par quoi on est digne d'estime sur le plan physique, moral ou intellectuel, etc. (*Le Petit Larousse illustré*, *op. cit.*, p. 1054).

En sociologie, particulièrement, il est admis que toute société définit le mal et le bien, le beau et le laid, l'honorable et le honteux[25] …De même, chaque société a sa sensibilité éthique et secrète un système de valeurs, lesquelles s'imposent à l'individu comme une évidence ou un absolu (*idem*, p. 101). Lesdites valeurs s'organisent en un idéal que la société propose à ses membres et varient avec les civilisations et à l'intérieur

---

[22]KANT (Emmanuel), *Leçons d'éthique*, Paris, Librairie Générale Française, 1997, p. 177.
[23]RIPERT (Georges), *Les forces créatrices du droit*, Paris, LGDJ, 1955, p. 3.
[24]*Ibid.* L'auteur explique le statisme juridique par le fait que le droit donne la direction de la vie et impose, au besoin, par le moyen de la contrainte, le respect des personnes et des biens (pp. 1-2).
[25]MENDRAS (Henri), *Eléments de sociologie*, *op. cit.*, p. 100.

de chaque société. Les valeurs divergent avec les groupes et les catégories sociales. Aussi le bourgeois et l'ouvrier n'ont-ils pas la même morale ou les mêmes goûts (*ibid*). L'éthique pose en priorité la condition de l'existence d'une adhésion et d'un partage de valeurs permettant aux individus de s'accorder sur les objets du bien commun.

Les valeurs sont une source extra-juridique qui n'entre pas dans le giron des positivistes. Toutefois, une fois que ces valeurs ont reçu un « adoubement juridique ou judiciaire » comme la vérité ou la sécurité, elles intègrent les rangs des sources du droit faisant l'unanimité, tout le monde pouvant les solliciter.[26] Elles se perçoivent ainsi en tant que finalités à atteindre. Jean-Bernard AUBY relève que les valeurs et finalités que le droit des contrats administratifs s'efforce de servir se trouvent aujourd'hui déstabilisées, en raison de ce que *«... le souci de la concurrence et de la transparence a submergé celui, classique, de la meilleure utilisation des deniers publics ».*[27]Les valeurs sous-tendent les règles de droit dans leur ensemble. Celles-ci peuvent être fécondées par l'éthique. Le droit constitutionnel camerounais accorde une place explicite aux valeurs (traditionnelles). L'article 1er, al. 2 de la Constitution du 18 janvier 1996 dispose que la République du Cameroun...reconnaît et protège les valeurs traditionnelles. Ces valeurs n'ont pas forcément un lien avec l'éthique ; elles ne sont pas non plus sans relation avec cette dernière,[28] dans quelques-uns de leurs aspects.

Les valeurs éthiques devraient donc se concevoir de façon générale, englobant le volet éthique ou moral de la déontologie ainsi que les valeurs morales. En effet, ainsi que le souligne Pierre BERNIER, *«[L]es valeurs sont au cœur de la réflexion éthique et déontologique».*[29] Le concept de « valeur », ainsi perçu dans une perspective fonctionnelle, renvoie ou réfère à une conviction ou à une croyance fondamentale qui guide les attitudes et les comportements des individus ou ceux des groupes auxquels ils appartiennent (*ibid*).

---

[26]GOLTZBERG (Stefan), *L'argumentation juridique*, 3e éd., Paris, Dalloz, 2017, pp. 71-72.

[27]AUBY (Jean-Bernard), « La bataille de San Romano. Réflexions sur les évolutions récentes du droit administratif », *AJDA*, n° 11, 20 nov. 2001, p. 918.

[28]Le Burkina Faso, par ex., qui remplace la Haute-Volta, signifie « pays des hommes intègres », ce qui laisse penser que l'intégrité est une valeur traditionnelle et nationale dans ce pays de l'Ouest de l'Afrique.

[29]BERNIER (Pierre), « La modernisation des pratiques de gestion de l'éthique dans l'administration publique », *Télescope*, vol. 9, nov. 2002, p. 16.

Les valeurs mobilisées dans le cadre de cette étude sont celles renvoyant à la morale dans son ensemble, étant donné que c'est au niveau des valeurs morales, telles l'honnêteté ou la probité, que les valeurs rejoignent l'éthique.

II.3 La définition du droit public et la clarification des autres termes de l'étude

L'appréhension de la notion de *droit public*, qui est notre deuxième préoccupation, nécessite que l'on s'attarde d'abord sur celle de droit. Nous n'avons pas la prétention de nous étendre sur les différents contours de cette notion complexe. La recherche d'une définition du droit serait même, pour d'aucuns, malaisée.[30] Simplement perçu, le droit est l'ensemble des règles de conduite socialement édictées et sanctionnées par un appareil juridique, qui s'imposent aux membres de la société. Si les règles juridiques sont extérieures à l'individu, en revanche, les règles de l'éthique interpellent la conscience humaine, sans être assorties de sanction. C'est à ce niveau que le droit se distingue le plus de l'éthique.

L'histoire de la France permet d'établir la relation entre le droit et la morale dans l'évolution de cette société. Sous la Monarchie, le droit était guidé par la morale chrétienne ; aussi toutes les proscriptions édictées par l'Eglise l'étaient concomitamment par le droit. Avec l'avènement de la Révolution, le droit s'est affranchi de la morale et s'est posé en législateur absolu. Dans sa critique du positivisme, Georges RIPERT révèle l'erreur de ce courant de pensée consistant à ne retenir que la lutte des intérêts matériels, alors que ceux-ci ne sont pas seuls à compter dans la création du droit, les idées morales y trouvant aussi leur force.[31]

Les relations entre le droit et la morale sont, en réalité, fusionnelles. François TERRÉ souligne que de très nombreuses règles de droit sont empruntées à la morale, ce qui amène à penser que « le droit n'est pas autre chose que la morale relayée et sanctionnée par le groupe social».[32] Leurs relations réciproques font croire que le droit, en influençant les

[30]Revue *Droits*, n°s 10 et 11, 1989 et 1990 ; COMBACAU (Jean), « Sur une définition restrictive du droit, Dialogue sans issue », Mélanges BURDEAU, 1977, p. 1033 et suiv., cité par François TERRÉ, *Introduction générale au droit*, 6e éd., Paris, Dalloz, 2003, p. 7.
[31]RIPERT (Georges), *Les forces créatrices du* droit, ouvrage préc., p. 85.
[32]TERRÉ (François), *Introduction générale au droit, op. cit.*, p. 11.

mœurs, est susceptible de rejaillir sur la morale (*ibid*). Le droit est par ailleurs, pour quelques-uns, irrigué par la morale. FULLER signale, dans cette logique, que *« le droit est de part en part traversé par la morale et soutient, en dernière analyse, des valeurs morales autant qu'il poursuit des objectifs pratiques »*.[33] Mais les rapports entre la morale et le droit sont incertains, situation contribuant à alimenter la diversité des opinions. François TERRÉ précise, à ce sujet, que quelques auteurs atténuent la distinction entre le droit et la morale en soutenant, soit que le droit est une morale, soit qu'il est complètement irrigué par la morale,[34] tandis que d'autres prônent une séparation stricte entre les deux notions. L'auteur opte pour une solution médiane, puisque, *« dans la vie en société, les règles de conduite, telles que le droit les exprime et les sanctionne, n'ont pas seulement pour fin d'assurer la justice, mais aussi de satisfaire d'autres besoins, tels que la sécurité »* (*ibid*).

La précision du « droit public » permet certes de coller à notre spécialité, mais nous avouons notre incapacité à étudier la question de l'éthique dans ses relations avec le droit camerounais, dans son ensemble. Il s'agit surtout du droit applicable à la puissance publique et qui s'intéresse à l'éthique dans plusieurs de ses composantes. Aussi seront convoqués au prétoire de l'éthique, le droit constitutionnel, le droit administratif, le droit budgétaire et financier, le droit des marchés publics, le droit électoral et le droit de l'environnement, pour ne citer que ces aspects.

Toutefois, le recours fréquent au droit administratif dans sa relation avec les règles éthiques, traduit la place prépondérante que cette discipline du droit public occupe dans la société. La fertilité du droit administratif, au regard des questions éthiques, est justifiée par Guy BRAIBANT et Bernard STIRN par le fait qu' *« [I]l n'est guère de secteurs de la vie sociale qui ne trouvent, sous une forme ou une autre,*

---

[33]Cité par Stefan GOLTZBERG, *L'argumentation juridique*, ouvrage préc., p. 71.

[34]TERRÉ (François), *Introduction générale au droit*, *op. cit.*, pp. 12-13. C'est cette forte imprégnation du droit par la morale que Pascal DIENER signale, lorsqu'il écrit que : « *Le droit, tout le droit, même dans ses aspects les plus techniques, est toujours dominé par la morale dans la fonction normative* ». Cité par Daniel MEKOBE SONE, premier président de la Cour suprême dans son allocution prononcée le 22 février 2018, à l'occasion de l'audience solennelle de rentrée de la Cour Suprême du Cameroun, intitulée « L'esprit du pardon dans la mise en œuvre du droit pénal au Cameroun », *in Cameroon Tribune* n° 11545/7744 du 27 février 2018, p. 8.

un aboutissement dans le droit administratif, qui est ainsi un droit vivant et situé, profondément ancré dans la société... ».[35]

Des notions comme *l'ordre public*, qui intéressent le droit en général, comportent également des considérations morales et éthiques en droit administratif, et la protection desdites valeurs est assurée par le législateur et le juge administratif.[36]

Par ailleurs, certains faits constitutifs d'infractions pénales comme les détournements des deniers publics, la corruption, l'escroquerie, le

---

[35]BRAIBANT (Guy), STIRN (Bernard), *Le droit administratif français*, 7e éd., Paris, Dalloz, 2005, p. 18.

[36]En droit français, les arrêts du Conseil d'Etat *Films Lutetia* (C.E. 18 déc. 1959) et *Commune de Morsang-sur-Orge* (C.E. 27 oct. 1995), ont une connexion avec les valeurs éthiques et surtout, permettent d'établir un lien entre la moralité et la notion d'ordre public. La société « Films Lutetia » et le Syndicat français des producteurs et exportateurs des films s'étaient insurgés contre un arrêté d'interdiction de la projection de films, jugés « contraires à la décence et aux bonnes mœurs », pris par le maire de Nice. Le Conseil d'Etat décide « *qu'un maire, responsable du maintien de l'ordre dans sa commune, peut donc interdire sur le territoire de celle-ci la représentation d'un film auquel le visa ministériel d'exploitation a été accordé mais dont la projection est susceptible d'entraîner des troubles sérieux ou d'être, à raison du caractère immoral dudit film et de circonstances locales, préjudiciables à l'ordre public* ». En ce qui concerne l'arrêt *Commune de Morsang-sur-Orge*, l'annulation de l'arrêté du maire, interdisant le spectacle de « lancer de nains », a été motivée par l'absence de circonstances locales justifiant ladite décision, sans toutefois remettre en cause « l'atteinte à la moralité publique liée au caractère dégradant d'un spectacle qui s'inscrit en faux contre la dignité humaine ». Lire Jean-François FLAUSS, « L'interdiction de spectacles dégradants et la Convention européenne des droits de l'homme », note sous Tribunal administratif de Versailles, 25 février 1992, Société Fun, M. Wackenheim c/ Commune de Morsang-sur-Orge, *RFDA*, n° 8 (6), nov.-déc. 1992, pp. 1026 et suiv. Le Conseil d'État admet, par conséquent que le caractère immoral ou indécent d'un film soit invoqué à l'appui d'une mesure d'interdiction de projection dudit film, à la condition que ce motif soit dicté par d'autres motifs liés aux circonstances locales, contrôlées par le juge administratif. Cet arrêt a aussi permis au Conseil d'État d'étendre sa jurisprudence en prenant désormais en compte la sauvegarde de la dignité de la personne humaine comme une nouvelle composante de l'ordre public. Alain ONDOUA souligne, dans cette veine, que « *les notions d'ordre public et de sécurité sont sorties de leur lit originel, en l'occurrence la police administrative, pour englober par exemple la sauvegarde de la dignité de la personne humaine* » (Lire son article intitulé « Le juge du sursis à exécution à l'épreuve du contentieux des actes préliminaires aux élections. A propos de l'ordonnance n° 08/OSE/CCA/CS/2013 du 19 août 2013, "Mouvement pour la renaissance du Cameroun (MRC) c/État du Cameroun", *RJP*, n° 2, avril-juin 2014, p. 260. Le juge administratif camerounais devrait trouver ici une source d'inspiration dans le cadre de la décentralisation amorcée.

favoritisme, etc., pourront nous intéresser pour autant qu'ils concernent les agents publics ou les dirigeants des entreprises et établissements publics, interpellés sur la gestion du patrimoine de l'État.

Cette démarche se justifie par le fait que le droit pénal n'est pas étranger au droit public. Certains auteurs pensent même, à ce sujet, que : *« [D]u fait qu'il oppose l'individu à la société lésée par ses agissements, il (le droit pénal) appartient par définition au droit public ; cependant le procès pénal est soumis aux mêmes tribunaux judiciaires que les litiges de droit privé et ces tribunaux peuvent se trouver saisis en même temps de la demande formulée par la victime en réparation du préjudice que l'infraction lui a causé ».*[37] Si le droit privé revendique la paternité du droit pénal dans le système juridique camerounais, en particulier, l'on assiste de plus en plus à la pénalisation de l'action administrative[38]ou des comportements administratifs et des acteurs en relation avec l'Administration, générateurs d'infractions sanctionnées par le Code pénal.

L'idée du « droit pénal électoral », par exemple, n'est pas étrangère au droit public, puisque ce droit comporte une double base normative, le Code électoral, et des dispositions pénales qui traitent des délits électoraux en les assortissant de peines.[39]

En outre, si l'éthique et le droit procèdent des sources et de finalités différentes et opposées, les codes d'éthique énonçant les valeurs et les principes à connotation morale ou civique auxquels adhère une organisation et servant de guide à un groupe d'individus, contiennent des règles susceptibles d'être liées aux normes juridiques. C'est le cas de la discrimination, laquelle est non seulement contraire à la morale, mais aussi proscrite par le droit, en vertu du principe d'égalité.[40] En outre, les progrès scientifiques dans le domaine de la vie (biologie, médecine, génétique, etc.) ont renouvelé une réflexion fondamentale

---

[37]STEFANI (Gaston), LEVASSEUR (Georges), BOULOC (Bernard), *Droit pénal général*, 13e éd., Paris, Dalloz, 1987, p. 33.
[38]AUBY (Jean-Bernard), « La bataille de San Romano. Réflexions sur les évolutions récentes du droit administratif », *op. cit.*, pp. 915 et suiv.
[39]OLINGA (Alain-Didier), *La Constitution de la République du Cameroun*, Yaoundé, PUCAC, 2e éd. revue et corrigée, 2013, pp. 206-207.
[40]En matière de recrutement dans la Fonction publique, par exemple, l'article 12 (1) du Statut général de la Fonction publique de l'Etat dispose que « l'accès à la Fonction publique est ouvert, sans discrimination aucune, à toute personne de nationalité camerounaise remplissant les conditions… » prévues par la réglementation.

sur les relations entre les comportements humains et les normes juridiques, si bien qu'au confluent de plusieurs courants de pensée, « un droit nouveau s'est constitué, sous le couvert de l'éthique ».[41]

Les distinctions ainsi que les rapprochements signalés plus haut entre le droit et la morale peuvent se confondre quand il s'agit de confronter le droit à l'éthique, perçue au sens large, considérant que ces concepts sont synonymes. Ainsi, sur le plan purement professionnel, l'éthique et la morale revêtent la même signification. Jean-Marie BRETON, par exemple, commentant intensément le contenu des obligations des agents publics, assimile morale professionnelle et éthique professionnelle.[42]

Les clarifications terminologiques que nous faisons permettent une meilleure appréhension de l'objet de l'étude et prouvent, par rapport à la notion de « droit public », que celle de l' « éthique » n'est pas aisée à aborder et que leurs rapports demeurent complexes. Par ailleurs, le droit se présente comme intrinsèquement opposé à l'éthique, pour d'aucuns, tandis que, pour d'autres, l'éthique devrait guider le droit. Voilà pourquoi l'intitulé de l'ouvrage en lui-même invite tant à la prudence qu'à l'ouverture. En effet, en parlant des « aspects éthiques » et non du seul concept de l'« éthique », nous ferons l'effort d'observer bon nombre de considérations ou de situations qu'offre le droit public interne camerounais, relativement à la morale et à l'éthique, en faisant appel à l'analyse et à l'« imagination », tel que le conseille René CHAPUS,[43] dans son approche de l'obligation de moralité exigée du fonctionnaire.

---

[41]TERRÉ (François), *Introduction générale au droit*, préc., p. 30.

[42]BRETON (Jean-Marie), *Droit de la Fonction publique des Etats d'Afrique francophone*, Paris, EDICEF, 1990, pp. 183-185.

[43]CHAPUS (René), *Droit administratif général*, tome 2, 15e éd., Paris, Montchrestien, 2001, pp. 303-304. L'auteur décrit plusieurs situations se rattachant à la violation des règles de moralité, en déplorant le fait que la jurisprudence administrative française ne soit pas toujours très explicite à ce sujet. Il signale néanmoins des situations significatives de violation des règles éthiques. C'est le cas d'un instituteur ayant eu des relations avec une de ses élèves, comportement « constituant un manquement aux bonnes mœurs » (C.E., Sect., 20 juin 1958, *Louis*, p. 369, *op. cit.*) ; ou, d'un autre, s'étant rendu coupable de « gestes indécents…sur des fillettes de sa classe » (C.E., Sect., 9 juin 1978, Lebon, n° 352, 2°) ; ou encore, le fait pour un inspecteur des impôts d'entretenir avec des trafiquants d'alcool « des relations incompatibles avec l'honneur professionnel » (C.E., 13 décembre 1986, *Gomard*, p. 652). Tous ces agissements ne sont pas sans lien avec l'éthique.

Cette perspective ouverte par l'éminent « administrativiste » nous oblige à saisir toutes les opportunités liées à l'éthique dans ses multiples déclinaisons, en relation avec le droit public camerounais, qui s'offrent à l'analyse. Seront par conséquent examinées toutes les situations présentées par les textes, la pratique administrative, les principes généraux du droit et la jurisprudence, constituant des manquements à l'éthique et à la morale dans l'ensemble, tels que la fraude, la corruption, l'escroquerie, le favoritisme, la partialité, les atteintes à la dignité, le non-respect des bonnes mœurs, les détournements divers, la mauvaise foi, etc. Pareillement, seront pris en compte, sans être exhaustif, les différents aspects concernant l' « éthique déontologique », tels que l'assiduité, la courtoisie, le dévouement, l'intégrité, l'honorabilité, l'honnêteté ou l'esprit civique.

L'ancrage de l'étude dans son environnement social n'est pas anodin. Aussi se veut-elle le reflet de la société camerounaise dont il convient de rendre compte de la réalité de son fonctionnement et de l'évolution de ses mœurs. Dans cette société, comme dans plusieurs pays africains, subsistent encore des solidarités traditionnelles qui influencent le « *système politico-administratif de type moderne porteur d'une rationalité par nature étrangère à la société considérée* ».[44] Cette logique explique quelques comportements contraires à l'éthique et à la décence, le plus souvent liés aux solidarités ethniques, à l'instar du tribalisme, du favoritisme ou de la partialité.

III. La mise en perspective du problème

Les clarifications sémantiques suggérées sont intéressantes dans la compréhension de la thématique de l'éthique, en relation avec le droit public camerounais. Malgré leur conflictualité permanente, le droit et l'éthique sont condamnés à cohabiter. Ainsi, dans sa mission d'encadrement de l'action publique, il est question de savoir comment le droit public se préoccupe des considérations morales et éthiques dans le contexte camerounais, non seulement dans son essence mais aussi dans ses manifestations quotidiennes. Précisément, dans son processus de formation, comment la donne éthique est-elle prise en compte ou saisie par le droit public camerounais ?

[44]BRETON (Jean-Marie), *Droit de la Fonction publique des Etats d'Afrique francophone*, *op. cit.*, p. 184.

La question mérite d'être posée au regard des tensions ou des décalages observés entre la volonté des pouvoirs publics d'asseoir leur action sur l'éthique et les violations au quotidien par les citoyens, en particulier,[45] des règles de la morale. Il est question de mener une réflexion sur cette situation, d'analyser les diverses réponses que le droit public camerounais y apporte et proposer des mesures de nature à préserver et à promouvoir l'éthique, dans le respect du droit.

IV. La justification de l'étude

L'étude a nécessairement un fondement et des implications théoriques dans la mesure où l'éthique entretient un lien avec la philosophie morale. Celle-ci est une branche de la philosophie pratique ; elle poursuit l'objectif de la mise en pratique de la morale, laquelle se fonde elle-même sur un raisonnement éthique.

Selon Fatima YATIM, l'éthique est métamorale et correspond à un méta-point de vue comportant une réflexion sur les fondements et les principes de la morale. Elle renvoie à une réflexion théorique, tendant à la recherche des fondements raisonnables du bien agir.[46]

L'éthique est aussi perçue telle une logique de raisonnement moral et ses promoteurs, selon Yves BOISVERT, mettent uniquement l'accent sur un « corpus » de morale générale…et sur « *l'obligation éthique concomitante pour les fonctionnaires et les administrateurs* ».[47] Ces auteurs, poursuit-il, dégagent trois dimensions respectivement liées : à une philosophie morale formulant des principes moraux, aux règles et principes éthiques trouvant leur fondement dans une perspective néo-kantienne ou utilitariste, et à une application logique des règles éthiques à des situations particulières.[48]L'étude se veut surtout pratique, son champ comprenant *« l'ensemble des procédures pratiques qui*

---

[45]Nous verrons par la suite que les pouvoirs publics adoptent souvent le même comportement, dévoilé par le moyen d'illégalité du détournement de pouvoir.

[46]YATIM (Fatima), « L'éthique de la gestion : éléments de réflexion pour une distinction entre les organisations publiques et les organisations privées », *Éthique publique,* Revue internationale d'éthique sociétale et gouvernementale, [En ligne], vol. 17, n° 2, 2015, mis en ligne le 19 avril 2016, consulté le 19 avril 2018. URL : http://journals.openedition.org/ethiquepublique/2335;DOI:10.4000/ethiquepublique.2335, § 6.

[47]BOISVERT (Yves), « Thématique américaine en éthique appliquée », *Télescope*, Université du Québec, vol. 9, n° 1, nov. 2002, p. 12.

[48]*Ibid.* L'auteur cite RAWLS s'agissant de la perspective néo-kantienne et SINGER, pour ce qui est de la perspective utilitariste.

permettent au sujet de se construire et de s'établir un rapport du soi au soi déterminé et régulier, mais qui suppose la présence et le guidage d'autrui ».[49] L'éthique est orientée vers la pratique et l'intérêt de la présente étude réside dans la nécessité de rappeler aux individus, à l'État et à toutes les composantes de la société, l'importance du respect des règles éthiques pour une vie harmonieuse et pour le bien-être de tous. La violation des règles éthiques entraîne celle des règles de droit et empêche leur saine application.

Certes, l'État dont l'action est encadrée par le droit public n'est pas le gardien des consciences, mais il lui appartient, au premier chef, de veiller au respect de l'éthique par un travail de conscientisation et d'encadrement, une remise en cause de son fonctionnement et l'application stricte des sanctions prescrites à l'encontre des contrevenants à la règle établie.

L'étude renseigne aussi que le droit se trouve au cœur de la société dont il est le reflet. Eugen EHRLICH affirme, à ce sujet, que : *« [L]e centre de gravité du développement du droit, à notre époque... comme en tout temps, ne doit être cherché ni dans la législation, ni dans la doctrine, ni dans la jurisprudence, mais dans la société elle-même ».*[50] Le droit public, fabriqué à l'origine dans le moule français et reçu au Cameroun, ne manque pas de subir les pressions de son environnement, en raison de ce que toute société sécrète son droit.

Une étude juridique plus regardante sur la société semble par conséquent justifiée, ici autant qu'ailleurs, par la maxime latine *ubi societas ibi jus*, par laquelle il faut entendre qu'il n'y a du droit que d'une société donnée. Le droit n'est donc pas désincarné, il est situé et épouse les contours de la société dans laquelle il se meut. Alain-Didier OLINGA asserte qu'*« il n'y a pas de droit abstrait d'une société imaginaire ; le constituant et le législateur, en agissant, doivent toujours et partout être pénétrés de cette idée qu'ils ont à régir une société vivante, concrète, qui leur impose plus qu'ils ne lui imposent».*[51]

---

[49]YATIM (Fatima), « L'éthique de la gestion : éléments de réflexion pour une distinction entre les organisations publiques et les organisations privées », *op., cit.*, §9.

[50]Cité par CARBONNIER (Jean), *Flexible droit. Pour une sociologie du*

[51]OLINGA (Alain-Didier), « L'exigence de la prise en compte des "composantes sociologiques de la circonscription" en droit électoral camerounais », *Juridis Périodique* n° 28, 1996, p. 67.

Dans la même veine, l'auteur souligne que *« [L]e droit n'est pas une entité abstraite, un phénomène éthéré déconnecté du substrat sociologique qui lui sert de support ».*[52] En effet, la société dans laquelle le droit s'exprime, permet de le comprendre et d'en percevoir la cohérence.

L'étude rappelle encore la nécessité pour la puissance publique, de veiller au respect de l'éthique et du droit; mais aussi, pour les individus et les personnes morales, acteurs de la société et destinataires du droit, d'adopter un comportement vertueux pour le bien-être en société. Toute atteinte à l'éthique constitue alors une agression à autrui, à l'Etat et à la société tout entière.

L'option pour le droit public interne exclut à l'évidence le droit international dont le contenu peut également intéresser l'éthique. C'est le cas de la notion de *bonne foi*, qui forme un principe fondamental du Droit des gens, imposant aux États et à leurs agents l'obligation d'agir avec esprit de loyauté dans le respect du Droit et de la fidélité aux engagements.[53]

V. La méthode choisie

La présente étude se veut d'abord juridique, en raison de ce qu'elle met en priorité à contribution les approches positiviste et exégétique. Elle accorde ainsi une large proportion à l'analyse des textes articulés autour des règles éthiques. Elle examine le comportement de l'Administration dans la sanction des déviances observées dans le comportement des particuliers ou des agents publics, tout en mettant un accent sur l'examen des décisions du juge administratif, du juge des comptes et du juge électoral.

En outre, les propositions de réforme suggérées exigent que le juriste fasse appel à tout l'environnement du droit,[54] à savoir, la sociologie, l'économie, l'Administration, le droit comparé, etc. Le penchant sociologique de l'étude, par exemple, est attesté par l'observation des

---

[52]OLINGA (Alain-Didier), *De la corruption au Cameroun.* Le point de vue d'un juriste, *in* Pierre TITI NWEL (sous la coordination de), Yaoundé, publication de la Fondation FRIEDRICH EBERT, 1999, p. 146.
[53]CORNU (Gérard), *Vocabulaire juridique*, *op. cit.*, pp. 133-134.
[54]ROLAND (Henri), BOYER (Laurent), *Locutions latines du droit français*, 4e éd., Paris, Litec, 1998, p. 104.

faits sociaux débouchant sur une meilleure appréhension des règles positives.

Le droit étant une science sociale, il est indispensable de mettre davantage l'accent sur le vécu social en relation avec le phénomène juridique, sans prétendre faire œuvre de sociologue.

En effet, ainsi que le révèle fort opportunément Alain Serge MESCHERIAKOFF, le droit doit nécessairement s'adapter aux situations de fait qu'il rencontre et qu'il doit régler.[55] Le vécu quotidien des différents acteurs, pouvoirs publics et citoyens, ainsi que les faits sociaux observés permettent une meilleure compréhension du droit public camerounais, ancré dans son environnement.

Par ailleurs, l'examen des actes de corruption des citoyens ne manque pas d'interroger ou de convoquer l'économie, puisqu'il est établi que ce délit *« fait peser sur la collectivité des coûts en termes d'efficacité liés aux distorsions qu'elle provoque aux plans économique, social et politique... ».*[56] De même, la référence à la gouvernance met l'étude en relation avec l'éthique publique ou gouvernementale, en s'appuyant sur la réalité du fonctionnement de l'Administration ou du service public, victime et même parfois complice des dérives éthiques. Jean-Bernard AUBY affirme, à ce sujet, que la « bonne gouvernance » exige, selon les institutions de Bretton Woods, la lutte contre la corruption des agents publics.[57]

VI. Les principales articulations de l'étude

Notre démarche pour atteindre l'objectif fixé est de rappeler, dans un premier temps, que le droit public camerounais se fonde, dans une large mesure, sur l'éthique. Non seulement les règles de droit sont sous-tendues par des valeurs éthiques et morales, mais aussi, l'éthique et ses différentes composantes sont contenues dans les normes juridiques. Le droit joue ainsi une de ses fonctions fondamentales, à savoir qu'il se

---

[55]MESCHERIAKOFF (Alain Serge), « Contribution de l'Afrique à l'évolution du droit administratif français », *in* KAMTO (Maurice), DOUMBE BILLE (Stéphane) et METOU (Miranda Brusil), (dir.), *Regards sur le droit public africain*, Mélanges offerts en l'honneur de Joseph-Marie BIPOUN-WOUM, Paris, L'Harmattan, 2016, p. 157.

[56]KARAMOKO KANÉ, *La corruption des fonctionnaires africains. Comment sortir d'un système de capitulation générale*, Yaoundé, Éditions CLE, 2009, p. 20.

[57]AUBY (Jean-Bernard), « La bataille de San Romano..., *op. cit.*, p. 914.

positionne comme un instrument de prévention des atteintes à l'éthique. Toutefois, le droit s'appliquant sur les hommes guidés par leur libre-arbitre, il subit des atteintes et des violations sanctionnées par les autorités publiques. Il est possible d'envisager des voies de conciliation entre prescription du droit et sa violation, pour une plus grande harmonie entre le droit de la puissance publique et les principes de la morale. La stricte application du droit permet d'éviter au maximum les dérives éthiques observées dans la société camerounaise.

D'où l'orientation tripartite donnée à l'étude :

- Première partie : Le cadre juridique de prévention des déviances éthiques

- Deuxième partie : Manifestations et sanction des atteintes aux règles éthiques

- Troisième partie: Essai de synthèse : la nécessité de combattre les dérives éthiques par le respect de la règle de droit.

PREMIÈRE PARTIE

LE CADRE JURIDIQUE DE PRÉVENTION DES DÉVIANCES ÉTHIQUES

(...) le droit est porteur d'un projet humain et social, d'une dimension éthique et morale qui le rend par principe intransigeant vis-à-vis de la corruption.

Alain-Didier OLINGA, De la corruption au Cameroun, Pierre TITI NWEL (sous la coordination de), 1999, p. 146.

Le droit a pour fonctions essentielles la régulation et l'organisation de la société. Au-delà de ces missions fondamentales dont l'objectif est de régir la vie en société, le droit a également pour fonctions de prévenir et de réprimer les comportements des membres du corps social. Les mesures de prévention permettent d'éviter la commission d'un fait interdit, d'un délit, d'une infraction ou d'une faute de nature à causer un dommage, soit à un particulier, soit à l'État, ou à soi-même.[58]

Cette fonction de prévention est importante, dans la mesure où elle contribue à la fois à maintenir intacte la norme et à faire l'économie des conflits et litiges suscités par la violation de la règle de droit. Les atteintes au droit par les actes de corruption, par exemple, ont pour but de paralyser ou de faire échec à la norme.[59] La prévention des dérives éthiques est donc indispensable. Elle s'observe principalement sur le double plan statutaire (Chapitre 1er) et institutionnel (Chapitre 2), mais aussi, dans le cadre de certains secteurs particuliers (Chapitre 3).

[58]GUIMDO (Bernard-Raymond), « La corruption dans le droit de la fonction publique : le cas du Cameroun », *Juridis Périodique*, n° 75, juillet-août-septembre 2008, p. 60.
[59]OLINGA (Alain-Didier), *De la corruption au Cameroun*, ouvrage précité, p. 151.

CHAPITRE I

LES EXIGENCES STATUTAIRES DE L'ÉTHIQUE

L'éthique est une exigence du service public. L'observation révèle que les valeurs morales et éthiques occupent une place essentielle dans les différents statuts des fonctionnaires et agents publics au Cameroun. Les textes de gestion de la carrière des agents publics comportent ainsi des dispositions liées à la bonne moralité. Celle-ci constitue une condition fondamentale d'accès à l'emploi public (section 1) et accompagne le fonctionnaire dans le déroulement de sa carrière (section 2).

SECTION I.- LA BONNE MORALITÉ COMME CONDITION FONDAMENTALE D'OCCUPATION DE L'EMPLOI PUBLIC

Si l'accès à la Fonction publique camerounaise est ouvert à tous les nationaux, il comporte des restrictions sur le comportement des postulants. La bonne moralité forme par conséquent une condition fondamentale d'occupation de l'emploi public. Il s'agit d'une précaution indispensable, aux fins de préserver l'Administration des personnes au profil douteux et aux comportements indélicats, incompatibles avec l'exercice du service public (§ 1). L'exigence de bonne moralité dans l'occupation d'un poste de travail intéresse également le poste de responsabilité, qui ne devrait être occupé que par les personnes au comportement moralement irréprochable (§ 2).

§ 1. L'encadrement moral de l'accès à la Fonction publique

Les Camerounais ne font pas l'économie des moyens lorsqu'ils postulent pour un emploi dans la Fonction publique, lequel devrait leur procurer la stabilité et la sécurité, voire le prestige du service public. Tous les moyens sont donc permis à cette fin, y compris la fraude. C'est ce qui a conduit les pouvoirs publics à mettre en place un dispositif dissuasif de prévention de la fraude (A). Les textes de gestion des agents publics comportent par ailleurs des dispositions relatives à la bonne moralité, condition exigée après le succès à un concours administratif et, en tout état de cause, avant toute occupation d'un emploi public (B). Une question s'avère préoccupante dans le recrutement des fonctionnaires : la moralité des ministres du culte (C).

A.- La prévention de la fraude et des pratiques de corruption dans les concours administratifs

Au Cameroun comme dans presque tous les pays africains, la faiblesse du tissu industriel et du secteur privé font de la Fonction publique l'objet de toutes les convoitises.

Le désir d'y accéder à tout prix peut alors se justifier, le plus souvent pour permettre à l'agent de bénéficier uniquement de la stabilité de l'emploi.

La conséquence est que certains postulants à l'emploi public ne se livrent pas toujours à une compétition loyale pour l'accès à la Fonction publique, puisqu'ils n'hésitent pas à utiliser des voies indécentes, la fraude en particulier, pour parvenir à leurs fins.

La fraude dans les concours administratifs est réprimée dans le but de « séparer le bon grain de l'ivraie », dans l'accès à la Fonction publique. En effet, le candidat indélicat ne peut subitement se transformer en fonctionnaire probe et honnête dès qu'il est admis au concours et intégré dans un corps de la hiérarchie administrative.

Barrer la voie aux comportements déviants est une précaution importante pour la sauvegarde du patrimoine de l'Etat et une garantie à laquelle l'Administration a recours pour recruter les fonctionnaires dont la moralité lui paraît irréprochable.

La fraude dans les concours administratifs concerne la constitution des dossiers de candidature ainsi que le déroulement du concours proprement dit.

1. La constitution des dossiers de candidature

Dans leur désir d'user de tous les artifices pour parvenir à leurs fins, plusieurs jeunes Camerounais n'hésitent pas à se procurer des titres irréguliers, de faux diplômes, par exemple, ou courent le risque de falsifier leurs documents d'état civil pour se refaire une jeunesse, puisque les textes applicables à la Fonction publique fixent l'âge limite d'accession dans les différents cadres.[60] L'âge d'admission dans les écoles de formation a été fixé en conséquence, de telle sorte qu'à l'issue de la formation, le postulant puisse encore remplir les conditions y relatives, exigées pour l'intégration dans la Fonction publique (art. 16 du SGFPE). Les pouvoirs publics, sans doute au fait des basses besognes auxquelles se livrent plusieurs candidats aux concours administratifs, ont prescrit des mesures tendant à barrer la voie aux faussaires, dès le dépôt du dossier de candidature, convaincus de la nécessité de se débarrasser le plus tôt possible des postulants véreux qui constituent un danger pour la Fonction publique. Aussi des mesures ont-elles été prises pour « traquer » les postulants indélicats dès la constitution du dossier de candidature à un concours administratif. Est par conséquent exclu du concours et sans préjudice des sanctions pénales et disciplinaires qu'il encourt, tout candidat qui, pour la constitution de son dossier de candidature à un concours administratif, fait usage de pièces fausses ou falsifiées.[61] Le candidat, en pareille situation, est frappé d'interdiction de présenter un concours administratif pour une période de quatre (4) ans. Cette mesure est prononcée par arrêté du ministre en charge de la fonction publique (*ibid.*).

2. La sanction de la fraude et de la corruption lors du déroulement du concours

Une fois le dossier reçu et le candidat admis à composer, la fraude lors du déroulement du concours est constatée sur procès-verbal signé du président de la commission de surveillance du centre du concours et des membres chargés de la surveillance de la salle. Le procès-verbal de fraude est contresigné par le mis en cause et la mention « exclu pour fraude », portée devant le nom du fraudeur sur la liste d'appel.[62]

La fraude se manifeste, comme en matière d'examen, par la détention des documents interdits en salle de composition et, de plus en plus, à travers l'utilisation du téléphone portable, dans lequel le candidat consigne des documents et des formules ou à l'aide duquel il communique avec ses complices à l'extérieur de la salle du concours.

---

[60] Article 13 b) du Statut général de la Fonction publique de l'État (SGFPE), modifié et complété par le décret n° 2000/287 du 12 octobre 2000.

[61] Article 31 du décret n° 2000/696/PM du 13 septembre 2000 fixant le régime général des concours administratifs.

[62] Article 40 du décret n° 2000/696/PM du 13 septembre 2000, *op. cit.*

Aussi est-il interdit, par les textes et même par les usages à un candidat d'introduire des documents non autorisés dans la salle du concours. Cette action constitue une tentative de fraude, même si ces documents n'ont aucun rapport avec les sujets à traiter, puisque le candidat joue sur la probabilité de voir le sujet coïncider avec le contenu de son arsenal de fraude.

Le ministre de la Fonction publique a l'obligation d'annuler, en cas de fraude constatée et, selon le cas, les résultats d'un concours en ce qui concerne le candidat ou l'ensemble des candidats incriminés, ou le concours lui-même. Par ailleurs, la fraude aux concours administratifs ou l'usage des pratiques de corruption dans le but d'obtenir l'entrée dans un service public, de provoquer l'échec d'un candidat à un concours administratif ou de déclarer admis un ou plusieurs candidats n'ayant pas composé, sont certainement contraires à l'éthique. Ces comportements sont réprimés par le Code pénal camerounais (art. 163 et 163-1 de la loi n° 2016/007 du 12 juillet 2016).

La bonne moralité est encore une exigence contenue dans les textes de gestion des fonctionnaires et agents publics.

B. La prescription des textes de gestion des fonctionnaires et agents publics

La bonne moralité figure parmi les conditions exigées pour le recrutement des agents publics, dans les différents statuts généraux et les autres textes régissant les agents de l'État relevant du Code du travail.

1. Le contenu des textes de gestion des agents titulaires

Il s'agit du Statut général de la Fonction publique et des statuts spéciaux, lesquels comportent des dispositions relatives à la bonne moralité.

a) La prescription morale du Statut général de la Fonction publique

Déjà, dans l'ordonnance n° 59-70 du 27 novembre 1959 fixant le Statut général des fonctionnaires de l'État du Cameroun, nul ne pouvait être nommé à un emploi public, entre autres, s'il n'était de bonne moralité (art. 20 al. 2). Cette exigence s'est étendue aux statuts subséquents. A titre d'illustration, l'article 51 al. 1 (c) du décret n° 74-138 du 18 février 1974 portant Statut général de la Fonction publique dispose que nul ne peut être nommé à un emploi de fonctionnaire « s'il n'est de bonne moralité ».

La bonne moralité n'est plus explicitement mentionnée dans le Statut général de la Fonction publique de l'Etat de 1994[63]comme condition de recrutement des fonctionnaires, mais cela ne signifie pas que ce texte ouvre désormais la voie à l'immoralité. La condition de bonne moralité ressort implicitement au niveau de l'article 13 (d) dudit texte, qui proscrit le recrutement d'un fonctionnaire ayant fait l'objet, par le passé, en particulier d'une condamnation ferme, pour « crime ou délit de probité, notamment pour vol, faux, trafic d'influence, escroquerie, fraude, corruption, détournement de deniers publics ou abus de confiance ». L'on note que la liste des faits constitutifs de délit de probité est loin d'être exhaustive.

La condition de bonne moralité inaugure la plupart des statuts généraux de la Fonction publique en Afrique. En droit gabonais, par exemple, une des conditions requise pour être recruté dans la Fonction publique est de jouir d'une bonne moralité dûment constatée par les autorités compétentes.[64] C'est sans doute une précaution nécessaire au recrutement dans la Fonction publique des pays africains, confrontés aux mêmes problèmes du fait de leur environnement particulier et de la jeunesse des États. Le nouveau droit de la Fonction publique au Cameroun, issu du Statut général de la Fonction publique de 1994 s'est aligné sur le droit français, s'agissant de la non-mention dans le texte de la condition de « bonne moralité » dans le recrutement des fonctionnaires.

En effet, si en France la « bonne moralité » demeure une préoccupation fondamentale, cette condition, en elle-même, a été abandonnée. Guy BRAIBANT et Bernard STIRN trouvent cette expression, « *vague et un peu dangereuse* » en raison de ce « *qu'elle peut donner lieu à des interprétations arbitraires et variées et couvrir éventuellement des discriminations politiques* ».[65]C'est pour éviter ces dérapages susceptibles d'être préjudiciables aux administrés, que le droit français

[63]Décret n° 94/199 du 07 octobre 1994 portant Statut général de la Fonction publique de l'État.

[64]Article 109 de la loi n° 001/2005 du 04 février 2005 portant Statut général de la Fonction publique du Gabon.

[65]BRAIBANT (Guy), STIRN (Bernard), *Le droit administratif français*, *op. cit.*, p. 411.

a supprimé la condition de moralité, pour la remplacer par l'exigence que les mentions portées au casier judiciaire du postulant ne soient pas incompatibles avec l'exercice des fonctions (*ibid.*).

Mais si l'expression « bonne moralité » n'existe plus dans certains statuts généraux des fonctionnaires, son exigence demeure présente tant en France qu'au Cameroun. René CHAPUS souligne, à ce sujet, que *« [L]es agents publics sont tenus à une obligation de moralité, autrement dit à une obligation de "bonnes vie et mœurs" ».*[66]La condamnation pénale du fonctionnaire pour des faits de vol, d'escroquerie, de trafic d'influence, de corruption, de fraude, etc., par exemple, retenus par le Statut général de la Fonction publique est, de toute évidence, contraire à la bonne moralité. En effet, tous les comportements déviants mentionnés dans les statuts des fonctionnaires sont immoraux et ne sauraient être dignes d'un agent qui aspire à se mettre au service de l'intérêt général.

La probité est par conséquent de mise lorsque le fonctionnaire est admis en stage, la bonne moralité conditionnant le déroulement harmonieux de ladite activité.[67]Ainsi, aux termes de l'article 19 (1) du Statut général de la Fonction publique de l'Etat, tout fonctionnaire nouvellement recruté doit confirmer, au cours d'un stage d'une durée d'un (01) an, non seulement sa valeur professionnelle, son aptitude physique à assumer les fonctions auxquelles il aspire, mais aussi sa bonne moralité.

Cette condition est rappelée par l'article 3 du décret n° 2001/116/PM du 27 mars 2001 portant statut juridique du fonctionnaire stagiaire et conditions de déroulement du stage probatoire à la titularisation, lequel dispose que tout fonctionnaire stagiaire *«...doit prouver sa valeur professionnelle, sa bonne moralité, ainsi que son aptitude physique à assumer les fonctions auxquelles il aspire ».* Aussi les appréciations portées sur l'aptitude professionnelle et physique du fonctionnaire stagiaire à l'issue du stage s'accompagnent-elles de celles portant sur sa bonne moralité.[68] C'est également la preuve que le droit de la Fonction publique au Cameroun ne parvient pas à se défaire ou à se départir de la notion de « bonne moralité », bien que ses contours soient

---

[66]CHAPUS (René), *Droit administratif général*, tome 2, *op. cit.*, p. 303, § 349.

[67]Article 19 (1) (nouveau) du Statut général de la Fonction publique de l'État.

[68]Article 8 (1) du décret n° 2001/116/PM du 27 mars 2001 fixant le statut juridique du fonctionnaire stagiaire et les conditions de déroulement du stage probatoire à la titularisation.

difficiles à cerner. Un comportement moralement déviant pendant le déroulement du stage peut être à l'origine du licenciement du fonctionnaire stagiaire, autant que celui-ci peut être licencié à tout moment et sans consultation de la commission *ad hoc*, pour des faits (immoraux ou contraires à l'éthique) commis antérieurement à son admission en stage et qui auraient fait obstacle au recrutement de l'agent s'ils avaient été préalablement connus de l'Administration (art. 13 al. 4 du décret n° 2001/116/PM du 27 mars 2001, préc.).

Le recrutement dans la Fonction publique se fondant sur des exigences éthiques ne saurait par conséquent tolérer que l'Administration s'attache les services des personnes recrutées à la suite de manœuvres frauduleuses. Cette mesure est préventive afin d'éviter de gangrener la Fonction publique. Ainsi, toute personne recrutée comme fonctionnaire sur la base desdites manœuvres dûment établies est, dès leur découverte, exclue des effectifs de la Fonction publique par l'autorité investie du pouvoir de nomination, sans préjudice des poursuites pénales et civiles qu'elle encourt (art. 18 du SGFPE). Cette disposition dissuasive, tire son fondement de la maxime latine *fraus omnia corrumpit* (la fraude corrompt tout).

La condition de « bonne moralité » n'est pas définie en droit camerounais. Il y aurait d'ailleurs moult difficultés à le faire, compte tenu du fait qu'elle a un lien avec la conduite de l'individu, susceptible d'évoluer ou de varier en fonction des circonstances. La question qui se pose est de savoir comment l'Administration procède à la vérification de la bonne moralité au Cameroun. En d'autres termes, l'Extrait du casier judiciaire (Bulletin n°3 au Cameroun) est-il suffisant pour attester de la bonne moralité du fonctionnaire au moment de son recrutement ? C'est le lieu de regretter vivement que cette pièce soit délivrée au Cameroun avec une légèreté déconcertante au regard de l'importance qui lui est attachée, et ne constitue par conséquent pas une caution de la bonne moralité du candidat à l'accès à la Fonction publique.

Georges TEKAM déplore le fait que l'enquête de moralité ne fasse plus partie du processus de recrutement des fonctionnaires au Cameroun.[69] Et, compte tenu du laxisme ambiant, de la corruption et du délitement de l'autorité de l'Etat, nous sommes d'avis avec lui lorsqu'il pense que,

---

[69]TEKAM (Georges), *Fonction publique camerounaise. Statut général et ses textes d'application*, Yaoundé, 2006, p. 11.

quand bien même l'enquête de moralité serait exigée, il y aurait de bonnes raisons de douter de sa sincérité.[70] En observateur averti de l'Administration camerounaise, cet auteur sait que l'enquête de moralité, naguère exigée pour l'entrée à la Fonction publique et plus rigoureusement suivie s'agissant de l'Armée et de la Police, n'est plus effectuée aujourd'hui avec le sérieux et l'objectivité attendus.[71]

b) Le contenu des statuts spéciaux

Les statuts spéciaux, s'inspirant du Statut général de la Fonction publique tout en y dérogeant sur quelques-uns de leurs aspects, conditionnent l'accès aux corps concernés par la bonne moralité, directement ou indirectement. Ainsi, le Statut de la Magistrature (décret n° 95/048 du 08 mars 1995) ou le Statut spécial des fonctionnaires des Greffes (décret n° 2011/020 du 04 février 2011), sans prévoir de dispositions particulières relatives à la « bonne moralité », renvoient aux conditions générales d'accès à la Fonction publique fixées par le Statut général de la Fonction publique de l'Etat.

On n'imagine pas non plus un jeune magistrat, par exemple, appelé à trancher un litige, et qu'il le fasse dans la partialité, en favorisant une partie ou des intérêts particuliers.

Le Statut spécial des fonctionnaires du corps de la Sûreté nationale, en plus des conditions générales exigées par le SGFPE pour l'accès à la Fonction publique, dispose clairement que le postulant à ce corps doit « satisfaire à une enquête de moralité » (art. 6 du décret n° 2012/539 du 19 novembre 2012).

Les enseignants contractuels des institutions universitaires publiques sont concernés par ces développements, ce d'autant plus qu'ils partagent de façon spécifique le même Statut spécial que les

---

[70]L'enquête de moralité demeure dans la procédure de recrutement des fonctionnaires de la Police. Georges TEKAM doute de la sincérité de ladite enquête, au regard du comportement parfois déshonorant de certains membres de ce corps, étalé au grand jour, telle que l'arnaque des automobilistes.

[71]L'actualité ne nous démentira pas, compte tenu des forfaits commis au quotidien par les fonctionnaires. Le quotidien gouvernemental *Cameroon Tribune*, a publié un communiqué du ministre de la Défense portant sur un cas d'atteinte aux bonnes mœurs perpétré par un soldat de 1ère classe, qui aurait abusé d'une jeune dame, la nommée Violet NDIKAHU, malicieusement interpellée sous le prétexte d'un contrôle d'identité de routine, faits survenus le lundi 23 juillet 2018 à Bamenda (Lire *Cameroon Tribune* n° 11645/7844 du 25 juillet 2018, p. 4).

enseignants titulaires et sont, de ce fait, soumis à l'observance des mêmes règles éthiques.

2. L'exigence de bonne moralité des agents de l'État relevant du Code du travail

La « bonne moralité » est clairement exigée chez les agents de l'État relevant du Code du travail[72]en service dans les différentes administrations publiques, ainsi que les personnels d'appui des institutions universitaires publiques du Cameroun.[73] Sans être des fonctionnaires, au sens strict du terme,[74] les personnels contractuels à durée indéterminée en service dans les différentes administrations publiques et au sein des institutions universitaires y font véritablement carrière. Il paraît alors logique de vérifier leur moralité avant leur entrée en fonction, afin de les mettre sur le même standard d'exigence éthique que les fonctionnaires, au risque de disposer d'une fonction publique duale, comprenant d'un côté des personnels à la moralité confirmée ou présumée et, de l'autre, des agents à la moralité douteuse. Voilà pourquoi les différents textes régissant ces personnels conditionnent le recrutement à un emploi public ou de personnel d'appui dans une institution universitaire publique à la « bonne moralité » du postulant.

Par contre, ce recrutement est proscrit si l'agent a déjà fait l'objet d'une *« condamnation à une peine privative de liberté pour crime, délit de probité, notamment pour vol, faux, trafic d'influence, escroquerie, corruption, détournement de deniers publics, abus de confiance »* (art.7 al. 3 du décret n° 2011/119 du 18 mai 2011, *op. cit.*). On observe que les conditions ci-dessus traduisent toutes un déficit d'éthique et sont identiques à celles posées par l'article 13 (1-d) du Statut général de la Fonction publique.

Comme dans plusieurs textes camerounais et dans la pratique, ces dispositions ne sont pas toujours appliquées. Si le recrutement des fonctionnaires se fait en priorité par voie de concours, celui des

[72]Article 5 (b) du décret n° 78/484 du 9 novembre 1978 fixant les dispositions communes applicables aux agents de l'État relevant du Code du travail.
[73]Article 7 (3) du décret n° 2011/119 du 18 mai 2011 fixant les dispositions communes applicables aux personnels d'appui des institutions universitaires
[74]Article 3 du décret n° 94/199 du 07 octobre 1994 portant Statut général de la Fonction publique de l'État, qui définit le fonctionnaire comme « toute personne qui occupe un poste de travail permanent et est titularisée dans un cadre de la hiérarchie des administrations de l'État ».

personnels contractuels de l'État, des collectivités territoriales décentralisées,[75] ou des établissements publics à l'instar des universités, n'obéit à aucune règle objective pour que l'on s'attarde sur leur moralité. Le recrutement des agents contractuels constituant le terrain d'expression par excellence de l'administration sociale africaine, les pouvoirs publics ne s'attardent pas, de ce fait, sur la moralité des postulants.[76]

La bonne moralité est plutôt, dans la réalité, présumée chez tous les postulants à un emploi public, puisque l'administration camerounaise ne dispose pas des moyens lui permettant d'attester de la bonne moralité d'un agent. Toutefois, comme dans la Fonction publique, le texte applicable aux personnels d'appui des universités exclut de l'administration universitaire l'agent bénéficiaire d'un recrutement frauduleux découvert à la suite de son recrutement (art. 14 du décret n° 2011/119 du 18 mai 2011).

Cette « traque » est aisée et se fait en commission de vérification sur pièces des titres ayant servi au recrutement des agents. La récurrence des faux titres et diplômes en circulation au Cameroun est, plus que par le passé, à l'origine des multiples demandes d'authentification des diplômes délivrées par les institutions universitaires nationales, introduites par les universités étrangères, et par les administrations, les entreprises privées ainsi que les organismes internationaux. Il convient néanmoins de souligner, avec Alain PLANTEY, à la suite de l'étude du contenu des textes de gestion des fonctionnaires et agents publics renvoyant à l'exigence de bonne moralité, que les règles de déontologie de la Fonction publique, comme dans les autres activités professionnelles, tirent leur origine autant que leur force des textes réglementaires et de la législation pénale, en particulier.[77] L'auteur révèle que d'autres règles *« procèdent de la pratique courante…et de l'éthique professionnelle à l'égard de la société, des usagers et des*

---

[75]Il est significatif que les personnels des collectivités territoriales décentralisées ne disposent pas à ce jour d'un statut. Ils demeurent régis par le décret n° 78/484 du 09 novembre 1978 fixant les dispositions communes applicables aux agents de l'État relevant du Code du travail et sont, de ce fait, soumis aux exigences de « bonne moralité » mentionnées dans ce texte.

[76]Le cas du recrutement spécial de 25 000 jeunes diplômés dans la Fonction publique en 2011 est un exemple typique de la volonté des pouvoirs publics camerounais de résorber le chômage, sans se préoccuper en réalité de la moralité des candidats à ce recrutement.

[77]PLANTEY (Alain), *La Fonction publique. Traité général*, Paris, Litec 1991, p. 364.

autres fonctionnaires » (*ibid.*). Le recrutement des ministres du culte dans la Fonction publique heurte la moralité et viole la réglementation établie.

C. La question particulière du recrutement des ministres du culte dans la Fonction publique

En quoi le problème du recrutement et/ou du maintien dans la Fonction publique des ministres du culte présente-t-il un lien avec la moralité ? Cette interrogation n'est pas dénuée de sens au regard du nombre de plus en plus élevé de fonctionnaires ministres du culte au Cameroun.

Il convient de rappeler que la question de l'admission d'un ecclésiastique à un concours donnant accès à la Fonction publique a été traitée en droit français dans l'arrêt du Conseil d'État, *Abbé Bouteyre* (C.E., 10 mai 1912). Dans cette affaire, le ministre de l'Instruction publique avait écarté la candidature du requérant au concours d'agrégation de philosophie, en raison de ses opinions. Il avait alors estimé que, dans l'intérêt du service, les fonctions d'ecclésiastique n'étaient pas compatibles avec celles de professeur de l'enseignement secondaire public. L'affaire a connu des fortunes diverses, une partie de la doctrine ayant conclu que la position de Haute juridiction rejetant le recours de l'Abbé BOUTEYRE n'était pas représentative de l'état du droit,[78] s'agissant de l'accès des ecclésiastiques à l'enseignement public.

Il est vrai que pareille décision n'a pas encore été rendue par le juge administratif camerounais pour voir le sort qu'il réserverait à ce problème. Semblable opportunité ne manquerait pas d'alimenter les travaux de la doctrine. Il n'est pas exclu non plus, et il est même certain, que le droit français ait influencé les pouvoirs publics camerounais dans l'insertion de cette question dans le Statut général de la Fonction publique.

Mais nous pensons que les « hommes de Dieu » doivent, eux aussi, obéir à l'injonction du Christ, qui a prescrit aux Pharisiens : « [R]endez à César ce qui est de César et à Dieu ce qui est de Dieu »,[79] en se conformant aux textes institués par les pouvoirs publics, qui s'opposent

---

[78]LONG (Marceau), WEIL (Prosper), BRAIBANT (Guy), GENEVOIS (Bruno), *Les grands arrêts de la jurisprudence administrative*, 12e éd., Paris, Dalloz, 1999, p. 153.
[79]La Sainte Bible, Matthieu, chapitre 22, verset 21 (L'impôt dû à César), version La Bible des Peuples, p. 57.

à leur recrutement dans la Fonction publique. Le Statut général de la Fonction publique, précisément, dispose, à cet effet, que *« le recrutement ou le maintien dans les corps de la fonction publique est incompatible avec la qualité de ministre du culte ».*[80]

Georges TEKAM a estimé que cette disposition du Statut général s'appliquait uniquement aux fonctionnaires, le ministre du culte contractuel d'administration pouvant exercer en toute quiétude dans la Fonction publique et dans son église.[81] L'auteur se fonde sans doute sur le vide juridique profitable aux ministres du culte contractuels, puisqu'aucun texte ne s'oppose à leur recrutement.[82] Nous ne partageons pas cet avis car, d'une part, les fonctions de ministre du culte fonctionnaire ou contractuel sont soumises aux mêmes exigences, et leurs opinions peuvent porter atteinte au principe de neutralité et à la laïcité de l'État.

D'autre part, la jeunesse que l'État entend préserver des influences doctrinales des religieux est unique, que l'enseignant soit fonctionnaire ou contractuel. De fait, en quoi les opinions d'un professeur titulaire de philosophie au lycée diffèrent-elles de celles d'un enseignant contractuel dispensant la même discipline ? Le risque de corruption des consciences est identique dans l'un et l'autre cas. Aussi le ministre compétent devrait-il, se fondant sur son pouvoir hiérarchique, agir même sans texte à l'endroit du ministre du culte contractuel, au risque de porter atteinte au principe d'égalité.

L'attitude actuelle des ministres du culte au Cameroun consiste à occulter leur état d'ecclésiastique au moment du recrutement dans la Fonction publique, pour le dévoiler une fois intégrés dans les différents cadres, convaincus de la protection que leur offrent désormais leurs garanties statutaires. Un tel comportement est empreint de malhonnêteté. D'autres pasteurs se découvrent dans cette vocation

---

[80]Article 14 du Statut général de la Fonction publique de l'État.

[81]TEKAM (Georges), *Fonction publique camerounaise. Statut général et textes d'application*, *op. cit.*, p. 12.

[82]Si on transpose ce raisonnement à la suspension de fonctions, par exemple, peut-on dire que celle des contractuels soit illégale parce qu'elle n'est pas prévue par les textes ? Il s'agit pourtant d'une mesure hiérarchique qui frappe les contractuels et les fonctionnaires camerounais. René CHAPUS souligne, à ce sujet, que le pouvoir de suspendre immédiatement les agents publics auteurs de fautes graves appartient, même sans texte, aux autorités administratives (*Droit administratif général*, tome 2, 15e éd., Paris, Montchrestien, 2001, p. 349, § 404).

après leur recrutement, question pour eux « d'arrondir » leurs fins du mois par l'exercice de leur ministère. Ils sont tout aussi condamnables, puisque le SGFPE interdit également leur maintien au sein de l'Administration.

Un autre aspect de la question devrait interpeller les pouvoirs publics. La fonction ecclésiale dans certaines églises s'assimile aujourd'hui au Cameroun à l'exercice d'une activité privée lucrative, proscrite par le Statut général et la Fonction publique de l'État et le texte y relatif, s'appliquant aux agents de l'Etat relevant du Code du travail,[83] en ce que la dixième partie des revenus (la dîme), est remise mensuellement au pasteur par ses disciples…Ce pourcentage, qui a un fondement biblique, peut être revu à la hausse en fonction des appétits du pasteur... Dans tous les cas, exiger le paiement de cette dîme à ses fidèles tout en prétendant servir l'intérêt général dans la Fonction publique, nous semble indécent et immoral.

Il convient néanmoins de signaler que cette déviance n'est pas généralisée. L'Église catholique, par exemple, ne disposant pas de prêtres fonctionnaires, s'est conformée aux prescriptions du Statut général de la Fonction publique. L'hypothèse d'une procédure disciplinaire à l'encontre de certains pasteurs fonctionnaires n'est pas une vue de l'esprit, si l'on veut respecter les prescriptions du Statut général de la Fonction publique. Il y va, du reste, à la fois de la crédibilité de l'État de droit et de l'honnêteté des pasteurs, puisque leur recrutement ou leur maintien dans les corps de la Fonction publique est frauduleux. Si l'occupation d'un poste de travail prescrit au fonctionnaire une bonne moralité et un comportement exemplaire, cette exigence s'étend encore à l'occupation d'un poste de responsabilité, lié à son statut.

§ 2. La bonne moralité, critère d'attribution des postes de responsabilité dans l'Administration

Le recrutement ou la nomination d'un haut responsable de l'Administration à une fonction sont implicitement conditionnés à sa bonne moralité, dans les bornes fixées par le Statut général de la

[83]Décret n° 77-504 du 15 décembre 1977 portant interdiction de l'exercice d'une activité lucrative à certains agents de l'État et aux personnels des établissements publics et parapublics.

Fonction publique de l'État (art. 13-1 du SGFPE). En d'autres termes, la bonne moralité au recrutement conditionne celle de la nomination à des postes de responsabilité dans l'Administration. Il s'agit d'une préoccupation du Programme national de gouvernance (PNG), comme mesure à prendre par le gouvernement à court terme dans la gestion des carrières des fonctionnaires. Le PNG recommande « [L]a nomination à des postes de responsabilité sur la base des critères objectifs tenant à la compétence, à l'expérience professionnelle, à la probité, au sens élevé de l'intérêt général ».[84]

On n'imagine pas, en effet, un fonctionnaire occupant un poste de responsabilité ou d'encadrement, défaillir dans sa moralité. Toute indélicatesse pourrait rejaillir sur l'ensemble des personnels placés sous sa responsabilité et sur l'honorabilité de la Fonction publique. L'adage chinois ne dit-il pas que « le poisson pourrit par la tête » ? C'est pour éviter cette situation que des garde-fous ont été prévus afin de garantir en amont la crédibilité des hauts responsables qui accèdent à des fonctions administratives. L'obligation de moralité est certes générale, mais nous essayerons, sans être exhaustif, de nous attarder sur quelques fonctions dont l'occupation exige une « bonne moralité ».

La situation de l'Université est spécifique. La particularité des textes universitaires consiste à faire explicitement référence à la bonne moralité dans la nomination de la plupart des hauts responsables aux postes d'encadrement. Si le critère de bonne moralité est sous-jacent à toute responsabilité administrative, il est encore plus exigeant pour les éducateurs, d'être de bonne moralité.

Le secteur de l'éducation atteste de cette préoccupation de protection de la jeunesse. Cette réalité ne pouvait échapper à René CHAPUS, qui pense qu' « *[U]n magistrat, un professeur, un policier, sont certainement tenus à une obligation de moralité particulièrement stricte* ».[85]

Pour l'université, un des objectifs assignés à l'Enseignement supérieur dans le cadre de sa mission fondamentale de production, d'organisation ainsi que de diffusion des connaissances scientifiques, culturelles, professionnelles et éthiques, tant pour le développement de la nation

---

[84]OYONO (Dieudonné), (dir.), *Cameroun : Les chantiers de la gouvernance*, Yaoundé, Imprimerie Saint-Paul, 2004, p. 46.

[85]CHAPUS (René), *Droit administratif général*, tome 2, préc., p. 303, § 349.

que le progrès de l'humanité, est le renforcement du sens éthique et de la conscience nationale.[86]

L'encadrement de la jeunesse est délicat et fait appel à des qualités et valeurs que l'on devrait retrouver chez les responsables dont on attend qu'ils soient des modèles pour les apprenants. Ceux-ci ne sont pas seulement en quête des savoirs, de savoir-faire, mais aussi de savoir-être, car au-delà de la science et des connaissances livresques, les élèves et étudiants « copient » le comportement de leurs dirigeants, qu'ils érigent en modèles et référents.

La condition de bonne moralité n'est pas exigée à l'université, pour l'occupation du poste de président du Conseil d'administration. La raison peut en être que cette autorité ne gère pas au quotidien l'institution universitaire ; elle est tout simplement chargée d'en présider l'instance faîtière d'orientation et de décision. En revanche, les recteurs[87]sont astreints à cette exigence.

Ainsi, aux termes de l'article 30 du décret n° 93/027 du 19 janvier 1993 portant dispositions communes applicables aux universités, le recteur est choisi parmi les membres du corps enseignant des institutions universitaires de rang magistral, ayant une longue expérience de l'Administration publique, jouissant d'une bonne moralité et faisant preuve de productivité et de rayonnement scientifique. Les pouvoirs publics examinent seuls, en toute souveraineté, la moralité du candidat avant sa nomination au poste de responsabilité.

Les textes sont en revanche muets sur la moralité des vice-recteurs qui assistent le recteur dans l'accomplissement de ses missions. Il s'agit sans doute d'une omission ou d'un choix délibéré des pouvoirs publics,

---

[86]Les articles 2 et 6 de la loi n° 005 du 16 avril 2001 portant orientation de l'Enseignement supérieur.

[87]La réglementation applicable à l'organisation des universités de tradition anglo-saxonne au Cameroun n'exige pas la condition de bonne moralité dans la nomination du *vice-chancellor*. A l'Université de Buea, l'article 26 du décret n° 93/034 du 19 janvier 1993 portant organisation de ladite institution dispose que « *The Vice-Chancellor shall be appointed by a presidential decree from among members of professioral rank* » (Voir le décret n° 93/034 du 19 janvier 1993 portant organisation de l'Université de Buea). L'article 26 du décret n° 201/045 du 08 mars 2011 portant organisation de l'Université de Bamenda reprend la même disposition, sans précision sur la condition de moralité. C'est sans doute une omission, puisque l'éthique est une préoccupation majeure des pouvoirs publics dans l'Enseignement supérieur au Cameroun.

puisque le secrétaire général de l'université, qui occupe le même rang hiérarchique que les vice-recteurs,[88] en plus d'une expérience de haute administration requise, doit jouir d'une bonne moralité. Qu'est-ce qui peut alors justifier cette différence d'exigence et de traitement ? On peut penser que le recteur et le secrétaire général de l'université, en leur qualité respective d'ordonnateur principal et d'ordonnateur délégué du budget de l'Institution, occupent des fonctions sensibles exigeant une rectitude morale à toute épreuve, alors que les vice-recteurs sont limités dans leur action à des domaines de compétence précis.[89]

Ce critère aurait été déterminant s'il était exigé pour la nomination des chefs d'Établissement, doyens des Facultés et directeurs des grandes écoles, qui sont également, à l'instar du secrétaire général, ordonnateurs délégués du budget de leurs structures respectives. Rien ne justifie par conséquent que les vice-recteurs soient exempts de l'exigence de bonne moralité, même si les textes sont muets à leur sujet.

Par ailleurs, si la vérification de la moralité du recteur et du secrétaire général relève de l'appréciation souveraine de l'autorité de nomination, on ne peut pas comprendre qu'un postulant pour la fonction de recteur de l'université ou de secrétaire général, ayant bénéficié dans le passé et à plusieurs reprises de la confiance de sa hiérarchie, soit subitement disqualifié, « moralement ». Le poste de travail conférant le grade à un fonctionnaire ou celui qui lui attribue un poste de responsabilité, exige de lui une bonne moralité et constitue une condition indispensable au bon déroulement de sa carrière.

SECTION II.- L'EXIGENCE DES VALEURS ÉTHIQUES DANS LE DÉROULEMENT DE LA CARRIÈRE

L'agent public est astreint à adopter un comportement exemplaire au sein du service public. En droit gabonais, le fonctionnaire ou l'agent public est tenu de se soumettre aux règles éthiques, de déontologie de

---

[88]Le secrétaire général de l'Université et les vice-recteurs ont rang et prérogatives de secrétaire général de ministère.

[89]Il existe dans l'Université camerounaise trois grands domaines de compétences répartis entre les différents vice-recteurs : enseignements, professionnalisation et développement des TIC ; recherche, coopération et relations avec le monde des entreprises ; contrôle interne et évaluation.

l'Administration et de sa profession, en s'appropriant les principes d'honnêteté et d'intégrité. Il est ainsi soumis à l'obligation de probité et de désintéressement.[90] Le fonctionnaire gabonais est par ailleurs invité à collaborer à la lutte contre les déviances éthiques, puisqu'il est couvert en cas de dénonciation à l'autorité supérieure des pratiques contraires aux lois et règlements ou aux normes d'intégrité et d'honnêteté du service public dont il fait partie.

Le fonctionnaire camerounais, pour sa part, est soumis à certaines règles d'éthique ou de morale professionnelle dans le cadre de l'exercice de ses fonctions (§ 1). Un accent est mis sur les statuts spéciaux qui insistent sur l'observation des règles de la morale (§ 2) ainsi que sur l'éthique universitaire, dont la spécificité est d'interpeller les enseignants et les autres membres de la communauté universitaire sur la nécessité d'adopter un comportement vertueux au sein de l'institution (§ 3).

§ 1. Les règles statutaires d'éthique déontologique et les infractions pénales

L'éthique encadre aujourd'hui la plupart des professions en les dotant de codes d'éthique et de déontologie. En matière de Fonction publique, par exemple, la déontologie doit « s'entendre comme l'ensemble des devoirs et obligations des fonctionnaires et agents publics ».[91] Les règles de morale ou d'éthique professionnelle se déclinent en plusieurs obligations (A) et comportent des agissements proscrits par le Code pénal (B), tout en s'étendant aux mesures de prévention de la fraude du fait du comportement de quelques fonctionnaires dans le déroulement de leur carrière (C).

A. Les obligations statutaires des fonctionnaires

L'inobservation des obligations des fonctionnaires, dans l'ensemble, peut avoir des conséquences sur l'éthique. C'est le cas de l'obligation de servir et de se consacrer au service dont la violation est répréhensible, lorsqu'on sait que le fonctionnaire camerounais qui s'en

---

[90]Art. 42 de la loi de 2005 portant Statut général de la Fonction publique du Gabon, *op.cit.*

[91]BRETON (Jean-Marie), *Droit de la fonction publique des États d'Afrique francophone*, préc., p. 183.

écarte par l'absentéisme continue le plus souvent de percevoir indûment un salaire, sans contrepartie de service fait. L'on insistera toutefois sur deux aspects difficiles d'appréhension sur le plan technique.[92] Il y a, d'une part, les obligations de réserve, de secret et de discrétion professionnels et, d'autre part, l'obligation de désintéressement.

1. Les obligations de réserve, de secret et de discrétion professionnels

Les obligations de réserve, de secret et de discrétion professionnels peuvent se ranger dans le registre des règles d'éthique en relation avec l'exercice de la profession de fonctionnaire ou de l'agent public. Elles ne doivent pas se confondre. L'obligation de réserve met en cause les seules modalités d'expression des opinions,[93] puisque le fonctionnaire peut tenir des propos incompatibles avec l'exercice d'une fonction publique.[94]

Selon les termes de l'article 40 (2) du Statut général de la Fonction publique de l'État, « l'obligation de réserve consiste pour le fonctionnaire, à s'abstenir d'exprimer publiquement ses opinions politiques, philosophiques, religieuses ou syndicales, ou de servir en fonction de celles-ci ».

L'obligation de réserve est liée au comportement de l'agent, lequel ne doit pas déteindre sur l'Administration. Suivant le juge administratif camerounais, si l'obligation de réserve se distingue de celle de discrétion professionnelle, elle « se confond avec l'exigence d'un comportement qui ne soit pas à même de jeter le discrédit sur la fonction publique ».[95]

Les obligations de secret professionnel et de discrétion sont proches par leur caractère général, puisque les fonctionnaires et agents publics sont tenus de garder les secrets qu'on leur confie dans le cadre de l'exercice de leur profession. Ils s'exposent aux amendes ou peines

---

[92]Bien qu'ils ne soient pas statutaires en ce sens qu'ils ne sont pas prévus par le Statut général de la Fonction publique, le devoir de courtoisie, de politesse, ou encore les obligations de respect des bonnes mœurs ou de ponctualité, interpellent la moralité du fonctionnaire.

[93]BRETON (Jean-Marie), *Droit de la Fonction publique des États d'Afrique francophone*, *op. cit.*, p. 186.

[94]RIVERO (Jean), « Sur l'obligation de réserve », *AJDA*, déc. 1977, p. 582.

[95]T.E., 28 septembre 1962, Sieur *Tsoungui Zibi Elie* c/Etat du Cameroun

d'emprisonnement en cas d'atteinte à ces obligations. L'obligation de secret professionnel, plus particulièrement, est stricte en matière médicale, de défense ou de sécurité, dans la tenue de certaines archives, etc. Elle a un caractère sacré qui contraint le fonctionnaire à l'omerta. Pour l'illustrer, Jean LAVEISSIÈRE a repris la remarque ironique d'un commentateur : « *A en croire le Lebon, les fonctionnaires abandonnent leurs postes, s'enivrent, insultent leurs supérieurs, signent ou distribuent des tracts séditieux, mais ils ne trahissent jamais ou à peu près jamais les secrets du service* ».[96]

Quant à l'obligation de discrétion professionnelle, elle interdit formellement tout détournement ou toute soustraction de pièces ou de documents de service, ainsi que leur communication ou leur reproduction, en dehors de toute exigence du service. Cette obligation, déjà contenue dans l'ordonnance de 1959,[97] a constamment été violée au Cameroun, surtout avec l'avènement de la presse privée qui, à l'aide de ses « fins limiers », s'infiltre dans les interstices des dossiers administratifs au point que les services publics, à tous les niveaux, ne sont pas à l'abri de cette pratique contraire à la moralité publique.

2. L'obligation de désintéressement et d'indépendance

a)Le contenu de l'obligation

L'impartialité administrative appartient au domaine du droit, mais constitue également un principe d'éthique administrative, en ce qu'elle se conçoit telle une finalité et « *renvoie au cas de conscience, à ce qui est estimé bon* ».[98] L'impartialité n'est pas sans lien avec la neutralité et l'objectivité, qui doivent être observées par le fonctionnaire dans le cadre du service public. Ainsi, l'exercice d'une activité privée lucrative est interdit dans le Statut général de la Fonction publique, dans le but de préserver les intérêts de l'Administration, en particulier.

L'obligation de désintéressement du fonctionnaire se décline en plusieurs aspects dans le Statut général de la Fonction publique. Il lui est par conséquent proscrit d'avoir des intérêts dans une entreprise ou

---

[96]FOUGERE (L.), « Les secrets de l'Administration », *Bull. I.I.A.P.*, 1967, p. 23, cité par Jean LAVEISSIÈRE, « En marge de la transparence administrative : le statut juridique du secret », Mélanges Jean-Marie AUBY, Paris, Dalloz, 1992, p. 184.

[97]Article 13 de l'ordonnance n° 59-70 du 27 novembre 1959 fixant le Statut général des fonctionnaires de l'État du Cameroun.

[98]MITARD (Eric), « L'impartialité administrative », *AJDA*, 20 juin 1999, p. 484.

secteur de nature à compromettre ou restreindre son indépendance et d'exercer une activité privée lucrative.[99] Cette interdiction vise la violation de la règle d'impartialité prescrite au fonctionnaire, justifiée par le risque de voir l'activité exercée compromettre la neutralité du service.

Le fonctionnaire doit par contre déclarer à son ministre l'activité privée lucrative exercée par son conjoint (ou sa conjointe), afin de permettre à l'Administration, s'il y a lieu, de prendre des mesures de nature à sauvegarder les intérêts du service. Cette disposition n'a aucune signification dans un environnement d'opacité, de cache-cache et de manque de transparence. Le fonctionnaire dont le conjoint exerce une activité privée lucrative ne peut pas se livrer à l'Administration, puisque les mesures que cette dernière est amenée à prendre dans le but de sauvegarder les intérêts du service public, ne sont connues que par l'Administration elle-même. En outre, le désir de transparence d'un fonctionnaire peut lui être préjudiciable ; il pourrait faire des envieux ou des jaloux, au regard du fort dosage des relations subjectives et interpersonnelles en présence dans l'administration africaine en général et camerounaise, en particulier. Il semble alors illusoire de voir un fonctionnaire déclarer une activité lucrative de son conjoint ou de sa conjointe, au risque de dévoiler ce qu'il veut occulter, surtout si l'activité exercée par son conjoint est gratifiante pour son ménage.

Par ailleurs, l'interdiction faite au fonctionnaire d'exercer une activité privée lucrative au Cameroun n'est pas effective, du fait qu'il n'existe aucun moyen de contrôle de l'activité extra-professionnelle de l'agent public. On peut toutefois se demander s'il est moralement répréhensible pour un fonctionnaire d'exercer une activité commerciale, par exemple, en dehors des heures de service, afin de « compléter » ses modestes revenus et « arrondir » ses difficiles fins du mois. Ledit fonctionnaire viole certes la réglementation interdisant l'exercice de telles activités, mais est-il moralement coupable s'il accomplit correctement ses devoirs et obligations statutaires ? Le Statut général de la Fonction publique, dans sa première version de 1994 (décret n° 94-199 du 07 octobre 1994), avait rompu avec l'orthodoxie, en autorisant clairement l'exercice des activités privées lucratives aux fonctionnaires.

---

[99]Sauf pour les cas de la production rurale et celle d'œuvres scientifiques, littéraires ou artistiques, ainsi que les enseignements donnés à titre complémentaire ou de vacataire (art. 37-b du SGFPE).

L'article 37 de ce texte était ainsi libellé : « ...le fonctionnaire peut exercer une activité privée lucrative, à la condition que celle-ci ne nuise pas à son indépendance et à la mission d'intérêt général liée à son statut ». Le texte du SGFPE avait été signé par le président de la République, après moult concertations à tous les niveaux de la hiérarchie administrative. En prenant cette disposition, les pouvoirs publics camerounais s'étaient démarqués des principes classiques hérités du droit français, sans empreinte sur les réalités locales.

C'était une innovation majeure du droit public africain, avérée par la suite, semble-t-il dangereuse, voire hérétique pour la Fonction publique camerounaise, ce qui a justifié le retour à l'orthodoxie.

Ce retour à ce grand principe du droit public français, proscrivant l'exercice des activités privées lucratives aux fonctionnaires et aux agents contractuels,[100]n'a pas tenu compte des réalités locales. On ne voit pas, en effet, en quoi un agent qui se retrouve après sa journée de travail dans sa boutique est plus dangereux que le fonctionnaire véreux effectuant des ponctions dans le budget de l'Etat, tout en restant au bureau bien au-delà des horaires réglementaires de travail, pour s'occuper de ses propres affaires en utilisant, de surcroît, les moyens de l'État. Plusieurs bureaux de l'administration camerounaise sont ainsi transformés en cabinets privés...

b) Proposition de démarcation des principes sans empreinte sur la réalité

La démarcation du Statut général de 1994 du modèle classique hérité du droit français peut-elle se justifier ? La réponse à cette préoccupation nous paraît à la fois positive et opportune, en ce que l'environnement social camerounais n'est pas encore favorable à la réception et au développement sincère du droit interdisant l'exercice des activités privées lucratives aux fonctionnaires et agents publics.

[100]Décret n° 77-504 du 15 décembre 1977 portant interdiction de l'exercice d'une activité lucrative à certains agents de l'État et aux personnels des établissements publics et parapublics. Ce texte reprend les interdictions faites aux fonctionnaires dans les statuts généraux de 1974 et de 1994. Le SGFPE actuel ne résout pas le problème du fonctionnaire en disponibilité. Celui-ci pouvait exercer une activité lucrative sous l'égide du Statut de 1974. Cette possibilité lui avait été offerte à la faveur du décret n° 77-505 du 15 décembre 1977 portant modification de l'article 48 du Statut général de la Fonction publique de 1974.

Salomon BILONG rappelle la nécessité d'ancrer le droit (administratif) dans son environnement. Il s'exprime en ces termes : « *toute étude du droit administratif et des phénomènes administratifs camerounais qui ne tient pas compte des réalités locales, aboutit à des résultats dominés par des catégories qui doivent plus à l'expérience française qu'à l'expérience locale, avec comme conséquence, une forme de compréhension désincarnée ou anhistorique, les théories développées ailleurs n'ayant pas été éprouvées, en contact avec la réalité locale* ».[101] L'auteur rejoint la préoccupation d'Eugen EHRLICH, qui pense, en effet, que : « *[L]e centre de gravité du développement du droit, à notre époque... comme en tout temps, ne doit être cherché ni dans la législation, ni dans la doctrine, ni dans la jurisprudence, mais dans la société elle-même* »,[102] qui a ses propres réalités. Cette idée, qui emporte notre adhésion, ne se limite pas au droit administratif et concerne l'ensemble du droit public interne, malgré la forte prégnance du droit administratif sur la société.

Ce rappel devrait permettre d'éviter de « greffer », sans prendre le recul nécessaire, les droits étrangers sur un environnement totalement différent, où les salaires, par exemple, ne sont indexés sur aucune donnée objective, relativement au niveau de vie, en particulier (*infra*, IIIe partie, chapitre 1, section 2). L'interdiction faite au fonctionnaire et à l'agent public d'exercer une activité privée lucrative devrait se limiter aux horaires de travail réglementaires, au risque d'encourager des violations récurrentes, conduisant à l'ineffectivité du droit. Aussi le fonctionnaire devrait-il s'abstenir de vaquer à ses occupations privées aux heures de service. Le faire serait une tricherie préjudiciable à l'Administration.

Dans une profession quasi libérale comme l'enseignement universitaire ou la recherche, celui qui s'y livre devrait être jugé par rapport au travail effectué et aux résultats produits. En effet, rien n'indique qu'un enseignant-chercheur enfreint les règles de la morale si, tout en accomplissant sa charge de travail, il se livre à une activité privée lucrative. En revanche, le contraire, c'est-à-dire le manquement à ses obligations statutaires, constitue une atteinte à l'éthique, étant donné

---

[101]BILONG (Salomon), « Clair-obscur sur la répartition des compétences entre le juge administratif et le juge judiciaire au Cameroun : à propos des actes administratifs des personnes privées », *Revue du CAFRAD*, n° 82, 2017, p. 108.

[102]EHRLICH (Eugen), cité par Jean CARBONNIER, *Flexible droit*, 6e éd., Paris, LGDJ, 1988, p. 21.

que l'enseignant-chercheur perçoit indûment un salaire, sans contrepartie de service fait.

En réalité, l'activité privée lucrative peut permettre à cet enseignant du supérieur de vivre dignement et remplir plus convenablement les obligations de son métier, dont on connaît par ailleurs les difficultés et les exigences. Maintenir cette hypocrisie en brandissant les principes du droit importés, que l'on n'est pas en mesure d'assumer, traduit une attitude démagogique, contraire à l'éthique. L'Administration devrait se remettre en question, en élaguant du paysage juridique des dispositions textuelles, sans empreinte sur la réalité.

D'autres comportements des fonctionnaires, qualifiés d'infractions pénales, sont réprimés.

B. Les infractions pénales contraires à la morale professionnelle

Les règles de la morale professionnelle qui s'imposent au fonctionnaire, sont variées. Elles forment le « code de bonne conduite » de la Fonction publique ou son socle déontologique. Alain PLANTEY procède à une énumération de ces règles dont plusieurs constituent des infractions pénales. Il y a, entre autres :

- *l'abus d'autorité*, qui est l'attitude consistant, pour un fonctionnaire, à accomplir ou à ordonner arbitrairement un acte portant atteinte à la liberté individuelle ou aux droits civiques, en privant un citoyen de sa liberté, en prolongeant une détention ou en s'abstenant d'y mettre fin.[103] Se rangent encore, dans ce registre, l'atteinte au secret des correspondances ou tout acte discriminatoire à l'encontre d'une personne physique ou morale (*ibid.*).

- *le délit de probité*. Il englobe dans l'ensemble les infractions mentionnées à l'article 13 (d) du Statut général de la Fonction publique. Ce délit est lié à l'obligation de désintéressement et condamne, par exemple, un fonctionnaire qui se fait rémunérer par les usagers alors qu'il bénéficie d'un salaire de la puissance publique, ainsi que tout détournement des produits ou des fonds à son profit, les actes de fraude ou de corruption (Alain PLANTEY, *La fonction publique…*, *op. cit.*, pp. 365-366). La corruption de fonctionnaire, en particulier, comporte deux volets : elle est active lorsqu'un fonctionnaire ou agent public, pour lui-même ou pour un tiers, « sollicite, agrée ou reçoit des offres,

[103] PLANTEY (Alain), *La Fonction publique. Traité général*, Paris, Litec 1991, p. 364.

promesses, dons ou présents pour faire, s'abstenir de faire ou ajourner un acte de sa fonction ». La corruption passive concerne quiconque, pour obtenir soit l'accomplissement, l'ajournement ou le refus d'accomplissement d'un acte, soit des faveurs ou des avantages, fait des promesses, offres, dons, présents ou cède à des sollicitations tendant à la corruption, que la corruption ait ou non produit son effet. Les amendes et peines d'emprisonnement inhérentes à ces « avantages illégitimes » sont fixées à l'article 134 de la loi n° 2016/007 du 12 juillet 2016 portant Code pénal, et concernent les fonctionnaires.[104]

- *la concussion*, qui consiste pour les fonctionnaires ou agents publics à prendre, recevoir, exiger ou ordonner des sommes indues (Alain PLANTEY, *La Fonction publique*..., p. 367). L'auteur précise que la concussion se distingue de la corruption par le fait qu'en cette dernière matière, *« le fonctionnaire coupable a reçu d'une personne un don ou un présent que cette dernière était libre de ne pas faire » (ibid.).* Pour que l'infraction de concussion soit punissable, il suffit qu'il soit établi que les sommes, droits, salaires...reçus par le fonctionnaire ne lui étaient pas dus, *« peu importe que la perception abusive ait été faite au détriment d'un particulier ou au détriment de l'administration, qu'elle ait lieu à l'insu de la personne lésée, contre son gré ou même avec son agrément » (ibid.).*

Le Code pénal camerounais définit la concussion au détriment des particuliers, comme le fait pour un fonctionnaire ou agent public, le notaire, le commissaire-priseur d'exiger des droits, taxes, redevances, impôts ou contributions indus ou des avantages matériels, sans en payer le juste prix (art. 142).

Les infractions ci-dessus sont générales et concernent les fonctionnaires et agents publics camerounais, à côté des infractions de faux, de trafic d'influence, d'escroquerie, etc., énumérées par le Statut général la Fonction publique de l'État, également réprimées par le Code pénal.

[104]Voir l'intitulé de la Section II du Code pénal, Chapitre III, traitant « Des infractions commises par les fonctionnaires dans l'exercice de leurs fonctions ». Le fonctionnaire est défini au sens large par le Code pénal (art. 131). Aussi est-il considéré comme fonctionnaire, « tout magistrat, tout officier public ou ministériel, tout préposé ou commis de l'Etat ou toute autre personne morale de droit public, d'une société d'État ou d'économie mixte, tout militaire des forces armées ou de gendarmerie nationale, tout agent de la sûreté nationale ou de l'administration pénitentiaire et toute personne chargée, même occasionnellement, d'un service, d'une mission ou d'un mandat public, agissant dans l'exercice ou à l'occasion de l'exercice de ses fonctions ».

Quelques actes de fraude dans le déroulement de la carrière du fonctionnaire n'échappent pas à la vigilance des pouvoirs publics.

C. Les mesures de prévention de la fraude dans le déroulement de la carrière

Les mesures visées concernent essentiellement la fraude dans la prolongation d'un congé de maladie par un médecin, à la demande du fonctionnaire. Cette pratique, peu orthodoxe, est observée dans l'administration camerounaise. Pourtant, le fonctionnaire qui s'y livre court le risque de voir sa carrière compromise. Ainsi en est-il, conformément aux dispositions de l'article 65 (3) du SGFPE, du fonctionnaire qui bénéficie indûment ou frauduleusement d'une prolongation de son congé de maladie. Celui-ci peut être révoqué d'office, sans préjudice des poursuites pénales éventuelles. Un tel acte nécessitant des complicités et mettant à contribution plusieurs acteurs, le médecin qui s'en rend coupable est immédiatement traduit devant le Conseil permanent de discipline de la Fonction publique, lorsqu'il est fonctionnaire.

Le Statut général de la Fonction publique de l'État précise que lorsque le médecin incriminé n'est pas fonctionnaire, le ministre de la Fonction publique saisit le président du Conseil de l'ordre national des médecins en vue de la mise en œuvre de la procédure disciplinaire à l'encontre de l'intéressé (art. 65 al. 3 du SGFPE). Le Statut général se préoccupe ainsi des agents non-fonctionnaires, relevant du Code du travail. Le problème se pose, en revanche, pour les personnels contractuels des universités publiques, le texte les régissant[105]étant muet sur la question. Il est souhaitable que l'agent de l'université coupable d'une telle irrégularité soit licencié, et le médecin complice, dénoncé par le recteur ou le *vice-chancellor* auprès du président du Conseil de l'ordre national des médecins en vue de la prise à son encontre des sanctions appropriées. Des corps de fonctionnaires mettent en avant l'exigence de morale professionnelle, en fonction de la spécificité des missions qui leur sont assignées.

[105]Voir le décret n° 2011/119 du 18 mai 2011 fixant les dispositions communes applicables aux personnels d'appui des Institutions universitaires publiques du Cameroun.

§ 2. L'exigence de morale professionnelle dans certains corps de fonctionnaires

En plus des conditions fixées par les textes généraux, liées à l'éthique, plusieurs corps de métiers font référence à la bonne moralité dans leurs dispositions statutaires. Quelques obligations imposées aux fonctionnaires dans le cadre des statuts spéciaux sont propres à ces corps. Deux cas, où les exigences éthiques sont particulièrement mises en exergue, retiendront l'attention : les corps des fonctionnaires de l'Administration pénitentiaire (A) et de la Sûreté nationale (B).

A. L'Administration pénitentiaire

Le décret n° 92/054 du 27 mars 1992 portant statut spécial du corps de l'Administration pénitentiaire, aujourd'hui abrogé, comportait des dispositions susceptibles d'heurter la morale professionnelle. Ainsi, aux termes de l'article 57 (2) de ce texte, tout détournement, soustraction de pièces ou de documents de service sont formellement interdits ; autant que leur communication ou leur reproduction, à moins qu'elles ne soient exécutées pour raisons de service. L'article 58 du même texte condamne l'abus de fonctions, puisqu'il est interdit au fonctionnaire du corps de l'Administration pénitentiaire d'user de sa qualité, de son emploi ou des attributs de sa fonction pour obtenir ou tenter d'obtenir l'octroi d'un avantage de quelque manière que ce soit, ou exercer une pression ou une contrainte quelconque sur un tiers.

Le Statut spécial du corps des fonctionnaires de l'Administration pénitentiaire subséquent (décret n° 2010/365 du 29 novembre 2010), s'inspire de celui des fonctionnaires de la Sûreté nationale de 2001[106]et dévoile plusieurs obligations imposées aux fonctionnaires dudit corps, ayant un lien avec les exigences morales. Il est ainsi formellement interdit et contraire à la morale professionnelle, de favoriser les relations sexuelles entre détenus ou entre un détenu et une personne extérieure, ou d'être complice d'une évasion.

Si ces actes sont considérés par le Statut tels des « manquements aux consignes », d'autres sont clairement qualifiés de « contraires à l'éthique professionnelle, à la morale et à l'honneur ». C'est le cas du

---

[106]Décret n° 2001/065 du 12 mars 2001 portant Statut spécial du corps des fonctionnaires de la Sûreté nationale. Le nouveau Statut de l'Administration pénitentiaire innove en ce qu'il procède à une énumération détaillée des faits constitutifs de fautes disciplinaires.

détournement de médicaments ou de la ration pénale d'un détenu, de l'ivresse publique, des relations sexuelles avec un ou une détenu (e) ou du rançonnement des visiteurs, etc. Le Statut des fonctionnaires de la Sûreté nationale est tout aussi exigeant sur l'éthique professionnelle.

B. La Sûreté nationale

L'administration de la Sûreté nationale est très regardante en matière d'éthique. Le fonctionnaire de ce corps doit être intègre et impartial, et ne doit pas se départir de sa dignité en toute circonstance. Il doit aussi se comporter d'une manière exemplaire vis-à-vis du service public.[107] Le corps des fonctionnaires de la Sûreté nationale[108]est, à l'image des corps de l'Enseignement supérieur ou de l'Administration pénitentiaire, soumis à l'observance des règles d'éthique strictes. La seule différence réside dans la détermination plus détaillée, par le Statut spécial des fonctionnaires du corps de la Sureté nationale, des comportements constitutifs de faute disciplinaire. Cet effort de clarification des comportements déviants des policiers est à l'actif du droit administratif camerounais, qui a fait évoluer le volet du droit de la Fonction publique sur la question de la définition de la notion de faute professionnelle, même si ces fautes ne sont pas, de toute évidence, déclinées de façon exhaustive.[109]

On peut dire que le corps des fonctionnaires de la Sûreté nationale baigne dans une ambiance d'exigence d'éthique en ce qu'il renvoie à des dispositions qui interpellent le fonctionnaire sur une stricte hygiène morale. Ainsi, conformément aux dispositions de l'article 21(2), le fonctionnaire de la Sûreté nationale est tenu d'exercer ses fonctions avec honneur, dévouement, fidélité, loyauté, loyalisme, impartialité, intégrité, diligence et efficacité...Il est soumis au strict respect du

---

[107]Article 7 du décret n° 269 du 04 avril 1995 portant Code de déontologie de la Police nationale.

[108]Décret n° 2012 du 19 novembre 2012 portant Statut spécial du corps des fonctionnaires de la Sûreté nationale.

[109]L'article 94 du Statut spécial du corps des fonctionnaires de la Sûreté nationale définit la faute disciplinaire ou professionnelle comme « toute violation, soit par action, soit par abstention, des devoirs et obligations professionnelles, et tout manquement à ceux-ci. Sont notamment réputées fautes disciplinaires... (2). Cette définition reprend presque à l'identique celle que le Statut général de la Fonction publique donne de la faute professionnelle, qui est « notamment un manquement par action, inaction ou négligence aux devoirs et obligations auquel est assujetti le fonctionnaire » (art. 93).

devoir de réserve et astreint au secret professionnel (3). Enfin, *« le fonctionnaire de la Sûreté nationale doit, en toute circonstance, se comporter en honnête et digne citoyen »* (5). Cette exigence ne laisse aucune place à une attitude contraire à la morale professionnelle.

Dans l'ensemble, les faits constitutifs de fautes disciplinaires se rangent dans cinq (05) rubriques :

- les manquements aux consignes ;
- les fautes relatives à la tenue et à la conduite ;
- les manquements à la subordination hiérarchique ;
- les négligences caractérisées et les fautes professionnelles ;
- les fautes contre l'honneur, le devoir et la probité.

Les faits qui meublent ces rubriques sont contraires à la morale professionnelle et à la décence. On peut citer, indépendamment des rubriques précédentes, les faits consistant à : s'absenter pendant le service, enfreindre les ordres ou les consignes, provoquer du scandale ou du désordre en ville, participer à une rixe, laisser s'évader ou favoriser l'évasion d'un détenu ou gardé à vue, etc. Sont également réprimées : l'utilisation frauduleuse de timbres, cachets ou imprimés réglementaires, la violence, les voies de fait ou brutalités, la violation du secret professionnel, la fausse déclaration de perte ou de destruction d'objets personnels à l'occasion du service, la partialité, l'indélicatesse ou la compromission portant atteinte à la considération de la Police. La liste est loin d'être épuisée.

La bonne moralité du fonctionnaire est établie ou, à tout le moins, présumée, lorsqu'il ne tombe pas sous le coup des mesures prévues ci-dessus. L'université, lieu où s'expriment toutes les sensibilités, ne s'écarte pas des préoccupations morales et éthiques.

§ 3. La particularité de l'éthique universitaire

L'éthique universitaire nous paraît spécifique dans la mesure où elle concerne la communauté universitaire tout entière, comprenant les enseignants, les étudiants ainsi que les personnels administratifs et d'appui. Les derniers agents cités sont soumis aux mêmes exigences éthiques de l'ensemble des fonctionnaires, déjà examinées, telles que prévues par le Statut général de la Fonction publique[110]et le texte applicable aux personnels d'appui des institutions universitaires publiques du Cameroun.[111]

Les règles d'éthique des enseignants des universités (A) et celles des étudiants (B), se distinguent par leur caractère particulier.

A. La moralité des enseignants

La moralité des enseignants est une exigence permanente. Elle leur impose, en premier lieu, le respect de la discipline dans l'exercice de leur profession ainsi que de l'éthique universitaire et, en second lieu, le rejet ou la réprobation du plagiat.

1. Les règles de discipline et de l'éthique

La discipline est une règle fondamentale de l'éthique. La faute professionnelle ou extra-professionnelle commise par l'enseignant est susceptible d'entraîner des sanctions disciplinaires à son encontre, comme pour tout fonctionnaire. Ces sanctions découlent de tout manquement aux obligations professionnelles des enseignants, de tout acte portant atteinte ou susceptible de porter atteinte à la dignité ou à la déontologie universitaires, ou tout acte partisan, isolé ou concerté, de nature à empêcher le fonctionnement normal et régulier de l'université.[112] Le Statut spécial des personnels de l'Enseignement supérieur est plus éclairant sur la question de la moralité des enseignants, en ce qu'il révèle les comportements et fautes professionnelles passibles de sanctions disciplinaires, parmi lesquels, la participation à la fraude aux examens ou la complicité de fraude, ou encore la tentative de complicité de fraude aux examens. On peut encore citer la violation du secret d'anonymat des sujets et des délibérations de jurys.[113] Il est en effet indécent et moralement

---

[110]Articles 13 et 35 à 41 du décret n° 94/199 du 07 octobre 1994 portant Statut général de la Fonction publique de l'État, modifié et complété par le décret n° 2000/287 du 12 octobre 2000, relatifs respectivement aux conditions de recrutement et aux obligations des fonctionnaires.

[111]Article 7 (3) du décret du 18 mai 2011 précité, concernant les critères de recrutement et 28 à 33, relatifs aux obligations des personnels d'appui des institutions universitaires publiques.

[112]Article 16 du décret n° 93/030 du 19 janvier 1993 portant organisation administrative et académique de l'Université de Douala.

[113]Article 51 du décret n° 93/035 du 19 janvier 1993 portant Statut spécial des personnels de l'Enseignement supérieur.

répréhensible, pour un enseignant, de participer à la fraude aux examens ou d'en être complice, en divulguant un sujet d'examen, par exemple. Cette violation s'étend aux copies d'examens lesquelles peuvent comporter des signes inscrits par des membres du secrétariat des examens, dans une chaîne de complicité où l'enseignant évaluateur occupe le dernier maillon. Ce dernier attribue une note complaisante à la copie, à la reconnaissance du signe discret qui y est porté, dont il détient à l'avance le code. L'enseignant qui se trouve dans cette situation, une fois « débusqué », est traduit devant le conseil de discipline et sanctionné par l'autorité hiérarchique compétente.

L'éthique est également une exigence fondamentale de l'enseignant postulant à un changement de grade dans le cadre de l'enseignement supérieur.[114] Aussi la satisfaction à l'éthique universitaire est-elle incontournable pour tout enseignant candidat au grade de Chargé de cours, de Maître de conférences ou de Professeur. Ne devrait par conséquent pas accéder au grade supérieur l'enseignant qui, bien que remplissant les conditions d'évaluation devant les instances compétentes, pèche par son comportement indélicat avéré, par exemple le harcèlement sexuel ou l'attribution des NST (Notes sexuellement transmissibles).

2. La question du plagiat

Le plagiat est, à l'origine, l'appropriation par une personne de tout ou partie d'une œuvre artistique ou littéraire dont elle n'est pas l'auteur. Le plagiaire peut utiliser les textes d'un auteur sans citation ou référence. Le plagiat s'assimile ainsi à la « fraude » ou au « vol ». Cette attitude est illégale et contraire à l'éthique, puisque, sur le plan moral, le plagiat constitue une atteinte à l'honnêteté intellectuelle. A l'Université, le plagiat concerne tous les chercheurs, enseignants et étudiants.

Le droit français est familier des questions de plagiat, davantage en matière civile. Il est toutefois arrivé au juge administratif de s'y pencher. À titre d'illustration, la Haute juridiction administrative française avait procédé au retrait d'un acte administratif, obtenu par

[114]Voir les différents arrêtés du ministre de l'Enseignement supérieur du 16 novembre 2010, portant organisation des Commissions scientifiques spécialisées (CSS) et fixant les critères de recrutement et de promotion aux différents grades du corps des personnels enseignants des institutions de l'Enseignement supérieur du Cameroun.

fraude,[115] à la suite de la découverte du plagiat imputé à une étudiante du cycle de doctorat. Mme B.-R. avait soutenu sa thèse de doctorat en droit en 2005 et avait été inscrite par la suite par la Section02 (droit public) du Conseil national des universités (CNU) sur la liste de qualification aux fonctions de Maître de conférences. Seulement, le rapporteur du dossier avait, devant une commission de spécialistes, découvert que la thèse de la requérante avait reproduit ou paraphrasé d'importants passages de sa propre thèse, soutenue deux ans plutôt. Le CNU, alerté de cette situation sur la base de deux rapports scientifiques, avait décidé collégialement de retirer l'acte administratif qui qualifiait dame B.-R. aux fonctions de Maître de conférences. La matérialité du plagiat étant établie, le Conseil d'État décide que Mme B.-R. n'est pas fondée à soutenir que *« c'est à tort que le CNU a retenu à son encontre une fraude consistant à présenter des travaux qui étaient en réalité pour partie ceux d'un autre chercheur »* ; et qu'elle ne peut demander l'annulation de la décision par laquelle le CNU avait prononcé le retrait de son inscription sur la liste de qualification aux fonctions de Maître de conférences.

Fabrice MELLERAY relève que la décision rendue par le Conseil d'État illustre le principe élémentaire *« fraus omnia corrumpit »*, qui n'est rien d'autre qu'un « très ancien concept de morale juridique » (note sous C.E., 23 février 2009, p. 226), puisque la fraude exclut toute constitution de droits acquis et interdit par conséquent au bénéficiaire de l'acte frauduleux de se prévaloir des règles jurisprudentielles ou législatives, encadrant les modalités de retrait des actes administratifs créateurs de droits.[116] L'auteur conclut que *« cette affaire constitue à la fois un avertissement pour les personnes tentées par une nouvelle fraude et une sorte de guide pour les autorités universitaires »* (*idem*, p. 226).

La presse camerounaise a largement fait écho d'un cas sans précédent de plagiat de thèses de doctorat/Ph.D. à la Faculté des sciences économiques et de gestion de l'Université de Yaoundé 2-Soa. Dix-sept (17) thèses de doctorat sur vingt (20) déposées avaient été rejetées par le doyen dudit Établissement, pour ladite cause, contraire à l'éthique

---

[115]MELLERAY (Fabrice), note sous C.E., 23 février 2009, Mme B.-R., req. N° 310277, *RFDA*, n° 2, mars-avril 2009, pp. 226-228.

[116]*Ibid.*, p. 228. L'auteur rappelle que l'acte frauduleux produit des effets de droit et doit être appliqué tant qu'il n'est pas annulé.

universitaire[117]. Aucun texte de l'université camerounaise ne traite de la question du plagiat des enseignants. C'est plutôt du côté des étudiants que l'on retrouve, de façon elliptique, la prescription faite aux encadreurs des thèses et mémoires de « sensibiliser l'étudiant sur le plagiat et ses conséquences ».[118] Pourtant le plagiat est une véritable préoccupation de l'Université à l'échelle universelle et interpelle l'éthique et la morale. Il trouve son fondement dans les prescriptions de l'ensemble des textes de l'Enseignement supérieur au Cameroun. On rappelle que, conformément aux dispositions de la loi d'orientation de l'Enseignement supérieur,[119] « [L]'Etat assigne à l'enseignement supérieur une mission fondamentale de production, d'organisation et de diffusion des connaissances scientifiques, culturelles, professionnelles et éthiques pour le développement de la nation et le progrès de l'humanité ».

Une telle mission, auréolée de noblesse et de dignité, s'écarte forcément des comportements indécents comme le plagiat, en raison de ce que l'auteur de cette pratique affiche un comportement contraire à l'éthique et à la bienséance universitaires, lequel constitue un manquement aux obligations de l'enseignant-chercheur.

L'acquisition des logiciels anti-plagiat dans les différents établissements de l'Enseignement supérieur est vivement souhaitée, en ce qu'elle est un instrument efficace de lutte contre le plagiat universitaire au Cameroun. Outre la question du plagiat qui concerne également les étudiants, ceux-ci sont particulièrement interpellés sur le respect des règles éthiques durant leur séjour à l'université.

B. L'éthique estudiantine

La vie en harmonie en milieu universitaire exige le respect des valeurs éthiques de l'ensemble de la communauté. Le maillon faible de cette chaîne est constitué des étudiants, exposés aux influences d'origines diverses. Le statut de l'étudiant camerounais est encadré par un texte réglementaire, l'arrêté portant statut commun des étudiants des

---

[117] Lire le quotidien *Mutations* n° 4593, du lundi 09 avril 2018, p. 11.

[118] Article 3 (2) de l'arrêté n° 18/00617/MINESUP/SG/DAJ du 30 juil. 2018 fixant les modalités d'encadrement des thèses et mémoires dans les Établissements des Institutions publiques d'Enseignement supérieur au Cameroun.

[119] Article 2 de la loi n° 2001 du 16 avril 2001 portant orientation de l'Enseignement supérieur.

institutions universitaires publiques du Cameroun.[120] Par ce texte, les pouvoirs publics ont mis en place un mécanisme de protection des étudiants contre toutes les influences, en même temps qu'ils encadrent leurs comportements susceptibles de déviances éthiques.

Les textes portant organisation et fonctionnement des différentes universités et fixant les dispositions communes qui leur sont applicables, vont dans le même sens et interpellent les étudiants sur les valeurs éthiques qu'ils doivent observer. Ces règles précèdent celles édictées par le statut commun des étudiants.

1. Les règles de discipline générale applicables aux étudiants

Les étudiants sont astreints au respect de la discipline. Est tenu pour infraction universitaire aux termes de l'article 61 du décret n° 93/027 du 19 janvier 1993, « [T]out manquement par un étudiant à la discipline, aux règlements régissant le régime des études, aux règles de la bienséance universitaire, toute participation directe ou indirecte aux actes susceptibles de compromettre le bon fonctionnement de l'Institution universitaire, tout comportement contraire à la dignité universitaire… ».[121]

En fonction de la gravité de la faute commise et « …en cas d'agressions et autres voies de fait contre les étudiants et les personnels de l'Université, la destruction de biens, l'organisation délibérée de la non assiduité aux enseignements, la perturbation des activités d'enseignement, de recherche ou d'appui, les manifestations intempestives au sein du campus ou sur la voie publique », l'étudiant est passible de sanctions d' « exclusion temporaire d'une à deux années académiques » ou d' « exclusion définitive des établissements des institutions universitaires nationales » (art. 62 du décret n° 93/027 du 19 janvier 1993, *op. cit.*), après avis du chef de l'institution universitaire concernée. Ces sanctions sont prononcées par le ministre de l'Enseignement supérieur. Les faits sus-évoqués sont suffisamment graves, au regard de la morale, pour justifier l'exclusion temporaire ou définitive de l'étudiant incriminé des établissements de l'Enseignement supérieur.

---

[120]Article 12 de l'arrêté n° 08/0249/MINESUP du 11 sept. 2008 portant Statut commun des étudiants des institutions universitaires publiques.

[121]Voir décret n° 93/027 du 19 janvier 1993 portant dispositions communes aux universités, modifié et complété par le décret n° 2005/342 du 10 sept. 2005.

Par ailleurs, la fraude aux examens est réprimée et, dans ce cas, l'action disciplinaire revient aux chefs d'Etablissement (doyens des facultés et directeurs des grandes écoles), qui saisissent le jury d'examens à cette fin.[122] De même, tout étudiant suspect de fraude est immédiatement exclu de la salle d'examen, et un rapport circonstancié signé de deux surveillants, soumis au chef d'établissement (*idem*, art. 32 al. 2 du décret n° 93/030). Il faut reconnaître que la mise en œuvre de cette disposition n'est pas évidente, l'étudiant suspecté de fraude refusant le plus souvent d'obéir aux ordres du surveillant si aucune preuve tangible de fraude n'est produite, telle que la détention par lui de documents compromettants.

2. Les prescriptions particulières du Statut commun des étudiants

Le statut commun des étudiants des universités publiques camerounaises complète le dispositif éthique par d'autres règles de discipline applicables aux étudiants. Ce texte prévoit des règles de protection de l'éthique et des sanctions à l'encontre des étudiants auteurs des actes indélicats.

S'agissant de la protection des étudiants, elle se fonde sur le fait que l'université est un milieu sensible et perméable à tous genres de comportements et d'influences, pouvant compromettre l'intégrité physique et morale ainsi que le bon déroulement de la formation des apprenants. Les pouvoirs publics ont ainsi opté de proscrire, entre autres, la distribution en milieu estudiantin des « documents contraires à la moralité publique, à la conscience nationale et à l'éthique universitaire », ainsi que « le harcèlement sous toutes ses formes » (*ibid*). Ces agissements qui portent atteinte à l'intégrité morale des étudiants peuvent être rangés dans le chapitre de la « corruption de la jeunesse », réprimée par le Code pénal.[123]

De même, l'étudiant se doit de refuser d'exécuter un ordre « manifestement contraire à l'éthique et à la déontologie universitaires ». Il est également astreint aux obligations de discipline et de pudeur, qui ne sont pas sans lien avec l'éthique. Les étudiants, comme tous les

[122]Article 32 (1) du décret n° 93/030 du 19 janvier 1993 portant organisation administrative et académique de l'Université de Douala.
[123]Article 344 du Code pénal camerounais (Loi n° 2016/007 du 12 juillet 2016). Ce texte punit d'un emprisonnement de un (01) à cinq (05) ans et d'une amende de vingt mille (20 000) à un million (1 000 000) de francs CFA celui qui excite ou facilite la débauche ou la corruption d'une personne mineure.

individus ou tous les membres de la société, ne sont pas toujours en odeur de sainteté et peuvent être portés à adopter des comportements déviants au sein de la communauté universitaire. Quelques leaders d'étudiants profitent souvent de leur position pour distraire les fonds appartenant à leur association ou adoptent des comportements répréhensibles. Aussi sont-ils mis en garde notamment contre tous les détournements de fonds ou distraction de documents dont ils pourraient se rendre coupables. L'article 25 de l'arrêté portant statut commun des étudiants est détaillé sur cette question. Ainsi, «tout détournement des fonds appartenant à l'Administration universitaire ou à une association d'étudiants régulièrement constituée, toute soustraction ou confiscation de pièces ou de documents appartenant à l'Administration universitaire ou à une association d'étudiants régulièrement constituée, sont formellement interdits. Il en est de même de leur reproduction à des fins commerciales, de leur divulgation ou de leur utilisation à des fins contraires à l'éthique et à la déontologie universitaires ».[124]

Trois faits ici sont considérés comme constitutifs des manquements à la bienséance et à la dignité universitaires, et les étudiants n'en sont pas toujours exempts. Il s'agit des détournements de deniers publics, de soustraction ou de confiscation des pièces ou de documents appartenant à l'administration universitaire ou leur reproduction à des fins contraires aux missions de l'université et à l'éthique ainsi qu'à la déontologie universitaires. Les détournements des fonds appartenant aux associations estudiantines par les dirigeants de celles-ci sont souvent cause de frictions et de conflits entre les étudiants. L'administration est tenue d'intervenir en pareille circonstance pour arbitrer ces litiges et rétablir l'ordre, tout en se gardant de s'ingérer dans la vie et le fonctionnement des associations estudiantines.

Interdiction est par ailleurs faite aux étudiants de reproduire des documents appartenant à l'université à des fins commerciales ou pour leur divulgation pour des motifs contraires à la morale. Cette obligation qui incombe aux étudiants se rapproche de l'obligation de discrétion professionnelle imposée aux fonctionnaires (art. 41 du SGFPE).

La réglementation n'a malheureusement pas pensé à la reproduction, à des fins commerciales, des écrits des enseignants par les étudiants. Cette pratique qui prend de l'ampleur en milieu universitaire au

[124]Article 13 de l'arrêté n° 08/0249 du 11 sept. 2008 portant statut commun des étudiants, précité.

Cameroun devrait préoccuper les pouvoirs publics et les autorités administratives, sans préjudice des actions que les victimes pourraient envisager dans le but de voir sanctionner les étudiants véreux, qui se livrent à ces crimes de l'esprit.

En outre, tout étudiant inscrit à la suite d'une manœuvre frauduleuse établie est, dès découverte de celle-ci, rayé des effectifs de l'institution universitaire par décision motivée du ministre de l'Enseignement supérieur, sans préjudice des poursuites pénales et civiles (art. 7 du statut commun des étudiants). De même, tout manquement par un étudiant à la discipline…ainsi que tout comportement contraire à l'éthique et à la déontologie universitaires, constituent une infraction disciplinaire punie conformément aux textes en vigueur, c'est-à-dire celles prévues par les différentes réglementations régissant les universités camerounaises (art. 26 du statut commun des étudiants). Ces manquements sont susceptibles d'entraîner des sanctions en fonction de la gravité de la faute commise.

Conclusion du chapitre 1er

La prévention des dérives éthiques est encadrée, en particulier, par des règles contenues dans les différents textes régissant les fonctionnaires et agents publics. Au cœur de ce dispositif éthique, se trouve l'exigence de « bonne moralité », formellement prescrite ou présumée, lorsque la réglementation ne la mentionne pas clairement. La bonne moralité qui exclut certains comportements comme la fraude, ou la condamnation du postulant à la Fonction publique pour crime ou délit de probité, préserve l'Administration des fonctionnaires et agents publics dont le comportement serait préjudiciable à la vie et au bon déroulement des activités de service public. Ces règles éthiques s'expriment de façon singulière à l'Université, en ce qu'elles concernent toutes les composantes de la communauté universitaire, en se préoccupant spécifiquement des étudiants. Elles encadrent également certaines institutions de droit public.

CHAPITRE II

L'ENCADREMENT INSTITUTIONNEL DE L'ÉTHIQUE

Les règles de l'éthique sont prises en compte dans le fonctionnement de certaines institutions. L'institution ici renvoie, au sens large, à un ensemble des règles régies par le droit et établies en vue de la satisfaction de l'intérêt général. Elle se réfère ainsi, à la fois aux institutions-organes, en leur qualité d'organismes dont le statut et le fonctionnement sont encadrés par le droit, et aux institutions-mécanismes, faisceau de règles régissant une institution ou une situation juridique donnée,[125] tels que l'élection, le droit de dissolution ou la représentation de l'État en justice… Dans ce cadre, la lutte contre la corruption ou la fraude, l'encadrement éthique de l'élection, la déclaration des biens et avoirs, etc., revêtent une dimension institutionnelle en ce qu'elles sont appréhendées tels des faits sociaux qui s'inscrivent dans la durée, présentant l'apparence d'une réalité « objective » et « naturelle ».[126] Ce double visage organique et matériel de la notion d'institution est rappelé par Alain-Didier OLINGA dans son étude portant sur l'article 67 de la Constitution.[127]

Il est intéressant d'examiner comment des structures et organismes se préoccupent de la préservation de la morale (Section 1), de même que certaines activités d'intérêt public qui revêtent une nature institutionnelle (Section 2). La déclaration des biens et avoirs par les dirigeants politico-administratifs (Section 3) et la représentation de l'État en justice (Section 4) ne sont pas en marge des préoccupations morales et éthiques.

---

[125]GUILLIEN (Raymond), VINCENT (Jean), *Lexique des termes juridiques*, Paris, Dalloz, 2011, p. 195.
[126]OMBALLA (Magellan), « Les politiques publiques de lutte contre la corruption au Cameroun », *in* David ABOUEM à TCHOYI, Stéphane Claude MBAFOU, (dir.), *50 ans de réforme de l'Etat au Cameroun*, Paris, L'Harmattan, 2013, pp. 311-312.
[127]OLINGA (Alain-Didier), « L'article 67 de la Constitution », *Lex Lata*, n° 033, mars 1997, p. 5.

SECTION I.- LES STRUCTURES ET ORGANISMES DE PRÉSERVATION DE L'ÉTHIQUE

Les pouvoirs publics ont mis en place plusieurs structures, notamment la Commission nationale anti-corruption (CONAC), l'Agence nationale d'investigation financière (ANIF), la Chambre des comptes, le Tribunal criminel spécial, etc., dont la seule évocation devrait être suffisamment dissuasive pour quiconque serait tenté d'adopter un comportement déviant, lié à la corruption et à la fraude. L'on insistera sur les structures ministérielles de lutte contre la corruption (§ 1) et d'autres organismes spécialisés engagés dans la même cause (§ 2). Cette démarche prend en compte tous les aspects de prévention des violations éthiques concernant la corruption proprement dite, le blanchiment des capitaux et la lutte contre le terrorisme, ainsi que l'encadrement de l'éthique professionnelle au sein du ministère.

§ 1. Les structures ministérielles de lutte contre la corruption

L'administration publique en général et la Fonction publique, précisément, sont indexées comme les terrains les plus fertiles de la corruption au Cameroun. En témoigne, le niveau de vie de plusieurs fonctionnaires, sans rapport avec leurs revenus réels. Magellan OMBALLA rappelle les propos du président de la République au sujet de la corruption, à la faveur de la publication du classement de l'organisme allemand *Transparency International*, hissant le Cameroun au rang de pays le plus corrompu au monde, successivement en 1998 et 1999.[128]Déjà en 1998, le président de la République déclarait qu' « [A] la faveur de la crise qui a touché notre pays au cours des dix dernières années, des comportements anormaux se sont infiltrés dans notre société ; (…) l'appât du gain, l'enrichissement illicite sont devenus les moteurs du comportement de nos compatriotes, adeptes par ailleurs de la fraude, de la tricherie, voire de l'escroquerie. Il y a là une évolution inquiétante contre laquelle il convient de réagir… ». Dans la même veine, dans son message de fin d'année 2000, le président de la République souligne la nécessité de restaurer la morale publique et

[128]OMBALLA (Magellan), « Les politiques publiques de lutte contre la corruption au Cameroun », *op. cit.*, pp. 326-327.

privée. Il reconnaît que « *[C]e n'est pas une tâche facile car le mal s'est profondément incrusté dans les habitudes à la faveur de la crise. Le gouvernement s'efforce d'appliquer des stratégies de bonne gouvernance et de lutte contre la corruption...* ».

Les propos du président de la République justifient la création des structures au sein des ministères, chargées en particulier de la prévention de la corruption (B). Il paraît également judicieux de rappeler au préalable la mission traditionnelle du secrétaire général du ministère dans ladite entreprise (A).

A. La mission traditionnelle du secrétaire général du ministère

Le secrétaire général veille au respect de l'éthique professionnelle au sein du ministère. Il coordonne l'activité administrative et les services autant qu'il joue un rôle de catalyseur et de transparence dans les services publics.[129] Il exerce, à ce titre, une fonction managériale, à la fois prescriptive et normative, encadrée par une exigence d'éthique et de transparence. La fonction de secrétaire général est beaucoup plus prégnante tant dans le contrôle disciplinaire des agents publics que la codification des procédures (*ibid.*). Les attributions du secrétaire général sont précisées dans les différents textes portant organisation des ministères.

Sur le plan disciplinaire, l'instruction générale n° 002 du 4 juin 1998 relative à l'organisation du travail gouvernemental dispose que le secrétaire général de ministère « doit contrôler régulièrement la ponctualité, l'assiduité, la conscience professionnelle de tous les personnels du Ministère et s'assurer de l'observance par tous les agents publics de l'éthique professionnelle requise... ».

Jean-Claude TANG ESSOMBA souligne que le rôle de contrôle préventif assigné au secrétaire général consiste en la prise des actes (notes de service) ainsi que la tenue des réunions de coordination qui anticipent sur les comportements délictueux et permettent de sonner l'alarme en fustigeant, notamment, les attitudes de non-observance de l'intégrité et de la probité morale, le non-respect des règles déontologiques, les conflits d'intérêt ou l'inconscience professionnelle (*idem*, p. 76). La définition et la codification des procédures qui est la

---

[129]TANG ESSOMBA (Augustin Claude), « La fonction de Secrétaire général et la bonne gouvernance des services publics au Cameroun », *in* Benjamin AMAMA (dir.), *20 propos sur l'administration publique camerounaise*, Yaoundé, juin 2003, p. 75.

deuxième mission assignée au secrétaire général, participe de la transparence administrative et facilite l'identification des responsabilités des acteurs en fonction des résultats escomptés. La codification des procédures internes, à travers l'élaboration des manuels de procédures sous l'impulsion du secrétaire général, contribue à la lutte contre les dérives éthiques, la corruption, en particulier, grâce à la recherche d'une plus grande transparence, à l'amélioration de la célérité dans le traitement des dossiers et de la traçabilité du travail administratif (*idem*, p. 77). A cette institution classique incarnée par le secrétaire général, se sont adjointes d'autres, plus récentes : la cellule ministérielle de lutte contre la corruption et les structures d'inspection.

B. Les cellules ministérielles de lutte contre la corruption et les structures d'inspection

Le souci de préservation de l'éthique et la lutte contre la corruption ont conduit les pouvoirs publics à instituer, au sein des ministères et autres organismes publics, des cellules de lutte contre la corruption. Ces structures, de création récente, accentuent la lutte contre la corruption par des mesures préventives spécifiques. Au ministère de l'Enseignement supérieur (MINESUP), par exemple, l'arrêté n° 05/2005 du 02 mars 2005 institue une cellule de lutte contre la corruption et de promotion de l'éthique au sein de cette administration. Cette structure a pour objet de veiller à la mise en œuvre effective des mesures de lutte contre la corruption prescrites dans ce ministère, dans le cadre du plan gouvernemental de lutte contre la corruption ; d'exécuter toute mission relative à la prévention et à la répression de la corruption au sein du ministère de l'Enseignement supérieur et dans les universités publiques et privées ; et de proposer toutes les mesures de nature à juguler la corruption. Enfin, la cellule de lutte contre la corruption au sein du MINESUP promeut l'éthique et les normes de bonne gouvernance dans ladite administration et au sein des universités.

S'agissant de son fonctionnement, la cellule de lutte contre la corruption se réunit en tant que de besoin sur la base d'un programme d'actions annuel préalablement approuvé par le ministre. Elle dispose d'un droit d'accès à tous les services du ministère ainsi qu'à la communication de tous les documents et les informations nécessaires à l'accomplissement de sa mission. Elle élabore, à l'issue de chacune de ses missions, un rapport qu'elle adresse au ministre.

La mission d'inspection, quant à elle, a été confiée à une institution d'évaluation, l'inspection générale, de création récente dans la structure organique des ministères au Cameroun. Elle est chargée, entre autres, de mener la lutte contre la corruption en mettant en œuvre des stratégies appropriées. Ainsi, au ministère de l'Enseignement supérieur, l'inspection générale est chargée de la mise en œuvre de la stratégie de lutte contre la corruption en liaison avec la « cellule ministérielle de lutte contre la corruption pour la promotion de l'éthique » dans cette administration. Cette mission revient particulièrement à l'inspection générale des services administratifs au ministère de la Santé publique.[130] Au ministère des Marchés publics,[131] la mise en œuvre de la stratégie de lutte contre la corruption est davantage liée au système de passation des marchés publics, sous la supervision de l'inspection générale des contrôles des marchés publics. Certaines structures spécialisées sont mises en place pour compléter le dispositif préventif des dérives éthiques.

§ 2. Les organismes spécialisés de prévention des comportements contraires à la morale

La corruption est, sans conteste, à côté de la fraude, l'une des déviances éthiques les plus décriées dans la société camerounaise, par les pouvoirs publics et la société civile, en particulier. D'autres activités qui s'écartent de la vertu, telles que le blanchiment des capitaux et le financement du terrorisme n'ont pas manqué de préoccuper les pouvoirs publics camerounais. Plusieurs institutions de lutte contre les déviances éthiques meublent le paysage institutionnel au Cameroun. Parmi les plus représentatives, on retrouve la Commission nationale anti-corruption (A) et l'Agence nationale d'investigation financière (B), qui mènent une action préventive contre les fléaux mentionnés.

A. Le volet préventif de la Commission nationale anti-corruption.

Dans sa communication spéciale lors de la réunion du Bureau politique du RDPC, tenue à Yaoundé, le 03novembre 2016, le président de la République du Cameroun, Paul BIYA, déclarait : *« ...Nous mènerons*

[130]Décret n° 2013/093 du 03 avril 2013 portant organisation du ministère de la Santé publique.
[131]Décret n° 2012/075 du 08 mars 2012 portant organisation du ministère des Marchés publics.

donc la bataille pour la paix sans relâche, de même que nous intensifierons la lutte contre la corruption et l'inertie qui compromettent sérieusement nos efforts de progrès. Au demeurant, qui dit émergence dit rigueur et moralisation ».

Cette intervention du président de la République du Cameroun traduit la préoccupation des pouvoirs publics de combattre la corruption. La création de la Commission nationale anti-corruption (CONAC) en 2006[132]peut par conséquent se justifier. Cette action d'envergure est une des conditionnalités du volet du point d'achèvement de l'initiative « Pays pauvres très endettés » (PPTE), concernant la bonne gouvernance et la lutte contre la corruption.

Aux termes de l'article 2 du décret du 11 mars 2006, la CONAC est un organisme public indépendant, chargé de contribuer à la lutte contre la corruption. Dans le cadre de cette mission, la CONAC peut, notamment, mener toute étude ou investigation et proposer toute mesure de nature à prévenir ou à juguler la corruption.

Par ailleurs, la lutte contre la corruption devant être menée par des hommes intègres, la réglementation a prévu, en amont, que les membres du Comité de coordination de cet organisme soient désignés parmi les personnalités ayant fait preuve de probité dans l'exercice de leurs fonctions et jouissant d'une bonne moralité, provenant de l'Administration et de la société civile (art. 8 du décret n° 2006/088 du 11 mars 2006, *op. cit.*).

La qualité des hommes appelés à servir à la CONAC est donc indispensable au déroulement serein et en toute impartialité, des activités des membres de ladite commission, car on n'imagine pas un membre de la CONAC, par exemple, afficher une attitude partiale ou se rendre coupable de favoritisme. L'Agence nationale d'investigation financière (ANIF) est plus discrète dans son action.

B. L'effet dissuasif de l'Agence nationale d'investigation financière.

La lutte contre le blanchiment des capitaux et le terrorisme nécessite un regard sur la provenance des fonds ainsi que les personnes qui alimentent et permettent d'entretenir les groupes, mouvements et actions terroristes. La création de l'Agence nationale d'investigation

[132]Décret n° 2006/088 du 11 mars 2006 portant création, organisation et fonctionnement de la Commission nationale anti-corruption.

financière (ANIF),[133] participe de cette logique. Il s'agit d'un service public de renseignement financier né en application de l'article 25 du Règlement de la Communauté économique et monétaire d'Afrique centrale (CEMAC) portant prévention et répression du blanchiment des capitaux et du financement du terrorisme en Afrique centrale, adopté le 4 avril 2003.[134]

Le blanchiment d'argent ou des capitaux est une infraction pénale, récemment inscrite dans le Code pénal camerounais. Elle est perçue par S. GUINCHARD et T. DEBART comme *« le fait de faciliter, par tout moyen, la justification mensongère de l'origine des biens ou des revenus de l'auteur d'un crime ou d'un délit ayant procuré à celui-ci un profit direct ou indirect, ainsi que d'apporter un concours à une opération de placement, de dissimulation ou de conversion du produit de l'une de ces infractions ».*[135] François ANOUKAHA trouve l'incrimination camerounaise du blanchiment d'argent minimaliste, étant donné, d'une part, que le législateur vise uniquement l'argent, tandis que d'autres biens ou droits peuvent être acquis de manière irrégulière et introduits par le délinquant dans un circuit régulier.

D'autre part, les moyens du blanchiment semblent se limiter aux seuls « jeux et loteries »,[136] alors qu'on aurait pu consacrer un chapitre ou une section à ladite infraction, puisque l'on a l'impression, à la seule lecture de l'article 249 du Code pénal, que « les autres techniques de blanchiment ne sont pas réprimées au Cameroun ! » (François ANOUKAHA, *Le Code pénal du 12 juillet 2016…*, op. cit., p. 46).

La mission fondamentale de l'ANIF s'inscrit pourtant dans la perception globale des capitaux et des autres biens acquis

---

[133]Décret n° 2005-187 du 31 mai 2005 portant organisation et fonctionnement de l'Agence nationale d'investigation financière.

[134]ANOUKAHA (François), *Le Code pénal du 12 juillet 2016 et la lutte contre la corruption au Cameroun*, Yaoundé, Presses des Imprimeries les Grandes Éditions, juin 2017, p. 47. Le Règlement n° 01/03-CEMAC-UMAC-CM du 4 avril 2003. Ce texte a été abrogé et remplacé par le règlement n° 01/03/CEMAC/UMAC/CM du 11 avril 2016 portant prévention et répression du blanchiment des capitaux et du financement du terrorisme et de leur prolifération en Afrique centrale. François ANOUKAHA précise que l'application obligatoire des articles 114 à 132 du Règlement de la CEMAC rend inutile l'article 249-4 du Code pénal camerounais, en raison de la primauté du droit communautaire sur le droit interne des États.

[135]ANOUKAHA (François), *Le Code pénal du 12 juillet 2016 et la lutte contre la corruption au Cameroun, op. cit.*, p. 46.

[136]Art. 49-4 de la loi n° 2016/007 du 12 juillet 2016 portant Code pénal.

irrégulièrement. A ce titre, cet organisme est chargé, particulièrement, « de recevoir, de traiter et, le cas échéant, de transmettre aux autorités judiciaires compétentes tous renseignements propres à établir l'origine des sommes ou la nature des opérations faisant l'objet de la déclaration de soupçon... ».[137]

Aux termes de l'article 14 du décret n° 2005-187 du 31 mai 2005, la « déclaration de soupçon » consiste, pour les organismes financiers et les autres personnes assujetties,[138] de déclarer à l'ANIF, *« les sommes ou tous autres biens qui sont en leur possession lorsqu'ils pourraient être liés à un crime ou à un délit ou s'inscrire dans un processus de blanchiment de capitaux »*; et *« les opérations qui portent sur des sommes ou biens qui pourraient provenir d'un crime ou d'un délit dans un processus de blanchiment des capitaux »*. La déclaration de soupçon n'est donc pas sans lien avec la probité. Toutefois, on peut déplorer le fait que ladite déclaration n'ait pas été définie, pour dire en quoi elle consiste. Néanmoins, cette déclaration est un engagement « sur l'honneur » justifiant la provenance saine des fonds détenus ou encaissés, et la nécessité de ne pas les injecter dans le circuit financier, dans le but de prévenir les blanchiments de capitaux et les fonds destinés à financer le terrorisme.

Le blanchiment des capitaux et le terrorisme étant des comportements qui ne sauraient s'inscrire dans le registre de la vertu, l'ANIF se doit d'exiger des organismes financiers et des autres personnes assujetties à la déclaration de soupçon, en particulier, *« toute opération dont l'identité du donneur d'ordre ou du bénéficiaire reste douteuse malgré les diligences effectuées... »* (art. 15).

Il est par conséquent indispensable que cette activité de l'ANIF soit accomplie par des agents à la moralité irréprochable ; c'est pourquoi les membres dudit organisme public et ses correspondants ont l'obligation, dès leur nomination et avant d'entrer en fonction, de prêter le serment

---

[137]Article 3 du décret portant organisation et fonctionnement de l'ANIF.

[138]Conformément aux dispositions de l'article 13 du décret n° 2005-187 susmentionné, est considérée comme assujettie à la déclaration de soupçon « toute personne physique ou morale qui, dans le cadre de sa profession, réalise, contrôle, ou conseille des opérations entraînant des dépôts, des échanges, des placements, des conversions ou tous autres mouvements de capitaux ». Il s'agit du Trésor public, de la Banque des États d'Afrique centrale (B.E.A.C.), des organismes financiers, des changeurs manuels, des gérants, directeurs et propriétaires de casinos et établissements de jeux.

d'accomplir leurs missions loyalement dans le strict respect du règlement et des dispositions prises pour son application, devant la Cour d'appel du Centre siégeant en audience solennelle.

Cette exigence de moralité est prise en compte dans le fonctionnement de certaines institutions d'intérêt public.

SECTION II.- L'ENCADREMENT MORAL DE CERTAINES INSTITUTIONS D'INTÉRET PUBLIC

Pareillement pour les institutions-organes examinées, l'exigence éthique est présente dans le cadre d'autres institutions ou activités d'intérêt public. L'on s'attardera sur le système électoral dont les fondements moraux garantissent le déroulement harmonieux du scrutin (§ 1); de même, l'activité des télécommunications est entourée de précautions légales de nature à éviter des comportements indélicats de la part des acteurs en présence (§ 2). Le secteur des marchés publics, terrain de prédilection de la corruption, nécessite le respect de certaines règles éthiques (§ 3).

§ 1. La garantie de la sincérité de l'élection

L'élection est une institution républicaine tendant à garantir l'accès équitable de tous les citoyens à des fonctions politiques, en particulier, conformément à la loi. Le Cameroun s'est doté, pour la première fois, depuis 2006, d'un organisme indépendant chargé de l'organisation, de la gestion et de la supervision de l'ensemble du processus électoral et référendaire.[139] Conformément aux dispositions de l'article 6 (1) de la loi, le Conseil électoral d'*Elections Cameroon* veille au respect de la loi électorale par tous les intervenants de manière à assurer la régularité, l'impartialité, l'objectivité, la transparence et la sincérité des scrutins.

Une telle charge exige la bonne moralité des membres dudit organisme (A), garants de la régularité du processus électoral et constitue le gage du déroulement des élections dans la paix et la sérénité. Les candidats

---

[139]Loi n° 2006/011 du 29 décembre 2006 portant création, organisation et fonctionnement d'*Elections Cameroon.*

sont également astreints à la bonne moralité (B), ainsi que les électeurs, les personnalités impliquées dans l'organisation du scrutin, et tout autre citoyen (C).

A. L'orientation morale des membres d'*Elections Cameroon* (ELECAM)

La condition de moralité a préoccupé le législateur camerounais dans la création d'*Elections Cameroon*, au regard de la sensibilité d'une telle structure et de son implication dans la préservation de la paix au sein de la société. Les membres du Conseil électoral d'ELECAM doivent par conséquent s'abstenir de comportements pouvant compromettre l'indépendance et la dignité de leur fonction.

L'éthique constitue alors l'un des critères de désignation des membres du Conseil électoral. Ceux-ci sont choisis parmi des personnalités de nationalité camerounaise, reconnues pour leur compétence, leur intégrité morale, leur honnêteté intellectuelle, leur sens patriotique, leur esprit de neutralité et d'impartialité (art. 8 de la loi n° 2006/011 du 29 décembre 2006, *op. cit.*).

On observe que parmi les six (6) critères retenus, trois (03) ont directement trait au respect des considérations morales et éthiques. Il s'agit de l'intégrité morale du membre, de son honnêteté intellectuelle et de l'esprit d'impartialité. Ces conditions sont indispensables pour l'exercice des fonctions de membre du Conseil électoral d'ELECAM, lesquelles dans l'arbitrage du jeu électoral, exigent une objectivité et une indépendance absolues.

Le régime des incompatibilités organisé par la loi fait obligation au président, au vice-président et aux membres du Conseil électoral de ne pas être membre d'un parti politique ou d'un groupe de soutien à un parti politique, à une liste de candidats ou à un candidat. Cette précaution est indispensable en raison de ce qu'un membre d'ELECAM qui dissimule sa qualité de militant d'un parti politique peut être tenté de favoritisme ou de partialité. Afin de préserver son indépendance et sa neutralité, ce membre devrait officiellement démissionner de son parti une fois nommé et au cas où son appartenance à une famille politique aurait échappé aux décideurs au moment de sa désignation. Les acteurs principaux du processus électoral que sont les candidats, nécessitent un capital de moralité à leur actif.

B. La nécessaire hygiène morale des candidats

Les candidats camerounais aux différentes élections politiques semblent bénéficier, à tous les niveaux, d'une caution ou d'une présomption de bonne moralité, dans la mesure où cette condition n'est pas clairement exigée. Pourtant, cette « virginité » n'est pas toujours avérée dans les faits. Il n'est pas inutile de se demander si un candidat à une élection des députés qui influence les consciences en distribuant des billets de banque aux électeurs, comme cela a été parfois observé, est recommandable ou digne de confiance.

Les lois camerounaise et tchadienne condamnent, à l'identique, cette attitude, moralement répréhensible. Le Code électoral camerounais (art. 122-c) réprime celui qui tente d'influencer le vote d'un ou de plusieurs électeurs, par des dons, libéralités, faveurs ou autres promesses. Cette disposition du Code électoral figurait déjà à l'article 116-c de la loi n° 91/020 du 16 décembre 1991 fixant les conditions d'élection des députés à l'Assemblée nationale.

De même, la loi tchadienne condamne quiconque influence ou tente d'influencer le vote par des dons ou libéralités en espèces ou en nature, par des promesses de libéralités et autres avantages.[140] Ces actes peuvent, certes, être le fait d'un citoyen isolé, mais ils bénéficient au candidat, qui n'est pas toujours étranger à cette malsaine transaction, même comme la preuve de son implication dans ces manœuvres n'est pas aisée à établir. Pourtant, souligne Alain-Didier OLINGA, « l'article 119 stipule en effet que "hors le cas de flagrant délit, aucune poursuite pénale contre un candidat pour infraction aux dispositions de la présente loi ne peut être intentée avant la proclamation des résultats du scrutin". En d'autres termes, un candidat peut corrompre ou être corrompu sans bruit et être élu sans problème ».[141] La rédaction de ce texte est par conséquent protectrice des candidats qui peuvent être élus par des voies frauduleuses ou à l'aide de la corruption. S'agissant du candidat à l'élection présidentielle, spécifiquement, l'article 127 de la loi électorale tchadienne précise clairement que, pour faire acte de candidature à l'élection présidentielle, il doit être de « bonne moralité». Le problème demeure, au niveau de la pertinence de cette condition qui, en plus de ses limites liées au risque d'arbitraire dénoncé par la

[140]Loi n° 003/PR/2009 du 07 janvier 2009 portant Code électoral du Tchad.
[141]OLINGA (Alain-Didier), *De la corruption au Cameroun, op. cit.*, p. 157.

doctrine,[142] est susceptible d'une exploitation politique donnant lieu à des interprétations diverses et comportant des risques pour les postulants aux postes politiques.

Il est alors possible que le législateur camerounais ait jugé superflue la condition de bonne moralité par son caractère vague et imprécis, en évitant de s'encombrer d'un tel critère d'éligibilité. En tout état de cause, non seulement le législateur tchadien souligne la nécessité pour le président de la République d'être de « bonne moralité », il renseigne aussi que les portes de la magistrature suprême sont fermées à tout individu qui a été condamné, par le passé, pour des faits déjà mentionnés (art. 127, *op. cit.*).

Seulement, le fait pour le législateur camerounais de ne pas mentionner explicitement la condition de « bonne moralité » ne signifie nullement qu'il s'écarte de cette préoccupation, puisque l'article 15 (1) de la loi du 25 avril 2006 déclare inéligible, suivant la fin de son mandat et à tout scrutin, une personne qui a fait une fausse déclaration des biens et avoirs.

Cette disposition est salvatrice pour dissuader les faussaires qui sollicitent les suffrages des électeurs, puisqu'un tel comportement est contraire à la morale.

Alain-Didier OLINGA déplore le fait que, contrairement au droit français, le droit camerounais n'envisage pas la corruption des titulaires d'un mandat électif public ainsi que celle des titulaires des charges ministérielles qui ne sont pas, à proprement parler, des fonctionnaires ou des agents publics. Cette situation soustrait, sans raison valable, une population importante à l'application de la règle sanctionnant la corruption.[143]

Notre préoccupation sur la bonne moralité des candidats ou des élus n'est donc pas superflue, puisque l'histoire fourmille d'exemples de personnalités politiques se trouvant en difficulté avec la Justice de leur pays, sur les problèmes de moralité, tels que la corruption. La bonne moralité est indispensable pour les autres acteurs du processus électoral.

142BRAIBANT (Guy), STIRN (Bernard), *Le droit administratif français*, 7e éd., Paris, Dalloz, 2005, p. 411.
143OLINGA (Alain-Didier), *De la corruption au Cameroun*, *idem*, p. 150.

C. La bonne moralité des électeurs, des personnalités et des autres acteurs du processus électoral

Les différentes lois électorales de 1991[144]et 1992[145]sont suffisamment éloquentes sur la condition de moralité. Les dispositions pénales de ces deux lois répriment ceux qui se font inscrire sur les listes électorales sous une fausse identité, par des déclarations mensongères, ou bien suppriment ou détournent des suffrages, à l'aide de fausses nouvelles ou autres manœuvres frauduleuses. On observe, s'agissant des incapacités électorales du président de la République et des députés à l'Assemblée nationale, que les personnes condamnées pour *crime*,[146] même par défaut, ne peuvent ni être inscrites sur la liste électorale, ni voter. Cette condition n'est malheureusement pas exigée pour l'élection des conseillers municipaux.

Le législateur camerounais a sans doute opté pour la manifestation extrême de l'immoralité que constitue le fait pour un individu d'ôter la vie à un autre, c'est-à-dire le crime. Toutefois, si un criminel est, de toute évidence, un personnage dangereux pour la société, les pouvoirs publics camerounais ne disposent pas de moyens suffisants leur permettant de vérifier le casier judiciaire d'un citoyen. En effet, dans un contexte où le document de l'Extrait du casier judiciaire (Bulletin n° 3 au Cameroun) s'obtient encore, de façon archaïque, uniquement au chef-lieu du département d'origine, il serait difficile de vérifier la moralité d'une personne désireuse de s'inscrire sur une liste électorale. Cette situation est accentuée notamment par les fausses déclarations de naissance, du fait de l'absence d'actualisation des données et de la gestion encore manuelle du système de l'état civil.

Le Code électoral tchadien de 2009 écarte des différentes élections présidentielles, législatives et locales, les individus condamnés pour crime. Ce texte exclut également du processus électoral, comme au Cameroun, celles des personnes « condamnées à une peine d'emprisonnement assortie ou non d'un sursis d'une durée supérieure ou égale à deux (2) mois couplée d'une amende pour vol, escroquerie,

---

[144]Article 115 (1) de la loi n° 91/020 du 16 décembre 1991 fixant les conditions d'élection des députés à l'Assemblée nationale.
[145]Article 110 (1) de la loi n° 92/10 du 17 septembre 1992 fixant les conditions d'élection et de suppléance à la Présidence de la République.
[146]Article 6 a) de la loi n° 92/010 du 17 septembre 1992 et l'article 15 a) de la loi n° 91/020 du 16 décembre 1991.

abus de confiance, détournement de deniers publics, faux et usage de faux, corruption et trafic d'influence ou attentat aux mœurs »[147].

La loi camerounaise n° 2012/001 du 19 avril 2012 portant Code électoral, reprend certes à l'identique plusieurs dispositions des lois antérieures portant sur l'élection présidentielle, les élections législatives et municipales, mais ce texte innove fondamentalement, en prévoyant dans ses « Dispositions pénales », des infractions réprimées par le Code pénal, concernant les manquements aux règles éthiques. Ces atteintes sont le fait des électeurs et des membres d'ELECAM ainsi que d'autres personnalités impliquées dans le processus électoral.

Le Code pénal contient des dispositions réprimant les infractions électorales contraires à la morale et portant atteinte à la sincérité du vote. Quelques dispositions de ce texte méritent d'être signalées. L'article 122 classe parmi les délits électoraux, les fraudes électorales, notamment le fait de s'inscrire sur les listes électorales sous une fausse identité, ou à l'aide de déclarations mensongères ou de faux certificats; le fait de voter en fonction d'une inscription frauduleuse ou, par tout autre acte frauduleux, violer le secret du vote, porter atteinte à la sincérité ou empêcher les opérations du scrutin ou en modifier le résultat.

L'article 123 du Code pénal, pour sa part, traite des comportements de corruption et de violence. Ces délits concernent celui qui, par des dons, des libéralités, faveurs ou promesses d'emploi, influence le vote d'un ou de plusieurs électeurs.

C'est encore le cas de toute personne qui, le jour du scrutin, se rend coupable d'outrages ou de violence envers la commission locale de vote ou ses membres, retarde ou empêche les opérations électorales, par des voies de fait ou des violences.

L'auteur de ces infractions est puni d'un emprisonnement de trois (03) mois à deux (02) ans et d'une amende de dix mille (10 000) à cent mille (100 000) francs CFA ou de l'une de ces deux peines seulement.

L'article 288 du Code électoral de 2012 prévoit, notamment, des peines à l'encontre de quiconque :

---

[147]Article 5 de la loi n° 003/PR/2009 portant Code électoral, op. cit.

- se fait inscrire sur les listes électorales sous une fausse identité ou dissimule une incapacité prévue par la loi au moment de ladite inscription ;

- se fait inscrire indûment sur les listes électorales à l'aide de déclarations mensongères ou de faux certificats ;

- vote soit en vertu d'une inscription frauduleuse, soit en prenant une fausse identité, en se faisant passer pour d'autres électeurs inscrits. Il semble ainsi établi au Cameroun, dans les campagnes, en particulier, que les personnes qui décèdent entre deux scrutins « donnent procuration » de l'au-delà, aux vivants pour voter en leurs lieux et places…

- à la suite des inscriptions multiples, vote plus d'une fois. Ce fait est fréquemment observé, les électeurs étant parfois transportés d'un bureau de vote à un autre ou de la ville vers les campagnes pour y voter, avec la complicité malveillante des autorités administratives. Ce phénomène est favorisé par la pratique des inscriptions multiples sur les listes électorales ;

- viole le secret, porte atteinte à la sincérité, empêche les opérations du scrutin ou en modifie le résultat, par l'inobservation des dispositions législatives ou réglementaires, ou par tout autre acte frauduleux ;

- se rend coupable de manœuvres frauduleuses dans la délivrance ou la production des certificats d'inscription ou de radiation des listes électorales ;

- se rend auteur ou complice d'un enlèvement frauduleux de l'urne ou de tout autre matériel électoral, le jour du scrutin. Cet acte a été maintes fois dénoncé par certains acteurs, les urnes se retrouvant parfois dans les domiciles ou les plantations des particuliers, ou même dans les « forêts sacrées », déposées par le chef traditionnel partial, sachant que l'électeur ou son concurrent qui est son sujet, ne peut y avoir accès.

- se rend coupable d'outrages ou de violences ou influence le vote d'un tiers ou de plusieurs électeurs, par dons, libéralités, faveurs ou promesses de tous ordres, etc.

Autant qu'au Cameroun, l'article 80 de la loi tchadienne punit d'un emprisonnement de six (06) mois à un (01) an et d'une amende de cent (100 000) francs CFA à deux cent cinquante (250 000) francs CFA, quiconque aura voté, soit en vertu d'une inscription frauduleuse, soit en usurpant les noms, prénoms et qualités d'un électeur.

La nécessité pour les acteurs du jeu électoral d'adopter des comportements moralement acceptables n'est plus à démontrer, au regard des développements importants qui précèdent. Le législateur en a fait une préoccupation, en fixant un cadre suffisamment dissuasif en vue du respect des règles éthiques. Cette précaution s'avère indispensable quand on sait qu'en Afrique en général et au Cameroun en particulier, les joutes électorales donnent toujours lieu à des contestations susceptibles de mettre à mal la paix sociale. Le secteur des télécommunications, par exemple, est entouré des mêmes garanties.

§ 2. La régulation éthique du secteur des télécommunications

La loi sur les télécommunications concerne un secteur d'activité d'intérêt public, constitué d'un faisceau de règles régissant une situation juridique donnée. Les télécommunications sont par conséquent une institution et une activité d'intérêt général, encadrée par des règles constituant une mise en garde contre les déviances éthiques. Ces règles visent la concurrence déloyale et l'abus de position dominante (A), ainsi que la prévention de la fraude et la sanction des comportements indélicats (B).

A. La prohibition de la concurrence déloyale et de l'abus de position dominante.

Le législateur camerounais[148]s'est préoccupé de la préservation de l'éthique des affaires en mettant en place un dispositif suffisamment dissuasif pour combattre les comportements indélicats de certains acteurs du service public des télécommunications.

Aussi réprime-t-il la concurrence déloyale, par des actions et pratiques qui ont pour objet ou peuvent avoir pour objet d'empêcher, de

[148]Loi n° 98/014 du 14 juillet 1998 régissant les télécommunications au Cameroun.

restreindre ou de fausser la concurrence sur le marché des télécommunications (art. 5 de la loi n° 98/014, texte préc.).

Il s'agit des pratiques et actions susceptibles de :

- limiter l'accès au marché ou le libre exercice de la concurrence par d'autres entreprises ;

- faire obstacle à la fixation des prix par le libre jeu du marché en favorisant artificiellement leur hausse ou leur baisse ;

- limiter ou contrôler la production, les investissements ou le progrès technique ;

- rompre l'équilibre des marchés ou les sources d'approvisionnement ou créer des monopoles régionaux.

Dans la même logique, la loi proscrit l'exploitation abusive d'un réseau de communications par une entreprise ou un groupe d'entreprises, une position dominante sur le marché intérieur ou une partie substantielle de celui-ci. Elle prohibe par ailleurs l'état de dépendance économique dans lequel se trouve, à son égard, une personne cliente ou fournisseur ne disposant pas de solution équivalente. La loi régissant les télécommunications au Cameroun précise que : *« Ces abus peuvent notamment consister en un refus injustifié ou discriminatoire d'accès au réseau de télécommunications ouvert au public, ou de fourniture de service de télécommunications, ainsi qu'en la rupture injustifiée ou discriminatoire de relations commerciales établies »*.

Aussi la loi condamne-t-elle la discrimination dans l'accès au réseau des télécommunications et dans la rupture des relations commerciales établies, toutes choses qui faussent la concurrence sur le marché des télécommunications et portent atteinte aux principes d'égalité. Les actes et comportements frauduleux en matière de télécommunications sont aussi proscrits.

B. La prévention de la fraude en matière de télécommunications

Les manœuvres frauduleuses orchestrées par les particuliers n'épargnent pas le secteur des télécommunications. Ces fraudes s'effectuent par l'utilisation d'un réseau et la soustraction frauduleuse des équipements de télécommunications. La loi sanctionne également l'auteur des signaux de détresse.

1. L'utilisation frauduleuse d'un réseau de communications et la transmission sans autorisation des signaux et correspondances

Le raccordement frauduleux au réseau électrique est jusqu'ici le plus fréquent dans les villes et campagnes camerounaises. Ainsi, à leurs risques et périls, plusieurs nationaux se transforment en électriciens de fortune pour alimenter des foyers en énergie électrique, sans en avoir qualité et surtout, sans disposer de la compétence requise, s'exposant et faisant courir des risques incalculables à la société.

Au risque de voir ces comportements s'étendre aux télécommunications, le législateur a prévu des pénalités et amendes à l'encontre des auteurs de tels agissements. En effet, « quiconque utilise frauduleusement à des fins personnelles ou non, un réseau de télécommunications ouvert au public ou se raccorde frauduleusement par tout moyen sur une ligne privée, est puni d'un emprisonnement d'un (01) an à cinq (05) ans et d'une amende de 25 000 000 à 50 000 000 francs CFA ou de l'une de ces deux peines seulement » (art. 54).

De même, l'utilisation sans autorisation d'un réseau de télécommunications constitue une fraude et est punie, à ce titre, par la loi. Ainsi, conformément aux dispositions de l'article 56 de la loi, le fait pour toute personne d'établir, de faire établir, d'exploiter ou faire exploiter, fournir ou faire fournir un réseau ou service de télécommunications sans autorisation ou le maintien en violation d'une décision de suspension ou de retrait de ladite autorisation, est punie d'un emprisonnement d'un (1) an à cinq (5) ans et d'une amende 25 000 000 à 50 000 000 francs CFA.

L'utilisation sans autorisation d'une fréquence ou une installation radioélectrique créant ou occasionnant des perturbations dans le réseau, est également réprimée par le législateur. L'article 59 de la loi punit l'auteur de cette infraction d'une peine d'emprisonnement d'un (1) mois à un (1) an et d'une amende de 5. 000 000 à 50 000 000 francs CFA.

On constate que le législateur n'est pas indulgent sur ces comportements déviants, non seulement par la diversification des cas de fraude, constitutifs de l'infraction, mais aussi, par la lourdeur des amendes. C'est également le cas pour la transmission frauduleuse et sans autorisation des signaux ou correspondances d'un lieu à un autre, à l'aide des appareils de télécommunications ou des installations et moyens de transmission (*ibid.*) prévus par la loi, dont le contrevenant est puni d'un emprisonnement d'un (1) mois à un (1) an et d'une amende de 5 000 000 à 50 000 000 francs CFA.

Le secteur des télécommunications étant moins accessible au commun des citoyens et nécessitant sans doute des compétences plus pointues, l'individu qui se livre aux pratiques décriées est certainement un technicien du domaine, salarié d'une entreprise de télécommunications. Cette attitude est déplorable.

2. La soustraction frauduleuse des équipements et la transmission des signaux de détresse

La loi punit d'un emprisonnement d'un (1) an à cinq (5) ans et d'une amende de 5000 000 à 250 000 000 francs CFA, quiconque soustrait frauduleusement un ou plusieurs conducteurs à l'occasion de sa participation directe ou indirecte à un service de télécommunications (art. 62).

La soustraction frauduleuse des équipements de télécommunications s'assimile à leur vol. Elle est comparable à une contravention de grande voirie, justiciable devant le juge administratif. De même qu'en matière d'utilisation frauduleuse des réseaux de télécommunications, la manipulation de ces équipements nécessite des mains expertes, ce qui n'exclut pas des complicités ou l'implication dans cette basse besogne des fonctionnaires travaillant dans le secteur des télécommunications.

Il est enfin malsain de signaler la menace soudaine d'un danger, comportement ayant pour risque de créer la panique au sein de la population, avec des conséquences incalculables. Cette attitude répréhensible est réprimée par la loi. Ainsi que le souligne Stefan GOLTZBERG, *« [I]l est probable que celui qui crierait "Au feu" dans un lieu public sans raison de croire qu'il y a un incendie, serait passible de poursuites judiciaires ».*[149] Aussi toute personne qui, sciemment, transmet ou met en circulation sur la voie radioélectrique, des signaux ou appels de détresse, faux ou trompeurs, est-elle punie d'un emprisonnement de six (06) mois à un (01) an et d'une amende de 5.000 000 à 50 000 000 francs CFA.

---

[149]GOLTZBERG (Stefan), *L'argumentation juridique*, 3e éd., Paris, Dalloz 2017, p. 101.

Le domaine des marchés publics suscite plus d'inquiétude, au regard de l'étendue des violations observées dans ce secteur, lesquelles sont liées aux enjeux financiers en présence. Les règles de prévention des dérives éthiques dans ledit secteur méritent une attention particulière.

§ 3. La prévention des comportements indécents dans le cadre des marchés publics

Les contrats administratifs, en général, mettent en présence des intérêts divers dans l'action des pouvoirs publics. Le domaine des marchés publics est sans doute celui qui fait subir le plus de transgressions éthiques à l'État camerounais[150]et à ses démembrements. Certains considèrent l'État, en particulier, comme une « vache à lait » qu'ils n'hésitent pas à vider de toute sa substance, au détriment de l'intérêt général.

Hugues François ONANA relève que *« c'est par la porte des marchés publics que le Cameroun est entré dans le club des pays les plus corrompus du monde. Les détournements de deniers publics, la corruption des agents publics ainsi que l'incurie des gouvernants, ont trouvé dans le secteur un terrain de prédilection ».*[151] L'auteur poursuit que les auteurs des « fautes de comportement » observées dans le secteur des marchés publics, comme la facturation d'un projet pour en doubler le coût, bénéficient des complicités extérieures (*idem*, pp. 150-151). Le Cameroun n'est pas un cas isolé dans ces dérives, qui s'observent ailleurs en Afrique. Tadin MACRA souligne, concernant le Tchad, que les pratiques déviantes telles que « la corruption, la concussion, le trafic d'influence, le favoritisme, etc…de tout genre ont gangréné les procédures normales de passation et d'exécution des marchés publics dans les pays africains en général et au Tchad en particulier».[152]Plusieurs marchés sont ainsi passés en violation de la

[150]Georges TEKAM estime que les marchés publics forment le domaine de prédilection de la corruption dans le monde. Lire son article sur « La gouvernance : une exigence majeure dans la gestion des affaires publiques », *in* AMAMA (Benjamin), (dir.), *20 propos sur l'administration publique camerounaise*, Yaoundé, juin 2003, p. 119.

[151]ONANA (Hugues François), *Pratique de la gouvernance au Cameroun*, Paris, L'Harmattan, 2011, p. 149.

[152]MACRA (Tadin), « Les pratiques déviantes des marchés publics au Tchad », *Cahiers Africains d'Administration Publique*, n° 82, 2017, p. 91.

réglementation, situation favorisée par une « *attribution complaisante des marchés des opérateurs incompétents et manifestement incapables de remplir le cahier de charges du maître d'ouvrage* » (Hugues François ONANA, ouvrage précité, p. 149). Les marchés publics sont ainsi, « dans une large mesure, une vaste escroquerie, car les objectifs poursuivis et proclamés ne sont pas souvent atteints » (*ibid.*). On peut citer, entre autres, les routes non reprofilées, les routes cassées, les salles de classe mal construites ou pas du tout construites, les fournitures et meubles non livrés (*idem.*, pp. 149-150).

Des mesures dissuasives ont été prévues au Cameroun, en amont, dans le but de barrer la voie à ces pratiques, afin de préserver au mieux le patrimoine public. Elles livrent le contenu des dispositions du Code des marchés publics, préventives des règles de violations des dérives éthiques (A) d'une part, ainsi que celles particulières des marchés des entreprises publiques (B), d'autre part.

A. Le cadre réglementaire de prévention des violations aux règles des marchés publics des administrations et organismes publics

Le secteur des marchés publics a connu une évolution au Cameroun, dont la plus significative est l'adoption d'un code des marchés en 2004. Ce texte comportait déjà des dispositions ambitieuses sur l'éthique. Toutefois, cette préoccupation constante des pouvoirs publics a été plus affirmée à partir de 2018, dans le cadre de la modernisation du secteur des marchés publics.

1. L'ambition éthique du Code des marchés publics de 2004.

Le Cameroun s'est doté de son premier Code des marchés publics le 24 septembre 2004.[153] Ce Code fixe les règles applicables à la passation, à l'exécution et au contrôle des marchés publics, suivant les principes de liberté d'accès à la commande publique, d'égalité de traitement des candidats et de transparence des procédures (art. 2).

Ce texte prévoyait déjà des mesures dissuasives à l'encontre des contrevenants à la réglementation des marchés publics. Étaient par conséquent considérés telles des violations à la réglementation des marchés publics, les comportements frauduleux suivants, contraires à l'éthique (art. 106) :

---

[153]Décret n° 2004/275 du 24 septembre 2004 portant Code des marchés publics.

- la passation d'un marché sans en avoir qualité, ce qui constitue une fraude ;

- la passation des marchés sans crédits disponibles ou délégués ;

- la passation des marchés avec des entreprises en déconfiture, avec des tiers ou sociétés en période suspecte de faillite ou de liquidation ;

- le détournement de l'objet du marché ;

- le fractionnement d'un marché en marchés de moindre envergure, en lettres-commandes ou en bons de commande, dans le but de le soustraire à la compétence d'un autre organe.

Les personnalités appelées à présider les commissions de passation des marchés publics, placées auprès des maîtres d'ouvrage délégués, les membres desdites commissions et ceux de la sous-commission d'analyse doivent jouir d'une bonne moralité (art. 117 à 161 du Code des marchés publics, *op. cit.*). Les membres de la sous-commission d'analyse, en particulier, doivent « s'abstenir de toute action de nature à compromettre leur objectivité et, dans tous les cas, ne disposer d'aucun intérêt financier, personnel ou autre lié au marché sous examen» (art. 161).

Le souci de transparence et d'objectivité a conduit les pouvoirs publics à recourir à l'expertise externe en instituant la fonction d' « Observateur indépendant », personnalité recrutée sur appel d'offres, par l'Agence de régulation des marchés publics. L'Observateur indépendant est chargé d'évaluer le déroulement du processus et de signaler à sa hiérarchie[154]les manquements au respect de la réglementation, aux règles de la transparence et aux principes d'équité. Il doit aussi signaler à qui de droit les pratiques contraires à la bonne gouvernance dans le processus de passation des marchés publics, notamment dans les cas de trafic d'influence, de conflit d'intérêts ou de délits d'initié (art. 148). L'Observateur indépendant doit également s'interdire, au risque d'être tenté de partialité et de favoritisme, de fournir les biens, travaux ou services destinés à l'administration auprès de laquelle il exerce, pendant la durée de son contrat (art. 163). C'est une mesure salutaire,

[154]Il s'agit de l'Autorité chargée des marchés publics, l'organisme chargé de la régulation des marchés publics, le maître d'ouvrage ou le maître d'ouvrage délégué et le président de la commission des marchés compétente.

contournée par moult gestionnaires de crédits camerounais, qui utilisent des prête-noms pour s'attribuer les marchés de la structure qu'ils dirigent. L'important régime des incompatibilités mis en place dans le Code des marchés publics (art. 155 à 159) permet de censurer en amont tout comportement de nature à nuire au fonctionnement harmonieux des marchés publics.

Plusieurs sujétions pèsent sur les administrations, dans le but de les préserver des tentations auxquelles elles peuvent être exposées.[155] La première tentation est l'arbitraire, lequel peut conduire l'Administration à la partialité.

Il y a encore cette inclinaison à la corruption, en ce que l'Administration dispose de pouvoirs susceptibles d'amener les fonctionnaires exerçant les importantes attributions à avoir des préoccupations d'ordre financier (*ibid.*). La tendance à la négligence ou au laisser-aller est aussi répréhensible. Les procédures édictées en matière de marchés publics sont protectrices pour les fonctionnaires ; elles sont destinées à leur éviter « d'avoir la tentation de se laisser corrompre et pour imposer des moyens assurant l'égalité de tous les candidats, afin que l'un d'eux ne soit pas favorisé pour des raisons condamnables » (*idem*, p. 228). Le Code des marchés publics a connu une évolution au Cameroun, au regard du souci des pouvoirs publics de mieux encadrer le secteur des marchés publics, de plus en plus complexe. Cette préoccupation a donné naissance à deux réglementations distinctes : d'une part, le nouveau Code des marchés publics, issu du décret n° 2018/366 du 20 juin 2018 concernant les administrations et organismes publics et, d'autre part, les nouvelles règles applicables aux marchés des entreprises publiques.

2. Les innovations apportées par le nouveau Code des marchés publics[156]sur la préservation de l'éthique.

Par rapport à son devancier, le nouveau Code des marchés publics de 2018 est plus éclairant sur le respect des règles éthiques, étant donné qu'il consacre toute la Section III aux prescriptions morales.

En effet, cette Section, intitulée « Des principes d'éthique » s'ouvre sur les dispositions communes qui prescrivent à tous les acteurs intervenant

---

[155]BRAIBANT (Guy), STIRN (Bernard), *Le droit administratif français*, 7e éd., Paris, Presses de Sciences Po et Dalloz, p. 227.
[156]Décret n° 2018/366 du 20 juin 2018 portant Code des marchés publics.

dans la chaîne de passation, d'exécution, de contrôle et régulation des marchés, leur soumission aux dispositions des lois et règlements «interdisant les actes de corruption, les manœuvres frauduleuses, les pratiques collusoires, coercitives ou obstructives, les conflits d'intérêts, les délits d'initiés et les complicités » (art. 196). Ces actes répréhensibles sont déclinés par le législateur dans des dispositions appropriées :

a) s'agissant des « actes de corruption et de manœuvres frauduleuses » (sous-section I), ils concernent la « corruption », les « manœuvres frauduleuses », les « pratiques collusoires » et les « pratiques coercitives » et « obstructives ».

Ainsi, en vertu de l'article 197 du Code des marchés publics, la corruption concerne quiconque offre, donne, sollicite ou accepte un quelconque avantage en vue d'influencer l'action d'un agent public au cours de l'attribution ou de l'exécution d'un marché (al. 1). Les manœuvres frauduleuses sont proscrites pour quiconque s'y livre, en déformant et en dénaturant des faits afin d'influencer l'attribution ou l'exécution d'un marché (al. 2).

Les pratiques collusoires sont interdites à deux ou plusieurs soumissionnaires, lesquels s'entendent dans le but de maintenir artificiellement les prix des offres à des niveaux ne correspondant pas à ceux qui résulteraient du jeu de la concurrence. Il s'agit d'un complot mafieux entre plusieurs soumissionnaires pour fausser le jeu de la concurrence (al. 3).

Sont aussi interdites les pratiques coercitives pour celui qui en est l'auteur, lorsqu'il porte atteinte aux personnes ou à leurs biens ou profère des menaces à leur encontre directement ou indirectement, ce dans le but d'influencer leurs actions au cours de l'attribution ou de l'exécution d'un marché (al. 4).

Enfin, les pratiques obstructives interdites concernent la commission des actes de nature à détruire, à falsifier, à altérer ou à dissimuler des preuves sur lesquelles se fonde une enquête ou toute fausse déclaration faite aux enquêteurs ou bien toute menace, tout harcèlement ou toute intimidation à l'encontre d'une personne aux fins de l'empêcher de révéler des informations relatives à une enquête, ou bien de poursuivre celle-ci (al. 5).

b) La deuxième série d'infractions concerne les « délits d'initié » et les « conflits d'intérêts » (sous-section I).

Aux termes de l'article 199 du Code des marchés publics, « le conflit d'intérêt s'entend de toute situation dans laquelle le titulaire d'un contrat ou surveillant des procédures de passation et/ou de l'exécution d'un marché pourrait tirer des profits directs ou indirects d'un marché conclu par le Maître d'Ouvrage ou le Maître d'Ouvrage délégué, d'une affectation ou de toute situation dans laquelle il a des intérêts personnels ou financiers suffisants pour compromettre son impartialité dans l'accomplissement de ses fonctions ou de nature à affecter défavorablement son jugement » (al. 1).

Le Code prévoit que les présidents, membres, secrétaires et experts des commissions des marchés publics, sous-commission d'analyse et responsables chargés des marchés publics sont astreints à l'obligation de réserve et de discrétion. Ils doivent par conséquent s'abstenir de toute action de nature à compromettre leur objectivité et, dans tous les cas, ne disposer d'aucun intérêt financier, personnel ou autre lié au marché en examen (al. 2).

Le Code des marchés ne définit pas le délit d'initié. Il s'agit sans doute d'une omission, puisque ce texte fait l'effort de définir les autres notions évoquées. Ce terme, à l'origine, est attribué à l'infraction boursière consistant dans l'utilisation illicite d'une information privilégiée sur le marché des valeurs mobilières.[157]

Appliqué aux marchés publics, le délit d'initié peut s'entendre des personnes qui, dans le processus des marchés publics, exploitent par anticipation une information non révélée au public et dont elles ont connaissance du fait de leur position et qui exerce une influence sur l'attribution du marché. La répression de cette infraction participe de la moralisation des pratiques en matière de marchés publics.

c) Quant aux complicités, elles visent les surveillants des procédures de passation ou d'exécution d'un marché, coupables d'omission ou de négligence d'effectuer des contrôles ou de donner des avis techniques prescrits, ou de l'abstention volontaire de porter à la connaissance du

---

[157]CORNU (Gérard), *Vocabulaire juridique*, Association Henri CAPITANT, (dir.), 11e éd., Paris, PUF, 2016, p. 321.

maître d'ouvrage ou de l'autorité compétente, les irrégularités constatées lors de la réalisation de ses missions (art. 200, al. 2).

Le surveillant qui sort de son rôle pour être complice d'un opérateur engage sa responsabilité, ce d'autant plus que, connaissant le contexte camerounais, il perçoit certainement des avantages indus dans ces transactions, et peut pousser le vice en proférant des mensonges sur la situation de l'Administration ou l'organisme dont il doit assurer la surveillance, l'évaluation ou la supervision (art. 200, al. 3). Les règles des marchés publics des entreprises publiques sont une innovation majeure dans le paysage juridique camerounais.

B. L'encadrement des marchés des entreprises publiques

Le décret n° 2018/355 du 12 juin 2018 fixant les règles applicables aux marchés des entreprises publiques prévoit des sanctions aux atteintes à la réglementation dans ledit secteur. Ces sanctions, conformes à la réglementation générale sur les marchés publics, concernent :

- les auteurs des atteintes aux principes de concurrence, d'égalité de traitement des candidats, de transparence de procédures et de juste prix établis (art. 100 al. 1);

- les personnes physiques ou morales, de droit public ou de droit privé, chargées du contrôle de l'exécution des marchés, reconnues coupables de malversation ou de défaillance dans l'exercice dudit contrôle (art. 102 al. 1);

- la complicité du maître d'œuvre dans l'omission ou la négligence d'effectuer les contrôles ou de donner les avis techniques prescrits ; l'abstention volontaire de porter à la connaissance du maître d'ouvrage les irrégularités sur les violations constatées à l'occasion de leurs interventions (art. 103 al. 1). Cette complicité concerne toute déclaration ou confirmation d'informations mensongères sur la situation de l'entreprise publique dont on a en charge la surveillance, l'évaluation ou la supervision. Il en est de même de la perception d'avantages indus ou de nature à porter atteinte à la crédibilité ou à l'indépendance du surveillant, ainsi que les transactions douteuses avec l'entité dont on a la charge de la surveillance, en violation des incompatibilités légales ou réglementaires en vigueur (art. 103 al.2).

- la violation du secret professionnel par les personnes impliquées dans les opérations de marchés publics, notamment les membres et secrétaires des Commissions d'analyse des offres (art. 104 al. 1).

- les manœuvres frauduleuses dont sont coupables les entreprises au stade de la procédure de passation ou d'exécution des marchés au sein desdites entreprises (art. 105 al. 4).

Ces atteintes sont suffisamment éloquentes pour constituer des violations aux règles de l'éthique, en raison de ce qu'elles concernent « la fraude », « la violation des règles de la concurrence ou du secret professionnel », « les transactions douteuses » ou encore, « les informations mensongères » ou « la perception d'avantages indus ». On comprend que les sanctions encourues par les auteurs desdites atteintes soient celles prévues par les lois en vigueur, notamment « celles relatives aux droits du trésor pour la sauvegarde de la fortune publique, au contrôle des ordonnateurs, gestionnaires et gérants des crédits publics et des entreprises de l'État, sans préjudice de l'invalidation desdits marchés, ainsi que toutes poursuites disciplinaires et judiciaires » (art. 100 al. 1).

Le champ des sanctions est vaste pour dissuader toute personne ou toute entreprise qui aurait des velléités d'atteinte à la réglementation portant sur les marchés des entreprises publiques. Cette mesure de sauvegarde se justifie, puisque la réglementation précise que les violations à ses dispositions « sont considérées comme constitutives d'atteinte à la fortune publique » (art. 100 al. 2).

Les sanctions encourues sont de divers ordres :

a) en cas de procédures établies en violation des règles de la concurrence, d'égalité de traitement des candidats, de transparence et de juste prix dans les marchés, les sanctions de l'annulation de la procédure, la reprise de la procédure ou sa suspension sont prononcées par le président du Conseil d'administration. Les sanctions auxquelles s'exposent les auteurs des violations susmentionnées concernent la suspension de l'autorité contractante de son pouvoir de passer les marchés pour une période n'excédant pas vingt-quatre (24) mois, ou la déchéance des fonctions de président, de membres et secrétaires des Commissions de passation des marchés publics des entreprises publiques (art. 101).

b) lorsque la personne physique chargée du contrôle de l'exécution des marchés, reconnue coupable de malversation ou de défaillance dans l'exercice dudit contrôle, tel que mentionné aux articles 102 al. 1 et 105 al. 1, est un personnel de l'entreprise publique concernée, elle est passible d'interdiction de contrôler l'exécution des marchés au sein de ladite entreprise avant une période de trois (3) ans, pour compter de la date de constatation de la défaillance (art. 105 al. 2). Cette sanction est élargie au contrevenant extérieur à l'entreprise (art. 105 al. 3)

Cette mesure concerne également les entreprises, puisque toute entité reconnue coupable de manœuvres frauduleuses au stade de la procédure de passation ou d'exécution du marché, encourt une exclusion de la commande publique n'excédant pas deux (2) ans, prononcée par l'Autorité chargée des marchés publics. Ladite Autorité peut prendre des mesures de nature à préserver la fortune publique. Aussi, a-t-elle toute licence de prendre, à titre conservatoire, une mesure d'interdiction de soumissionner à l'encontre de tout contractant ou soumissionnaire, pendant une durée n'excédant pas deux (02) ans, lorsqu'il est reconnu coupable de trafic d'influence, de trafic d'intérêts, de délit d'initié, de fraude, de corruption ou de production de faux documents dans la soumission, sans préjudice des poursuites pénales qui pourraient être engagées à son encontre (art. 109).

L'organe suprême collégial de l'entreprise n'étant pas toujours en odeur de sainteté, le décret portant règles applicables aux marchés des entreprises publiques prévoit que la responsabilité du Conseil d'administration ainsi que celle des membres le composant puisse être engagée en cas de comportements contraires à l'éthique. Ces attitudes englobent, l'omission, l'abstention, la négligence ou tout manquement ayant entraîné des conséquences dommageables pour l'entreprise dans l'accomplissement de leur mission de supervision de la gestion des marchés.

Il en est de même des agissements ayant eu pour effet l'atteinte aux principes de libre accès à la commande publique, d'égalité de traitement des candidats, de transparence des procédures, de juste prix et de gouvernance dans la passation, l'attribution et l'exécution des marchés de l'entreprise (art. 106).

Le non-respect des principes évoqués constitue une violation aux règles d'égalité, d'équité et d'impartialité dont le Conseil d'administration ne devrait pas se départir, lui qui est chargé de veiller aux intérêts de l'entreprise en préservant ceux de la puissance publique, puisqu'il est investi des pouvoirs les plus étendus pour agir en toutes circonstances au nom de l'entreprise.[158]

La prévention des comportements indélicats dans le secteur des marchés publics des administrations et des entreprises publiques ainsi que la déclaration des biens et avoirs par les hauts responsables politico-administratifs, en particulier, ont en commun la préservation du patrimoine et des deniers publics.

SECTION III.- LA DÉCLARATION DES BIENS ET AVOIRS, INSTRUMENT DE PRÉSERVATION DU PATRIMOINE PUBLIC

Certaines institutions exigent de leurs dirigeants intégrité, probité et transparence. C'est le cas des membres du Conseil électoral d'*Elections Cameroon* (ELECAM) qui ont l'obligation de déclarer leurs biens et avoirs.[159] Cette mesure, certes protectrice du patrimoine public, est aussi favorable au dirigeant qui se trouve limité dans ses prétentions lorsqu'il sait que les biens acquis dans la période d'occupation de sa fonction feront l'objet d'une évaluation. Avec l'article 66 de la Constitution, la question de la déclaration des biens et avoirs suscite un vif intérêt dans le cadre de la présente réflexion. Le contenu de ladite institution (§1), suffisamment dissuasif, se heurte à l'obstacle de la non-application à ce jour des dispositions de la loi y afférente (§ 2).

§ 1. Le contenu de l'obligation de déclaration des biens et avoirs

La déclaration des biens et avoirs a été prévue par la Constitution du 18 janvier 1996,[160] dans le but de sauvegarder la fortune publique, dans un contexte généralisé de corruption et de détournements des deniers publics par les hauts responsables politico-administratifs ainsi que par les autres fonctionnaires et agents publics. La vertu n'étant pas innée, la déclaration des biens et avoirs fait figure de garde-fou permettant à

---

[158]Voir art. 56 de la loi n° 2017/011 du 12 juillet 2017 portant Statut général des entreprises publiques.
[159]Voir art. 12 (7) de la loi n° 2012/001 du 19 janvier 2012 portant Code électoral.
[160]Loi n° 96/06 du 18 janvier 1996 portant révision de la Constitution du 02 juin 1972.

l'organe chargé de recevoir les déclarations, de s'enquérir des biens d'un responsable nommé à une fonction dès son investiture, jusqu'à la fin de son séjour dans celle-ci. La déclaration des biens et avoirs fait partie des recommandations du Programme national de gouvernance sur la nécessité pour les hauts responsables de déclarer leurs biens avant leur entrée en service ou leur prise de fonction et à la fin de leur mandat.[161] Cette institution n'est pas une invention camerounaise. Elle prend la dénomination de déclaration du patrimoine en France ou au Sénégal, par exemple. Ledit patrimoine concerne, d'une part, l'ensemble des biens constitués de l'actif (le patrimoine immobilier, renfermant les propriétés bâties ou non, et le patrimoine financier, comprenant les comptes bancaires, les espèces ainsi que les valeurs mobilières). D'autre part, il renvoie au passif, qui représente les droits et les sommes restant à rembourser par le responsable concerné.

La déclaration du patrimoine est une préoccupation au niveau continental, ainsi que l'atteste la Déclaration de Dakar au Sénégal en matière de déclarations de patrimoine, adoptée le 28 mai 2014. Cet acte a révélé, entre autres, le fait que l'exigence de déclaration des biens et avoirs n'était pas toujours respectée par tous les dirigeants des États africains.

La procédure de déclaration des biens et avoirs a été instituée au Cameroun dans un souci de transparence dans la gestion de la chose publique. Elle vise à combattre l'enrichissement illicite et sauvegarder la fortune publique dans un pays où les fonctionnaires détiennent le plus des biens et richesses, en flagrante contradiction avec leurs revenus salariaux. Georges TEKAM rappelle, en effet, que la probité qui devrait appeler à la rectitude morale des fonctionnaires et agents publics contraste avec le niveau de vie de certains de ces agents ; et, opine-t-il, l'on a encore de la peine à penser que le service public est un sacerdoce.[162] Ainsi dans le but de préserver la sacralité de la chose publique, le constituant a inséré, pour la première fois dans l'histoire constitutionnelle du Cameroun, une disposition qui consacre l'obligation de déclaration des biens et avoirs dans le corpus

161 OYONO (Dieudonné) (dir.), *Cameroun : les Chantiers de la gouvernance*, Yaoundé, Imprimerie Saint-Paul, 2004, p. 48.

162 TEKAM (Georges), *Fonction publique camerounaise. Statut général et textes d'application*, *op. cit.*, p. 27.

constitutionnel.[163] Cette initiative est un acte courageux, qu'il faut saluer. L'obligation de déclaration des biens et avoirs concerne particulièrement les élus et les dirigeants des organismes publics, à tous les niveaux, à savoir : le président de la République, le Premier ministre, les députés et sénateurs, les ambassadeurs, les recteurs des universités, les directeurs généraux des entreprises publiques, les directeurs de l'administration centrale, tous les gestionnaires de crédit et des biens publics, etc. Cette procédure intéresse également les ordonnateurs de deniers publics au sein d'une association ou de tout organisme privé, bénéficiaire de deniers publics, au titre des subventions ou de dons.

La Commission de déclaration des biens et avoirs, instituée par l'article 6 de la loi n° 003/2006 du 25 avril 2006 relative à la déclaration des biens et avoirs a pour mission de recevoir, dans les quatre-vingt-dix (90) jours suivant leur élection ou nomination et soixante (60) jours au plus tard dès la fin d'exercice de leur mandat ou fonction, les déclarations des biens et avoirs établies sur l'honneur, dans les formes et conditions prévues par la réglementation. Cette commission demeure attendue.

§ 2. L'application différée de la loi du 25 avril 2006 relative à la déclaration des biens et avoirs

Jusqu'à ce jour, la loi du 25 avril 2006 n'est toujours pas mise en œuvre. Pourtant, relève Alain-Didier OLINGA, il s'agit d'un des mécanismes de la responsabilité, de la reddition des comptes et de la traque de la corruption.[164] Cette loi retient néanmoins la déchéance de toute personne bénéficiaire d'une nomination à un poste de gestion des biens et deniers publics, ayant fait une fausse déclaration des biens et avoirs (art. 15.3). Cette déchéance concerne par ailleurs les fonctionnaires et autres responsables qui n'ont pas satisfait l'obligation de déclaration des biens et avoirs (al. 2), et déclare l'inéligibilité à tout scrutin des personnes ayant fait une fausse déclaration ou ne satisfaisant pas à l'obligation de ladite déclaration. (al.1).

La Commission de déclaration des biens et avoirs, instituée par l'article 6 de la loi, peut émettre des doutes sur l'authenticité d'une déclaration.

---

[163]Article 66 de la loi n° 96/06 du 18 janvier 1996 portant révision de la Constitution du 02 juin 1972.

[164]OLINGA (Alain-Didier), *Propos sur l'inertie*, Yaoundé, Éditions CLE, 2009, p. 63.

En l'absence de tout complément d'information fourni par le responsable concerné et susceptible de l'éclairer, la Commission peut faire recours aux organes compétents de l'État, dans le but de déterminer la situation patrimoniale réelle dudit responsable (art. 9). De même, en cas de refus de déclaration des biens et avoirs ou de doute sur la déclaration, la Commission peut solliciter tout service public ou privé compétent pour lui communiquer toute information lui permettant d'établir les biens et avoirs des personnes incriminées (art. 10). En tout état de cause, toute absence de réponse aux observations de la Commission est assimilée à un défaut de déclaration des biens et avoirs (art. 8.2).

La fausse déclaration, son absence ou le défaut de déclaration des biens et avoirs révèlent l'intention manifeste pour le responsable de dissimuler l'origine de son patrimoine, ce qui soulève, à n'en pas douter, de sérieux problèmes d'éthique puisque ces différentes personnes sont au service de l'intérêt général. Enrichir indûment son patrimoine au détriment de celui de l'État, est certainement contraire à la morale.

En tout état de cause, la fortune publique sera toujours menacée par les prévaricateurs de tous bords tant que la loi sur la déclaration des biens et avoirs ne connaîtra pas une application effective. Cette loi est directement applicable et la prise des décrets d'application qui est souvent un alibi d'inertie, ne devrait pas constituer un obstacle. Rien ne s'oppose, en principe, à la mise sur pied d'un cadre réglementaire applicable à la Commission de déclaration des biens et avoirs. Il s'agit d'une nécessité, si l'on ne veut pas laisser prospérer la formule rituelle prévue à l'article 17 de la loi, selon laquelle, « des décrets d'application préciseront en tant que de besoin les modalités d'application de la présente loi ».

Cette situation convoque le problème de l'application de la loi. François TERRÉ rappelle pourtant que « [L]a règle de droit n'est pas destinée à demeurer une simple création de l'esprit ; il est de sa nature de s'appliquer à des situations concrètes, de se réaliser ».[165]

Au-delà de l'inertie, peut-on dire que l'application de la loi (constitutionnelle), dans ce cas, dépend du bon vouloir du gouvernement, chargé de l'exécution et de la mise en application des

[165]TERRÉ (François), *Introduction générale au droit*, ouvrage préc., p. 378.

lois ? Si ce problème n'est pas dénué de calculs politiciens, il est difficile de justifier, en toute logique, cette attitude des pouvoirs publics camerounais à vouloir une chose et son contraire ; c'est-à-dire lutter contre la corruption tout en entravant soi-même cette action. Tout comme il n'est pas aisé d'établir, dans ce cadre, une frontière entre l'inertie et la tolérance de la corruption, ce qui est pourtant contraire au discours officiel des dirigeants camerounais dans leur détermination dans la lutte contre les déviances éthiques. La mise en œuvre de l'article 66 de la Constitution devrait être pour le gouvernement un devoir dont il ne saurait se soustraire. Le principe *legem patere quam fecisti* (respecte la loi que tu as faite) trouve ici toute sa signification et invite au respect du principe de légalité par les décideurs eux-mêmes. L'on ne saurait, en effet, se réfugier derrière le principe de progressivité[166]pour renvoyer aux calendes grecques la mise sur pied de la Commission de déclaration des biens et avoirs prévue par la loi du 25 avril 2006. L'importance de ladite commission est avérée dans la préservation du patrimoine public, puisqu'elle n'est pas une « nouvelle institution de la République », dans la mesure où celles prévues par la Constitution ont été citées de manière exhaustive.[167] Ce sont ces institutions-organes qui sont soumis à la progressivité. Toutefois, souligne Alain-Didier OLINGA, si certaines règles matérielles et mécanismes nouveaux peuvent être soumis à la progressivité, cette dernière *« ne peut être valablement invoquée que si elle n'aboutit pas à bloquer purement et simplement le fonctionnement quotidien des institutions ».*[168]Ces mécanismes ne sauraient être soumis à la progressivité et leur application est immédiate (*ibid.*). La Commission de déclaration des biens et avoirs intègre valablement ce registre.

---

[166]L'article 67 de la Constitution révisée du 18 juin 1996 dispose que les nouvelles institutions de la République prévues par la présente Constitution seront progressivement mises en place. Lire l'intéressante étude d'Alain-Didier OLINGA consacrée à cette question, intitulée « L'article 67 de la Constitution », *Lex Lata*, n° 33, mars 1997, pp. 3-9.

[167]La Constitution elle-même détermine les différentes institutions de la République nouvellement créées, en l'occurrence le Sénat, le Conseil constitutionnel, la Chambre des comptes, les régions, les juridictions inférieures des comptes et les tribunaux administratifs. Il ne nous semble pas judicieux de penser que la Commission de déclaration des biens et avoirs figure parmi les « novelles institutions de la République » prévues par la Constitution, dont la mise en place se ferait progressivement.

[168]OLINGA (Alain-Didier), « L'article 67 de la Constitution », *op. cit.*, p. 5.

Au-delà de l'unique problème de la déclaration des biens et avoirs, il nous paraît contraire à l'État de droit et à l'éthique, de faire adopter des lois dont on sait à l'avance qu'elles ne seront pas appliquées. Bien que cette mise en œuvre dépende de la diligence des pouvoirs publics tant qu'un délai ne leur est pas imposé par la loi, il faudrait éviter, au regard de leur importance, que l'article 66 de la Constitution et la loi du 25 avril 2006 rejoignent le cortège des règles posées dans le système juridique camerounais, ne recevant pas une application effective ; ce qui ne manque pas de poser le problème de la distanciation de la règle de droit et la réalité du fait auquel cette règle est destinée.[169]La représentation de l'État en justice, quant à elle, n'est pas « politisée » et interpelle les fonctionnaires, lesquels, dans leur office, seraient tentés de ramer à contre-courant de l'intérêt général, qui justifie leur raison d'être.

SECTION IV.- LA PRÉVENTION DE LA CORRUPTION DANS LA REPRÉSENTATION DE L'ÉTAT EN JUSTICE

La représentation de l'État en justice, institution de droit public, est assurée au Cameroun, depuis trois décennies, par les « techniciens du droit », agissant au nom du département ministériel concerné, avec le concours du ministère de la Justice. Le statut de ladite représentation a été revalorisé depuis la création des cellules juridiques dans certains ministères, par le décret du 18 avril 1984. Avant cette date, la représentation de l'État en justice était assurée par des personnes aux compétences juridiques approximatives, quand elles n'étaient pas douteuses.[170]Par ailleurs, cette activité était, dans plusieurs cas, assurée par des personnalités dont ladite mission ne constituait pas la principale préoccupation, soit en fonction de la modicité de l'indemnité prévue à cet effet, soit du fait de leur qualification inappropriée. Joseph-Marie

[169]TERRÉ (François), *Introduction générale au droit*, *op. cit.*, pp. 378-379.

[170]Joseph-Marie BIPOUN-WOUM renseigne que la désignation des personnes pour assurer la défense des intérêts de l'État en justice tenait compte, non des compétences techniques des personnes intéressées, mais des fonctions administratives occupées. C'est le cas d'un inspecteur des télécommunications, d'un intendant des lycées ou d'un conducteur des travaux agricoles, désignés pour représenter l'État en justice...Lire « La représentation de l'État en justice au Cameroun », *RCD*, n° 28, 1984, pp. 33-34.

BIPOUN-WOUM a fait le constat selon lequel, *« ... nombreux sont les cas d'absence injustifiée aux audiences, de non dépôt de mémoire ampliatif en appel, et d'autres défaillances ponctuelles qui s'expliquent sans doute par le fait que la participation à la procédure judiciaire ne constitue pas la principale préoccupation pour les personnes désignées»* (art. préc., p. 33, note 43).

L'éminent juriste camerounais s'est sans doute gardé d'évoquer l'incompétence de ces fonctionnaires chargés d'accomplir cette mission de représentation de l'Etat en justice, au regard des carences avérées inhérentes à leur profil inapproprié, face à la technicité de ladite entreprise sur des questions juridiques.

La décision prise par les pouvoirs publics de créer un cadre incitatif dans le but d'intéresser davantage les juristes travaillant au sein des cellules juridiques des ministères, à cette noble activité, est par conséquent salutaire. La revalorisation substantielle du taux de rémunération des défenseurs des intérêts de l'État[171]en justice témoigne de la reconnaissance par les pouvoirs publics du niveau élevé de technicité de cette tâche, du souci de relever le niveau de représentation, sans doute, dans le but de mettre le fonctionnaire ou l'agent public à l'abri des tentations de corruption. Il est alors difficile de comprendre comment un fonctionnaire désormais « mieux traité » et plus motivé qu'auparavant, peut succomber à la tentation de corruption.

Pour prévenir ces situations, le texte susmentionné exclut du bénéfice de l'indemnité de représentation, non seulement l'agent public désigné et ne s'acquittant pas de sa mission - ce qui constitue un manquement grave à ses obligations professionnelles - mais surtout, *« l'Agent public contre lequel il aura été établi un fait de corruption ou de connivence avec la partie adverse au détriment des intérêts de l'Etat, même si le résultat du procès est favorable à l'Administration »,* ceci sans préjudice des poursuites disciplinaires et pénales (art. 4-b). Il n'est pas sans intérêt de se demander comment un fonctionnaire en charge de l'honorable mission de représentation l'État en justice, peut faire le

---

[171]Voir art. 1er du décret n° 2015/457 du 13 octobre 2015 fixant une indemnité au profit des agents publics chargés de la défense en justice des intérêts de l'État. Ce texte fixe le montant de cette indemnité à 250 000 francs CFA pour chaque affaire, ce qui est de loin consistant par rapport au taux de 40 000 francs CFA qui était servi par le passé.

contraire, c'est-à-dire se préoccuper, en priorité, des intérêts de la partie adverse et des siens. Celui qui ignore les réalités camerounaises peut penser qu'il s'agit d'une vue de l'esprit. Il n'en est pourtant rien, puisque les faits décriés, que les pouvoirs publics veulent prévenir, sont récurrents, quelques défenseurs de la puissance publique en justice ayant choisi de sacrifier le patrimoine de l'État pour leurs intérêts personnels, au détriment de l'intérêt général et même de leur réputation.

Conclusion du chapitre 2

Les institutions de droit public examinées se préoccupent de l'éthique et constituent un cadre de prévention dissuasif des comportements des citoyens de nature à porter atteinte aux règles de la morale. Les institutions-organes, en particulier, sont connues de tous et œuvrent efficacement, chacune dans son domaine de compétence, pour préserver la société des comportements véreux de plusieurs citoyens. C'est la preuve que les pouvoirs publics, veillent à la fois au bon fonctionnement des services publics et aux comportements et agissements des particuliers, devant s'inscrire dans la vertu. Cette importante activité de prévention des dérives éthiques se heurte malheureusement à la mise en place, toujours attendue, de certaines institutions prévues par la Constitution, et dont l'importance est pourtant avérée pour la sauvegarde de la fortune publique. Des secteurs comme la protection de l'environnement et de la biodiversité ainsi que celle des personnes vivant avec le handicap interpellent les consciences, malgré la quasi-ignorance ou l'indifférence des citoyens au sujet de leurs préoccupations éthiques. Ils méritent par conséquent une attention.

CHAPITRE III

LES MESURES PARTICULIÈRES DE PRÉSERVATION DE L'ÉTHIQUE DANS LA PROTECTION DE L'ENVIRONNEMENT ET DES PERSONNES VIVANT AVEC LE HANDICAP

La Conférence de Rio sur l'environnement et le développement, tenue en 1992 au Brésil, a interpellé les dirigeants du monde entier sur l'importance et l'urgence de protéger l'environnement afin de parvenir à un développement durable. Le Cameroun, pays du Bassin du Congo, deuxième « poumon mondial » après l'Amazonie, a répondu favorablement à cet appel compte tenu de la richesse de sa biodiversité et de la nécessité de sa préservation. Certaines structures ont été mises en place dans le but de veiller au développement harmonieux des activités dans ce secteur, exposé aux comportements indélicats des citoyens (section 1). Ce même constat est dressé s'agissant de la protection des personnes vivant avec le handicap (section 2). Ces deux champs d'observation révèlent des collusions entre l'Administration et les particuliers dans la commission de la fraude, notamment, préjudiciable à l'intérêt public.

SECTION I.- LES MESURES DISSUASIVES DES ATTEINTES À L'ENVIRONNEMENT ET À LA BIODIVERSITÉ

Les préoccupations éthiques ne sont pas étrangères à la protection de l'environnement.[172] En matière d'exercice des fonctions d'inspecteur et de contrôleur de l'environnement, par exemple, lesdites fonctions peuvent être suspendues pour une durée n'excédant pas un (1) an, notamment en cas de « non-respect de l'éthique et la déontologie

[172]AUBY (Jean-Bernard), « La bataille de San Romano, réflexions sur les évolutions récentes du droit administratif », *AJDA*, 2001, p. 913. L'auteur relève que les valeurs éthiques touchent aussi bien à la protection de l'environnement qu'aux droits fondamentaux.

professionnelle ».[173] Ce sont des comportements contraires à la morale professionnelle dans le cadre des inspections, contrôles, enquêtes, constats ou poursuites en répression des infractions dans le domaine de l'environnement (art. 6 al. du décret 2012/2808/PM du 26 sept. 2012, *op. cit.*), qui constitue une niche de corruption. Le domaine de l'environnement et de la biodiversité s'illustre de ce fait par la corruption et la fraude (§ 1), malgré les mesures préventives mises sur pied par les pouvoirs publics (§ 2).

§ 1. Les pratiques de corruption et autres dérives éthiques

La corruption a également fait son lit au Cameroun dans le domaine de l'environnement, en matière forestière, en particulier. Sont indexés principaux auteurs des pratiques de corruption, les agents du ministère des Forêts et de la Faune (MINFOF) affectés aux postes de contrôle forestier, impliqués dans un jeu sombre entre l'administration forestière et les exploitants illégaux des ressources forestières et fauniques.

L'Organisation non gouvernementale FODER (Forêts et Développement Rural) a révélé, dans un rapport accablant, que la corruption prenait de plus en plus de l'ampleur au Cameroun dans le secteur forestier. Ce rapport se fonde sur l'étude d'évaluation de l'Indice de perception de la corruption (IPC), rendue publique le 13 février 2017.[174]

Cet indice qui avait connu une amélioration entre 2010 et 2014, s'est dégradé depuis 2015.[175] Il est déplorable que ces manquements soient du fait des agents administratifs, causant à l'État un manque à gagner de l'ordre de 797 millions francs CFA par an, alors qu'ils s'attendent, tous les mois, à leur salaire...

Le domaine forestier est un des secteurs où les « codes » et pratiques informels tendent de plus en plus à supplanter le droit étatique. Cette situation est aggravée par le manque de moyens de protection de la forêt

---

[173]Article 17 (1) du décret n° 2012/2808/PM du 26 septembre 2012 fixant les conditions d'exercice des fonctions d'inspecteur et de contrôleur de l'environnement.
[174]Lire le journal BAROMÈTRE, n° 115 du 22 au 28 février 2018, p. 4.
[175]Ce journal révèle que l'Indice de perception de la corruption de 2010 à 2014 est passé de 7, 27/10 à 5, 13/10, et s'est dégradé par la suite en 2015 (5, 78/10) pour atteindre 7, 25/10 en 2017, soit pratiquement le niveau de l'évaluation initiale réalisée en 2010 par la Commission nationale anti-corruption (CONAC)

camerounaise, ce qui laisse la porte ouverte aux comportements illicites, la corruption en particulier, entretenue par les agents administratifs et les contrevenants.[176] Autant qu'en matière forestière, le contrevenant à la législation faunique sait pertinemment que, pour tel type d'infraction, l'agent du ministère des Forêts et de la Faune qui l'interpelle ou telle autorité, assise derrière son bureau, attend de lui telle somme d'argent. C'est la raison pour laquelle il n'hésite pas à récidiver, sachant qu'il va se conformer à la même pratique. La corruption est alors favorisée par la tolérance administrative, puisque l'on a l'impression que l'Administration est complice des braconniers.[177] L'État s'appauvrit ainsi au quotidien au profit de plusieurs individus véreux. Pourtant, le dispositif juridique mis en place est suffisamment dissuasif pour prévenir les atteintes à l'environnement et à la biodiversité.

D'autres comportements déviants s'observent en matière de protection de l'environnement,[178] en général. Il est évident que celui qui introduit, déverse, stocke ou fait transiter des déchets produits hors du Cameroun sur le territoire national se livre à une activité malsaine, interdite par la loi (art. 44 de la loi n° 96/012, préc.). Cet agissement n'est pas sans conséquence sur la vie des populations et l'environnement. Il en va de même pour tout capitaine ou responsable de navire, aéronef ou engin transportant ou ayant à son bord des hydrocarbures ou des substances nocives ou dangereuses et se trouvant dans les eaux maritimes sous juridiction camerounaise, et qui ne signale pas aux autorités compétentes tout évènement de mer survenu à bord, de nature à constituer une menace pour le milieu marin et des intérêts connexes (idem, art. 33).

La loi n° 94/01 du 20 janvier 1994 portant régime des forêts, de la faune et de la pêche contient pourtant des dispositions de nature à dissuader certaines pratiques frauduleuses de la part des particuliers et des agents de l'Administration.

---

[176]DJAME (François Narcisse), « Eléments d'introduction au droit forestier camerounais », *in Droit et Politique de l'environnement au Cameroun*, Oliver C. RUPPEL & Emmanuel D. KAM YOGO, (dir.), Yaoundé, Presses de l'UCAC, juin 2018, p. 355.

[177]DJAME (François Narcisse), « La protection de la faune en droit camerounais », *Droit et politique de l'environnement au Cameroun*, ouvrage précité, p. 366.

[178]Loi n° 96/12 du 5 août 1996 portant loi-cadre relative à la gestion de l'environnement.

§ 2. Les actes frauduleux et leur répression

En matière de forêt, de faune et de pêche, particulièrement, des mesures sont prescrites par la loi dans le but de dissuader tous ceux qui, par leur comportement, seraient amenés à porter atteinte à l'environnement. Les actes frauduleux, assortis d'amendes et même de peines d'emprisonnement, concernent, dans l'ensemble :

- la falsification ou la fraude sur tout document émis par les administrations chargées des forêts, de la faune et de la pêche, selon le cas, et/ou l'abattage ou la capture d'animaux protégés, soit pendant les périodes de fermeture de la chasse, soit dans les zones interdites ou fermées à la chasse (art. 158) ;

- l'exploitation frauduleuse du bois. Elle concerne l'exploitation forestière non autorisée dans une forêt domaniale ou communale en violation des dispositions de la loi ou au-delà de la limite de la concession (art. 158). Il en est de même de l'exploitation frauduleuse du bois par un sous-traitant dans le cadre d'un contrat de sous-traitance s'exerçant dans une forêt domaniale, en violation de l'article 51 (2), également proscrite;

- l'exploitation non autorisée du bois dans une forêt domaniale ou communale, en violation de la loi est aussi une infraction pour fraude.

La loi précise que les dommages et intérêts relatifs aux bois exploités de façon frauduleuse sont calculés sur la base de la valeur mercuriale entière en vigueur sur les essences concernées (art.159).

Par ailleurs, l'usage frauduleux, la contrefaçon ou la destruction des marques, marteaux forestiers, bornes ou poteaux utilisés par l'administration est interdit (art. 156), ainsi que la production de faux justificatifs relatifs notamment aux capacités techniques et financières, au lieu de résidence, à la nationalité et à la constitution d'un cantonnement, en violation des articles 41 (2), 50 et 59 de la loi . De même, la disparition des produits saisis du fait d'un agent assermenté de l'administration forestière s'assimile au vol et réprimée comme telle par la législation pénale.

Pour ce qui est de la pêche, spécifiquement, la loi condamne toute violation de ses dispositions en la matière (art. 154). Sont ainsi interdites toute importation ou exportation non autorisée de matériel génétique à but lucratif (art. 155).

On note que les comportements déviants des individus n'épargnent pas le secteur de l'environnement et la protection de la biodiversité. Les faits ci-dessus énumérés peuvent donner l'impression que les dérives proviennent des seuls usagers et particuliers. Ces actes répréhensibles n'excluent pas l'intervention souterraine et la complicité des membres véreux de l'Administration, puisque les infractions signalées ne sont pas toujours réprimées.

La prévention des dérives éthiques s'observant dans le domaine de la protection des personnes handicapées, mérite que l'on s'y attarde.

SECTION II.- LA PRÉSERVATION DE L'ÉTHIQUE DANS LA PROTECTION DES PERSONNES VIVANT AVEC LE HANDICAP

La protection des personnes vivant avec le handicap exige que des mesures particulières soient prises pour protéger ladite catégorie sociale, mais aussi, la valoriser, sa perception déformante, dans l'environnement africain, en particulier, l'ayant souvent réduite à la mendicité.

Plusieurs pratiques défavorables aux personnes handicapées sont observées au quotidien. Aussi les Camerounais se font-ils, le plus souvent, délivrer avec des complicités diverses, des fausses cartes d'invalidité ou de fausses pièces afin d'en tirer des avantages. La loi punit[179] ainsi toute personne qui délivre indûment une carte d'invalidité ou une fausse pièce donnant lieu aux avantages accordés aux personnes en situation de handicap (art. 43). Il en est de même de la personne se faisant établir ou utilisant une fausse carte d'invalidité, ou simule un handicap dans le but de solliciter la générosité ou tromper la vigilance d'autrui. La loi n'est pas indulgente sur ces comportements irréguliers, puisqu'elle punit de la même manière le fonctionnaire se livrant à ces pratiques indécentes, autant que le complice, bénéficiaire d'une fausse carte d'invalidité. Elle condamne ces faussaires à un emprisonnement

[179]Loi n° 2010/002 du 13 avril 2010 portant protection et promotion des personnes handicapées.

de trois (03) mois à trois (03) ans et au paiement d'une amende de 50 000 (cinquante mille) à 500 000 (cinq cent mille) francs CFA.

Il est certain que le fonctionnaire auteur de ces actes, sachant qu'il court le risque de poursuites disciplinaires ou pénales pouvant aboutir à sa révocation de la Fonction publique ou à son incarcération, exige au demandeur une compensation financière en termes de corruption, pour la basse besogne accomplie.

La loi réprime également la personne handicapée qui, ayant des moyens de subsistance ou pouvant se les procurer par le travail, sollicite la charité en quelque lieu que ce soit (art. 44-c). Le problème de l'interdiction de la mendicité s'est posé devant le juge administratif français. Le juge apprécie la situation en se fondant sur la légalité des interdictions par rapport aux libertés publiques reconnues aux citoyens, telle que celle d'utilisation du domaine public. Dans le jugement M. *Couveinhes Jacques et Association* « Sortir du fond »,[180] rendu par le Tribunal administratif de Pau en France, le 22 novembre 1995, il a été décidé que le maire de ladite commune « *ne tenait ni des dispositions...ni d'aucune autre disposition législative ou réglementaire le pouvoir de prononcer l'interdiction, au surplus sans aucune restriction dans le temps, d'une part de la mendicité dans tout le centre de la ville et, d'autre part, dans tous les lieux publics de la commune…* ».

L'interdiction légale de la mendicité constitue une innovation en droit camerounais. Elle s'adresse à « toute personne » ou lorsque la personne vivant avec un handicap, en particulier, a les moyens de subvenir à ses besoins (art. 43 et 44 de la loi du 13 avril 2010). Cette disposition invite à l'honnêteté et à la dignité de la personne handicapée, qui ne devrait pas tromper la vigilance de la société en se livrant à la mendicité, alors qu'elle dispose des moyens de subvenir à ses besoins. Toutefois, la loi camerounaise semble légitimer la mendicité des personnes handicapées indigentes, lesquelles pouvant la pratiquer pour leurs besoins

---

[180]Jugement T.A., 22 novembre 1995, *M. Couveinhes Jacques, Association « Sorti du fond », c/Commune de Pau.* Les requérants avaient reproché au maire de Pau de créer, d'une part, une infraction alors que la mendicité n'est pas un délit pénal. D'autre part, l'arrêté du maire portait excessivement atteinte aux libertés publiques par une interdiction générale non justifiée par les considérations d'ordre public. Lire les conclusions de Jean-Yves MADEC sur cette affaire, *RFDA*, 12 (2) mars-avril. 1996, pp. 376 et suiv.

quotidiens. Le problème n'est pas évacué, pour autant, et il devrait trouver une réponse dans le type de handicap, puisque le handicap ne constitue pas toujours un obstacle dirimant à l'exercice d'un métier. Par conséquent, la personne handicapée disposant de ressources physiques pour exercer un type de métier (cas des cordonniers ou des vanniers au Cameroun, s'agissant des personnes à mobilité réduite), mais qui choisit de se livrer à la mendicité, porte atteinte à sa propre dignité.

Le législateur réprime en outre la discrimination et la partialité, lesquelles, dans la République, sont contraires au principe constitutionnel de l'égalité et à l'éthique. La loi de 2010 condamne, par conséquent, tous les responsables et dirigeants de structures usant de discrimination dans le recrutement des personnes handicapées. L'article 45 de la loi punit d'un emprisonnement de trois (3) à six (6) mois et d'une amende de 100 000 (cent mille) à 1 000 000 (un million) de francs CFA ou de l'une de ces deux peines seulement, les responsables d'établissements scolaires, professionnels et universitaires, les employeurs ou dirigeants d'entreprises qui font une discrimination dans l'admission, le recrutement ou la rémunération des personnes handicapées (art. 45). Cette disposition est audacieuse et tend à garantir le respect du principe d'égalité. Il reste à voir comment elle sera effectivement appliquée.

La loi portant protection et promotion des personnes handicapées a « ratissé large » en évoquant les domaines dans lesquels ces personnes sont exposées à la discrimination, à savoir la formation et l'emploi. S'agissant de la formation, la loi prescrit qu'elle soit ouverte, sans discrimination, aux élèves et étudiants handicapés, dans les mêmes conditions que leurs camarades valides. Quant à l'emploi, les dirigeants d'entreprises sont invités à être objectifs dans l'admission, le recrutement ou la rémunération des personnes vivant avec le handicap. S'abstenir de promouvoir l'égalité en traitant différemment les êtres humains tout en discriminant de surcroît les personnes handicapées, est contraire à la morale universelle.

Conclusion du chapitre 3

Les lignes précédentes attestent de ce que tous les secteurs d'activités sont concernés par les violations des règles éthiques. Elles révèlent la détermination des pouvoirs publics à prévenir ces dérives par une application saine et harmonieuse des règles du droit public. La protection de l'environnement et de la biodiversité ainsi que la protection des personnes vivant avec le handicap font l'objet de multiples atteintes, parfois ignorées de l'opinion, alors qu'il s'agit des secteurs tout aussi sensibles et importants dans la vie de la nation et pour le développement du Cameroun. Si l'environnement subit de façon passive la pression des personnes physiques et morales sur son intégrité, en revanche, les personnes vivant avec le handicap ne devraient pas être complices de leur propre dégradation morale, en se livrant à la mendicité, en particulier, alors qu'elles disposent des moyens pour subvenir à leurs besoins. Il est tout aussi regrettable, de part et d'autre, que l'Administration elle-même participe à la fragilisation du droit, en favorisant les violations des règles éthiques

Conclusion de la première partie

La première partie de l'étude a permis de rendre compte de l'impressionnant dispositif juridique mis en place par les pouvoirs publics dans le but de prévenir les dérives éthiques des particuliers et des agents administratifs. Cet arsenal juridique comprend les textes législatifs et réglementaires. Il s'appuie sur des principes de droit et, également, sur la pratique courante. Si les déviances observées sont le plus souvent le fait des particuliers, elles s'expriment aussi avec la complicité des fonctionnaires et agents publics indélicats, pourtant chargés de l'intérêt général. Ce comportement ne peut être que déploré, en ce que les fonctionnaires se doivent de défendre les intérêts de l'Administration qui les rémunère.

Certains agissements des citoyens et de l'Administration se manifestent de façon particulière dans plusieurs aspects, et le droit n'est pas indulgent à l'égard de leurs auteurs, puisqu'il les sanctionne par des actes administratifs et les décisions de justice rendues en leur défaveur.

DEUXIÈME PARTIE

MANIFESTATIONS ET SANCTION DES ATTEINTES AUX RÈGLES ÉTHIQUES

La justice n'existe qu'autant que les hommes la veulent, d'un commun accord, et la font. Pas de justice, donc, à l'état de nature, ni de justice naturelle. Toute justice est humaine, toute justice est historique...

André COMTE-SPONVILLE, Petit traité des grandes vertus, 1995, p. 9.

Les violations des règles de la morale s'expriment dans plusieurs domaines que nous n'aurons pas la prétention d'explorer, de façon exhaustive, dans le cadre du droit public interne camerounais. Ces comportements prouvent que les individus, particuliers et agents agissant au nom de l'Administration usent de leur libre arbitre pour commettre des forfaits, au mépris de la « loi », pourtant clairement établie.

De tels agissements sont favorisés par les lacunes ou les défaillances des textes, parfois « taillés sur mesure », pour servir les intérêts d'une minorité d'individus en leur donnant la possibilité de s'insérer dans les interstices des textes, dans l'impunité la plus absolue. Ces phénomènes seront examinés dans le cadre des violations des règles de l'éthique (Chapitre 1). Par ailleurs, l'intervention de l'Administration est avérée dans la répression desdites dérives (Chapitre 2), tout comme la sanction juridictionnelle des comportements irréguliers (Chapitre 3).

CHAPITRE I

MANIFESTATIONS DES VIOLATIONS DES RÈGLES ÉTHIQUES

Les violations des règles de la morale se manifestent de plusieurs manières. Elles concernent au premier chef la Fonction publique, dont l'activité est le plus souvent imprégnée de fraudes, de corruption et d'autres pratiques contraires à l'éthique (Section 1) ; elles révèlent également d'autres formes de fraude dans les domaines foncier et électoral, en particulier (Section 2). Ces dérives s'observent enfin dans la gestion des activités dans lesquelles les pouvoirs publics peuvent être amenés à passer des conventions avec les individus en infraction, dans le but d'éviter le procès pénal (Section 3).

SECTION I - QUELQUES ÉLÉMENTS DE PERVERSION DE LA FONCTION PUBLIQUE

La Fonction publique est aujourd'hui confrontée à plusieurs difficultés empêchant le fonctionnement harmonieux du service public. C'est le cas des pratiques qui affectent le système de sélection des fonctionnaires légué par la colonisation (§1), de même que des obligations des fonctionnaires aujourd'hui confrontées aux assauts de la modernité, la révolution numérique, en particulier (§ 2).

§ 1. Les dérives clientélistes et autres déviances dans les concours administratifs

L'attractivité que la Fonction publique exerce sur l'ensemble de la société camerounaise fait de l'Administration l'objet de tous les enjeux. Dans les pays en développement et au Cameroun, en particulier, l'État est le principal pourvoyeur d'emplois. Au centre de toutes les attentions, se trouve le fonctionnaire. Celui-ci, fut-il de catégorie inférieure, est auréolé de prestige et de considération dans sa ville de résidence ou sa localité d'origine. La Fonction publique confère également sécurité et stabilité de l'emploi. Elle constitue une source de revenus consistants pour certains corps,[181] et même pour ceux qui, en y accédant, sont déjà imprégnés de l'idée de corruption.[182]LEMBE MUNGOLE TIKY rejoint la voix autorisée de François ANOUKAHA, en sa qualité de vice-président de la CONAC, lorsqu'il souligne que « *[L]'argent versé au corrupteur est un investissement que le cancre diplômé fera fructifier, une fois qu'il devient fonctionnaire. La première préoccupation de ce type d'arrivistes ne saurait être l'efficacité. Celui qui est devenu médecin par le biais de la corruption est littéralement un agent de la mort...* »[183]. Il en déduit que la corruption encourage la médiocrité au détriment du mérite et engendre au premier chef l'inefficacité de la Fonction publique (*ibid*).

L'accès à la Fonction publique devrait se faire dans une saine concurrence afin de garantir le principe d'égalité, tout comportement partial pouvant rompre ladite égalité. On constate, malheureusement, que parfois tous les moyens sont mis en œuvre pour accéder à l'emploi public, y compris le clientélisme et d'autres pratiques indécentes. Il convient de faire le constat de cette situation (A) en s'appuyant sur quelques illustrations (B).

A. Le contexte du concours

Le lecteur qui ignore les réalités camerounaises peut se demander en quoi la question de l'accès aux grandes écoles entretient-elle un lien avec les valeurs éthiques. On peut d'emblée s'interroger sur la pertinence de l'accès auxdites structures de formation au Cameroun, puisque, a priori, on ne voit pas ce qui y ferait problème : le concours est une compétition, une course permettant uniquement aux meilleurs d'accéder à la Fonction publique. Les Anglo-saxons ont trouvé le mot juste pour désigner le concours : *competitive examination.*

---

[181]Les corps des régies financières (Douanes, Impôts, Trésor), en particulier, servent des gratifications et autres avantages le plus souvent supérieurs aux traitements mensuels des fonctionnaires.

[182]Ce qui est affirmé ici est loin d'être chimérique, car plusieurs élèves optent pour des sections des régies financières à leur entrée à l'Ecole nationale d'administration et de magistrature (ENAM) uniquement dans le but de s'enrichir rapidement dès la fin de la formation (Dans ce sens, *cf.* François ANOUKAHA, *infra*, note 185). Aucun Camerounais de bonne foi ne saurait le démentir, puisque les richesses de ces jeunes fonctionnaires font l'objet d'une exhibition, sans crainte ni vergogne.

[183] LEMBE MUNGOLE TIKY, *Les six plaies du Cameroun et leur impact sur le développement du pays*, Paris, Dianoïa, 2016, p. 125.

Cette conception des choses est loin d'être le reflet de la réalité, dans l'histoire de la Fonction publique. François GAZIER rappelle en effet que, pendant longtemps et jusqu'à la Révolution, dans l'antiquité classique, grecque et romaine, on tirait parfois au sort les fonctionnaires parmi les citoyens.

Ce système se nourrissait du contexte philosophico-religieux de l'époque, car l'on estimait que le tirage au sort était guidé par la divinité et que son choix était nécessairement meilleur que celui résultant de procédés imaginés par les hommes eux-mêmes.[184]L'auteur signale d'autres modes d'accès qu'il ne semble pas inutile de mentionner ici, et qui refont surface au Cameroun alors qu'ils ont été abandonnés là où ils ont été calqués, c'est-à-dire en France. Ainsi, à la suite du tirage au sort, il y a eu le recrutement héréditaire. François GAZIER souligne, à ce sujet, que les rois ou les empereurs se succédaient de père en fils, autant qu'il parut bon (et même logique) que les fonctionnaires occupassent la fonction de leur père ou de leur grand-père (ibid.). La Fonction publique fut ainsi réservée à des lignées de fonctionnaires et à une classe héréditaire. S'en est suivie la période de l'achat des fonctions publiques, avec le système de la vénalité et de la patrimonialité des charges administratives. L'on a aussi utilisé le système de la cooptation consistant, pour les fonctionnaires, à choisir eux-mêmes leurs jeunes et futurs collègues. Enfin, a prévalu le népotisme, qui est un système de la faveur politique ou familiale. François GAZIER estime qu'en 1972, ce système tenait encore une place énorme dans la Fonction publique française… (*ibid.*), de l'époque.

Les différents systèmes présentés ont montré leurs limites avec la consécration, depuis la Déclaration des droits de l'Homme et du Citoyen en France, en 1789, du principe de l'égalité d'accès de tous les citoyens aux fonctions publiques. L'article VI de ce texte, dispose que *« tous les citoyens sont également admissibles à toutes dignités, places et emplois, selon leur capacité, et sans autre distinction que celle de leurs vertus et de leurs talents »*.

Le Cameroun semble, depuis bientôt trois décennies, avoir opté pour un malsain dosage entre les pratiques clientélistes, la marchandisation de l'accès à la Fonction publique et le système de faveurs, au point où on peut logiquement se demander, en observant le concours administratif

---

[184]GAZIER (François), *La fonction publique dans le monde*, Paris, Éditions Cujas, 1972, p. 103.

de nos jours, si nous sommes encore dans une autre époque ou à l'ère de la modernité.

Au centre de ce scénario, se situent la corruption et autres pratiques illicites dans l'accès à la Fonction publique par la voie « royale » du concours.

Interrogé sur la pertinence du slogan « il n'y pas de corrompus sans corrupteurs », M. Sali DAIROU, ministre de la Fonction publique, a admis que la marchandisation ou le monnayage des places pour l'accès à la Fonction publique camerounaise était une réalité.[185] Il s'était justifié sur le bien-fondé dudit slogan, en ces termes :

« Je le maintiens. Et au lieu d'encourager les mauvais agents, nous les sanctionnons. A mon arrivée par exemple dans mon département ministériel, j'ai trouvé une pratique malsaine : les places à l'ENAM étaient vendues entre 800 000 et 900 000 Fcfa l'une. J'ai mis fin à cela malgré de fortes résistances. Et des gens ont été sanctionnés. Alors, pendant que nous sanctionnons, nous demandons aux usagers de nous aider en s'abstenant de corrompre les agents publics. Ces usagers eux doivent changer de mentalités et abandonner les pratiques anciennes. Car le jour où les corrompus et détourneurs seront rejetés de la société, considérés comme les fossoyeurs de l'Etat, leur nombre diminuera comme une peau de chagrin. Pour l'heure, on dirait qu'il n'y a aucune honte à être corrompu, à voler l'Etat…Et ces comportements n'émeuvent personne ».

Les déclarations du ministre de la Fonction publique, datant de plus de vingt (20) ans, demeurent d'actualité. Elles dénoncent les comportements courants, bien avant 1997, et qui s'observent avec beaucoup plus d'acuité de nos jours. On peut retenir, en substance, des propos de ladite autorité, que :

---

[185]Lire son interview dans *Cameroon Tribune* n° 6376/2665 du 25 juin 1997, pp. 8-9. François ANOUKAHA, parfaitement au fait des réalités camerounaises, relève qu' « *[I]l est notoirement établi et affirmé par certains de ces fonctionnaires que la corruption participe pour eux du mécanisme de récupération de leur argent qu'ils auraient versé au moment d'entrer dans les grandes écoles donnant accès à des fonctions publiques* », *in Le Code pénal du 12 juillet 2016 et la lutte contre la corruption au Cameroun*, Yaoundé, Les presses des imprimeries Les Grandes Éditions, juin 2017, p. 45.

- les fraudes constatées découlent d'un comportement malsain et sont entretenues par des complicités diverses ;

- les corrompus et corrupteurs sont les fossoyeurs de l'État ; ils s'approprient indûment et de façon illicite le patrimoine public, et leur malhonnêteté n'est plus à démontrer ;

- les fortes résistances au changement de comportements. C'est pour cette raison que, plus de deux décennies après, les mêmes comportements trouvent toujours un terreau fertile dans la société camerounaise ;

- l'invitation des uns et des autres à un changement de mentalités et à l'abandon des pratiques malsaines.

Les propos de cette autorité prouvent que le recrutement par voie de concours ne se fait pas toujours au mérite dans le contexte camerounais, ce qui contribue à rendre ineffectif le principe de l'égal accès à la Fonction publique. L'on observe, en effet, depuis des années, une dérive dans les concours administratifs du fait de l'entrée en scène des paramètres dont plusieurs constituent des déviances éthiques.

B. Quelques illustrations

Nous évoquerons deux exemples significatifs :

1. L'accès à l'Ecole normale supérieure (ENS) de Maroua, en 2008/2009.

L'accès à l'ENS de Maroua en 2008/2009 a défrayé la chronique lors de l'organisation du premier concours d'entrée dans ladite grande école. Les élites des trois régions septentrionales du Cameroun avaient exigé des pouvoirs publics que les candidats originaires desdites régions y eussent la priorité d'accès. Suite à différentes pressions, autorisation avait été donnée par le président de la République d'admettre à l'École tous les ressortissants du « Grand-Nord »[186]qui s'étaient présentés au concours. Cette admission s'était faite sur « étude de dossier », pour tous les candidats des différentes régions.

Ce recrutement, unique en son genre au Cameroun, a soulevé des problèmes d'éthique, d'équité et de justice sociale. Sur le plan purement

[186]Expression utilisée pour désigner les trois régions septentrionales (l'Adamaoua, le Nord et l'Extrême-Nord), qui relevaient toutes de l'ancienne province du Nord.

éthique, particulièrement, il est clair que les pressions exercées par les élites du Septentrion avaient des visées clientélistes, l'objectif, sur fond de démagogie, étant sans doute de constituer une clientèle politique auprès des candidats au concours et de leurs familles. Par ailleurs, la plupart de ces jeunes admis au concours et qui aujourd'hui sont intégrés dans la Fonction publique en qualité de professeur des lycées d'enseignement général, n'ont pas forcément toutes les aptitudes nécessaires à l'encadrement des jeunes élèves. L'objectif recherché par la plupart de ces postulants était, non l'éducation et l'encadrement de la jeunesse, mais l'accès à la Fonction publique, induisant l'obtention d'un numéro de matricule solde. On observe que plusieurs de ces enseignants, une fois intégrés dans la Fonction publique, désertent le secteur de l'éducation pour se retrouver dans d'autres administrations, plus gratifiantes.

Cette attitude contraire à l'éthique, ne concerne pas seulement l'ENS de Maroua, mais toutes les Écoles normales de l'enseignement secondaire général et technique du Cameroun. Cette dérive a été dénoncée par le chef de l'Etat camerounais dans son message à la Jeunesse, le 10 février 2016 (infra, IIIe partie, chapitre 1er).

2. Les scandales à répétition à l'École nationale d'administration et de magistrature (ENAM)

L'admission à l'ENAM a régulièrement fait l'objet de conflits et de frictions qui n'ont pas manqué de ternir l'image de cette école de formation des hauts fonctionnaires de l'administration camerounaise. Nous insistons sur le concours de l'année académique 2017/2018, lequel a révélé au grand jour les incohérences dans son organisation et sa gestion, ce qui a étalé sur la place publique un « pugilat homérique » entre le directeur général de ladite école et sa tutelle, le ministre de la Fonction publique.

Les résultats des admissibilités au concours d'entrée dans ladite école avaient été publiés le 02 novembre 2017 par le directeur général de l'ENAM et annulés par la suite par son ministre de tutelle, le ministre en charge de la fonction publique.

La décision du ministre se fondait sur le fait que celle du directeur général était illégale, en ce qu'elle n'avait pas respecté les procédures prévues par la réglementation.

En effet, il avait été reproché au directeur général de l'ENAM, chargé de l'organisation matérielle du concours, d'avoir outrepassé ses pouvoirs pour s'occuper de la politique générale du concours, relevant de la compétence du ministre de la Fonction publique.[187] De nouvelles listes avaient par conséquent été publiées ainsi que les résultats définitifs. A la suite de ce « scandale » qui n'a pas manqué de choquer la morale et de jeter une fois de plus le discrédit sur la prestigieuse école, l'analyste peut logiquement se demander si le mérite et la politique sociale de l'« équilibre régional », qui en est l'exception, peuvent encore être respectés dans un tel imbroglio. Le principe de l'égal accès aux emplois publics, héritage de l'arrêt *Barel* (C.E., 28 mai 1954), connaît par conséquent une sérieuse entorse au Cameroun, avec le clientélisme et d'autres pratiques illicites, entourant les concours administratifs. Pourtant, souligne Alain-Didier OLINGA, *« [D]ès lors que l'administration et les prérogatives administratives sont gérées dans une optique clientéliste, le ver est dans le fruit »* (*Propos sur l'inertie*, pp. 49-50).

On observe aujourd'hui une alchimie sans pareille dans le concours administratif camerounais, écartelé entre mérite, équilibre régional, vénalité, recommandations diverses, exigences des élites dirigeantes, etc. Dans un tel contexte, la portion réservée au mérite devient de plus en plus congrue et le principe d'égalité se trouve sacrifié à l'autel des pratiques mafieuses. L'autre effet pervers généré par cette situation est que les jeunes Camerounais, dans leur immense majorité, ne croient plus aujourd'hui au mérite et à l'objectivité dans les concours administratifs, convaincus qu'ils ne peuvent accéder à une grande école par leurs propres moyens, sans le monnayage du concours ou l'intervention d'un parrain ou d'une élite politique de leur localité. Il faudra du temps pour dépasser cette vision des choses, fortement ancrée dans les mentalités. L'obligation de discrétion professionnelle subit également de nos jours les assauts de la révolution numérique et contribue au travestissement de la Fonction publique.

[187]La solution au problème du conflit de compétences entre le directeur général de l'ENAM et le ministre de la Fonction publique semble avoir été trouvée dans le décret n° 2018/240 du 09 avril 2018 portant réorganisation de ladite école, qui précise, en son article 20 (2), que le directeur général de l'ENAM est, entre autres, chargé de « l'organisation matérielle et technique du concours d'entrée à l'ENAM, *jusqu'à la phase de publication des résultats d'admissibilité »* (c'est nous qui soulignons). C'est à l'issue de cette phase qu'apparaissent les véritables enjeux…

§ 2. L'obligation de discrétion professionnelle à l'épreuve de la révolution numérique

Le droit se trouve aujourd'hui bouleversé dans son rôle de régulation et d'encadrement de la société, depuis l'avènement de l'internet. L'autonomie constitutionnelle reconnue aux États, par exemple, est mise à mal par le fait que la technologie d'internet favorise la construction d'un espace public ouvert et mondialisé, échappant au contrôle étatique et conduisant parfois à l' « impuissance publique ».[188]Narcisse MOUELLE KOMBI a repris les idées de René Jean DUPUY, sur le « dédoublement du monde » du fait de l'émergence d'un monde dual à la faveur de l' « avènement phénoménal » des TIC et des réseaux sociaux , dont l'un, le monde des États, est dominé par la réalité et l'objectivité, l'autre, nouveau, le cybermonde, traduit la virtualité et la subjectivité.[189] Dans le cybermonde sans frontières, tous les coups sont permis, y compris les plus immoraux (*ibid.*). Le fonctionnement interne des États, le Cameroun, en particulier, n'échappe pas à cette réalité puisque l'Administration, qui nous intéresse ici, subit les assauts d'internet et de ses dérivés, et les fonctionnaires semblent avoir perdu de vue leurs obligations, notamment celle de discrétion professionnelle, constituant pourtant un impératif. Cette obligation imposée au fonctionnaire est sanctionnée par le Statut général de la Fonction publique de l'État et relève des exigences disciplinaires, contrairement à la violation du secret professionnel, du ressort de la loi pénale.[190]

L'article 41 du SGFPE impose à tout fonctionnaire « de faire preuve de discrétion professionnelle pour tout ce qui concerne les faits, informations ou documents dont il a eu connaissance dans l'exercice ou à l'occasion de l'exercice de ses fonctions ».

Il est également interdit au fonctionnaire de détourner ou de soustraire des pièces ou des documents afférents au service, tout comme leur

---

[188]TÜRK (Pauline), « La souveraineté des Etats à l'épreuve d'internet », *RDP*, n° 6, nov.-déc. 2013, p. 1494.

[189]MOUELLE KOMBI (Narcisse), « Non à la tentative de hold-up électoral. Oui au respect de la légalité républicaine et de l'expression démocratique des citoyens », *Cameroon Tribune* n° 11700/7899 du 15 octobre 2018, p. 9. L'auteur réagissait à la sortie du Professeur Maurice KAMTO, le 8 octobre 2018, s'autoproclamant vainqueur de l'élection présidentielle tenue le 7 octobre 2018, et demandant au président de la République en poste, de lui passer pacifiquement le pouvoir.

[190]BRETON (Jean-Marie), *Droit de la Fonction publique des Etats d'Afrique francophone*, Paris, EDICEF, 1990, p. 187.

communication ou leur reproduction pour des motifs inavoués lui est proscrite, sauf pour raison de service et dans les formes réglementaires appropriées.

Le mal est profond et prend une ampleur à la fois inquiétante et alarmante, avec l'avènement des réseaux sociaux. Les secrets professionnels et les documents administratifs, même les plus sensibles, concernant la sécurité de l'État, sont divulgués. Cette situation qui ne manque pas d'heurter l'éthique a alimenté les médias camerounais,[191] surtout depuis la publication de la circulaire du Premier ministre, le 20 mars 2018,[192] portant gestion des documents et données confidentiels de l'État et des organismes du secteur public. Par cette mesure, le chef du gouvernement a entendu tirer la sonnette d'alarme pour mettre un terme à cette situation désagréable et malsaine.

La circulaire du Premier ministre prescrit aux chefs de départements ministériels des mesures thérapeutiques de nature à enrayer le fléau. Il s'agit, entre autres, de veiller au respect de l'obligation de discrétion professionnelle dans leurs administrations respectives, de traduire systématiquement devant les instances disciplinaires compétentes les agents publics présumés coupables de violation de l'obligation de discrétion professionnelle et, enfin, de « n'affecter à la chaîne de gestion du courrier de leurs services que des personnes justifiant d'une probité indiscutable ». Ces instructions de la hiérarchie doivent être appliquées en attendant la finalisation des plateformes et chartes de gestion des données de l'État, précise l'instruction du Premier ministre.

Les mesures prescrites par le chef du gouvernement camerounais sont salutaires. Toutefois, le choix des personnes probes pour servir dans la chaîne de gestion du courrier s'avère difficile, voire périlleuse, au regard du caractère inopérant de la condition de bonne moralité dont est crédité chaque agent public au moment de son entrée en service. Le fonctionnaire ou l'agent public supposé jouir d'une « probité indiscutable » à toute épreuve peut, sur le fondement des influences

---

[191]Commentant la revue matinale de la presse, le lundi 02 avril 2018, le journaliste de la chaîne de télévision VISION 4, M. Jean-Jacques ZE, a utilisé l'image de la « République qui devient la *rue publique* », pour illustrer le fait que les informations et documents, mêmes les plus sensibles concernant le fonctionnement de l'État, étaient livrés à la rue par l'utilisation malsaine d'internet et de ses dérivés.

[192]Circulaire n 003/CAB/PM du 28 mars 2018 relative à la gestion des documents et données confidentiels de l'État et des organismes du secteur public.

diverses, changer d'attitude par la suite et tomber sous le coup des comportements décriés. C'est ce que révèlent pourtant diverses fraudes constatées dans plusieurs domaines qui intéressent le droit public camerounais.

SECTION II.- LES DIVERSES MANIFESTATIONS DE LA FRAUDE

L'éthique et la morale condamnent, entre autres, la fraude, perçue comme un acte de mauvaise foi, une tromperie ou un *« acte accompli dans le dessein de préjudicier à des droits que l'on doit respecter »*.[193] La fraude est une manifestation de violation des règles éthiques et revêt plusieurs aspects, notamment la fraude foncière, la fraude aux examens et concours, la fraude fiscale, la fraude électorale, etc. Nous nous intéressons aux manifestations de la fraude foncière (§ 2) et de la fraude électorale (§ 3), après avoir esquissé au préalable une définition de la fraude (§ 1).

§ 1. La signification de la fraude

La fraude revêt une double signification. Selon François TERRÉ, la fraude désigne, au sens large, *« toute espèce de turpitude, par exemple celle qui consiste à tromper autrui à l'occasion de la conclusion d'un contrat »*.[194] Strictement entendue, la fraude vise un comportement subtil, permettant de profiter des imperfections de l'ordre juridique en utilisant une règle de droit dans le but de paralyser l'application d'une autre règle de droit (*ibid*). La fraude renvoie surtout, pour Mélanie DUBUY, à la fraude à la loi (fiscale), et doit être distinguée de la fraude au sens large, qui est synonyme de manœuvre déloyale, de ruse ou de tromperie.[195] Elle occupe, aux côtés de la corruption, un espace important dans les comportements répréhensibles des acteurs du droit public camerounais. Mélanie DUBUY précise que la fraude à la loi tient une place charnière au confluent de la morale et du droit, et ce qui est

[193]CORNU (Gérard), *Vocabulaire juridique*, 11e éd., Paris, PUF, 2016, p. 482.
[194]TERRÉ (François), *Introduction générale au droit*, 6e éd., Paris, Dalloz, 2003, p. 399, § 398.
[195]DUBUY (Mélanie), « La fraude à la loi : étude de droit public français », *RFDA*, n° 2, mars-avril 2009, p. 247.

condamné par la fraude à la loi, c'est *« la ruse, le mépris pour la règle» (idem, p. 246). La fraude fait allégeance avec la notion de l'abus de droit dont elle constitue une catégorie. En droit français, l'abus de droit englobe des comportements de simulation et de fraude à la loi, la simulation étant perçue comme « un mensonge juridique »*[196]ou un stratagème pour payer moins d'impôt. Elle constitue pour cela une variété de la fraude à la loi fiscale, *lato sensu* (*ibid.*). L'auteure rappelle que si les décisions obtenues par des manœuvres frauduleuses ne sont pas créatrices de droit, elles ne sont pas pour autant inexistantes (*idem*, p. 249), puisque ces actes produisent des effets de droit tant qu'ils demeurent en vigueur. Ils peuvent toutefois être retirés ou abrogés à tout moment.[197]

En droit constitutionnel, Joseph-Marie BIPOUN-WOUM relève qu'en matière de révision de la Constitution, *« [L]a notion de fraude, inspirée notamment de la pratique des régimes fascistes, s'applique à des hypothèses où, par le biais d'une révision régulière en la forme, on modifie fondamentalement le régime mis en place par une Constitution, régime auquel on substitue finalement un autre. En d'autres termes, la fraude à la constitution résulte de l'utilisation d'une procédure de révision à des fins autres que celles pour lesquelles elle a été instituée».*[198]

La paternité de la théorie de la fraude à la Constitution revient à Georges LIET-VEAUX.[199] Séni OUEDRAOGO signale que ce sont les usages pervers du droit dans certains États européens qui ont inspiré à cet auteur l'idée d'une étude sur la fraude à la Constitution.[200] Cette dernière, en matière de révision du texte fondamental, est un acte formellement régulier, accompli en vue d'éluder une disposition de la Constitution (*ibid.*) ; ce qui signifie que *« [L]'acte, en apparence légal, est en soi conforme à la lettre de la constitution, mais en contrarie son*

---

[196]DUBUY (Mélanie), citant M. COZIAN, « La notion d'abus de droit en matière fiscale », *Gazette du Palais*, 1993, pp. 52-55.
[197]C.E., 13 juin 2003, *Préfet de Jura* c/ Cattin ; C.E., Sect., 29 nov. 2002, *Assistance publique-hôpitaux publics de Marseille*, req. N° 223027, Lebon 414. Voir note 53.
[198]BIPOUN-WOUM (Joseph-Marie), Cours de droit constitutionnel et régimes politiques, Université de Yaoundé, 1986, p. 54.
[199]LIET-VEAUX (Georges), « La fraude à la constitution : essai d'une analyse juridique des révolutions communautaires récentes : Italie, Allemagne, France », *RDP*, 1943, pp. 116-150.
[200]OUEDRAOGO (Séni M.), La lutte contre la fraude à la constitution, thèse pour le doctorat en droit, Université Montesquieu-Bordeaux IV, 2011, p. 16.

fond » (*ibid.*). Cette forme de fraude que nous rappelle la théorie du droit constitutionnel a été identifiée par Maurice KAMTO, au sujet de la Constitution du 1er septembre 1961.

Selon l'auteur, le fait que la loi de révision constitutionnelle établissait, d'un point de vue matériel, *« une constitution totalement nouvelle »*, *« sous prétexte de réviser la Constitution du 4 mars 1960 ou sous le couvert de la révision de cette constitution, on a doté le Cameroun d'une nouvelle constitution sans toutefois suivre la procédure consacrée à cette fin. Il y a donc eu fraude à la constitution ! Et la formulation "Loi portant révision constitutionnelle" est à cet égard trompeuse ».*[201]

Le point de vue de l'auteur rejoint la définition de la fraude à la Constitution que livre Joseph-Marie BIPOUN-WOUM. Il est pertinent, puisque, de manière subtile et frauduleuse, sur le plan purement matériel, c'est-à-dire quant à son contenu, un nouveau texte constitutionnel avait été établi en 1961, avec l'alibi de révision de la constitution du 4 mars 1960. La fraude à la Constitution, orchestrée par les acteurs politiques de l'époque, ne fait par conséquent l'objet d'aucun doute.

La thèse de la fraude à la Constitution a été évoquée, tout récemment, sans grande pertinence, par John Richard KEUDJEU DE KEUDJEU, dans la réflexion qu'il consacre à l'institution de la communauté urbaine,[202] à deux niveaux. D'une part, l'auteur estime que « *la communauté urbaine ne répond pas exactement aux identifiants des communes* » (*idem*, p. 72).

Il remet en cause le fait que la communauté urbaine soit, à tort, un « autre type » de commune, tel que le prévoit la loi, ce qui ne permet pas de ranger cette entité dans le registre des communes et l'éloigne nécessairement de ladite catégorie. Il se fonde, pour cela, sur la thèse de Louis FAVOREU, qui précise « *qu'à partir du moment où une collectivité appartient à une catégorie, elle doit se voir appliquer le droit commun institutionnel de cette catégorie sous peine de sortir de*

---

[201]KAMTO (Maurice), « Dynamique constitutionnelle du Cameroun indépendant », *Revue Juridique africaine* nos 1, 2 &3, 1995, p. 11.

[202]KEUDJEU DE KEUDJEU (John Richard), « Réflexions sur une ambiguïté institutionnelle locale camerounaise : la communauté urbaine », *Juridis Périodique*, n° 98, avril-mai-juin 2014, pp. 64-79.

cette catégorie et d'être rattachée à une autre ».[203] La conclusion à laquelle aboutit John Richard KEUDJEU DE KEUDJEU prouve qu'il ne prend pas clairement position sur cette thèse, puisqu'il déclare que *« [S]'il est loisible de parler de fraude à la Constitution, la rigueur scientifique dans la démonstration impose de revenir sur les éléments constitutifs de la communauté urbaine pour dépasser la seule description juridique »* (*ibid.*).

D'autre part, partant du postulat que la nomination de l'exécutif communautaire par le pouvoir central et sa dépendance à la fois organique et financière vis-à-vis dudit pouvoir, est contraire au principe de la libre administration des communes, prévue par la Constitution, l'auteur en déduit que cela *« laisse penser à deux choses : soit il s'agit d'une fraude à la Constitution, soit il s'agit de l'usage technique de la loi écran pour passer en force face à la Constitution »* (*idem*, p. 75).

L'on ne perçoit pas, en réalité, en quoi l'idée de « tromperie » qui transparaît dans l'argumentation de John Richard KEUDJEU DE KEUDJEU révèle une quelconque fraude dans l'établissement ou la révision de la Constitution au Cameroun. On constate, en effet, que c'est avec prudence que l'auteur évoque cette question, sans être affirmatif comme Maurice KAMTO, preuve, sans doute, qu'il est conscient de la délicatesse du sujet dans la théorie du droit constitutionnel. La fraude à la Constitution qu'évoque cet auteur n'est pas, en réalité, établie.

Nous n'aurons pas la prétention, dans la présente étude, d'aborder la fraude sous toutes ses coutures. La fraude fiscale et/ou la fraude douanière, par exemple, constituent, en ce qui nous concerne, un véritable « serpent de mer » dans le contexte camerounais, étant donné que ces secteurs n'offrent pas la possibilité d'observation et d'analyses juridiques pertinentes, en raison des difficultés avérées d'accès à l'information juridique. Les seuls codes, parfois battus en brèche par les pratiques sur certains de leurs aspects, ne facilitent pas l'observation juridique. Pourtant, souligne BEGNI BAGAGNA, la relation entre l'éthique et la fiscalité converge au niveau du principe de la fraude, qui constitue une violation de la loi[204]. L'on reconnaît ainsi que la fraude à

[203] FAVOREU (Louis), « Les bases constitutionnelles du droit des collectivités locales » *in* Frank MODERNE (dir.), *La nouvelle décentralisation*, Paris, Sirey, 1983, p. 19, cité par John Richard KEUDJEU DE KEUDJEU, *supra*.
[204] BEGNI BAGAGNA, « L'éthique en matière fiscale », art. précité, p. 256.

la loi (fiscale ou douanière) et la fraude en général, se rencontrent en ce qu'elles heurtent la morale.[205]

Nous choisissons ici d'aborder deux domaines de prédilection de la fraude, riches en enseignements : le foncier et les élections.

§ 2. La fraude en matière foncière

La fraude foncière est un des terrains fertiles de la fraude au Cameroun. Les Camerounais usent de toutes les manœuvres pour accéder à la propriété foncière. Les fraudes constatées s'observent particulièrement dans l'établissement des titres fonciers (A), et lors des indemnisations consécutives aux expropriations pour cause d'utilité publique (B).

A. L'établissement des titres fonciers frauduleux

L'établissement des titres fonciers frauduleux, en violation flagrante de la réglementation, est une pratique courante dans l'administration camerounaise. Elle révèle au grand jour la corruption et les pratiques occultes entretenues entre les agents publics véreux et les particuliers, désireux d'accéder à la propriété foncière, par toutes les voies. Les exemples sont nombreux, mais nous nous bornerons à signaler une situation dans le 3e arrondissement de la ville de Douala, qui nous paraît suffisamment révélatrice des attitudes dénoncées.

---

[205]Certaines pratiques en violation du droit communautaire ont régulièrement cours au Cameroun. Le Rapport du GICAM révèle que la pratique des exonérations discrétionnaires en douane perdure, malgré les rappels à l'ordre insistants des bailleurs de fonds, car ces pratiques privent le Trésor public de précieuses ressources et perturbent le jeu de la concurrence des entreprises. Les auteurs desdites pratiques sont passibles de poursuites concussionnaires. En effet, la Directive 02/11-UDEAC-190-CM-22 2011 relative au Règlement Général de Comptabilité Publique, en son article 35, dispose que : « La perception de recettes autres que celles prévues…est formellement interdite à peine pour les agents qui en feraient l'encaissement d'être poursuivis comme concussionnaires… ». A titre d'illustration, ces exonérations s'élevaient en 2016 à 533 427 140 819 (cinq cent trente-trois milliards quatre cent vingt-sept millions cent quarante mille huit cent dix-neuf francs CFA). Voir Rapport du Groupement Inter-patronal du Cameroun (GICAM) du 28 mai 2018, IIIe partie, chapitre 1, pp. 142-144. Ces actes de concussion consistant pour les fonctionnaires des Douanes à exiger ou à percevoir des droits indus, sont contraires à l'éthique professionnelle autant qu'ils sont pénalement répréhensibles (*supra*, I[e] partie, chapitre 1, section 2, § 1, B : Les infractions pénales contraires à la morale professionnelle).

Ce qu'il convient d'appeler « l'affaire PAPAS » révèle les manœuvres de corruption en matière foncière au cœur desquelles se trouve l'Administration. Plusieurs pionniers planteurs du 3e arrondissement de Douala avaient mis en valeur, depuis des décennies, des parcelles du domaine national et avaient obtenu des collectivités coutumières des « attestations d'abandon de la propriété coutumière », preuve de l'abandon des droits coutumiers que ces autochtones détenaient sur leurs terres, bien avant l'intervention des ordonnances de 1974.[206]

Compte tenu des enjeux fonciers liés à l'expansion rapide de la ville de Douala, certains individus s'étaient prévalu des mises en valeur probantes (plantation des plantes pérennes, notamment) des pionniers planteurs pour obtenir des titres fonciers sur des parcelles, sans associer à cette opération les propriétaires des plantations, et au mépris de la réglementation.[207] Celle-ci prescrit, en particulier, la descente d'une commission consultative sur les lieux, communément appelée dans le jargon camerounais, « tenue de palabre », préalable à la délivrance du titre foncier, en référence à la fameuse « palabre africaine ». Le but de cette descente est de s'assurer que les droits des différentes parties ont été respectés, dans un souci de maintien de l'ordre public.

L'absence des riverains à l'opération de bornage ayant abouti à l'établissement des titres fonciers dans la zone de PAPAS et la violation du principe du contradictoire, ont pourtant été sanctionnées par le juge administratif camerounais (CS/CA, jugement du 25 mars 1982, *Beyissa Adolphe M.*). Conformément à la réglementation, les travaux de bornage s'effectuent par un géomètre assermenté, après certification, par la commission consultative compétente, de l'occupation ou de l'exploitation effective de l'immeuble. Au terme de ladite opération, le géomètre dresse un procès-verbal et un plan de bornage. Le procès-

[206]Voir ordonnance n° 74-1 du 6 juillet 1974 fixant le régime foncier. L'article 17 de ce texte dispose que : « Les dépendances du domaine national sont attribuées par voie de concession, bail ou affectation dans les conditions déterminées par décret. Toutefois, les collectivités coutumières, leurs membres ou toute autre personne de nationalité camerounaise qui, à la date d'entrée en vigueur de la présente ordonnance, occupent paisiblement des dépendances de la première catégorie prévue à l'article 15 (Les dépendances du domaine national de première catégorie sont les terrains d'habitation, les terres de culture, de plantation, de pâturage et de parcours dont l'occupation se traduit par une emprise évidente de l'homme sur la terre et une mise en valeur probante) continueront à les occuper ou à les exploiter. Ils pourront, sur leur demande y obtenir des titres de propriété… ».

[207]Décret n° 76-165 du 17 avril 1976 fixant les conditions d'obtention du titre foncier.

verbal de bornage est conjointement signé par le géomètre, le président de la commission consultative, le chef du village concerné, le chef de service départemental des Domaines et des Affaires foncières, et les riverains.[208] Ces garanties réglementaires n'ont pas empêché l'Administration de tomber régulièrement dans le même travers pour satisfaire les intérêts égoïstes de ses agents et des particuliers complices.

En effet, des titres fonciers ont été délivrés sans opération de bornage préalable, et les géomètres corrompus posent irrégulièrement des bornes dans les plantations des riverains, après l'établissement des titres fonciers.

Ces manœuvres ont le plus souvent lieu les dimanches et jours fériés, à l'insu des pionniers planteurs, alors que l'opération de bornage est encadrée par une procédure établie.

La préservation de la paix et des risques d'abus ont été reconnus par le juge administratif comme substrat social dans la délivrance du titre foncier. Dans le jugement *Nkong Emmanuel* (CS/CA, jugement du 19 décembre 1975), la Chambre administrative de la Cour suprême, se prononçant sur la nature juridique du titre foncier et de la nécessité de le censurer en cas d'excès de pouvoir de l'autorité administrative, a relevé que : *« [C]onsidérant dans le cas d'espèce, que le document contesté étant un extrait du registre foncier délivré et émis par le conservateur..., document officiel qui confère un titre de propriété à son titulaire sur la portion de terrain considérée ; que la procédure selon laquelle ces titres (extraits du registre foncier) sont émis, est réglementée pour assurer l'impartialité et la paix sociale en évitant les abus ».* Manifestement, la nécessité d'assurer la paix et l'ordre public, tout en évitant les abus, n'a pas été prise en considération dans la procédure d'établissement des titres fonciers querellés dans la zone de PAPAS. En effet, au cours de la procédure d'immatriculation des terrains de ladite zone, les propriétaires illégaux desdits terrains avaient requis l' « appui technique, logistique et financier »[209]de la Société

[208]Cette procédure est rappelée par Jephthe NZANGUE KEAMBOU dans son intéressant mémoire de Master, intitulé, « L'autorité du titre foncier en droit camerounais », Université de Douala, année académique 2014-2015, pp. 30-32.
[209]L'appui financier dont il est question ici est le plus important qui ait été sollicité de la S.C.I.M.A., étant donné que les propriétaires illégaux des terrains ne disposaient pas de moyens financiers leur permettant de supporter les charges inhérentes à l'établissement des titres fonciers sur ces vastes espaces.

civile immobilière « Maison d'Afrique », en abrégé S.C.I.M.A. Ils avaient attribué, en compensation à ladite société, des parcelles de terrains objet des titres fonciers n°s 340 22/w et 34048/w. La correspondance du 23 mai 2014 adressée au ministre des Domaines, du Cadastre et des Affaires foncières en vue du « Retrait des titres fonciers frauduleux » n°s 34019/w, 34020/w, 34021/w, 34022/w, 34046/w, 34047/w, 34048/w », par le gérant de la S.C.I.M.A. en personne, confirme l'attitude répréhensible des fonctionnaires et dévoile les manœuvres frauduleuses de l'administration des Domaines et des Affaires foncières, dans la délivrance de ces titres fonciers.

Nous nous permettrons de livrer le contenu dudit courrier, afin de ne pas trahir les propos du gérant de la S.C.I.M.A., qui révèle les fautes de l'administration ainsi que la fraude des bénéficiaires des titres fonciers. Il s'exprime en ces termes : *« C'est à l'occasion des travaux de lotissement que la S.C.I.M.A. confrontée à des oppositions violentes, a découvert que les mises en valeur (cultures de rente pérennes) existantes sur les terres, et ce depuis des décennies, n'étaient pas la propriété de Mr KINGUE Jacques et consorts, qui n'avaient pas associé à la procédure d'immatriculation les dizaines de planteurs et pionniers, regroupés pour la plupart au sein de GIC bénéficiaires des subventions de l'administration, et qui sont les légitimes propriétaires des mises en valeur. Mr KINGUE Jacques et consorts, fort des lenteurs des administrations concernées, qu'ils se vantent d'entretenir, continuent à organiser des descentes dans les plantations, à y exécuter des lotissements, dont les opérations sont toujours appuyées par des militaires et gendarmes fortement armés.*

La situation est chaque jour plus délétère et peut dégénérer en des émeutes sanglantes et des troubles à l'ordre public. Aussi, nous vous prions de retirer tous les titres litigieux, y compris ceux de la S.C.I.M.A...pour clarifier la situation et apaiser les tensions aujourd'hui très vives, parce que l'administration a irrégulièrement et arbitrairement délivré des titres fonciers querellés, sur la base des fausses informations et à l'issue d'une procédure viciée ».

Les termes de la correspondance du gérant de la S.C.I.M.A. sont suffisamment révélateurs de la délicatesse de ce dossier et de ses implications, par rapport aux droits des pionniers planteurs dépossédés de leurs terres et la nécessité de préserver la paix sociale. On peut néanmoins retenir des propos de ce responsable, que l'administration en charge des domaines et des affaires foncières a été complice de la fraude révélée au grand jour dans la procédure d'établissement des titres fonciers. Il est tout aussi significatif de noter que, paradoxalement, c'est un particulier qui se préoccupe de la paix sociale et de l'ordre public, sérieusement menacés, du fait des errements et de la perfidie de l'Administration.

Nous ne nous attarderons pas davantage sur la correspondance du gérant de la S.C.I.M.A., qui devrait servir de base au retrait des titres fonciers frauduleux et litigieux, étant donné que toutes les preuves de la fraude ont été établies. Cette situation inertielle ne saurait surprendre, après moult requêtes des pionniers planteurs adressées au ministre en charge des domaines, au Premier ministre, et des descentes sur le terrain des représentants de l'administration centrale, sans oublier les multiples recours en annulation desdits titres introduits devant le juge administratif. Elle ne peut que traduire, au meilleur des cas, le laxisme de l'Administration et, en tout état de cause, des « manœuvres souterraines » ainsi que la forte odeur de corruption, qui entourent ce dossier et empêchent son aboutissement, dans le respect des droits des pionniers planteurs. Il est tout de même curieux, dans un État de droit, que cette affaire qui date depuis plus d'une quinzaine d'années, n'ait pas encore connu à ce jour une issue favorable aux pionniers planteurs, lesquels continuent de subir les agressions des « prédateurs fonciers »,alors que toutes les conditions sont juridiquement réunies pour établir la faute de l'administration et donner raison aux populations victimes de spoliation foncière dans la zone querellée. Ces manœuvres frauduleuses s'observent également en matière d'indemnisation consécutive à une procédure d'expropriation pour cause d'utilité publique.

B. Les fraudes révélées lors des indemnisations consécutives aux expropriations pour cause d'utilité publique

L'indemnisation des personnes dont le patrimoine est affecté par la réalisation des travaux d'intérêt général trouve son fondement dans la Constitution. L'on rappelle que, conformément au préambule de la Constitution camerounaise du 18 janvier 1996, nul ne saurait être privé de son droit de propriété si ce n'est pour cause d'utilité publique et sous la condition d'une indemnisation.[210] L'indemnisation juste et préalable

---

[210]Cette indemnisation concerne la propriété coutumière, sans doute, pour préserver la paix sociale.

compense la perte du droit de propriété, par la destruction des habitations, des plantations ou des tombes[211]des défunts parents qui se situent sur le tracé du projet.

La construction du port en eau profonde de Kribi, capitale balnéaire du Cameroun, située dans la région du Sud, constitue une réalisation d'envergure et un maillon essentiel dans le développement du pays. L'affaire des indemnisations des populations expropriées dans le cadre de la construction du port en eau profonde de Kribi, a défrayé la chronique. La presse a ainsi titré que le dossier Kribi avait dévoilé « le plus vaste réseau de fraude »[212]en matière foncière.

L'origine de ce scandale se trouve dans l'enveloppe de vingt (20) milliards francs CFA, qui avait été arrêtée par l'État camerounais pour dédommager les populations déguerpies dans le cadre de ce projet.

Cette somme n'avait pas été entièrement reversée à qui de droit, à cause de la distraction desdits fonds par 56 membres de la Commission d'identification et de recensement des populations victimes. Le Tribunal criminel spécial s'est saisi de ce dossier à l'effet de juger les présumés corrompus pour « détournement des biens publics, coaction de détournement de biens publics, tentative de détournement des biens publics en coaction et complicité de détournement de biens publics ».

Les implications des comportements sus-signalés et leur lien étroit avec les droits de l'Homme ont suscité l'intérêt de la Commission nationale des droits de l'Homme et des libertés (CNDHL). Dans son rapport, la Commission a relevé des indemnisations fantaisistes et « les fraudes dans les processus d'indemnisation, la priorité donnée au paiement des autorités propriétaires des parcelles de terrain frauduleusement acquises sur le site, au détriment des populations villageoises concernées » (*La Nouvelle Expression*, *op. cit.*, p. 7). La presse ajoute également dans ce registre d'autres irrégularités constatées par la CNDHL, telles que des « dommages imaginaires », facilitées par l'appui de certaines autorités administratives, qui « auraient établi de faux titres fonciers permettant à des personnes inconnues de percevoir indûment de l'argent public, au détriment des véritables propriétaires des parcelles sur lesquelles le projet structurant est exécuté » (*ibid.*).

---

[211]Dans la tradition bantoue, les tombes se situent généralement dans la cour ou dans la concession, sans doute, pour communier régulièrement avec les morts.
[212]Lire *La Nouvelle Expression*, n° 4643, du 11 janvier 2018, p. 6.

Les titres fonciers obtenus par voie de fraude sont nombreux au Cameroun. Certains font l'objet d'annulation ou de retrait, malgré la procédure particulièrement longue. Ces actes sont le plus souvent délivrés en violation totale de la procédure prescrite par les textes à savoir, notamment la constitution d'une commission consultative, prévue par le décret n° 76-165 du 27 avril 1976 fixant les conditions d'obtention du titre foncier.

La présence au sein de ladite commission de l'autorité administrative et du chef de village est destinée à attester de l'occupation effective et régulière de la parcelle de terrain concernée par le particulier. Il se trouve pourtant que les prétendus « propriétaires légaux » ignorent parfois la route qui conduit au site où ils détiennent pourtant un titre foncier…, ce qui constitue la preuve que ce document leur a été délivré frauduleusement, avec des complicités évidentes.

Il faut donc déplorer le comportement partial des autorités administratives compétentes de la localité, qui s'écartent de leur rôle de garant de l'ordre public, en se livrant à des dérives constatées, susceptibles de compromettre sérieusement la paix sociale. Ces complicités récurrentes restent le plus souvent impunies, pourtant aux termes de l'article 2 de la loi n° 80-22 du 14 juillet 1980 portant répression des atteintes à la propriété foncière, « sont passibles d'une amende de 50 000 à 200 000 F et d'un emprisonnement de 2 mois à 3 ans ou de l'une de ces deux peines seulement (…), les agents de l'Etat convaincus de complicité dans les transactions foncières de nature à favoriser l'occupation de la propriété d'autrui ».

Ce texte, vieux de plus d'une trentaine d'années, devrait être revu dans le sens d'augmenter le montant des amendes, au regard des intérêts financiers importants, en présence ; et aussi, par le fait que, en dessaisissant autrui de sa propriété à des fins mercantiles, l'on compromet l'avenir et la vie même des familles entières, désormais condamnées à la précarité.

La conquête du pouvoir justifie tout aussi les fraudes multiples en matière électorale.

§ 3. La fraude électorale

Le désir d'accéder au pouvoir, à tous les niveaux, pourvoyeur de toutes les grâces et faveurs en Afrique, ou l'ambition de s'y maintenir, fait de l'élection l'objet de tous les enjeux. En effet, toute élection au Cameroun en particulier, est toujours source de contestation. Un des meilleurs analystes et observateur averti de la scène électorale camerounaise a déclaré qu' *« il est presque miraculeux qu'il y ait une seule élection validée jusque-là au Cameroun...Le contentieux électoral est une véritable anthologie du génie camerounais en matière de malversations électorales, et donne du Cameroun l'image du royaume de la fraude électorale. En somme, à la lecture des griefs, l'on peut être amené à penser qu'au Cameroun, l'élection entachée d'irrégularité à un titre ou à un autre est le principe, l'élection transparente, l'exception ».*[213]Les irrégularités constatées en matière électorale et susceptibles de choquer la morale et l'éthique concernent les préliminaires aux opérations électorales, les élections proprement dites ainsi que leur suite, c'est-à-dire la phase post-électorale (Alain-Didier OLINGA, art. préc., pp. 42-43).

S'agissant de l'étape préliminaire aux opérations électorales, les attitudes et comportements moralement répréhensibles sont, entre autres : la modification des listes après le dépôt légal, les cartes d'électeurs non réglementaires, l'intimidation des électeurs, la distribution discriminatoire des cartes électorales, les violences et agressions diverses, etc.

En ce qui concerne les opérations électorales proprement dites, les violations constatées visent : les votes multiples, le bourrage des urnes, les charters d'électeurs, les électeurs fictifs, les procès-verbaux truqués avant le scrutin, les bureaux de vote installés dans les domiciles privés se transformant ainsi en de véritables laboratoires de fraude, le vote des non-inscrits et d'autres fraudes massives, etc.

Ces comportements répréhensibles et « conflictogènes » s'estompent progressivement, grâce aux revendications des partis politiques et de la société civile. Les différents scrutins s'accompagnaient toujours d'anecdotes qui amusent la galerie, telles que les urnes transportées

[213]OLINGA (Alain-Didier), « Contentieux électoral et Etat de droit au Cameroun », *Juridis périodique*, n° 41, p. 43.

dans les plantations ou les forêts sacrées,[214] et qui pouvaient pourtant être source de situations dramatiques. Mais, un des grands combats remporté par la démocratie camerounaise pour la transparence électorale a été, en plus des inscriptions biométriques qui ont suffisamment réduit la fraude, l'institution des urnes transparentes, afin de combattre la pratique du bourrage desdites urnes, qui avait prospéré.

Quant à la phase post-électorale, l'on observe le plus souvent des résultats erronés ou rectifiés postérieurement, dans l'illégalité, par la commission communale de supervision (Alain-Didier OLINGA, *idem*, p. 43).Nul ne peut remettre en cause la réalité des griefs récurrents, formulés à l'issue des élections, dans le but d'en obtenir l'annulation. Ces griefs qui constituent autant de motifs de saisine du juge des élections sont inhérents aux comportements de nature à fausser le jeu électoral. Alain Didier OLINGA en déduit que *« ces griefs expriment un vaste mouvement contre la transparence électorale et l'honnêteté du jeu électoral. L'on aurait ainsi des élections pour rire, pour la forme* » (*ibid.*). La remarque de l'éminent juriste est lourde de signification, quand on sait ce que les élections coûtent au contribuable camerounais… Si l'on doit les organiser pour s'amuser, il y a de quoi s'en indigner, profondément (*ibid.*).

Le droit public camerounais a aussi fait recours à une institution présentant l'avantage de déboucher sur un règlement amiable des litiges devant l'Administration, afin d'éviter un procès pénal. Toutefois, ladite institution est susceptible de générer des comportements contraires à la morale.

SECTION III.- LE CÔTÉ PERVERS DU SYSTÈME DE TRANSACTION

La transaction est un contrat par lequel les parties à un litige y mettent fin à l'amiable tout en consentant des concessions réciproques.[215] Il s'agit donc d'un mode non juridictionnel, ou d'un mode alternatif de règlement des conflits, étant entendu que, selon Jean CARBONNIER,

---

[214]Voir *infra*, CS/CA, jugement du 26 septembre 1996, *SDF (Social Democratic Front)* c/Etat du Cameroun.

[215]CORNU (Gérard), *Vocabulaire juridique, op. cit.*, p. 1034.

« la plupart des rapports de droit n'accèdent pas à la litigiosité. Ils s'accomplissent à l'amiable ».[216] La transaction présente l'avantage de faciliter un règlement rapide du litige, en allégeant la charge de travail des juridictions autant qu'elle permet une gestion économe des deniers publics.[217] L'auteure renseigne que « la transaction revêt le caractère d'un contrat de droit public lorsque le litige auquel elle met fin a donné lieu ou aurait pu donner lieu à une action relevant de la compétence du juge administratif » (*idem*, p. 87). Elle évite le procès pénal à la suite de la commission d'une infraction par un particulier, tout en favorisant le renflouement des caisses de l'État. La transaction comporte néanmoins des dérives éthiques. Nous nous intéressons à la déclaration des biens et avoirs (§ 1), ainsi qu'à la protection de l'environnement et de la biodiversité (§ 2).

§ 1. Les incohérences de la transaction dans la procédure de déclaration des biens et avoirs

Le législateur a prévu la possibilité de transiger dans la procédure de déclaration des biens et avoirs, lorsque l'origine des biens d'un individu n'affiche pas une certaine lisibilité. La transaction est prévue par l'article 13 de la loi du 25 avril 2006. Le législateur s'exprime en ces termes : *« [L]orsqu'à la suite de la déclaration des biens et avoirs prévue par la présente loi, la Commission constate que le déclarant dispose des biens et avoirs de provenance injustifiée ou sans rapport avec les revenus annuels de l'intéressé ou de ce qui en tient lieu, elle peut recourir à la transaction, au profit de l'Etat de tout ou partie des avoirs, biens meubles et immeubles de l'intéressé... En cas de non acceptation de la transaction, la Commission propose au président de la République la transmission du dossier au ministre de la Justice, en vue de la mise en œuvre de l'action publique ».*[218]

La question est de savoir le sort qui sera réservé à la proposition de transmission du dossier à la Justice, puisque le président de la République peut ne pas réagir à la demande de la Commission. Dans

---

216CARBONNIER (Jean), *Flexible droit*, 6e éd., Paris, LGDJ, 1988, p. 22.
217DUCAROUGE (Françoise), « Le juge administratif et les modes alternatifs de règlement des conflits : transaction, médiation, conciliation et arbitrage en droit public français », *RFDA*, n° 12 (1) janv. fév. 1996, p. 88.
218Art. 13 de la loi n° 003/2006 du 25 avril 2006 relative à la déclaration des biens et avoirs

cette hypothèse, comment devrait-on comprendre le silence de cette autorité ?

En tout état de cause, la loi de 2006 ouvre la possibilité pour la personnalité dont les biens déclarés sont « de provenance injustifiée » ou « sans rapport avec les revenus annuels » la possibilité de transiger avec la Commission, organe chargé de recevoir les déclarations, qui offre cette possibilité au mis en cause. Le recours à la Justice n'intervient que si la personne incriminée n'accepte pas l'offre de transaction qui lui est proposée par la Commission. Alain-Didier OLINGA soutient que cette disposition aurait paru scandaleuse sous d'autres cieux, en ce qu'elle est une *« bienveillance suspecte subrepticement aménagée pour les auteurs d'enrichissements douteux ».*[219] L'éminent juriste poursuit en soulignant l'apparente unanimité avec laquelle ce texte a été adopté à l'Assemblée nationale, ce qui indique une surprenante collusion au sein de la classe politique camerounaise, majorité et opposition confondues, *« sur une question qui tend à protéger éventuellement des fortunes illicitement constituées »* (*ibid.*).

En effet, les personnes visées par la déclaration des biens et avoirs sont les mêmes (celles de la classe dirigeante) qui avaient assisté à la conception du texte et à son adoption. Légiférer contre leurs propres intérêts, aurait été se faire *hara kiri*… La transaction est fréquente en matière de protection de l'environnement et n'est pas à l'abri de la critique, relativement à la morale et à l'éthique.

§ 2. La récurrence de la transaction dans le domaine de l'environnement et de la protection de la biodiversité.

En matière de protection de l'environnement et de la biodiversité, la possibilité de transiger est aussi offerte au contrevenant, en cas d'infraction à la législation et/ou à la réglementation forestière ou faunique. La transaction est prévue par l'article 146 de la loi n° 94/01 du 20 janvier 1994 portant régime des forêts, de la faune et de la pêche. Elle est considérée, en matière de protection de la forêt et de la faune, comme un mode privilégié de règlement des conflits, hors du prétoire

[219]OLINGA (Alain-Didier), *Propos sur l'inertie*, Yaoundé, Éditions CLE, 2009, p. 67.

du juge. Contrairement à la situation présentée dans la déclaration des biens et avoirs où l'offre de transiger est faite par l'organe chargé de recevoir les déclarations, le bénéfice de la transaction en matière forestière et faunique est sollicité par le contrevenant. Le ministre en charge des forêts et de la faune ainsi que ses représentants régionaux sont seuls habilités à transiger, les responsables locaux ne pouvant le faire au-delà de la somme de 500 000 francs CFA. Le contrevenant récidiviste, au regard de sa mauvaise foi, ne saurait bénéficier de la transaction, ce qui signifie qu'il sera livré au juge pénal, afin de répondre de ses actes.

L'on a reproché à la transaction sa tendance à la marchandisation de la faune sauvage, en particulier,[220] dans la répression des infractions. Ce raisonnement est aussi valable pour la forêt. La transaction se caractérise par sa trop grande subjectivité en ce sens qu'elle favorise le contact humain. En faisant de l'Administration la seule autorité habilitée à conduire l'opération délicate de transaction, dans l'environnement du Cameroun, le législateur a ouvert la voie aux négociations opaques et favorisé la corruption. Dans ce processus, il est à déplorer que la possibilité n'est pas donnée au juge, autorité neutre et impartiale, de contrôler cette opération conformément aux prescriptions légales et de trancher les litiges en toute objectivité.[221]

Conclusion du chapitre 1er

Les dérives éthiques se manifestent de diverses manières et dans plusieurs domaines. Elles trouvent leur terrain de prédilection dans la Fonction publique et en matières foncière et électorale. Ces dérives ont principalement pour nom la fraude, et d'autres agissements contraires à la morale, favorisés parfois par une législation protectrice d'intérêts particuliers du fait qu'elle autorise incidemment, des actes de corruption. Toutefois, les comportements des particuliers, contraires à l'éthique et à la déontologie sont sanctionnés par l'autorité

---

[220]TALLA (Marius), *Le régime de la faune sauvage au Cameroun. Entre conservation, marchandisation et problématiques d'application*, Yaoundé, Éditions CLE, 2010, pp. 144 et suiv.

[221]NGUIFFO (Samuel), « La chèvre broute où elle est attachée. Propos sur la gestion néo-patrimoniale du secteur forestier au Cameroun », La forêt prise en otage, Rapport 2003 sur la gestion des ressources forestières en Afrique centrale, cité par TALLA (Marius), *Le régime de la faune sauvage au Cameroun…*, ouvrage préc., p. 114.

administrative compétente. Ils sont parfois précédés par des mesures conservatoires permettant au mis en cause de se justifier devant l'instance disciplinaire compétente des faits qui lui sont reprochés, en vertu du principe de la présomption d'innocence. Le chapitre suivant rend compte de cette réalité.

CHAPITRE II

L'ACTION DE L'ADMINISTRATION DANS LA LUTTE CONTRE LES DÉRIVES ÉTHIQUES

« (...) une bonne gestion de l'éthique ne consiste pas seulement à définir les normes de comportements mais aussi à en contrôler le respect».

Georges TEKAM, 20 propos sur l'administration publique camerounaise, 2003, p. 111.

Les comportements des particuliers qui s'écartent des prescriptions des textes et des règles morales ne restent pas toujours impunis de la part de l'Administration. La procédure disciplinaire est souvent engagée à l'encontre des fonctionnaires présumés fautifs, et il peut arriver que des faits laissés à l'appréciation des autorités administratives entraînent des mesures conservatoires à l'encontre des agents incriminés, avant l'intervention éventuelle d'une sanction disciplinaire (Section 1). Le comportement moralement répréhensible peut aussi donner lieu à des sanctions administratives ou disciplinaires infligées aux individus ou à certaines structures (Section 2). Une attention singulière est accordée à la sanction de l'immoralité et des violations des règles éthiques dans les secteurs particuliers (Section 3). L'activité de régulation du service public de la communication sociale dévoile un encadrement moral spécifique (Section 4).

SECTION I.- LES MESURES CONSERVATOIRES COMME INSTRUMENT DE LUTTE CONTRE L'IMMORALITÉ PROFESSIONNELLE

L'Administration a de plus en plus recours aux mesures conservatoires pour réprimer les comportements indélicats des agents publics, surtout depuis que les pouvoirs publics camerounais se sont résolument engagés dans la lutte contre le fléau de la corruption. Plus que par le passé, les mesures de suspension des fonctions ou d'activités sont prises à l'encontre des fonctionnaires et autres agents publics, mais aussi de leurs complices, les opérateurs économiques, dans le domaine particulier des marchés publics, sans oublier les élus locaux qui en sont également victimes (§ 1). Toujours pour les motifs d'immoralité, les agents publics sont régulièrement relevés de leurs fonctions (§ 2), ce malgré le caractère incertain de la motivation de cette mesure.

§ 1. La récurrence de la suspension de fonctions ou d'activités

La suspension de fonctions est une mesure conservatoire consistant à écarter provisoirement du service public un agent supposé avoir commis une faute grave[222]dans l'exercice de ses fonctions. Cette mesure, ancienne en droit camerounais, tire ses origines de l'administration coloniale.

Déjà en 1943, l'arrêté du 16 juillet portant réglementation du statut applicable au personnel indigène auxiliaire permanent, à solde mensuelle, prévoyait, en son article 5 in fine, que « dans le cas d'un manquement à la discipline, présentant un caractère de gravité susceptible de troubler l'ordre et d'entraver la bonne marche du travail, et en attendant que le licenciement ait fait l'objet d'une décision régulière, les chefs de service pourront, exceptionnellement, prononcer la suspension immédiate, à charge d'en rendre compte dans le plus bref délai ».[223]

Si le cas de discipline interpelle l'éthique, dans cette présentation de la suspension de fonctions, ce texte s'écarte des statuts subséquents, en l'occurrence les statuts généraux de la Fonction publique de 1974 et de 1994 en ce que ceux-ci mentionnent clairement « l'atteinte à l'éthique et la déontologie professionnelle », comme l'un des motifs de suspension de fonctions. La suspension de fonctions est de plus en plus

---

[222]La rédaction de l'article 108 du Statut général de la Fonction publique qui conditionne la suspension de fonctions à la commission d'une « faute grave », héritée du droit français, n'est pas protectrice de la présomption d'innocence, puisque le fonctionnaire incriminé est supposé avoir commis une faute, et sa culpabilité éventuelle ne pourra être établie que devant un conseil de discipline.

[223]Telle que présentée dans son contenu et son aménagement, la suspension de fonctions signalée est une mesure conservatoire, même si le texte colonial la classe, à tort, parmi les « sanctions disciplinaires ».

utilisée par les pouvoirs publics et s'illustre tel un instrument de lutte contre les dérives éthiques. Deux champs d'intervention ont été répertoriés : le manquement des fonctionnaires à leurs obligations professionnelles (A) et la suspension de fonctions des élus locaux (B).

A. La suspension de fonctions pour atteinte à l'éthique et à la déontologie professionnelle

La suspension des fonctions est parfois associée à la suspension d'activités, dans certaines décisions prises par les autorités administratives. Le ministère des Finances, le premier à adopter cette démarche, a été rejoint par celui des Marchés publics. La suspension d'activités peut être assimilée à celle de fonctions.

On peut penser que lorsque l'agent occupe une fonction ou un poste de responsabilité, la suspension d'activités pourrait se limiter à la seule occupation de sa fonction d'encadrement, alors que celle de « toute activité », plus générale, devrait se référer à toutes les activités exercées par le fonctionnaire, y compris celles qui ne sont pas liées à une quelconque sujétion.[224]

La motivation incohérente de la mesure de suspension de fonctions justifie la liberté d'action des pouvoirs publics dans la prise de ladite mesure.

1. Le cadre juridique de la suspension de fonctions

La suspension de fonctions des fonctionnaires trouve son fondement juridique dans l'article 108 (1) du Statut général de la Fonction publique de l'État. Ce texte dispose qu' « en cas de faute grave commise par un fonctionnaire, qu'il s'agisse d'un manquement aux obligations professionnelles ou d'une infraction de droit commun ou d'une atteinte à l'éthique ou à la déontologie professionnelle, l'auteur de cette faute peut être provisoirement suspendu de ses fonctions pour une durée n'excédant pas quatre (4) mois par le Ministre utilisateur ».

Cette disposition, reprise par quelques statuts spéciaux, n'épargne pas les agents de l'État relevant du Code du travail, même si, statutairement, elle n'est pas prévue par la réglementation. Toutefois, elle s'inscrit dans

[224]DJAME (François Narcisse), « La suspension de fonctions. Nouveau regard sur une figure complexe du droit administratif camerounais », *Juridis Périodique* n° 80, 2009, p. 100, notes 63 et 64.

le cadre du pouvoir hiérarchique reconnu à l'Administration.[225] La suspension de fonctions de Monsieur POKOSSI NDEDI EBOSSE Camille, contractuel d'administration et directeur des Affaires générales au ministère des Travaux publics confirme la pertinence de la thèse de René CHAPUS. Le mis en cause avait été suspendu de ses fonctions « pour faute grave ayant favorisé la distraction des matériels et fournitures de bureau appartenant au ministère des Travaux publics».[226] Les faits de détournement à son profit du matériel appartenant à son administration, reprochés à ce responsable sont, de toute évidence, contraires à la morale professionnelle. Leur commission a été sans doute favorisée par la position centrale que ce cadre occupait au sein de son ministère dans la gestion de son patrimoine.

Sur le fondement de l'atteinte à l'éthique et à la déontologie professionnelle, les mesures de suspension de foncions sont constamment édictées pour mettre à l'écart des fonctionnaires et agents publics dont les actes sont jugés suffisamment graves pour être réprimés. Les motifs de cette suspension sont variés. Il s'agit de : la « corruption active », la « complicité d'évasion des prisonniers » ou la « participation à une rixe », l'« atteinte à la dignité et de la déontologie universitaires », etc. La mesure de suspension de fonctions pour « corruption active » a été prise à l'encontre de Dame BINAM née NGO NJOM Fidèle, par décision n° 1023/D/MSP/DAG/SCX du 6 avril 1978 du ministre de la Santé publique.[227]

Toutefois, les incriminations de l'administration de la Santé publique n'avaient pas prospéré devant le juge administratif. Si la corruption reprochée à Dame BINAM avait été prouvée, nul doute que la décision du juge fondant l'arrêté du 13 février 1979 subséquent, lui infligeant la sanction de retard à l'avancement pour une durée d'un an, aurait figuré parmi les premières à réprimer la corruption en droit administratif camerounais.

[225]René CHAPUS relève à cet effet que le pouvoir de suspendre les agents (certains ou présumés) de fautes graves appartient aux autorités administratives, même sans texte. *Droit administratif général*, tome 2, Paris, Montchrestien, 2001, p. 349.
[226]Voir arrêté n° 00251/A/MINTP/CAB du 18 septembre 2002.
[227]Cette mesure que l'administration avait justifiée comme participant de la lutte contre la corruption sera annulée par le juge administratif, pour défaut de motif.

2. La motivation incohérente de la suspension de fonctions

La suspension de fonctions mettant en cause l'éthique, devrait voir son motif clairement justifié, comme dans la mesure infligée à Monsieur BANGA KOLLO Emmanuel[228]pour des faits contraires à l'éthique et à la déontologie professionnelle. Cette mesure présente le mérite de révéler la nature des faits reprochés au mis en cause, à savoir, l'obstruction au fonctionnement normal de l'Université, l'insubordination notoire, la non observance de l'obligation de réserve et le comportement violent (menace de mort avec pistolet sur le personnel de la Direction et les usagers). Ces faits, s'ils s'avéraient exacts, heurteraient sérieusement l'éthique attendue d'un haut fonctionnaire.

La suspension justifiée vise également à sanctionner les actes d'indiscipline. C'est le cas de la « violation de consignes et absence à la garde ayant facilité l'évasion par escalade de trois détenus », reprochée à Monsieur AMOUGOU Simon Pierre, Gardien-chef de prison en service à la prison centrale de Yaoundé. Ce fonctionnaire a été suspendu de ses fonctions pour commission d'actes d'indiscipline contraires à l'éthique et à la déontologie.[229] Il en est de même de Monsieur IBRAHIMA ABDOULAYE, Gardien de la paix de 2e grade, suspendu de ses fonctions « pour … participation à une rixe ayant causé une mort d'homme » (décision n° 0413/DGSN/CAB du 23 décembre 2008). Les faits reprochés à ce policier sont clairement établis et heurtent l'éthique au plus haut niveau, par le décès survenu. En revanche, certains manquements reprochés aux fonctionnaires pêchent par leur caractère évasif, laissant l'Administration apprécier la nature des faits reprochés à l'agent.

Les « comportements portant atteinte à la dignité et à la déontologie universitaires » ont ainsi été reprochés à Monsieur NGADJIFNA Charles, enseignant et chef de division à la Faculté des lettres et sciences humaines de l'Université de Douala (décision n° 0545/UDo/CAB du 30 août 2018). Cette décision a été prise sur la base du rapport de la commission d'audit de la gouvernance académique de ladite Faculté. Les agissements du mis en cause ont entraîné la prise à

[228]Décision n° 17/00491/D/UD/SG du 12 avril 2017 portant suspension de fonctions de Monsieur BANGA KOLLO Emmanuel, directeur des Affaires administratives et financières de l'Université de Douala.
[229]Décision n° 140/D/MIJUSTICE/CAB/SEAP/DAPEN/SDPP du 30 avril 2013.

son encontre d'une mesure de suspension de fonctions, pour une durée de trois (03) mois.

Les motifs qui sous-tendent la suspension de fonctions de cet enseignant ne sont pas édifiants, puisque les comportements à lui reprochés n'ont pas été dévoilés. Le journal en ligne, Le Quatrième Pouvoir, s'est risqué à cette entreprise en titrant : « Cameroun – Un enseignant suspendu pour harcèlement sexuel ». Il indique que selon les témoignages recueillis auprès des étudiants de sa Faculté, le sociologue est spécialiste dans l'intimidation de ses collègues et du harcèlement des étudiants.[230] Nous ignorons en réalité les sources d'information de ce journal qui accable Monsieur NGADJIFNA des faits suffisamment graves et contraires à la morale professionnelle. Les faits reprochés à cet enseignant auraient directement eu un lien avec les considérations éthiques, s'ils s'avéraient liés au harcèlement sexuel des étudiants, comme l'affirme le journal.

Mais la présomption d'innocence exige que le mis en cause soit entendu par le Conseil de discipline de l'Université, lequel devra établir sa culpabilité ou non. Tout aussi abstrait et vague est le motif retenu par le ministre des Finances portant suspension d'un inspecteur des impôts, « pour manquement à l'éthique et la déontologie professionnelle ».[231]D'autres décisions de suspension de fonctions, plus fréquentes, concernent l'« indélicatesse grave portant atteinte à la considération de la Police ».[232]

Ce motif, autant que celui d'« indélicatesse ou compromission portant atteinte à la considération de la Police », prévu à l'article 94(2) du décret n° 2012/539 du 19 novembre 2012 portant Statut spécial des fonctionnaires de la Sûreté nationale, pèche par son manque de clarification et laisse libre cours à l'appréciation de l'Administration.

---

[230]http://lequatriemepouvoir.com/?p=3465, consulté le 07 septembre 2018.

[231]Décision n° 000558/MINFI/CAB du 06 septembre 2017 portant suspension d'un inspecteur des Impôts ; décision n° 00867 et 00868/MINFI du 17 décembre 2018 portant respectivement suspension de fonctions de Messieurs ELLA FOUMANE Guy Marcel et ABDOUL FATTOU, adjudant et adjudant principal des Douanes, en service à la brigade des Douanes des conteneurs import au secteur des Douanes du Littoral I, et la décision n° 00869/MINFI du 17 décembre 2018 portant suspension de Madame EMINI née SAMA MENDE Mariana, de ses fonctions de commandant des Douanes du groupement actif des Douanes du Littoral I.

[232]Voir les décisions de suspension de fonctions des cadres de la Police, prises le 11 avril 2005 par le DGSN, *Cameroon Tribune* n° 8327/4526 du 12 avril 2005, p. 11

Surtout que, comme dans la Fonction publique[233]et contrairement à l'université où l'agent est traduit devant le conseil de discipline indépendamment de la sanction encourue, les sanctions de première catégorie sont prononcées dans la Police, sans consultation de l'instance disciplinaire. On estime peut-être que les faits reprochés à l'agent, même s'ils ont des implications morales, ne méritent pas l'avis du conseil de discipline, puisque ces sanctions peuvent être prononcées par le chef du service utilisateur ou le chef d'unité de la Police (art. 116 al. 1 du décret n° 2012/539 du 19 novembre 2012, *op. cit.*). Le pouvoir d'appréciation reconnu à l'Administration n'exclut pas des risques d'arbitraire.

On constate par ailleurs que le terme « indélicatesse », couramment utilisé dans les actes conservatoires et les sanctions concernant les fonctionnaires, semble être le « maître-mot » dans la Police, en particulier. L'indélicatesse est une manière fine ou policée de désigner la « malhonnêteté », et est susceptible d'englober plusieurs significations. Le fait pour l'Administration de ne pas dévoiler le plus souvent en quoi consiste l'indélicatesse dont se serait rendu coupable le fonctionnaire révèle sans doute sa pudeur et cache une situation « indélicate » précise, contraire à l'éthique. L'indélicatesse, sans clarification ni précision, est susceptible d'englober plusieurs autres vices qui pourraient être reprochés au fonctionnaire.

L'on gagnerait, en tout état de cause, à situer l'agent public sur la faute éventuellement commise, en facilitant le travail du juge qui pourrait être saisi à cette occasion. Le juge administratif rappelle, à ce sujet, que *« toute décision administrative doit énoncer les motifs propres et suffisants qui justifient la mesure prise contre le fonctionnaire... »* (CS/CA 24 février 1994, *Edzoa Georges Maurice*). La suspension de fonctions des élus locaux peut aussi être motivée par des considérations éthiques.

[233]L'article 2 (1) du décret n° 2000/685/PM du 13 septembre 2000 portant organisation et fonctionnement du conseil permanent de discipline de la Fonction publique et fixant les règles de la procédure disciplinaire, le conseil donne son avis sur toute sanction disciplinaire susceptible d'être prononcée à l'encontre des fonctionnaires, à l'exclusion des sanctions du premier groupe, à savoir « l'avertissement écrit » et « le blâme avec inscription au dossier ».

B. La suspension de fonctions des élus locaux

Le comportement indélicat des élus locaux les expose à la répression de l'autorité de tutelle, conformément à la législation en vigueur. L'article 94 de la loi n° 2004-18 du 22 juillet 2004 fixant les règles applicables aux communes dispose qu' « [E]n cas de violation des lois et règlements en vigueur ou de faute lourde, les maires et adjoints...peuvent être suspendus par arrêté du ministre chargé des collectivités territoriales, pour une période n'excédant pas trois (3) mois ». Cette mesure d'une gravité certaine comporte des garanties procédurales, notamment le respect des droits de la défense, puisque les concernés doivent « avoir été entendus ou invités à fournir des explications écrites sur des faits qui leur sont reprochés » (art. 94 al.1 de la loi n° 2004/18 du 22 juillet 2004, *op. cit.*). La loi précise également que les arrêtés de suspension des maires et adjoints doivent être motivés (art. 94 al.3).

La suspension de fonctions du maire peut être consécutive à un abandon de poste, tout comme elle peut aussi être prononcée pour commission de certains actes indélicats.

1. Le motif de l'abandon de poste

On peut légitimement se demander en quoi l'abandon de poste d'un élu local peut constituer une déviance à la morale et préjudicier aux intérêts de la commune. Ce comportement peut se justifier comme une tricherie et un abandon des responsabilités que le maire s'est engagé à assumer, devant son électorat. La suspension du maire de la commune de Garoua-Boulaï, par arrêté n° 152/A/MINATD/DCTD du 25 septembre 2009, qui exerçait en même temps dans une organisation internationale à l'étranger,[234] se justifie par le fait que le maire est astreint à l'obligation de résidence dans sa commune (art. 58 al. 3 de la loi du 22 juillet 2004). Il ne pourrait, par conséquent et à ce titre, résider hors de sa commune et remplissant toutes les fonctions dévolues au maire, tout en servant dans une organisation internationale à l'étranger. Il est fort probable que le maire ait usé de ruse, en s'abstenant de révéler l'activité qu'il exerce à l'étranger au moment du dépôt des candidatures à l'élection. Mais la complicité voire la duplicité des populations n'est

---

[234]PEKASSA NDAM (Gérard M.), « La cessation anticipée des fonctions des organes municipaux au Cameroun », *in* KAMTO (Maurice), DOUMBE-BILLÉ (Stéphane), METOU (Brusil Miranda), (dir.), Mélanges Joseph-Marie BIPOUN-WOUM, *Regards sur le droit public en Afrique*, Paris, L'Harmattan, 2016, p. 261, note 119.

pas à exclure, puisqu'elles n'ignoraient pas la situation du candidat-maire. Ainsi, tout en souhaitant le développement de leur localité et leur pleine implication dans la gestion de leurs affaires, ces populations adhèrent davantage et paradoxalement, non au programme politique de leurs élus, mais à d'autres « arguments de campagne électorale » qui n'excluent pas, dans l'environnement camerounais, l'achat des consciences, par la distribution des victuailles et autres billets de banque aux électeurs.

2. L'indiscipline et les irrégularités dans la gestion

Peuvent tout aussi faire l'objet de suspension, les maires et leurs adjoints en particulier, coupables de faux en écriture publique authentique tel que prévu par la législation pénale, de concussion ou de corruption, d'utilisation des deniers publics de la commune à des fins personnelles ou privées, de spéculation sur l'affectation ou l'usage des terrains publics et autres biens meubles et immeubles de la commune, les permis de construire, de lotir ou de démolir. La commission de ces infractions peut justifier la révocation du maire.

Des cas de suspension sont signalés, pour « indiscipline, incitation à la désobéissance, manquements graves et répétés dans l'exercice de ses fonctions », ou encore, pour « irrégularités constatées dans sa gestion, sortie irrégulière du territoire national…refus d'exécuter les directives de la tutelle »,[235] à l'encontre des élus locaux.

On déplore l'insuffisance de motivation observée, s'agissant des « manquements graves et répétés dans l'exercice de ses fonctions », pouvant être préjudiciables au mis en cause.

Cette clarification s'avère pourtant nécessaire, dans la mesure où le maire ne sait pas exactement les faits qu'on lui impute. Toutefois, les autres motifs de suspension sont fortement répréhensibles. La violation des règles éthiques par un fonctionnaire peut également conduire à son relèvement des fonctions, laquelle mesure, au stade actuel de

[235]Voir les décisions du 03 mars 2006 du ministre d'État, ministre de l'Administration territoriale et de la Décentralisation, portant respectivement suspension des fonctions de Monsieur NDEP Moses ODU, maire de la commune d'Eyumodjock et de Monsieur ATANGANA Robert, maire de la commune d'arrondissement de Yaoundé VI, en application des dispositions de l'article 94 de la loi n° 2004/18 du 22 juillet 2004 fixant les règles applicables aux communes (*Cameroon Tribune* n° 8550/4749 du 05 mars 2006, p. 10).

l'évolution du droit camerounais, présente encore des difficultés d'identification et d'appréhension.[236]

§ 2. L'arlésienne du relèvement des fonctions

Il est courant d'apprendre au Cameroun, par la voie des ondes, qu'un fonctionnaire est relevé de ses fonctions. Cette information est relayée par la presse écrite, gouvernementale, en particulier. La médiatisation de cette mesure, relevant de la pratique administrative, poursuit l'objectif d'informer l'opinion sur le comportement déviant reproché à un agent public tout en la sensibilisant sur la nécessité de se conformer à l'ordre établi.

Si le relèvement des fonctions exerce de plus en plus une attractivité sur l'Administration qui y recourt pour sanctionner, par des actes administratifs, des comportements indélicats reprochés aux fonctionnaires, cette mesure est redoutée de la plupart des fonctionnaires en raison de ce qu'elle « apparaît toujours aux yeux de l'opinion publique comme étant la réprobation par l'autorité investie du pouvoir de nomination, des fautes ou des erreurs commises par l'agent "relevé" ».[237] Il est difficile de déterminer la nature juridique de cette mesure (A), qui apparaît pourtant comme un instrument efficace de lutte contre les dérives éthiques (B).

A. La nature juridique incertaine du relèvement des fonctions

Le relèvement des fonctions est une mesure administrative consistant à destituer le fonctionnaire ou l'agent public du poste de responsabilité qu'il occupe. Contrairement à la suspension de fonctions ou d'activités qui peut frapper l'agent, pour une durée déterminée (même lorsqu'il n'est pas titulaire d'un poste de responsabilité, comme cela est fréquent dans la Police camerounaise), le relèvement des fonctions écarte uniquement le mis en cause de la fonction occupée, sans détermination de durée des effets de l'acte édicté. L'autre élément de départ de cette

---

[236]*Cf.* notre article intitulé « Remarques sur la crise identitaire du relèvement des fonctions en droit administratif camerounais ». Au moment où nous soumettons ce texte à l'éditeur, les éditions *Jurisafrica* à Paris, nous informent, le 30 novembre 2018, de la publication prochaine de ladite contribution dans le premier numéro de la *Revue juridique et politique*, janvier-mars 2019.

[237]NLEP (Roger-Gabriel), observations sous CS/CA, jugement du 28 janvier 1982, *Dame Binam*, *RCD*, n° 25, 1983, p. 106.

mesure avec la suspension des fonctions tient aussi au fait que le relèvement des fonctions n'est pas encadré par un texte en droit camerounais.

Il n'est donc pas aisé de déterminer la nature juridique de pareille mesure, puisque le relèvement de fonctions peut s'avérer conservatoire, et précéder une sanction disciplinaire au cas où le fonctionnaire ou l'agent qui en est victime est traduit devant le conseil de discipline. Tout comme, par ses effets néfastes sur la carrière du fonctionnaire, le relèvement de fonctions peut être de nature punitive, même s'il ne figure pas dans la gamme des sanctions disciplinaires prévues par les textes. Mais rien n'indique que le fonctionnaire relevé de ses fonctions doit automatiquement être traduit devant une instance disciplinaire qui proposera ou non une mesure punitive à son encontre à l'autorité hiérarchique compétente.

Le relèvement des fonctions peut revêtir un caractère provisoire, car rien n'empêche que le fonctionnaire qui en est victime soit promu à un autre poste de responsabilité, le jour même de sa destitution, ou à une autre occasion, la durée du relèvement de fonctions n'étant pas fixée. La situation juridique du fonctionnaire ne devient pas définitive du fait de la mesure prise à son encontre, contrairement à une sanction, laquelle entraîne des conséquences pouvant aboutir à la révocation du fonctionnaire des cadres de l'Administration. Pourtant, l'administration camerounaise a de plus en plus recours à cette mesure et l'utilise comme un instrument de lutte contre la corruption et d'autres dérives morales.

L'acte du relèvement des fonctions comporte des non-dits sur la moralité de l'agent public, s'il ne dévoile pas la nature des faits qu'on lui reproche. Il peut même attester une ambiance de corruption ou de fraude, observée au sein d'une administration ou dans un secteur d'activité, et la détermination de l'autorité hiérarchique de combattre ces fléaux. L'attitude du ministre des Forêts et de la Faune dans la prise de la décision du 29 octobre 2018 portant nomination des responsables dans son administration[238] est révélatrice de cette réalité, au regard du

[238] Décision n° 1091/D/MINFOF du 29 oct. 2018 portant nomination de responsables dans les Services déconcentrés du ministère des Forêts et de la Faune (*Cameroon Tribune* n° 11714/7913 du 02 novembre 2018, pp. 22-26). La décision du ministre de relever onze (11) chefs de postes de contrôle forestier et de chasse est unique en son genre au Cameroun, à ce jour. Elle révèle un malaise du fait de l'ampleur de la corruption dans ces secteurs et traduit la ferme détermination des pouvoirs publics à

nombre élevé des personnels relevés de leurs fonctions, alors que la prise de cette mesure est généralement exceptionnelle dans un acte collectif. C'est l'examen de la motivation du relèvement de fonctions qui permet d'établir le lien existant entre cette mesure et la sanction de la violation des règles éthiques.

B. Le relèvement des fonctions, instrument de lutte contre les déviances éthiques

La motivation du relèvement des fonctions est exceptionnelle, puisque cet acte administratif, dans la plupart des cas, n'est pas motivé. Il est simplement mentionné dans l'acte que « Monsieur ou Madame X est relevé(e) de ses fonctions ». La justification de l'intervention du relèvement des fonctions participe pourtant du souci de transparence, de modernisation de l'Administration et surtout, de sécurité juridique.

Il est important de souligner que les premières mesures de relèvement des fonctions motivées et concernant plusieurs administrations, ont été prises au Cameroun en 2006, dans le cadre de la lutte contre la corruption. C'est du moins ce qu'a relevé la presse gouvernementale à l'époque (*Cameroon Tribune* n° 8586/4785 du 26 avril 2006, p. 5).

Ledit journal avait clairement mentionné que des responsables de certains départements ministériels avaient été accusés de fractionnement de marchés, de liquidation et de paiement des contrats non exécutés et de livraisons fictives, dans le cadre des projets financés sur fonds PPTE (Pays Pauvres Très Endettés).

Ainsi, dans le cadre de l'exercice de ses fonctions, Dame AKAMBA Marie Blonde a été relevée de ses fonctions de comptable-matières pour « certification de factures fictives dans l'exercice des fonctions ».[239] D'autres motifs de relèvement de fonctions sont liés au « manquement à l'éthique professionnelle »[240]ou à l' « atteinte grave aux règles

---

sanctionner les actes de ces responsables indélicats. Il est presque certain qu'aucun responsable parmi les concernés ne contestera la décision du ministre devant le juge administratif, ce qui ne manquera pas de constituer, sans aucun doute, un aveu de culpabilité.

[239]Décision n° 06/865/CAB/MINEFI du 25 avril 2006 relevant Mme AKAMBA Marie Blonde de ses fonctions de comptable-matières, *Cameroon Tribune* n° 8586/4785 du 26 avril 2006, p. 5.

[240]Arrêté n° 06/ 309/CF/MINEFI du 14 septembre 2006 relevant Monsieur BILM Nathanaël, *Cameroon Tribune* n° 8684/4843 du 15 septembre 2006, p. 12.

d'éthique professionnelle ».[241]Il y a lieu de regretter le fait que les mesures prises avaient été prescrites par le Premier ministre, chef du gouvernement, aux ministres utilisateurs des agents impliqués dans la gestion des fonds PPTE. Il n'est pas interdit de le penser, puisqu'il paraît certain que ces agents n'auraient jamais été inquiétés si la décision du Premier ministre n'avait pas instruit et appelé à la vigilance les ministres concernés par ces comportements déviants de certains de leurs collaborateurs et agents. L'incurie administrative qui frise la complicité, et l'inertie des chefs de départements ministériels concernés, ne peuvent qu'être déplorées.

Parmi les mesures les plus récentes précisant la motivation des actes de relèvement des fonctions, on peut citer celles prises par le ministre de la Jeunesse et de l'Education civique concernant des responsables de son administration, pour « manquement grave à l'éthique professionnelle, à la déontologie administrative et à des actes répréhensibles… », ainsi que le « manquement à l'éthique professionnelle ». Il en est de même de l' « insubordination », de la « distraction de fonds », de la « voie de fait et atteinte à la considération du corps ».[242] Le ministre des Finances s'est illustré également dans la prise des actes de relèvement des fonctions, même si les actes pris ne sont pas expressifs sur les faits reprochés aux mis en cause. La formule rituelle est que le fonctionnaire est relevé de ses fonctions (ou suspendu) pour « faute grave et/ou manquement à l'éthique professionnelle », sans dire en quoi l'hygiène morale des concernés a été concrètement affectée.

On ne comprend pas en effet pourquoi le ministre des Finances aurait eu du scrupule à révéler les faits constitutifs de « faute grave » ou de « manquement à l'éthique professionnelle », alors qu'il a fait montre de transparence dans des circonstances similaires, comme cela a été le cas dans la « certification des factures fictives dans l'exercice de ses fonctions », reprochée à Dame AKAMBA Marie Blonde. Il n'est pourtant pas exclu que nombre de ces actes dont le motif n'est pas révélé, aient eu un lien direct avec la morale professionnelle. La nature

[241]Décision n° 96/1066/CAB/MINEFI du 15 mai 2006 relevant certains responsables du Ministère de l'Economie et des Finances, *Cameroon Tribune* n° 8599/4798 du 16 mai 2010, p. 10.
[242]Décision n° 018/216/D/MINJEC/CAB du 01 avril 2016 relevant certains responsables de leurs fonctions dans les services déconcentrés et rattachés du ministère de la Jeunesse et de l'Education civique.

particulière de l'activité du ministère des Finances peut justifier la récurrence de ces manquements, sans écarter les méthodes de travail mises en place, qui amènent le plus souvent les fonctionnaires à manipuler les fonds publics, les exposant ainsi à plusieurs tentations...[243] .

En effet, le 19 septembre 2017, la presse informe que le ministre des Finances, Monsieur Alamine OUSMANE MEY a signé une décision relevant certains personnels du Programme de sécurisation des recettes routières (PSRR), et les suspendant en même temps pour une période de 4 mois, pour non reversement des recettes générées par les péages et pesages routiers. Ces détournements ont causé un préjudice au Trésor public de plus de quatre (04) milliards francs CFA, suivant une enquête de l'Institut national de la statistique (INS). Ce manque à gagner s'explique par le fait que, selon des enquêtes réalisées par un comité ministériel placé sous l'autorité du ministère des Transports, en 2016, les recettes journalières prévisionnelles pour tous les postes s'élevaient à 15 568 500 francs CFA, pour 31 137 véhicules. Or, les caisses de l'État avaient reçu une somme de moins de 4000 000 francs CFA, ce qui avait créé un déficit de 11 000 000 francs CFA.

Par ailleurs, un inventaire réalisé par le Contrôle supérieur de l'État (CONSUPE) a révélé que les tickets rétrocédés au PSRR en 2016, au nombre de 7.539 106, n'ont pas été retrouvés dans les magasins de ladite structure, causant un manque à gagner à l'État de 3 769 553 000 FCFA.[244]

Les faits retenus à l'encontre de ces différents responsables sont contraires à la morale professionnelle, mais ne sont pas tous édifiants pour éclairer l'opinion et le juge éventuellement saisi, sur la culpabilité des mis en cause. Le juge administratif s'est prononcé à ce sujet en rappelant *« qu'il est de principe que toute décision administrative doit être motivée. Qu'il en résulte que l'insuffisance de motif équivaut au défaut de motif ».*[245]Il faut dire que l'attitude de l'Administration n'est

[243]On note de plus en plus une volonté des pouvoirs publics de réduire ce contact de l'agent avec les deniers publics. Par exemple, il est annoncé qu'à partir de l'année 2019, la taxe foncière exigible sera payée en même temps que la facture d'électricité.
[244]Voir www. Cameroun-info.net, consulté le 06 octobre 2018.
[245]CS/CA du 13 avril 2011, *Nga Joséphine Ndzana.* Ce principe connaît des exceptions, comme en matière de secret défense. On comprend pourquoi l'autorité compétente ne pouvait pas dévoiler le motif de relèvement des fonctions du capitaine de vaisseau OMBALLA MINSO (décret n° 2015/408 du 16 septembre 2015) ; et du

pas cohérente dans la prise des mesures conservatoires. Plusieurs responsables sont relevés (et suspendus) de leurs fonctions pour une durée de quatre mois, « pour faute professionnelle grave, constituée par le non reversement des recettes de péage et de pesage ayant causé un préjudice financier au Trésor Public ».[246] Ces faits sont contraires à la morale professionnelle et la mesure administrative suffisamment motivée pour éclairer le juge et l'opinion sur la faute supposée commise par le fonctionnaire.

En revanche, le relèvement (et la suspension) de fonctions d'un fonctionnaire « pour faute professionnelle grave résultant de plusieurs actes portant atteinte à l'éthique, la dignité et l'honorabilité de la Fonction publique de l'Etat »,[247] ne précise pas les « actes » incriminés et comporte les risques d'arbitraire. Cette dernière décision suspendant et relevant en même temps un responsable de ses fonctions dévoile l'insuffisance de motivation des actes du ministre des Finances, qui équivaut à un défaut ou à l'absence de motivation, tel que le juge administratif a eu à le rappeler dans le jugement *Nga Joséphine Ndzana*, susmentionné.

Le relèvement de fonctions devrait être juridiquement encadré afin de protéger les fonctionnaires de l'arbitraire de l'Administration. Les fonctionnaires qui en sont victimes, en raison des manquements à l'éthique, devraient être édifiés sur le bien-fondé de la mesure qui les accable, afin qu'en cas de besoin, ils puissent assurer leur défense devant le juge, ce qui faciliterait la tâche de cette autorité dans le règlement des litiges. La faiblesse ou la rareté du contentieux en matière de relèvement des fonctions en particulier peut s'expliquer par le fait que plusieurs fonctionnaires camerounais ignorent que la mesure de relèvement des fonctions peut être contestée devant le juge, comme tout autre acte administratif. Dans le cas contraire, le silence du fonctionnaire devant une mesure de relèvement des fonctions qui porte atteinte à sa dignité peut se traduire comme un aveu de culpabilité, puisque l'agent ou le fonctionnaire qui en est victime n'est pas toujours

---

capitaine de frégate Agber NDIFUR (arrêté n° 1029/7128 du 17 septembre 2015). Lire *Cameroon Tribune* n° 1029/7128 du 17 septembre 2015, p. 9.

[246]Décision n° 060567/MINFI/DGI/PSRR du 19 septembre 2017 relevant et suspendant de leurs fonctions certains personnels du Programme de sécurisation des recettes routières.

[247]Décision n° 00608/MINFI/DGI du 11 décembre 2017 portant suspension et relevant de ses fonctions un responsable en service au ministère des Finances.

innocent. Les mesures conservatoires augurent des sanctions disciplinaires qui peuvent éventuellement être prises à l'encontre des fonctionnaires et agents publics. Les sanctions infligées aux mis en cause ne respectent pas la même procédure que celles applicables aux élus locaux, les examens ou les organes de presse, dont la nature administrative est spécifique.

SECTION II.- L'EFFECTIVITÉ DES SANCTIONS ADMINISTRATIVES

Les agents coupables de fautes professionnelles peuvent être suspendus ou relevés de leurs fonctions, autant qu'ils sont susceptibles d'être traduits devant le conseil de discipline, et sanctionnés éventuellement par la suite par l'autorité compétente, conformément à la réglementation.

Pour le juge administratif camerounais, constitue une faute disciplinaire, « tout manquement aux obligations du fonctionnaire de nature à porter atteinte à son honorabilité et sa considération et susceptible par répercussion de nuire au prestige de la fonction publique» (CFJ/CAY, arrêt du 19 mars 1969, *James Moukoko*). Cette définition complète celle donnée de la faute professionnelle et extra-professionnelle par le Statut général de la Fonction publique (Paragraphe 1), laissée à l'appréciation de l'Administration, sous le contrôle du juge, dans le cadre de l'excès ou le détournement de pouvoir. En dehors des faits constitutifs de fautes professionnelles, suffisamment édifiants dans quelques statuts spéciaux, l'appréciation de l'autorité administrative ne saurait être écartée, par exemple, lorsque l'éthique professionnelle est interpellée et sanctionnée comme une «indélicatesse», sans dire en quoi celle-ci consiste.

Certaines sanctions disciplinaires pour manquement à la morale professionnelle seront examinées (§ 2), avec un accent particulier sur la répression de la mauvaise gestion des élus locaux (§ 3). Mais l'on devrait fixer au préalable cette répression administrative dans un cadre approprié (§ 1).

§ 1. Le cadre de la répression

Les comportements moralement répréhensibles donnent lieu à des sanctions administratives et/ou disciplinaires. Les sanctions administratives ou disciplinaires se distinguent des mesures administratives, tel le retrait de l'agrément à une association, qui a un caractère non répressif. Si, par contre, cette mesure est motivée par un manquement reproché au titulaire du titre, la décision revêt un caractère répressif et se transforme en une sanction administrative.[248]

Les sanctions administratives, de nature répressive, procèdent, ainsi que l'indique Guy BRAIBANT, « *d'une intention de punir des infractions, soit à une réglementation précise, soit à des principes de morale professionnelle. Elles sont fondées sur des griefs, sur des fautes reprochées. Elles revêtent, en principe, un caractère personnel* ».[249]

L'exigence de morale professionnelle a amené le détenteur du pouvoir réglementaire camerounais, dans quelques statuts spéciaux,[250] à déterminer les fautes constitutives de sanctions disciplinaires, assorties de sanctions encourues. Cette clarification constitue une avancée louable par rapport aux difficultés liées à la définition de la faute professionnelle et à son imprécision. L'on rappelle qu'aux termes de l'article 93 (2) du Statut général de Fonction publique de l'Etat, « [La] faute professionnelle est notamment un manquement par action, inaction ou négligence, aux devoirs et obligations auxquels est assujetti le fonctionnaire ». S'agissant des textes spéciaux, le Statut spécial des fonctionnaires de l'Administration pénitentiaire, par exemple, distingue les sanctions selon qu'elles s'appliquent aux cadres subalternes des catégories C et D, ou à ceux supérieurs ou moyens des catégories A et B, dans le but d'aggraver la sanction des derniers cités. Parmi les « actes contraires à l'éthique professionnelle, à la morale et à l'honneur » retenus par le Statut spécial des fonctionnaires de l'administration pénitentiaire, il faut citer : le détournement des médicaments ; le rançonnement des visiteurs ; le détournement de la ration pénale d'un détenu ; l'ivresse publique ou encore le fait d'entretenir des relations

[248]KEUTCHA TCHAPNGA (Célestin), *Le régime juridique des associations en droit public camerounais*, Paris, L'Harmattan, 2013, pp. 98-99.

[249]BRAIBANT (Guy), « Conclusions sur C.E. 8 janvier 1960, Ministre de l'Education nationale contre Rohmer », *RDP*, 1960, p. 335.

[250]Voir décret n° 2010/365 du 29 novembre 2010 portant Statut spécial du corps des fonctionnaires de l'Administration pénitentiaire.

sexuelles avec les personnels au lieu de service ou avec un ou une détenu (e). En fonction de leur degré de gravité, les sanctions encourues sont légères (cellule, avertissement, blâme, etc.,) ou lourdes, pouvant conduire à la révocation.

Le Statut spécial des fonctionnaires de la Sûreté nationale retient, par exemple, comme faits constitutifs de faute professionnelle, l'ébriété ou l'ivresse en service ; la soustraction de son travail ou la manifestation de la mauvaise foi dans son exécution ; le retrait indu et la rétention abusive des pièces, documents officiels et biens des tiers ; l'utilisation frauduleuse des timbres, cachets ou imprimés réglementaires ; l'évasion ou la complicité d'évasion d'un détenu, etc. Plusieurs de ces faits ont déjà été signalés dans le cadre des mesures préventives mises en place pour éviter des violations des règles éthiques.

Si le mérite des statuts spéciaux est de clarifier la nature des faits reprochés au fonctionnaire en facilitant la tâche au juge, on relève que le Statut des fonctionnaires de la Sûreté nationale pèche, notamment pour ce qui est de l'« ébriété » ou de « l'ivresse en service », ou encore de l'ivresse ou du « scandale en service », puisqu'on a l'impression que ces faits qui heurtent sérieusement l'éthique, ne sont pas constitutifs de fautes lorsqu'ils sont commis en dehors du service. Le Statut général de la Fonction publique range pourtant ces comportements dans le cadre de la faute extra-professionnelle.

Celle-ci renvoie dans l'ensemble aux considérations éthiques dans le comportement du fonctionnaire. Aux termes de l'alinéa 3 de l'article 93 de ce texte, « [L]a faute extra-professionnelle résulte notamment d'un manquement, d'une attitude ou d'un comportement qui met en cause l'éthique et la déontologie professionnelles ou est de nature à porter atteinte à la moralité publique ou à l'honorabilité de la Fonction publique ».

Des agissements des fonctionnaires, des élus et autres personnalités, contraires à la morale, subissent des sanctions administratives.

§ 2. Les sanctions disciplinaires pour manquement à la morale professionnelle

Les sanctions disciplinaires infligées aux fonctionnaires et aux autres personnalités ne sont pas indulgentes, surtout lorsqu'elles affectent la morale publique. Il faut distinguer les sanctions propres au corps de l'Enseignement supérieur (A) des autres, consécutives à l'accomplissement d'actes indélicats par les fonctionnaires et agents publics de diverses administrations (B).

A. Une sanction spécifique à l'enseignement supérieur : la suspension temporaire de fonctions

Il ne faut pas s'y méprendre ; la « suspension temporaire de fonctions » est une sanction disciplinaire prévue dans l'enseignement supérieur au Cameroun.[251]

Elle se distingue de la « suspension de fonctions », mesure conservatoire, relevant du droit commun de la Fonction publique, signalée plus haut. Cette sanction est régulièrement prise sur le fondement de l'atteinte à l'éthique, à la dignité ou à la discipline universitaire.

Elle présente la particularité de se caractériser par une extrême sévérité, s'agissant en particulier de sa durée, celle-ci étant déterminée, non par un texte, mais par l'autorité hiérarchique compétente, en fonction de la gravité de la faute qu'elle apprécie souverainement.

Ainsi, Monsieur BAYEBECK Jean,[252] Maître de conférences à la Faculté de médecine et des sciences biomédicales de l'Université de Yaoundé I, a été sanctionné pour une durée de quatre (04) ans pour « insubordination et comportements violents ; actes constitutifs d'atteinte à l'éthique et à la déontologie universitaires ». Au regard des faits à lui reprochés, la situation de Monsieur NKE Fridolin paraît plus éclairante sur les manquements aux règles éthiques.

En effet, à la suite d'une plainte déposée auprès des autorités académiques de l'université de Yaoundé I, Monsieur NKE Fridolin, enseignant de philosophie à la Faculté des arts, des lettres et sciences humaines de ladite institution, a été traduit devant le conseil de discipline de l'université de Yaoundé I, le 27 mai 2016. Ses agissements, blâmables, indignes d'un enseignant et d'un éducateur, lui

[251]Article 52 (h) du décret n° 93/035 du 19 janvier 1993 portant Statut spécial des personnels de l'Enseignement supérieur.

[252]Décision n° 181603334/MINESUP/SG/DAJ du 02 juin 2016 portant sanction disciplinaire à l'encontre de M. BAYEBECK Jean, Maître de conférences à la Faculté de médecine et des sciences biomédicales de l'Université de Yaoundé I.

ont valu la sanction de *« suspension temporaire de fonctions pour une durée de deux (02) années »*, par une décision du 02 juin 2016,[253] prononcée par le ministre de l'Enseignement supérieur. Les faits imputés à cet enseignant justifient le niveau de sévérité de la sanction infligée. Le mis en cause a en effet été suspendu de ses fonctions pour des motifs de *« [H]arcèlement sexuel, moral, physique et défaillance dans les obligations académiques. Actes constitutifs d'atteinte à l'éthique, à la dignité et la discipline universitaires ».* C'est ce harcèlement multiforme (sexuel, moral et physique) qui a entraîné des défaillances dans l'accomplissement de ses obligations académiques.

Les faits reprochés à Monsieur NASSI Achille sont tout aussi justifiés dans la décision de sanction de suspension temporaire de fonctions qui l'accablait, pour *« abandon de poste de travail, acte constitutif de manquement aux obligations professionnelles et à la discipline universitaire ».*[254] On constate que cette sanction dont la durée a été fixée à un (01) an, constitue, dans la pratique, l'une des mesures de suspension temporaire de fonctions les plus légères prises par le ministre de l'Enseignement supérieur. Les agissements de ces enseignants constituent des atteintes à l'éthique et à la morale professionnelle.

Les mis en cause ont été traduits devant le conseil de discipline des universités de Yaoundé I et de Douala, afin de répondre des actes qui leur étaient reprochés, en vertu du respect des principes du contradictoire et de la présomption d'innocence. Ils avaient aussi toute licence de déférer la décision litigieuse au juge administratif en vue de son annulation, dans le strict respect de la procédure réglementaire établie.

On constate, également, avec satisfaction, que la formulation de ces actes a obéi aux prescriptions du Statut général de la Fonction publique, qui fait obligation à l'autorité administrative de motiver sa sanction.[255]

---

[253]Décision n° 18160333/MINESUP/SG/DAJ du 02 juin 2016 portant sanction disciplinaire à l'encontre de M. NKE Fridolin, Assistant au département de Philosophie de la Faculté des arts, lettres et sciences humaines de l'Université de Yaoundé I.

[254]Décision n° 18170170/MINESUP/SG/DAJ du 03 avril 2017 portant sanction disciplinaire à l'encontre de M. NASSI Achille, Maître de conférences, enseignant à la Faculté de sciences de l'Université de Douala.

[255]L'article 95 (1) du SGFPE dispose que « [T]oute sanction disciplinaire doit être motivée, à peine de nullité absolue ».

D'autres sanctions sont infligées aux agents incriminés, et peuvent entraîner l'éviction des fonctionnaires incriminés.

B. La révocation et autres sanctions applicables aux fonctionnaires et agents publics

Les différentes sanctions examinées sont consécutives à l'accomplissement des actes indélicats. Elles concernent, notamment, l'abandon de poste, l'usage du faux dans la confection des actes de carrière, le détournement d'une arme à feu ainsi que des actes indélicats dans le secteur de la Justice.

1. La sanction de l'abandon de poste

L'abandon de poste est considéré comme un manquement à la morale professionnelle. On peut logiquement se demander, comme pour les élus locaux, en quoi l'abandon de poste constitue un manquement aux règles de la morale professionnelle. Le fonctionnaire qui abandonne son poste de travail ne pose pas, *a priori*, un acte indélicat ou délictueux. L'abandon de poste a été défini par le Statut général de la Fonction publique comme le fait pour un fonctionnaire, de déserter son poste pendant une durée consécutive de 30 jours (art. 105 nouveau du SGFPE).

Il encourt, dans ce cas, révocation d'office, sans consultation du conseil de discipline. Cette sanction est rare, voire accidentelle, en ce que dès son intégration dans la Fonction publique, le fonctionnaire s'engage à servir et à se consacrer à son travail, jusqu'à sa mise à la retraite.

L'abandon de poste a pourtant un lien avec l'éthique. La révocation pour abandon de poste constitue un manquement à la morale professionnelle dans la mesure où le fonctionnaire, disposant des voies de droit lui permettant de quitter sans contrainte la Fonction Publique, se livre à d'autres activités, tout en continuant de percevoir « son salaire» et d'autres avantages y afférents, sans contrepartie, en termes de service fait.

Il faut préciser que les fonctionnaires usent de toutes les arguties et de leur intelligence malicieuse, pour éviter cette révocation, avec le plus souvent, la complicité des responsables des structures. Ils désertent leur poste et réapparaissent, sans le moindre risque d'une interruption de leur carrière. D'autres, rarement, tombent sous le coup de la réglementation. Monsieur MBENG Franklin NKWAIN[256]a été victime de la mesure de la révocation, avec toutes les conséquences qui en découlent pour sa carrière. La sévérité de sa sanction est aussi liée aux exigences du poste de gardien de prison occupé par le mis en cause, qui ne saurait tolérer une absence, de surcroît prolongée, au risque de permettre ou favoriser une évasion des prisonniers, préjudiciable à l'ordre public et à la sécurité des citoyens. La révocation d'office de Madame TEH Rita, greffier-adjoint, par arrêté du ministre de la Justice, peut également se justifier par la nature « visible » de sa fonction.[257]

En réalité, le fonctionnaire coupable d'abandon de poste a certainement trouvé un autre emploi plus rémunérateur, et l'application stricte de la réglementation à son encontre est équitable. Dans la pratique, cette révocation intervient largement au-delà de la durée de 30 jours prescrite, compte tenu de l'attitude conciliante ou complice des supérieurs hiérarchiques. Il est alors difficilement compréhensible qu'un fonctionnaire soit révoqué de la Fonction publique plusieurs années après le constat de son abandon de poste,[258] sans qu'il ait bénéficié des complicités de sa hiérarchie, tout en ponctionnant tous les mois, le budget de l'Etat.

2. La répression des fonctionnaires pour détention et usage de faux actes de carrière

Plusieurs fonctionnaires et agents publics, soucieux de faire des grandes enjambées dans leur carrière sans réunir les conditions requises par la réglementation, participent à la confection de faux actes de carrière, le plus souvent avec la complicité des fonctionnaires et agents en service au ministère en charge de la fonction publique. Les pratiques observées

---

[256]Voir arrêté n° 111/A/MINJUSTICE/CAB/SEAP/DAPEN/SDSP/SDPP du 19 juillet 2013 portant révocation d'office de Monsieur MBENG Franklin NKWAIN (Mle 725759-0), gardien de prison, *Cameroon Tribune* n° 10400/661 du 07 août 2013, p. 7.

[257]Arrêté n° 415/MJ/SG/DAG/SDPJ/SPNM/BPF du 05 novembre 2018 (*Cameroon Tribune* n° 11751/7950 du 27 décembre 2018, p. 14).

[258]Voir le décret n° 2018/763 du 10 décembre 2018 portant révocation de madame DOUDOU Marthe, épouse SOUKSOUNA (Mle 554 457-J), magistrat de 2e grade. L'intéressée a été absente de son poste du 02 janvier 2013 au 10 décembre 2018 (*Cameroon Tribune* n° 11741/7940 du 11 décembre 2018, p. 3) ; arrêté n° 450/MJ/SG/DAG/SDPJ/SPNM/BPF du 29 novembre 2018 portant révocation d'office de Madame MEYONG Elodie Rosalie (Mle 586 497-O), greffier principal, en abandon de poste pendant plus de quatre (04) ans consécutifs (*Cameroon Tribune* n° 11751/7950 du 27 décembre 2018, p. 14).

dévoilent l'ingéniosité des fonctionnaires camerounais, lorsqu'ils veulent parvenir à leurs fins. Ces comportements, fortement répréhensibles, concernent la confection des faux actes d'avancement de grade et la détention ou l'usage d'un faux acte d'avancement d'échelon ou de grade. Les sanctions infligées aux fonctionnaires et agents de l'Etat pris dans ce jeu malsain sont nombreuses ; les plus courantes sont liées à la détention et à l'usage des faux actes de carrière.

L'arrêté n° 000712/A/MFPRA/SG/DDC/CD du 03 février 2011 portant reconstitution de la carrière administrative et révocation de Monsieur MBASSI ETEME Emmanuel Prosper, instituteur principal de l'Enseignement général, en service au ministère de l'Education de base, déclaré nul et de nul effet, pour défaut de base juridique, en est une illustration. Il a été en effet découvert que le décret n° 2002/656/PM du 18 octobre 2002 avançant l'intéressé dans le cadre des professeurs des Écoles normales d'instituteurs-adjoints, comportait un numéro d'ordre correspondant à celui d'un acte authentique portant intégration de Mlle SERAH NDIP ENOW dans le cadre des professeurs d'Enseignement secondaire général. Il en est de même, de l'arrêté n° 07125/A/MFPRA/DPE/SDFSE/SPEM/BP du 18 août 1997 l'avançant de grade dans le cadre des instituteurs principaux de l'Enseignement général, lequel s'est avéré inexistant au fichier central des actes signés au ministère de la Fonction publique. Cette situation s'est aussi présentée avec Monsieur DENYA Johnson EPINGI,[259] préposé des Douanes, en service au ministère des Finances. L'intéressé a été révoqué de la Fonction publique pour le même motif de fraude que Monsieur MBASSI ETEME Emmanuel Prosper.

Plusieurs fonctionnaires ont également été révoqués de la Fonction publique, pour avoir substitué leur nom à celui d'un autre agent. C'est le cas de Madame BIHENG née NGO ON Fidèle, institutrice adjointe de l'Enseignement général.[260] Cette situation s'observe avec l'arrêté n° 000353/A/MFPRA/SG/DDC/CAC/CEA2 du 26 janvier 2011 constatant la nullité d'un acte et portant reconstitution de la carrière

---

[259]Arrêté n° 000/707/A/MFPRA/SG/DDC/CD/CEA4 du 03 février 2011 constatant la nullité d'un acte et portant reconstitution de la carrière et révocation de Monsieur DENYA Johnson EPINGI (Mle 358 761-V), préposé de Douanes.

[260]Arrêté n° 000353/A/MFPRA/SG/DDC/CAC/CEA2 du 26 janvier 2011 constatant la nullité d'un acte et portant reconstitution de la carrière administrative et révocation de Madame BIHENG née NGO ON Fidèle, institutrice-adjointe de l'enseignement général.

administrative et révocation de l'intéressée. A été par conséquent déclaré nul et de nul effet, l'arrêté n° 010528/MFPRA/DPE/SDPSE/SPEPM/BP du 29 octobre 1999 avançant la mise en cause au grade d'institutrice de l'Enseignement général stagiaire, texte sur lequel son nom a été substitué à celui de Mme DONGMO née KENDJIO Odette.

Le cas de Monsieur AWONO Jean Roger est révélateur des fraudes multiples commises par cet agent contractuel,[261] licencié de son emploi pour avoir détenu, fait usage et bénéficié des effets financiers afférents à plusieurs actes de gestion. Par ces actes frauduleux, le mis en cause a été successivement intégré dans le corps des fonctionnaires de la Documentation, reversé dans le cadre des Secrétaires d'administration et reclassé dans le cadre des Administrateurs civils !

Le comportement du sieur AWONO Jean Roger révèle une virtuosité en matière de fraude, rarement égalée, étant donné qu'il cumule à lui tout seul, plusieurs situations juridiques, ceci dans le seul but d'accroître son pouvoir d'achat. L'Administration a été plutôt indulgente à l'endroit de quelques fonctionnaires,[262] en leur infligeant une sanction d'abaissement d'échelon pour « tentative d'induire l'Administration en erreur ».L'article 1er de l'acte de sanction déclare nul et de nul effet, pour défaut de base juridique, l'arrêté n° 008325/MFPRA/DPE/SDPFSE/SPEPM/BP du 12 janvier 2000 avançant de grade Monsieur MEKONTCHOU André dans le cadre des instituteurs principaux de l'Enseignement général. Le comportement irrégulier de Monsieur NOAH AWONO, instituteur principal de l'Enseignement général, n'a pas échappé à la vigilance de l'Administration, qui a sanctionné sa tentative de l'induire en erreur, en introduisant un acte irrégulier dans le circuit administratif en vue du bénéfice indu des avancements d'échelon.[263]

---

[261]Décision n° 000154/MFPRA/SG/DDC/CAC/CEA2 du 03 février 2011 portant reconstitution de la carrière administrative et licenciement de monsieur AWONO Jean Roger (Mle 164 286-X), contractuel d'administration.

[262]Arrêté n° 000710/MFPRA/SG/DDC/CD du 03 février 2011 portant reconstitution de la carrière administrative et abaissement d'un échelon à Monsieur MEKONTCHOU André (Mle 137866-M), instituteur de l'enseignement général.

[263]Arrêté n° 00043/A/MFPRA/SG/DDC/CAC/CEA2 du 05 janv. 2011 constatant la nullité d'un acte et portant reconstitution de la carrière administrative et infligeant la sanction d'abaissement de deux (2) échelons à Monsieur NOAH AWONO (Mle 080 902-M), instituteur principal de l'enseignement général. Voir également l'arrêté

L'on a constaté que, dans la plupart des cas examinés, les actes frauduleux comportaient un numéro d'ordre ou de série correspondant à des actes authentiques d'avancement d'échelon ou de grade d'autres paisibles citoyens, fonctionnaires et agents publics. Ces actes frauduleux ont été déclarés nuls et de nul effet, les auteurs du faux ayant oublié que l'Administration procédait systématiquement à l'enregistrement de tous les actes signés, chacun comportant un numéro d'ordre unique.

BENDEGUE Jean-Marie Vianney souligne, à ce sujet, que la pratique des avancements frauduleux dénote une absence d'étanchéité dans les procédures et le traitement des dossiers y afférents. Ainsi, « *[E]n permettant des immixtions individuelles dans le circuit et l'acheminement des dossiers d'avancement, on a tout simplement ouvert la voie aux trafics et marchandages occultes* ».[264]

L'opinion de l'auteur est pertinente. La meilleure prévention de ces pratiques déviantes consiste pour les différentes administrations, dans le cadre de la déconcentration de la gestion des actes de carrière, à traiter elles-mêmes les décisions d'avancement d'échelon, de classe ou de grade, sans intervention des concernés. En leur permettant de « suivre» leurs dossiers, on ouvre la voie à tous les comportements indélicats.

Il faut louer les efforts réalisés par quelques administrations dans la prise en compte des effets financiers des avancements d'échelon, de classe ou de grade, sans intervention de l'agent intéressé. L'on devrait dénoncer, par contre, celles des administrations centrales dont les agents éprouvent encore du plaisir à exiger de l'argent aux fonctionnaires avant de traiter leurs actes d'avancement, les entraînant ainsi dans la corruption.

Les victimes résignées de ces comportements pervers ne semblent pas avoir d'autres alternatives, puisque, après avoir attendu en vain, pendant de longues années, que leur dossier soit traité, elles savent que la seule « voie du salut » consiste à céder aux exigences de la corruption

---

000052/A/MFPRA/SG/DDC/CAC/CEA2 du 06 janvier 2011 constatant la nullité de certains actes portant reconstitution de carrière administrative et infligeant la sanction d'abaissement de deux (2) échelons à Mme AKUMA née KONJE Nathalia N. (Mle 122 6555-N), institutrice-adjointe de l'enseignement général.

[264]BENDEGUE (Jean-Marie Vianney), *De la corruption au Cameroun, in* TITI NWEL (sous la coordination de), Yaoundé, Fondation FRIEDRICH EBERT, 1999, pp. 180-181.

des agents des services compétents de leur ministère pour bénéficier de leurs droits.

Ces agents véreux ont mis en place des « codes » consistant à réclamer telle somme d'argent pour un avancement d'échelon ou tout autre, et lorsqu'ils réalisent l'exploit de faire payer un rappel de salaire consécutif aux avancements d'échelon ou de classe cumulés. Il ne viendra pas à l'idée des fonctionnaires bénéficiaires de cette « manne », qui constitue pourtant un droit, mais perçue par eux comme définitivement perdue, de dénoncer leurs bourreaux auprès de la CONAC ...

3. Le détournement et la détention illégale d'une arme à feu

L'insécurité grandissante au Cameroun est aussi, malheureusement, le fait de certains agents du maintien de l'ordre, faisant le contraire de ce qui est attendu d'eux, c'est-à-dire qu'au lieu de protéger les populations et leurs biens, ils participent plutôt à leur spoliation et surtout, à leur insécurité. Le Statut spécial des fonctionnaires du corps de la Sûreté nationale a prévu ce fait en interdisant le port sans autorisation d'une arme de service (art. 94-d, 4e tiret). Un comportement contraire à cette proscription équivaut à un détournement et à une détention illégale d'une arme à feu, puisqu'une telle action est destinée à nourrir d'autres ambitions et projets maléfiques, totalement étrangers au service public.

Le gardien de la Paix de 2e grade M. MINKO Hilaire (arrêté n° 006/CAB/PR du 13 janvier 2011) a été reconnu coupable de ce comportement déviant et victime de la sanction de révocation de la Fonction publique, pour « condamnation à une peine d'emprisonnement ferme pour détournement et détention illégale d'arme et munition de guerre ». Ces faits sont suffisamment graves et leurs conséquences imprévisibles, peuvent s'avérer dramatiques.

4. L'accomplissement d'actes irréguliers dans le domaine de la Justice

Il s'agit des actes accomplis par des fonctionnaires, au mépris des procédures légales établies, et justifiés par la corruption. L'arrêté n° 000706/A/MFPRA/SG/DDC/CD du 03 février 2011 portant reconstitution de la carrière administrative et révocation de Monsieur NGALLE Gaston, greffier-adjoint, a été pris à l'encontre de ce fonctionnaire, auteur d'un tel forfait. Cet acte est intervenu au motif que le fonctionnaire incriminé avait délivré et signé une fausse expédition d'un jugement supplétif accordant à Monsieur MENYENGUE, chauffeur de taxi à Yaoundé, la garde de son fils issu de ses œuvres avec Mlle AVOUZOA Thérèse, alors qu'aucun juge ne s'est jamais prononcé sur cette affaire. L'acte posé par le mis en cause peut paraître isolé. Il est toutefois vraisemblable que ce fonctionnaire en avait l'habitude et que plusieurs greffiers indélicats se livraient sans doute au même exercice, préjudiciable aux droits et à la sécurité juridique des citoyens.

Le comportement déviant reproché à un haut magistrat a justifié sa révocation de la Fonction publique. En effet, en application des dispositions de l'article 46 du Statut de la Magistrature (décret n° 95/048 du 08 mars 1995), Monsieur Pascal M. a été révoqué du corps de la Magistrature par décret n° 2017/359 du 06 juillet 2017 infligeant une sanction disciplinaire à un magistrat du Parquet. Cet acte est ainsi libellé : *« Monsieur P. M., Magistrat de 4ème grade (...) est pour compter de la date de notification du présent décret, révoqué du corps de la Magistrature, sans suspension des droits à pension, pour extorsion de procurations à des dames héritières d'une succession, appropriation d'une partie des fonds et vente d'une partie de caféière de ladite succession ».*

Les faits reprochés à ce haut magistrat sont suffisamment éloquents et révélateurs des comportements indécents dont il s'est rendu coupable. Ils sont constitutifs d'une faute disciplinaire. S'ils s'avèrent exacts, ces faits sont contraires à l'éthique et la déontologie professionnelle et, certainement, contraires à l'honneur et à la dignité attendus d'un magistrat. La sanction de ce magistrat est un signal fort à l'endroit de la Justice camerounaise dans son ensemble, qui n'est pas à l'abri des soupçons de corruption alors qu'elle constitue un maillon essentiel de la société, en sa qualité de garante de l'État de droit et de baromètre de l'évolution démocratique.

Rien ne saurait pourtant justifier ce comportement, quand on sait que les magistrats figurent parmi les fonctionnaires les mieux rémunérés dans l'administration camerounaise. En effet, les pouvoirs publics s'étaient sans doute rendu compte de l' « erreur » commise en 1993 au moment de la double baisse des salaires des fonctionnaires et agents publics, en traitant les magistrats au même titre que les autres fonctionnaires civils, les exposants de la sorte à la corruption.

Il convient de rappeler que ces baisses de salaires n'avaient épargné que les militaires, gendarmes et policiers. Le risque de démobilisation de la Justice était donc perceptible, avec des conséquences incalculables sur l'éthique.

La signature d'une série de textes en 1997 par le président de la République accordant des avantages aux magistrats (J.O. n° 5, 15 mars 1997) découle de cette nécessité de mettre les garants de l'État de droit à l'abri des tentations, au regard de leur délicate mission et du risque de les voir tirer prétexte de leur situation de précarité pour verser dans la corruption et d'autres actes indélicats.

Les agissements reprochés à ce magistrat révoqué sont d'une extrême gravité, au vu du dossier disciplinaire constitué à son encontre et des motifs de la décision. Ils sont contraires à l'impartialité et à la neutralité, propres à la justice, entendue comme principe moral commandant le respect du droit et de l'équité (Dictionnaire *Le Petit Larousse illustré*, 2009, p. 566).

La récurrence de l'intervention de la sanction de révocation en particulier traduit la volonté de l'Administration de combattre les actes indélicats, perpétrés par les fonctionnaires. Ces sanctions présentent le mérite d'être motivées, en ce qu'elles dévoilent la nature des forfaits commis par les agents.

En revanche, l'on peut déplorer l'intervention du licenciement des agents contractuels de leur emploi pour « fautes professionnelles et manquements graves à l'éthique professionnelle »[265]et la sanction de blâme avec inscription au dossier, pour « indélicatesse professionnelle et manquements graves à l'éthique et à la déontologie administrative» ;[266] ou encore, « pour faute grave et manquement à l'éthique professionnelle ».[267] Ces motifs ne révèlent pas la nature des comportements contraires à l'éthique, reprochés à ces agents. Les

---

[265]Décision n° 001173/D/MFPRA/SG/DDC/CAC/CEA3 du 29 septembre 2011 portant licenciement de Madame NKAMA, née ASSEN Eveline Ange (Mle 671 366-Y), cadre contractuelle d'Administration, précédemment en service au ministère des Finances.

[266]Décision n° 000878/D/MFPRA/SG/DDC/CAC/CEA3 du 15 juillet 2011 infligeant la sanction de « blâme » à Monsieur YAINAM Roland (Mle 576 439-J), greffier-adjoint, en service au parquet d'instance de Yokadouma.

[267]Décision n° 000586/MINFI/CAB/IGRSF du 23 oct. 2017 prononçant la sanction de blâme avec inscription au dossier d'un fonctionnaire.

sanctions infligées aux élus locaux, en revanche, sont édifiantes, s'agissant de leur motivation.

§ 3. La spécificité de la répression des actes immoraux des élus locaux

Les comportements des élus locaux et des autres autorités municipales peuvent être réprimés lorsqu'ils s'avèrent contraires à la morale professionnelle. La répression de ces comportements « inadmissibles » se justifie par le fait qu'ils compromettent gravement les intérêts de la collectivité. Aussi Gérard PEKASSA NDAM pense-t-il qu'en mettant en place cet arsenal juridique, le législateur camerounais a sans doute voulu responsabiliser davantage les conseils municipaux,[268] dans un contexte de promotion de la gouvernance au niveau local dont la décentralisation constitue l'axe fondamental (*ibid*). C'est notamment le cas de la déchéance et de la révocation.

La déchéance est une perte d'un droit, d'une fonction, d'une qualité ou d'un bénéfice, encourue à titre de sanction pour cause d'indignité ou d'incapacité, consécutive à un acte de fraude ou à une incurie (*Vocabulaire juridique*, 2016, p. 301). Elle n'est donc pas sans lien avec l'éthique. Aussi les responsables locaux, le maire, le délégué du gouvernement, le président d'un syndicat de communes ou tout autre conseiller municipal peuvent-ils être frappés de déchéance de droit, en cas de condamnation pour crime.

De même, lorsque leur comportement met gravement en cause les intérêts de la commune, de la communauté urbaine ou du syndicat des communes, sur la base des faits précis qualifiés comme tels par le conseil, ces responsables peuvent être déchus par arrêté du ministre en charge des collectivités.[269] Cette déchéance emporte de plein droit l'inéligibilité aux fonctions de maire et de conseiller, pour une période de dix (10) ans (art. 149).

---

[268]PEKASSA NDAM, « La cessation anticipée de fonctions des organes municipaux au Cameroun », *in* KAMTO (Maurice), DOUBE-BILLÉ (Stéphane) et METOU (Brusil Miranda), (dir.), *Regards sur le droit public en Afrique, Mélanges Joseph-Marie BIPOUN-WOUM*, Paris, L'Harmattan, 2016, p. 251.

[269]Article 148 de la loi n° 2004/18 du 22 juillet 2004 fixant les règles applicables aux communes.

Dans son analyse de la déchéance des organes locaux, Gérard PEKASSA NDAM souligne, d'emblée, que « la déchéance se présente (…) comme la sanction des faits criminels ou délictuels ainsi que des comportements irréguliers ».[270] Les motifs conduisant à cette sanction concernent « l'utilisation des deniers publics de la collectivité territoriale décentralisée à des fins personnelles ou privées et la concussion ou la corruption » (*ibid.*);tout comme le « faux en écriture publique authentique tel que prévu dans la législation pénale, et la spéculation sur l'affectation ou l'usage des terrains publics et autres biens meubles et immeubles de la commune, et le permis de construire, de lotir ou de démolir, suivant le cas » (*ibid.*).

La sanction la plus courante infligée aux élus locaux, est la révocation. C'est la sanction la plus lourde susceptible de frapper le maire et ses adjoints. Non seulement elle leur fait perdre toute crédibilité auprès des électeurs, mais elle peut entraîner des conséquences dramatiques dans leur vie au cas où, par exemple, cette révocation est suivie d'une peine d'emprisonnement. Les maires et adjoints peuvent être révoqués pour des faits immoraux identiques retenus par la loi en matière de suspension (art. 106, préc.). Cette dernière mesure ne saurait excéder trois (3) mois et, au-delà de cette période, les maires et adjoints peuvent être soit révoqués, soit réhabilités (art. 94), dans le respect des droits de la défense.

Gérard PEKASSA NDAM souligne avec pertinence que la mauvaise gestion est la cause récurrente de révocation des élus locaux (*idem*, p. 260). En témoigne, la révocation de deux maires par décret du président de la République, les 18 mai 2006 et 02 juin 2008 pour « irrégularités constatées dans la gestion des deniers publics communaux ». Messieurs Robert ATANGANA, maire la commune urbaine d'arrondissement de Yaoundé VI, et Paul-Eric KINGUE, maire de la commune de Njombé-Penja se sont vus reprocher l'« utilisation des deniers publics de la commune à des fins personnelles ou privées, et le faux en écriture publique authentique », tel que prévu dans la législation pénale (*ibid.*, note 116). Ces élus locaux ont été sanctionnés par l'article 108 de la loi communale.

Par ailleurs, les élus locaux peuvent tomber sous le coup des articles 107 et 108 de la loi communale, dans le cas où ils commettent l'une des

[270]PEKASSA NDAM (Gérard M.), « La cessation anticipée de fonctions des organes municipaux au Cameroun », in *Regard sur le droit public en Afrique*, *op. cit.*, p. 250.

irrégularités prévues par la législation relative au contrôle des ordonnateurs, gestionnaires ou gérants de crédits. Ils sont passibles, dans ce cas, de poursuite devant le conseil de discipline budgétaire et financière. Il va de même lorsque le maire et/ou ses adjoints se sont irrégulièrement immiscés dans le maniement des deniers communaux. C'est sans doute dans l'un de ces multiples travers qu'est tombé M. MAIROTO, maire de la commune de Makemo, reconnu coupable de « négligences graves et répétés dans l'accomplissement des fonctions qui lui incombent…et, plus particulièrement, dans la gestion financière et comptable ainsi que dans le fonctionnement des services administratifs de la commune »,[271] et révoqué à ce titre.

L'abandon de poste par le maire est également un cas d'indiscipline pouvant constituer un motif de révocation, à la suite d'une suspension. Gérard PEKASSA NDAM déplore le fait d'un cas d'abandon avéré de poste d'un maire n'ayant pas été suivi d'une révocation, après la suspension de l'intéressé, alors qu'il s'agissait d' *« une carence avérée dans l'exercice de ses fonctions »*.[272] On a effet l'impression que cette dérive a été relativisée par l'autorité hiérarchique, pourtant il est question non seulement d'un manquement grave dans l'exercice des fonctions du maire, mais encore, d'une violation des dispositions légales relatives à l'obligation qui lui incombe de résider dans sa commune. La sanction des dérives éthiques dans des secteurs particuliers est digne d'attention, au regard de la diversité des intervenants et des exigences morales de ces domaines, en porte-à-faux avec les révélations sur l'ampleur du mal.

SECTION III.- LA SANCTION DE L'IMMORALITÉ DANS LES SECTEURS PARTICULIERS

Le secteur de l'éducation figure parmi les domaines où les valeurs éthiques sont le plus requises. L'autorité hiérarchique n'hésite pas à sanctionner les actes indélicats commis par les élèves et étudiants, les

---

[271]Voir décret du 2 août 2005, cité par PEKASSA NDAM, préc., p. 261, note 122.

[272]PEKASSA NDAM (Gérard M.), « La cessation anticipée de fonctions des organes municipaux au Cameroun », art. précité, p. 261. Il s'agit de Monsieur A. KOUMANDA, maire de la commune de Garoua-Boulaï, qui exerçait en même temps dans une organisation internationale à l'étranger, note 119.

enseignants, les responsables d'institutions scolaires et académiques, les tierces personnes et même les institutions universitaires. Les dérives éthiques constatées et sanctionnées dans le cycle secondaire, sont d'un genre singulier (§ 1). Toutefois, leur ampleur est comparable aux sanctions observées dans l'Enseignement supérieur (§ 2). Le domaine des marchés publics s'illustre également par la corruption et les fraudes diverses, réprimées par les pouvoirs publics (§ 3).

§ 1. La sanction des dérives éthiques dans l'Enseignement secondaire

Les actes de fraude aux examens sont sanctionnés, sans complaisance, par le ministre en charge des enseignements secondaires, à l'issue de chaque session des examens relevant de l'Office du baccalauréat du Cameroun (OBC) et de la direction des examens, des concours et de la certification (DECC) du ministère des Enseignements secondaires (MINESEC). Le niveau de sanction est fonction de la gravité de la faute commise. Les sanctions répertoriées en 2016-2017, notre période d'observation, sont de divers ordres et se recoupent dans l'ensemble en trois rubriques: l'inscription frauduleuse et l'usage du faux (A), la tricherie et la distraction des frais d'examen (B) ainsi que la substitution de candidats et le trafic d'influence (C).

A. L'inscription frauduleuse et l'usage du faux

L'inscription frauduleuse concerne la « sous-traitance », qui consiste, pour un responsable d'établissement, à présenter des candidats aux examens sous le label d'une autre institution. C'est aussi l'acte par lequel l'on inscrit un candidat qui n'a jamais fréquenté l'établissement, ou encore, l'inscription des élèves au second cycle sans autorisation d'ouverture de ce cycle, etc.

Les cas les plus fréquents se rapportent à l'inscription frauduleuse des candidats sous le label d'un autre établissement. Le MINESEC désigne cet acte par l'expression « racolage des candidats ». Cette situation vise généralement les candidats des établissements clandestins, interdits de fonctionnement par le ministre des Enseignements secondaires. Le « racolage de candidats » est aussi le fait, pour un responsable d'une institution scolaire, de présenter un individu non scolarisé comme candidat régulier, en lui délivrant une carte d'identité et un livret scolaires. C'est le cas de Monsieur NOUMBISSI POKAM, fondateur de l'Institut polyvalent Le Succès qui, agissant en qualité de chef d'établissement, a inscrit frauduleusement NKWEMEGNI DJACPOU Enrico.[273]

La sanction de « retrait de confiance »[274]lui a été infligée pour les sessions 2017, 2018 et 2019. Monsieur SINTAT Etienne Junior, principal du Collège polyvalent bilingue et technique de Melong, qui a inscrit, sur instruction du fondateur dudit établissement, EFONZOCK ELOMBAT Elvis Noël, candidat non scolarisé, en tant que candidat régulier de son institution scolaire, au Baccalauréat. La sanction du MINESEC à son encontre a été la même que pour Monsieur NOUMBISSI POKAM.

Les candidats aux examens se rendent également coupables de la double inscription frauduleuse, en souscrivant simultanément une inscription dans deux institutions. La sanction de l' « annulation de la session d'examen 2016 et la suspension pour les sessions 2017, 2018 et 2019 » a ainsi été prononcée à l'encontre de plusieurs candidats aux examens organisés par l'OBC, en 2016.[275] L'administration des enseignements secondaires n'est pas indulgente non plus, à l'égard des coupables de faux et usage de faux.

Ce motif concerne la non-transmission du dossier de candidature d'un élève en lui signant un bordereau de transmission, l'utilisation du téléphone portable en salle d'examen, la récidive de fraude, le mensonge sur son grade. Le cumul des motifs a aussi été observé, les mis en cause s'étant rendus coupables de faux et usage de faux, de racolage des candidats et récidive (MOTALE Rudolf Bofor), ou de confection des fausses cartes d'identité (NCHOUNDO UNGAM NJOYA). Ces faits, suffisamment graves, ne pouvaient qu'entraîner des sanctions appropriées. Aussi la sanction de « suspension définitive des examens » a-t-elle été infligée au principal du Cours du soir, Monsieur

---

[273]Décision n° 748/16/D/MINESEC/OBC/D/DIVEX/CEESG du 22 décembre 2016 portant sanction des candidats fraudeurs aux examens organisés par l'Office du baccalauréat du Cameroun, session 2016.

[274]Le retrait de confiance est une sanction consistant à suspendre un responsable qui entrave le bon déroulement des examens, pendant une période comprise entre un (01) à trois (03) ans, en fonction de la gravité de la faute commise.

[275]Décision n° 747/16/D/MINESUP/OBC/D/DEVEX/CEESG du 22 décembre 2016 portant sanction des candidats fraudeurs aux examens organisés par l'Office du baccalauréat du Cameroun, session 2016.

MOTALE Rudolf Bofor, tandis que celle de suspension des examens des sessions 2018, 2019 et 2020 a été prise à l'encontre de Monsieur NCHOUNDO UNGAM NJOYA, assortie d'une lettre de mise en garde adressée au fondateur de l'établissement scolaire.[276] Le faux et usage de faux concerne également des faits de substitution de copies et la tricherie, devenue banale, est réprimée, ainsi que la distraction des frais d'examen.

B. La tricherie et la distraction des frais d'examen

La tricherie consiste, entre autres, en la communication entre candidats par l'entremise de l'échange des documents ou d'informations ; le refus pour le candidat de remettre sa copie au motif qu'il a mal travaillé ; l'utilisation des appareils d'enregistrement ou de communication miniaturisés en salle d'examen ; la détention des documents compromettants ou encore, la soustraction de la copie d'un voisin de table.

Cette dernière situation s'est présentée au Lycée bilingue de New-Bell à Douala, en 2016. Le candidat NGOUZIN GNIGNI Mohamed s'est saisi de la copie de son voisin de table qui était tombée, a refusé de la lui remettre et s'est employé à en recopier le contenu, malgré le refus de ce dernier (*ibid.*).

L'on a de la peine à croire que cette scène se déroule dans un centre d'examen officiel. Une telle attitude ne pouvait valoir au mis en cause que la sanction lourde de l'annulation de la session d'examen 2016 et une suspension pour les trois prochaines sessions, 2017, 2018 et 2019.

L'utilisation d'un téléphone portable en salle d'examen est aussi sanctionnée comme acte de tricherie, ainsi que celle des documents interdits. Les candidats ne manquent pas d'imagination dans la commission de cette infraction. L'élève AMANS Olivier Xavier, de la filière Métiers Bois (MEB) a inscrit dans le couvercle de sa calculatrice certaines formules de l'épreuve de « réfection du meuble ».

De même, le candidat ONJE Adam's Lionel, du sous-centre d'examen du Lycée technique de Douala-Koumassi, a porté des formules relatives

[276]Décision n° 757/17/D/MINESEC/SG/DAJ/DECC/SDMLC du 28 nov. 2017 portant sanction des examinateurs coupables de fraudes aux examens et concours organisés par la Direction des examens, des concours et de la certification, session 2017.

à l'épreuve de « technique comptable », sur le plan comptable OHADA, document autorisé. La session d'examens 2016 de ces candidats a été annulée et les mis en cause ont été suspendus pour la session 2017.[277]L'administration des Enseignements secondaires a semblé en revanche souple dans la sanction du détournement des frais d'examen, infligée à certains individus. Le terme « distraction » des frais d'examen utilisé est peut-être policé, mais il s'agit des détournements de deniers publics, sanctionnés par le Code pénal. Monsieur NGAMMEGNI Luc s'est rendu coupable de ce forfait, en ce qui concerne les frais d'examen des candidats des régions du Nord-Ouest et du Sud-Ouest, inscrits dans son établissement.

De même, Monsieur EDIMA Bernard, préfet des études au collège Marguerite Marquez a détourné les frais d'inscription à l'examen de Probatoire de l'enseignement secondaire général du candidat DASSI Rodrigue. La sanction interne du « retrait de confiance » prise à l'encontre de l'intéressé pour les sessions 2018, 2019 et 2020, peut se justifier, bien qu'elle ne semble pas proportionnelle à la gravité de l'acte commis, puisqu'elle devrait éventuellement donner lieu à des poursuites pénales.

La souplesse du MINESEC à l'égard de certains fraudeurs surprend, en ce que la sanction de retrait de confiance infligée à Monsieur EDIMA est identique à celle de Monsieur NGANMEGNI Luc, dont le nombre de candidats était pourtant plus élevé et concernait les élèves originaires des deux régions anglophones susmentionnées. Nous pensons que la distraction des frais d'examen par le dernier cité est un acte criminel qui aurait pu occasionner une émeute des parents et élèves anglophones dans la ville de Loum.

Il ne faut pas aussi écarter le fait que cet acte répréhensible pouvait générer un mouvement d'humeur des enseignants pour non-paiement de leurs droits, ceux-ci étant prélevés sur les frais de participation aux examens, payés par les candidats.

L'acte commis par Monsieur NGANMENI méritait par conséquent d'être davantage pénalement réprimé. Une autre forme de tricherie ou de complicité de fraude, qui se manifeste dans la substitution de

[277]Décision n° 747/16/D/MINESEC/OBC/D/DEVEX/CEESG du 27 décembre 2016 portant sanction des candidats fraudeurs aux examens organisés par l'Office du baccalauréat du Cameroun, session 2016.

candidats, n'échappe pas à la vigilance de l'Administration, tout comme le trafic d'influence.

C. La substitution de candidats et le trafic d'influence

La substitution de candidats concerne les personnels non-enseignants et les tiers. Ces cas de fraude sont récurrents. Ils sont généralement observés lorsqu'un surveillant compose en lieu et place d'un tiers, moyennant le paiement, par ce dernier, d'une somme d'argent. Cette infraction entraîne, à l'encontre du candidat mis en cause, annulation de la session d'examen et suspension des sessions des trois années consécutives, sans préjudice des poursuites pénales. On peut citer, dans ce registre, le cas OMGBA BELLA Germain, candidat régulier à l'examen du Baccalauréat, série D au sous-centre du lycée d'Ekorézock.

Cette situation mérite d'être soulignée, ce d'autant plus qu'elle implique directement un responsable de l'armée et du maintien de l'ordre. Le sieur OMGBA BELLA avait passé les épreuves de l'examen probatoire de l'enseignement secondaire technique en lieu et place de Jean Paul M., militaire de l'armée marine, en contrepartie d'une somme de 250 000 francs CFA.[278] On peut aussi signaler la fraude de ASSALA Hervé, étudiant à l'université de Yaoundé I, ayant également composé en lieu et place de Monsieur ABOUBAKAR ADAMOU, contre une somme de 300 000 francs CFA.

D'autres personnes courent le risque d'être punis en composant pour un parent. Il en est ainsi de LISSOU Etienne, qui a passé l'examen en lieu et place de son frère KALVOKSOU AKAOU Jules, et MBASSI Jean, pour avoir composé au profit de KEDE Christophe Leonel.[279] Des poursuites pénales ont été prescrites à l'encontre de tous les fraudeurs incriminés, conformément à la loi. Plusieurs citoyens se livrent

---

[278] Décision n° 746/16/D/MINESEC/OBC/D/DIVEX/CEESG du 22 déc. 2016.

[279] Décision n° 45/18/D/MINESUP/OBC/D/DIVEX/CEESG du 22 janvier 2018 portant sanction du personnel non-enseignant et tierces personnes coupables de fraude aux examens organisés par l'Office du baccalauréat du Cameroun, session 2017. Voir dans le même sens les cas de substitution de candidats signalés dans la décision n°759/17/D/MINESEC/SG/DAJ/DECC/SDMLC du 28 novembre 2017 portant sanction des tierces personnes coupables de fraude/fautes aux examens et concours organisés par la direction des examens, des concours et de la certification, session 2017. On peut déplorer que ces décisions ne soient pas explicites sur les conditions de la transaction. Mais peut-on nous faire croire que les fraudeurs courent autant de risques sans une contrepartie financière ?

également à des comportements constitutifs du trafic d'influence, sans en mesurer le degré de gravité. Le trafic d'influence est une infraction pénale. Gérard CORNU souligne que cette infraction revêt une double forme, passive et active. Sous la forme passive, le trafic d'influence est le « *fait pour une personne dépositaire de l'autorité publique (ou investie d'un mandat électif public), de solliciter, agréer ou recevoir, sans droit, des offres, promesses, dons ou présents, afin de faire (ou de tenter de faire) obtenir par son influence, de l'autorité publique, un avantage quelconque* ». Sous sa forme active, le trafic d'influence est « le fait, pour un particulier, de proposer, sans droit, des offres, promesses, dons, présents ou avantages quelconques pour obtenir d'une personne dépositaire de l'autorité publique (ou d'un mandat électif public) qu'elle use (abuse) de son influence pour faire obtenir d'une autorité ou d'une administration l'une des faveurs indiquées ci-dessus » (Gérard CORNU, *Vocabulaire juridique*, 2016, p. 1033).

La deuxième forme du trafic d'influence vise des personnes qui, profitant d'une présumée proximité avec le cabinet du ministre des Enseignements secondaires agissent sur les chefs d'établissement, et introduisent des personnes étrangères dans les salles d'examens.

Le surveillant de salle TAMADY NOUDI Didier s'est livré à ce jeu malsain lors de la session d'examen de 2017, et des poursuites pénales ont été requises à son encontre.[280] L'Enseignement supérieur n'est pas exempt des actes indélicats des différents acteurs, sanctionnés par l'autorité hiérarchique.

§ 2. La répression administrative des comportements déviants dans l'Enseignement supérieur

Plusieurs sanctions sont prononcées par les chefs des institutions universitaires ou par le ministre de l'Enseignement supérieur à l'encontre des étudiants coupables de fraude aux examens, en particulier, pour fraude ou pour usage de faux. Ces sanctions n'épargnent pas les personnels administratifs ou d'appui des universités détenteurs de faux diplômes ou des actes irréguliers d'avancement ou de reclassement. Elles impliquent aussi les institutions privées

[280]Décision n° 45/18/D/MINESEC/OBC/D/DIVEX/CEESG du 22 janvier 2018 portant sanction du personnel non enseignant et tierces personnes coupables de fraude aux examens organisés par l'Office du baccalauréat du Cameroun, session 2017.

d'enseignement supérieur, coupables notamment de fraude dans l'inscription des candidats. C'est davantage à ce niveau que l'activité répressive du ministre de l'Enseignement supérieur (B) se distingue de celle des chefs des institutions universitaires (A).

A. La sanction des actes indélicats par les chefs d'institutions universitaires

Cette activité répressive sanctionne la fraude aux examens et la détention des faux actes de carrière par les personnels administratifs de l'université.

1. La lutte contre la fraude aux examens

Les actes de fraude courants observés sont le fait des étudiants qui usent de manœuvres diverses pour parvenir à leurs fins. Pendant longtemps, le seul moyen de fraude a été la détention des documents non autorisés en salle d'examen.[281]

Mais depuis l'avènement du numérique, les étudiants fraudeurs excellent dans la manipulation de leurs téléphones portables[282]pour traiter facilement - pensent-ils - les épreuves auxquelles ils sont soumis. C'est ainsi qu'ils consultent les sites des disciplines ou filment les éléments de réponse à l'aide du téléphone portable, dans la copie de leur camarade voisin de table.

D'autres prennent le risque de faire composer un camarade à leur place[283]quand ils ne sont pas complices de tricherie, en inscrivant les réponses de l'épreuve sur un mouchoir jetable. L'étudiant ESSAMA ATANGANA Avas s'est rendu coupable de ce forfait et sanctionné à

---

[281]Décision n° 0794/D/UD/VR-CIE/SG/DAAC/DEPE/SPR du 27 sept. 2017 portant sanction disciplinaire à l'encontre de BAMA Thérèse Babette, matricule $16^{E}61760$, étudiante à la Faculté des sciences économiques et de gestion appliquée, année académique 2016/2017.

[282]Décision n° 0695/D/UD/VR-CIE/SG/DAAC/DEPE/SPR du 07 août 2017 portant sanction disciplinaire à l'encontre de NGO BAHEL Marthe Larissa, étudiante à l'Ecole supérieure des sciences économiques et commerciales (ESSEC) de l'Université de Douala, année académique 2016/2017 ; ou encore, décision n° 0762/D/UD/VR-CIE/SG/DAAC/DEPE/SPR/ du 16 août 2017 portant sanction disciplinaire à l'encontre de HEUMI Marie Carine, étudiante à la Faculté des sciences juridiques et politiques de l'Université de Douala, année académique 2016-2017.

[283]Décision n° 092/D/UD/VR-CIE/SG/DAAC/DEPE/SPR du 29 février 2016 portant sanction disciplinaire à l'encontre de JOKO KOUAM Gaël, étudiant à la Faculté des lettres et sciences humaines de l'Université de Douala, année académique 2014/2015.

ce titre par le recteur de l'Université de Douala.[284] La culpabilité de ces étudiants fraudeurs est établie devant le jury d'examens, entraînant leur sanction par l'autorité compétente, le recteur ou le ministre de l'Enseignement supérieur, suivant la gravité de la faute commise. Les sanctions encourues varient en fonction de l'appréciation des responsables des institutions universitaires.[285]

Mais, dans l'ensemble, elles peuvent entraîner, compte tenu de la gravité des faits, « interdiction de se présenter aux examens sanctionnant l'année académique en cours avec suppression de toute aide universitaire », « exclusion temporaire d'une à deux années académiques » ou« exclusion définitive des Etablissements des institutions universitaires nationales ».[286] La première sanction relève de la compétence du recteur ou du *vice-chancellor*. Quant à la sanction d'exclusion temporaire ou définitive de l'étudiant, elle est du ressort du ministre de l'Enseignement supérieur.

L'on remarque que le phénomène de plus en plus croissant de la fraude a sans doute conduit tous les organismes publics et privés, nationaux ou internationaux ainsi que les diverses corporations (par exemple l'Ordre des avocats du Cameroun s'assure chaque année de la sincérité des diplômes et titres délivrés aux postulants à la profession), à solliciter des universités camerounaises pour l'authentification des diplômes et titres qu'elles délivrent.

L'importance du problème des authentifications des diplômes et titres délivrés par les institutions universitaires nationales, liée à la montée de la fraude, préoccupe de nos jours, plus que par le passé, les pouvoirs publics au plus haut niveau. Ceux-ci prescrivent la diligence dans le traitement des demandes d'authentification de diplômes et autres titres

---

[284]Décision n° 012227/D/UD/VR-CIE/SG/DAAC/DEPE/SPR du 05 décembre 2017 portant sanction disciplinaire à l'encontre de ESSAMA ATANGANA Avas, étudiant à la Faculté de médecine et des sciences pharmaceutiques de l'Université de Douala, année académique 2016/2017.

[285]L'Université de Douala n'est pas indulgente, depuis quelques années, à l'égard des comportements des étudiants, contraires à l'éthique et la dignité universitaires en sanctionnant lourdement les fraudeurs aux examens, en particulier. Une telle ligne de conduite est bénéfique pour l'Institution en ce qu'elle constitue une mise en garde sévère contre tout contrevenant à la réglementation universitaire.

[286]Art. 29.1 (c, d, e) du décret n° 93/030 du 19 janvier 1993 portant organisation administrative et académique de l'Université de Douala.

académiques, afin de répondre aux diverses demandes formulées par les organismes intéressés.

2. Le faux et usage de faux

Les comportements indélicats observés sont, de façon récurrente, le fait des étudiants, mais aussi des personnels administratifs. Les étudiants sont parfois reconnus coupables de « faux et usage de faux en écritures »,[287] lorsqu'ils présentent des faux quitus de paiement des droits universitaires pour être admis en salle d'examen. L'étudiant EKE'O Frank BEAT, de la Faculté de médecine et des sciences pharmaceutiques de l'Université de Douala, s'est livré à ce jeu indécent, lors des examens du second semestre de l'année académique 2016/2017. L'infraction commise par cet étudiant de niveau 4, traduit devant le conseil de discipline de son établissement est susceptible d'être déférée au juge pénal. L'acte hautement répréhensible commis par le mis en cause, de surcroît futur médecin, lui a valu une lettre d'admonestation du recteur de l'université de Douala. La lettre datée du recteur du 05 décembre 2017, adressée à l'étudiant incriminé, est significative de la sensibilité éthique de ladite autorité ainsi que de la nécessité pour cet étudiant d'avoir un comportement digne de sa future profession.

Le recteur s'exprime en ces termes:

«En dehors de la sanction qui vous a été infligée pour "Faux et usage de faux en écritures", par la présente, j'attire votre attention sur le sens de l'éthique qui vous interpelle relativement au métier que vous êtes appelé à exercer.

Il est regrettable et inadmissible que vous n'aviez pas conscience que votre métier est celui où l'intégrité morale est de rigueur.

Votre comportement, incompatible avec la dignité universitaire, m'amène à vous rappeler que tout au long de votre formation de médecin, toute autre inconduite de votre part entraînera, sans autre forme de procès, votre exclusion de l'Université de Douala ».[288]

---

[287]Voir décision n° 01233/D/UD/VR-CIE/SG/DAAC/DEPE/SPR du 05 décembre 2016/2017.

[288]L'échantillon des étudiants choisi se situe davantage à l'Université de Douala, en raison de la disponibilité des documents consultés, situation favorisée du fait de notre appartenance à l'administration de l'institution. Mais les comportements décriés sont

Les personnels administratifs ou d'appui des institutions universitaires publiques, coupables de fraude, sont également sanctionnés par les chefs des institutions universitaires. Ainsi, à l'Université de Douala, une opération d'assainissement du fichier du personnel administratif a été engagée depuis 2015. La « commission d'audit des actes de carrière des personnels d'appui de l'Université de Douala » avait été mise sur pied à cette fin, et ses conclusions ont abouti à la traduction devant le conseil de discipline des personnels soupçonnés de fraude et de production de faux actes de carrière, le 26 juin 2018.

Sur la base des différents avis du conseil de discipline, le recteur de l'Université de Douala a signé une série de décisions portant licenciement pour faute lourde, ou pour production des faux diplômes au moment de leur recrutement.[289]

Pour les titres frauduleux ayant permis le reclassement de plusieurs personnels, le recteur a tout simplement décidé de l'abaissement d'échelon des agents concernés. Il s'agit en réalité d'une mesure de clémence prise par le recteur, sans effacer le délit de fraude commis, susceptible d'être poursuivi au pénal par le ministère public.

Bien entendu, les mis en cause avaient toute la latitude de contester les décisions du recteur par les voies de droit. Dans le cas contraire, leur silence pourrait être assimilé à un aveu de culpabilité ; ce qui ne peut manquer d'être dénoncé, sur le plan éthique.

Le problème demeure au niveau des effets financiers générés par ces faux actes de carrière pendant de nombreuses années et des solutions ont été envisagées, dans un souci de justice et d'équité. En effet, l'arme redoutable de réparation du préjudice financier subi par la personne publique, que constitue l'ordre de recettes, est mise à contribution dans le but de contraindre les personnels visés à rembourser les sommes indument perçues.[290]

---

observables dans toutes les universités et, en amont, dans les lycées et collèges, tel que signalé plus haut.

[289]Voir décisions n°s 0496 et 0504/UD/R du 16 août 2018 portant respectivement licenciement pour faute lourde de Messieurs NKODO NKODO Placide et MBENG MVONDO Prosper.

[290]*Cf.* décisions n°s 0513 et 520/UD/R du 16 août 2018 portant respectivement abaissement d'échelon assorti d'un ordre de recettes à l'encontre de Mesdames RIEYOU ABIBA et MISPA EBOBISSE Jeanne.

Le ministre de l'Enseignement supérieur (MINESUP) participe activement à la sauvegarde de l'éthique dans sa mission de tutelle du service public dont il a la charge.

B. L'action répressive du ministre de l'Enseignement supérieur

Plusieurs sanctions sont prononcées par le MINESUP, pour manquement aux règles éthiques. Elles visent les étudiants et certaines institutions privées d'enseignement supérieur. Des exemples peuvent être cités.

Par une décision de ladite autorité en date du 31 janvier 2017,[291] la candidate BIHOUI KOUMBA Axelle Sonia a été interdite de se présenter à deux sessions de l'examen national du Brevet de technicien supérieur (BTS), *« pour détention d'une calculatrice gravée de formules mathématiques pendant le déroulement de l'épreuve professionnelle de synthèse de ladite spécialité »*, session de juin-juillet 2016. Il en est de même de MPOUKA DAMBA Rouch, qui a écopé de la même sanction pour « *port ostensible d'un écouteur pendant le déroulement de l'épreuve d'anglais* » de la spécialité « électronique », à l'épreuve du Brevet de technicien supérieur, session de juin-juillet 2016.

A ce niveau également, la technologie est mise à contribution pour aider les étudiants dans la commission de leurs forfaits. Dans le premier cas, l'étudiant fraudeur profite de la détention autorisée de la calculette en salle d'examen, pour y graver des formules mathématiques, tandis que l'autre affiche un comportement à la fois insolent et inadmissible en salle d'examen. Nous pensons par conséquent que la sanction prise à l'encontre de MPOUKA NDAMBA Rouch devrait être plus lourde que celle infligée à la candidate BIHOUI KOUMBA Axelle, la gravité des faits reprochés à l'un et à l'autre candidat, étant de nature différente.

Si ces sanctions prononcées par les autorités compétentes concernent le plus souvent les candidats, elles n'excluent pas les institutions ayant participé ou pratiqué la fraude. Il est d'ailleurs regrettable que les institutions adoptent des comportements contraires à la morale, au regard de la mission de service de formation de la jeunesse qui leur est confiée par les pouvoirs publics. C'est le cas de l'Institut supérieur de

[291]Voir décision n° 17/18170037/MINESUP/CNOENC/DAJ du 31 janvier 2017 portant interdiction de se présenter pour deux sessions à l'examen national du Brevet de technicien supérieur (BTS) de la candidate BIHOUI KOUMBA Axelle Sonia.

Bafoussam (ISB), sanctionné par le ministre de l'Enseignement supérieur « pour non-respect de la déontologie dans la procédure d'évaluation des rapports de stage… » (cf. Décision n°17/18170040/MINESUP/CNOENC/DAJ du 31 janvier 2017) ; ou pour inscription frauduleuse des candidats au *Higher national diploma (HND)*, FOMIC POLYTECHNIC of BUEA. L'article 1er de la décision du MINESUP qui sanctionne cet institut, est ainsi libellé : « FOMIC POLYTECHNIC OF BUEA is hereby reprimanded for the fraudulent registration of candidates at the Higher National Diploma (HND) national examination and forgery and the use of fake document in the production of related academic documents ».[292]

Les sanctions administratives dans le secteur des marchés publics s'avèrent indispensables dans le but de préserver la fortune publique des manœuvres des prévaricateurs de tous bords.

§ 3. La sanction de la fraude dans le secteur des marchés publics

Les pouvoirs publics camerounais se préoccupent de la fraude et de la corruption dans le secteur des marchés publics. Dans son discours à la Nation, le 31 décembre 2010, le président de la République, Paul BIYA, s'exprime en ces termes : *« La corruption, toujours elle, sans cesse renaissante (…) s'est étendue, semble-t-il, aux Marchés Publics. Nous continuerons à la traquer sans pitié ».*

Les pays en développement sont, dans leur majorité, confrontés à des problèmes existentiels basiques. L'eau, par exemple, est une denrée rare, un bien économique, dans certaines régions du Cameroun, dans les régions septentrionales, en particulier. Les pouvoirs publics, le plus souvent avec l'appui des élites locales, planifient les actions de développement bénéfiques aux populations. Des lots de marchés publics sont alors attribués et des fonctionnaires véreux se permettent la liberté de changer le lieu de réalisation des marchés publics, avec la complicité des « nouveaux bénéficiaires » du marché, laissant la localité dans des problèmes que l'on croyait pourtant résolus. Les Camerounais ont généralement appris ces « détournements», s'agissant des marchés de construction des routes, dans le but de contenter telle élite dont le

[292]Decision n° 18170009/MINESUP/CNOENC/DAJ of 31st January 2017 to reprimand FOMIC Polytechnic of Buea.

bled était loin du tracé initial...Les élèves de l'école publique de Touboro et les populations riveraines l'ont appris à leurs dépens. Mais l'État n'a pas été indulgent, et a réprimé ces détournements de marchés, condamnés par le Code des marchés publics,[293] en suspendant plusieurs agents publics et leurs complices, opérateurs économiques, de toutes les activités liées aux marchés publics, pendant une période de trois (03) ans, pour *« complicité de changement de site de réalisation du forage productif équipé de pompe à motricité humaine, lot 1 à l'école publique de Touboro ».*[294]Les transactions mafieuses découvertes et réprimées avaient sans doute profité financièrement aux mis en cause.

On constate que la « suspension d'activité » ou de « toute activité », parfois évoquée dans le secteur des marchés publics, ne vise pas seulement les fonctionnaires et agents publics ; elle s'étend aux opérateurs économiques et autres complices, dans le cadre des marchés publics. La suspension d'activité est une sanction, dans la mesure où elle se distingue de la suspension de fonctions encadrée par le Statut général de la Fonction publique (art. 108). La durée de ladite « suspension-sanction » n'est pas déterminée à l'avance. Elle est fixée par l'autorité administrative qui apprécie souverainement, en fonction de la nature des faits reprochés au fonctionnaire.

L'on retient que les faits de « détournement de l'objet du marché » et de « passation d'avenant en violation des dispositions réglementaires », reprochés aux fonctionnaires impliqués dans les fraudes constatées, constituent des violations clairement mentionnées à l'article 106 (l) et (m) du Code des marchés publics de 2004. Leur articulation ou leur clarification par l'autorité hiérarchique facilite la compréhension du comportement des agents incriminés, ainsi que la tâche du juge, en cas de contestation éventuelle.

D'autres comportements répréhensibles concernent la modification frauduleuse des stipulations d'un avenant au marché. Ce motif a été à l'origine des sanctions d'exclusion de certains responsables de toute

---

[293]*Cf.* Art. 106 du décret n° 2004/275 du 24 septembre 2004 portant Code des marchés publics.

[294]Voir les décisions n° 018, 019 et 020/CAB/PM du 20 octobre 2011, suspendant respectivement Messieurs MBOUBA GODONG, délégué départemental de l'Énergie et de l'Eau du Mayo Rey ; MOUSSA, directeur des Etablissements LAINDE Service ; VIANG MEKALA, ancien sous-préfet de Touboro et BAINA Fanous, inspecteur d'arrondissement de l'Education de base de Touboro (voir *Cameroon Tribune* n° 9959/6160 du 31 octobre 2011, pp. 3 et 4).

activité relative aux marchés publics, autant qu'ils étaient suspendus de leurs fonctions, pour les mêmes raisons. Ces mesures ont été prises à l'encontre d'un ingénieur des travaux statistiques et d'un ingénieur informaticien, tous deux responsables à la direction des Marchés des services et des prestations intellectuelles, du ministère des Marchés publics.[295]En fonction de la gravité des faits, le mis en cause peut être définitivement exclu de toute activité relative aux marchés publics. Il peut malheureusement arriver qu'il ne soit pas un co-contractant de l'Administration, mais un fonctionnaire censé défendre les intérêts de cette dernière, qui choisit plutôt d'accorder la priorité à ses intérêts personnels. L'attitude de l'Administration n'a pas été clémente à l'égard des responsables en service à la direction des Marchés des services et des Prestations intellectuelles du ministère des Marchés publics. Ces responsables ont été exclus de toute activité relative à la passation, à l'exécution et au contrôle des marchés publics, pour une période de deux (02) ans, pour « modification frauduleuse des stipulations d'un avenant », sans préjudice des poursuites judiciaires.[296]

Ces différentes sanctions poursuivent le but d'éloigner de l'activité des marchés publics toute personne, fonctionnaire ou non, coupable de manquements portant le plus souvent atteinte à l'hygiène morale. On rappelle que les décisions suspendant plusieurs agents publics et leurs complices, opérateurs économiques, de toutes les activités liées aux marchés publics, dans le cadre du marché de l'école de Touboro, avaient été prises à cette fin. Leur durée est différente de celle de quatre (04) mois retenue à l'encontre de Messieurs NDONG Gabriel NKUM et ATONKOUMOU ATONKOUMOU, responsables au ministère des Marchés publics, laquelle semble s'aligner sur le droit commun en matière de suspension de fonctions, sans être nécessairement une mesure conservatoire. La durée de cette suspension n'est limitée par aucun texte, puisque, tout en s'inscrivant dans la légalité, elle peut s'étendre au-delà de quatre (4) mois, en fonction de l'appréciation de

[295]Décisions n°s 0060 et 0062/D/MINMAP/CAB du 05 mars 2014 portant suspension de fonctions de Messieurs ATONKOUMOU ATONKOUMOU Serge Paul, ingénieur des travaux statistiques ; et 0062/D/MINMAP/CAB, concernant M. NDONG Gabriel NKUM, ingénieur informaticien (Lire *Cameroon Tribune* n°10545/6744 du 13 mars 2014, p. XIV).

[296]Décisions n°s 0059/D/MINMAP/SG/DAJ/CRL/CEA1 du 05 mars 2014 portant exclusion de Messieurs ATONKOUMOU ATONKOUMOU Serge Paul ; et 0061/D/MINMAP/SG/DAJ/CRL/CEA1 portant exclusion de Monsieur NDONG Gabriel NKUM de toute activité relative aux marchés publics (*ibid*).

l'Administration sur la gravité des faits commis par les personnes incriminées. Les responsables sanctionnés ont en réalité « excellé » dans la fraude au cours de l'exercice de leurs fonctions pour se voir exclure de toute activité de la chaîne des marchés publics, à savoir, la passation, l'exécution et le contrôle des marchés publics. Leur culpabilité a été sans doute établie au cours d'un conseil de discipline. On ne retrouve malheureusement pas de trace d'une telle procédure dans les visas des décisions de sanction, indispensable en vertu de la présomption d'innocence, bien que le visa ne soit pas une formalité substantielle devant le juge administratif camerounais.[297]Tout comme dans le secteur des marchés publics, le service public de la communication sociale s'efforce de concilier la liberté de la presse avec la nécessité du respect de l'éthique et de la déontologie professionnelle.

SECTION IV.- L'EXIGENCE DE L'ÉTHIQUE DANS LA RÉGULATION DU SERVICE PUBLIC DE LA COMMUNICATION SOCIALE

Le décret n° 2012/038 du 23 janvier 2012 portant réorganisation du Conseil national de la Communication (CNC) dispose, en son article 7 (2) que les membres du CNC sont nommés par décret du président de la République. Ils sont choisis parmi les personnalités de nationalité camerounaise reconnues pour leur intégrité, leur rectitude morale et leur expertise dans le domaine de la communication sociale (al. 3). Le contexte de la régulation (§ 1) permet une meilleure compréhension des sanctions administratives prises à l'encontre des contrevenants à la déontologie professionnelle dans l'activité de communication sociale (§ 2).

§ 1. Le contexte de la régulation

Le président de la République a promulgué, à la fin de l'année 1990, dès l'ouverture de l'ère des libertés au Cameroun, une série des lois parmi lesquelles la loi n° 90-52 du 19 décembre 1990 relative à la liberté de communication sociale. Cette loi s'inscrit dans la mouvance des

[297]CFJ/CAY 30 septembre 1969, *Evina Ada Christophe* ; CS/CA 29 mai 1980, *Monkam Tientcheu David.*

libertés désormais accordées aux citoyens, notamment, celle d'expression. À la faveur des libertés retrouvées, après plusieurs décennies de dictature et de « pensée unique », les pouvoirs publics ont donné l'occasion aux nationaux de créer des organes de presse, lesquels ne se comptent plus. Hubert MONO NDJANA situe cette dynamique dans le cadre de la libéralisation, désormais devenue la règle, se traduisant par *« l'existence d'une presse privée aussi abondante que variée, et représentant quasiment toutes les nuances et toutes les tonalités qui peuvent différencier un peuple rassemblé »*[298]. Il se trouve toutefois que cette liberté se manifeste avec beaucoup de débordements, du fait d'une bonne frange de la presse qui affiche un amateurisme et une ignorance avérées des règles de l'éthique et de la déontologie professionnelles.

Narcisse MOUELLE KOMBI dresse un tableau peu reluisant d'une certaine presse qui, à la faveur de la liberté d'expression octroyée se distingue au quotidien par des comportements fortement répréhensibles.

Nous nous permettrons de le citer dans les lignes qui suivent, fut-ce longuement, afin de ne pas trahir sa pensée. Il déclare, dans un premier temps, qu' *« il existe comme un véritable scandale camerounais en matière de liberté de la presse. Ce scandale est nourri par des violations flagrantes et récurrentes du fait de quelques médias, de l'éthique et de la déontologie en matière de communication sociale. Des excès et des dérapages en tous genres sont souvent décriés, y compris par les professionnels eux-mêmes, mais aussi par le Conseil national de la Communication ».*[299]

L'auteur renchérit, en relevant que « *[D]es pratiques odieuses des journalistes peu scrupuleux font prospérer le règne de la calomnie, de la diffamation, de la médisance et des atteintes à la vie privée. Certains journalistes se muent en chantres de l'apocalypse et prophètes de*

---

[298] MONO NDJANA (Hubert), « De l'ethno-fascisme dans la littérature politique camerounaise », *Renouveau et libéralisation* (I), intervention à la table-ronde organisée par le Club Unesco de l'Université » de Yaoundé, le 11 mars 1987 sur le thème *La littérature politique camerounaise*, *in* SINDJOUN-POKAM, *La philosophie politique trahie : Le Monofascisme*, L'AIGLE, Ateliers Silex, 1987, p. 76.

[299]MOUELLE KOMBI (Narcisse), *La démocratie dans la réalité camerounaise. Libertés, légitimité et modernité politique sous Paul Biya*, Paris, Dianoïa, 2013, pp. 175-176.

mauvais augure. D'autres, se comportant tout à la fois en inquisiteurs, procureurs, juges et avocats, se livrent à des opérations de lynchage médiatique des personnalités, au mépris de la présomption d'innocence et des civilités élémentaires. Ils se croient ainsi tout permis et au-dessus de la loi.

De la sorte, est fréquemment dénoncé le journalisme de caniveau, celui qui s'alimente de la corruption et de la malhonnêteté intellectuelle, ce journalisme au ras des pâquerettes, dit du Hilton. Celui qui a du mal à concilier la liberté de presse et la liberté individuelle avec la responsabilité et la dignité des citoyens, entretenu qu'il est par des profils académiques et des trajectoires professionnelles disparates » (*ibid.*, p. 176).

Narcisse MOUELLE KOMBI dresse un tableau sombre d'un journalisme de bas étage, dont l'amateurisme dévoile de graves déviances éthiques, et salue le rôle efficace davantage joué par le Conseil national de la Communication, réorganisé en 2012. Il pense que cet organe de régulation devrait être apte à *« assurer le juste équilibre entre la liberté d'expression et ses limites raisonnables, dont le respect de l'éthique et des valeurs fondent la noblesse de Théophraste Renaudot»* (*idem*, p. 177).

Le message du président du Conseil national de la Communication à la suite d'une vidéo en circulation sur internet, faisant état des exactions qui auraient été commises par l'armée camerounaise sur les populations civiles dans la région de l'Extrême-Nord, dans le cadre de la lutte contre la secte terroriste Boko Haram, rejoint la préoccupation de Narcisse MOUELLE KOMBI. Le président du CNC en appelle aux exigences d'éthique et de déontologie dans « le processus, de traitement et de diffusion des informations provenant de sources diverses, notamment d'internet et des réseaux sociaux ».

Tout en reconnaissant la complexité de la double fonction de veille et d'alerte dévolue au journaliste, le président du CNC attire l'attention des professionnels des médias sur les conséquences pouvant naître de la diffusion d'informations de nature à compromettre la cohésion sociale que l'organisme dont il a la charge est appelé à préserver.[300]

---

[300]Communiqué de presse du Conseil national de la Communication, *in Cameroon Tribune* n° 11637/7836 du 13 juillet 2018, p. 5.

Le contexte de la régulation de la communication sociale explique la dense activité exercée par l'Administration, en cas de violation des règles d'éthique et de déontologie professionnelle.

§ 2. L'activité de régulation de la communication sociale

La nécessité d'encadrer la liberté de communication sociale s'est donc justifiée par la création d'un organe de régulation dans le domaine de la communication sociale. Ce rôle a été assigné au Conseil national de la Communication. Le texte initial portant organisation et fonctionnement de ladite structure,[301] précise que le Conseil donne son avis sur la politique générale et veille par ses recommandations au respect et à l'évolution harmonieuse de la communication sociale (art. 4). Dans le cadre de cette attribution générale, le CNC se préoccupe, entre autres, de la déontologie, de la transparence, de la protection de la jeunesse et de l'enfance dans les médias. Le cadre juridique actuel de la régulation de la communication sociale (A) fonde l'activité du CNC au quotidien (B).

A. L'encadrement juridique de l'activité de régulation

Le décret n° 2012/038 du 23 janvier 2012 portant réorganisation du CNC précise que le Conseil, organe de régulation et de consultation placé auprès du Premier ministre, chef du gouvernement (art. 2), est chargé d'assister les pouvoirs publics dans l'élaboration, la mise en œuvre et le suivi de la politique de communication sociale. Il veille au respect de la communication sociale (art. 3) ainsi qu'à celui de l'éthique et de la déontologie professionnelle, de la transparence et de la protection de la dignité des personnes (art. 4).

Ces nouvelles attributions du CNC dévoilent clairement la prise en compte des préoccupations éthiques dans le secteur de la communication sociale, souci qui n'était pas suffisamment affirmé dans le décret de 1991.

La préservation de la morale et de l'éthique se justifie au regard des débordements observés dans cette activité de communication portant atteinte à l'intégrité morale des citoyens. Il a donc semblé judicieux

[301]Décret n° 91/287 du 21 juin 1991 portant organisation et fonctionnement du Conseil national de la Communication.

d'appeler les uns et les autres à plus de responsabilité dans le traitement et la diffusion de l'information.

Au-delà de ses compétences consultatives et comme toute autre autorité administrative indépendante, les attributions du CNC dépassent ce cadre pour inclure un pouvoir de décision,[302] sans toutefois prétendre détenir des compétences juridictionnelles, à l'instar de la Commission de la Concurrence en France (L. n° 19 juil. 1977 et 30 déc. 1985. *Idem*, p. 303), puisque ses décisions sont susceptibles de recours.

Ainsi, dans le cadre de son pouvoir de sanction, le CNC tranche des litiges opposant les organes de presse, les journalistes et les promoteurs, lorsque les informations diffusées s'avèrent non fondées. L'organisme de régulation des médias prend ainsi des sanctions temporaires de « suspension » des organes de presse, ou définitives d' « interdiction de parution de certains journaux ». Ces sanctions qui concernent les organes de presse publics et privés, sont révélées dans les lignes qui suivent.

B. Le règlement des différends pour manquement aux règles éthiques

L'on constate d'emblée que sur vingt-deux (22) affaires examinées en sa 18e session, le 12 septembre 2017,[303] par exemple, le CNC n'a retenu aucune faute contre un (01) seul organe de presse,[304] et prononcé un non-lieu au bénéfice du journal,[305] après avoir constaté un vice de forme imputable au requérant dans la procédure de saisine du CNC.

Le journal *La Nouvelle Expression* a été innocenté dans l'affaire l'opposant à Maître Philip FORSANG NDIKUM. Le plaignant avait été accusé d'avoir falsifié un protocole d'assistance le liant en qualité de Conseil à la Caisse de secours mutuel des anciens employés de la *Cameroon Arlines* (Camair), accusation portant atteinte à son honorabilité.

---

[302]RIVERO (Jean), WALINE (Jean), *Droit administratif*, 15e éd., Paris, Dalloz 1994, p. 302.

[303]*Cameroon Tribune* n° 11438/7637 du 26 septembre 2017, p. 31.

[304]Affaire *Maître Philip FORSANG NDIKUM,* directeur associé du Cabinet NDIKUM contre le journal « LA NOUVELLE EXPRESSION ».

[305]Affaire *HELE Pierre*, ministre de l'Environnement, de la Protection de la nature et du Développement durable contre le journal « L'Eveil Républicain Libre ».

Le Conseil n'a retenu aucune faute contre le journal incriminé, les accusations portées contre le plaignant s'étant avérées fondées et suffisamment compromettantes.

Dans l'affaire du journal *L'Éveil Républicain Libre* à l'issue de laquelle le CNC a prononcé un non-lieu bénéfique au journal incriminé, un ministre de la République avait été accusé d'avoir accaparé des terres des populations Mvog Engolo de Yaoundé II.

Le vice de forme constaté dans la saisine du CNC, imputable au requérant, n'a pas permis de juger cette affaire au fond et de se prononcer sur ces accusations. Celles-ci auraient jeté le discrédit sur ce ministre, si elles étaient établies ou, dans le cas contraire, auraient certainement entraîné la condamnation du journal mis en cause.

Dans tous les autres cas examinés, le Conseil a retenu la responsabilité du journal, de son directeur de publication et de l'auteur de l'article. Nous nous attardons sur quelques affaires qui paraissent significatives, portant notamment sur les malversations financières et la corruption, ainsi que sur les questions de mœurs.

S'agissant des accusations de malversations financières et des faits de corruption, elles visent des personnalités dont l'honorabilité et l'intégrité morale ont été écorchées par certains organes de presse. Ainsi, dans les affaires *Gabriel Bengono*, directeur général de la Société immobilière du Cameroun (SIC) contre les journaux *La Nouvelle* et *La Météo*, le requérant a saisi le CNC contre les organes de presse incriminés, suite à la publication de déclarations non fondées lui imputant des malversations diverses dans la gestion de l'entreprise publique dont il a la charge. Ces accusations portent atteinte à son intégrité morale. La responsabilité de ces organes de presse a été retenue par le Conseil qui a décidé de les suspendre ainsi que leur directeur de publication, pour une durée de trois (3) mois.

Les mêmes accusations de malversations ont été à l'origine de l'affaire Mbatsogo Zacharie, directeur de l'Office du baccalauréat du Cameroun (OBC) contre le journal *La Tornade*. La responsabilité de l'organe de presse, de l'auteur de la publication et du directeur de publication a été établie. Ces accusations non fondées ont valu à ces différents acteurs la sanction de suspension pour une durée de trois (3) mois, de l'exercice de la profession de journaliste au Cameroun.

Le journal *La Primeur de l'Info Plus* a publié des accusations non fondées de détournements de fonds issus du Programme de sécurisation des recettes forestières, à l'encontre de Monsieur NGOLE Philip NGWESSE, ministre des Forêts et de la Faune. Après avoir établi la responsabilité du journal en cause, le Conseil a décidé de le suspendre pour une durée de trois (3) mois, ainsi que son directeur de publication et l'auteur de l'article de presse.

La moralité des élus n'est pas épargnée par la presse. Dans l'affaire *Ngahane Isaac*, député à l'Assemblée nationale, contre le journal *Génération Libre*, cette personnalité a été accusée d'avoir « acheté » son investiture à l'Assemblée nationale en 2013, faits portant atteinte à son intégrité morale. La responsabilité du journal a été établie et le Conseil a décidé de suspendre ledit organe de presse, son directeur de publication et l'auteur de l'article, pour une durée d'un (1) mois de l'exercice de la profession de journaliste au Cameroun.

En ce qui concerne les questions de mœurs, elles portent atteinte à l'image d'une personne. C'est le cas de l'affaire Samuel ETO'O Fils, footballeur professionnel, contre la Station de radiodiffusion sonore « Amplitude FM ». Le Conseil a établi la responsabilité de la radio en cause et adressé respectivement un avertissement à son directeur de publication et suspendu pour une durée de trois (3) mois la diffusion de l'émission « Embouteillage » ainsi que son présentateur, de l'exercice de la profession de journaliste au Cameroun.

Les nombreuses condamnations des organes de presse révèlent l'absence de professionnalisme et la violation des règles éthiques dans l'exercice de leur profession. Il faut noter, à ce sujet, l'humilité de *L'Indépendant de l'Économie*. Cet organe de presse a fait amende honorable en prenant l'engagement de « respecter les exigences professionnelles d'investigation et d'équilibre des informations à publier ». Cette attitude lui a valu le bénéfice des circonstances atténuantes et la sanction légère de l'avertissement a été prononcée à son encontre par le CNC.

L'une des affaires qui a le plus alimenté les débats et choqué les esprits est celle qui a opposé l'homme politique Vincent-Sosthène FOUDA à la chaîne de télévision Vision 4. Le plaignant avait saisi le CNC, suite à la diffusion et le commentaire d'images compromettantes par une journaliste dudit organe de presse dans son reportage réalisé le 15 novembre 2017. L'on rappelle dans la diffusion d'un reportage intitulé

« VSF, un prince nu à Yaoundé », le 23 novembre 2017 à 21 heures, Vision 4 avait exposé la nudité de M. Vincent-Sosthène FOUDA. Le contenu de ces informations a été jugé de nature à porter atteinte à l'éthique et à la déontologie professionnelle en matière de communication sociale, et le CNC a qualifié ce documentaire de « choquant », diffusé de surcroît à une heure de grande écoute. L'organe de presse concerné, ses responsables ainsi que la journaliste auteure du commentaire indécent avaient été suspendus pendant une période de deux (02) mois. Toutes ces accusations offensantes ou insultantes sont jugées, dans l'ensemble, contraires à la morale et à l'éthique. Elles se heurtent au problème fondamental de la preuve, parce que le tout n'est pas d'alléguer un fait, encore faut-il le prouver, en vertu du principe latin *actori incombit probatio*, qui veut qu'il appartient à celui qui allègue un fait, d'en rapporter la preuve. Paul FORIERS a pu écrire, à ce sujet que : *« Nous savons que tout fait, même évident, même constant, n'est pas réputé tel en droit. C'est selon. Son existence dans le discours du droit va être dépendante des contraintes de la preuve. Il existe en effet toute une mécanique de la preuve du fait donnant sa spécificité au système : l'obligation par exemple de prouver dans certains cas selon un certain mode de preuve. Si la preuve d'un fait, pourtant constant, n'est pas rapportée suivant ce mode, le fait, bien qu'objectivement existant, n'existera pas en droit ».*[306]

En d'autres termes, même si les personnalités accusées se sentaient coupables (par la constance des faits relevés), il revenait au journaliste ou à l'organe de presse, accusateurs, de prouver leurs allégations devant l'organe régulateur. La plupart des organes de presse qui ont ainsi été sanctionnés par le Conseil national de la Communication ont ignoré cette exigence juridique fondamentale de la preuve. Ils n'ont pas pu, de ce fait, établir la véracité des faits allégués, portant atteinte à l'intégrité morale des individus et à l'honorabilité de certaines personnalités.

Conclusion du chapitre 2

L'Administration, confrontée aux dérives entravant l'éthique ou la morale professionnelle ne reste pas indifférente. Soucieuse de la préservation de son image et surtout de ses intérêts, elle n'hésite pas,

---

[306]FORIERS (Paul), « Introduction au droit de la preuve », *in La preuve en droit*, Travaux du CNRL, Bruxelles, Bruylant, 1981, p. 9.

par des actes conservatoires, à mettre provisoirement à l'écart les agents sur qui pèsent de lourds soupçons de faute grave, et même de signer « l'arrêt de mort » des fonctionnaires et autres agents publics par la voie de la révocation ou du licenciement, ceux-ci ne méritant plus de sa confiance. Ces cas sont malheureusement nombreux, et révèlent que l'administration camerounaise est gangrénée par la fraude, la corruption et d'autres actes indélicats auxquels se livrent au quotidien les citoyens. Les comportements sanctionnés par l'Administration ne visent pas uniquement les fonctionnaires et autres agents publics. Ils touchent également les secteurs sensibles comme l'éducation, lequel dévoile les fraudes multiples aux examens, en particulier, ainsi que les marchés publics ou la communication sociale. Ces actes illicites n'épargnent pas les élus locaux coupables d'accomplissement d'actes préjudiciables aux intérêts de leurs collectivités et portant atteinte à leur honorabilité. Les citoyens impliqués dans ces multiples procédures ont toute licence de solliciter l'intervention ou de subir éventuellement la répression du juge, garant de l'Etat de droit.

CHAPITRE III

LA SANCTION JURIDICTIONNELLE DES MANQUEMENTS À L'ÉTHIQUE

« Le juge impartial est juste parce qu'il traite de la même façon tous ceux auxquels la même règle est applicable, qu'elles qu'en soient les conséquences. Il est comparable à une balance, à une machine à laquelle toute passion est étrangère : on ne peut ni l'intimider, ni la corrompre, ou l'apitoyer ».

Chaïm PERELMAN, Ethique et droit, 2e éd., 2012, p. 204.

Le juge est un levier important dans la préservation et la répression des comportements contraires à l'éthique. Dans le cadre du droit public, le juge administratif est le principal censeur des actes indélicats. Cette attitude du juge se vérifie dans le traitement de nombreux litiges portés à sa connaissance, dans lesquels il révèle le plus souvent une hardiesse à la hauteur des indélicatesses commises par les particuliers, mais aussi par l'Administration et certains organismes. L'œuvre du juge administratif est immense par le fait que le droit administratif entretient, plus que toute autre matière, des liens étroits avec la société (Section 2). Mais il faudrait, au préalable, s'intéresser à l'action du juge électoral et du juge des comptes. L'œuvre de la Chambre des comptes dans la sanction des dérives éthiques, en particulier, enrichit le nouveau paysage jurisprudentiel du droit public camerounais (Section 1).

SECTION I.- LE RÔLE DES JUGES ÉLECTORAL ET DES COMPTES DANS LA PRÉSERVATION DE LA MORALITÉ

L'activité du juge révèle, dans l'ensemble, sa préoccupation pour la préservation des valeurs morales. En disant le droit, son action vise à moraliser, en même temps, les comportements des acteurs électoraux, et les agissements des gestionnaires des deniers publics. Ces deux types de contentieux nouveaux, par rapport au contentieux administratif classique, présentent la spécificité d'intervenir à un moment précis et significatif de l'histoire politique du Cameroun. Le contentieux électoral, entré en scène dans le droit camerounais au début des années 1990 avec l'ouverture à l'ère démocratique (§ 1), est rejoint par le contentieux des comptes, qui intègre le paysage juridictionnel camerounais au bénéfice de la création de la Chambre des comptes par le constituant du 18 janvier 1996 (§ 2).

§ 1. La caution morale du contentieux électoral

Le contentieux électoral comporte un volet moral, en ce qu'il reçoit les contestations relatives au scrutin et tend à réparer les irrégularités constatées dans le déroulement de l'élection de nature à fausser sa transparence ou sa sincérité.[307] Dans cette entreprise, le Conseil constitutionnel statuant en tant que juge électoral peut aller jusqu'à l'annulation du scrutin. Mais, précise Francis Jérôme WANDJI K., *« cette annulation n'intervient que dans la mesure où les vices ou le nombre de votes douteux auraient pu influencer le résultat de la consultation. De ce point de vue, le juge électoral apparaît comme le gardien de la sincérité et non de la moralité du vote »* (*idem*, p. 97).Le juge électoral sanctionne néanmoins, de façon médiate, les comportements immoraux en mesure d'émailler l'élection. L'on va examiner cette attitude dans la phase des contestations en dehors du prétoire du juge, dans la période des naissances du contentieux électoral à l'ère de l'ouverture démocratique (A), tout en mettant un accent sur l'annulation frauduleuse de l'élection (B).

A. Le contentieux pré-électoral avant le Code électoral de 2012.

Le contentieux des élections au Cameroun n'a pas toujours relevé de la compétence exclusive du juge administratif ou constitutionnel. Avant l'entrée en scène du Code électoral du 19 avril 2012, ce contentieux était réglé, en amont, au sein des commissions départementale et communale de supervision, selon qu'il s'agissait des élections législatives ou municipales, sous l'égide des lois électorales de 1991 et 1992, portant respectivement élection des députés à l'Assemblée nationale, des conseillers municipaux et du président de la République.

---

[307] WANDJI K. (Jérôme Francis), *La justice constitutionnelle au Cameroun*, Paris, Éditions MENAIBUC, 2015, p. 95.

Maurice KAMTO souligne que le contentieux de la campagne électorale, particulièrement celui des faits de campagne électorale tels que la diffamation, a été institué par le législateur dans le but de *« moraliser les comportements des candidats afin d'éviter des campagnes électorales calomnieuses »*, alimentées par les *« bassesses et les attaques personnelles injustifiées ».*[308] Il est ainsi « interdit à tout candidat de porter atteinte à l'honneur ou à la considération d'un concurrent par quelque moyen que ce soit dans un lieu ouvert au public, ou par tout procédé destiné à atteindre le public, en lui imputant directement ou non des faits dont il ne peut rapporter la preuve » (*ibid.*).

Il appartient à la victime des faits diffamatoires de saisir, par requête, la commission départementale ou communale de supervision des élections, laquelle doit statuer sur les faits incriminés, dans un délai de trois (3) mois. Le candidat victime des faits diffamatoires peut obtenir la disqualification du candidat auteur desdits faits. Si ce candidat indélicat est élu avant la décision de la commission, la sentence de ladite instance, s'agissant des élections législatives, est transmise au Bureau de l'Assemblée nationale, seul juge de l'éligibilité de ses membres. Pour les élections municipales, la décision de la commission de supervision est transmise par les soins du préfet du département à la juridiction administrative compétente, dans les dix jours qui suivent la proclamation des résultats, pour disqualification éventuelle du candidat élu (*ibid.*). Ce type de contentieux est peu incisif et réducteur, puisqu'il se limite aux cas d'atteinte à l'intégrité physique et morale des concurrents politiques, comme la diffamation ou la calomnie, même si ces comportements sont contraires à l'éthique. L'intervention du juge est plus déterminante et indispensable pour sanctionner la fraude en matière électorale.

B. La sanction juridictionnelle de l'élection frauduleuse

Il faut rappeler le fondement de la sanction de l'élection avant l'examen de quelques affaires portées à la connaissance du juge.

1. Le fondement de l'annulation de l'élection

Alain-Didier OLINGA déplore que, d'une manière générale, le contentieux concourant directement à l'expression du suffrage des

[308]KAMTO (Maurice), « Le contentieux électoral au Cameroun », *Lex Lata,* n° 020, novembre 1995, p. 9.

électeurs est, au Cameroun, un contentieux de l'annulation.[309] L'auteur soutient que *« c'est une solution de facilité et de paresse, voire de mauvaise foi, de manque de fair-play électoral »*. Cette attitude se justifie par le fait qu'au Cameroun, si tout le monde ne revendique pas la victoire à l'issue du scrutin, « nul n'admet qu'il pouvait perdre sans fraude » (*idem*, p. 42).Cette stratégie extrémiste « du tout ou rien » traduit un manque d'humilité démocratique chez la plupart des acteurs politiques (*ibid.*).

Les comportements indélicats ci-après sont susceptibles de donner lieu à des contestations portées devant le juge de l'élection :

- le vote en vertu d'une inscription frauduleuse, soit sous une fausse identité, soit par les votes multiples ;

- la suppression ou le détournement des suffrages par la propagation des fausses nouvelles, la calomnie ou d'autres manœuvres frauduleuses ;

- le bourrage des urnes ou l'intimidation des électeurs ;

- l'enlèvement frauduleux de l'urne, etc.

Le problème délicat est celui de la preuve que doit produire la partie qui allègue le fait, comme motif de contestation de l'élection, en dépit de ce que la preuve est l'un des obstacles difficilement surmontables par les requérants en matière électorale au Cameroun (*idem*, p. 46). Ce phénomène se justifie par le rôle axial de la preuve en droit et de la difficulté qu'il y a à la rapporter dans le domaine des élections. Des exactions qui choquent la vertu peuvent être incontestables aux yeux de l'opinion ; mais devant le juge électoral, leur véracité doit être établie par des voies de droit.

Alain-Didier OLINGA relève, à ce sujet, que « *[L]a preuve reste le mouroir des requêtes, le niveau d'exigence étant à juste titre particulièrement élevé de la part du juge, même si un équilibre est à trouver entre la traque des fraudes fantasmatiques et la non saisie des fraudes réelles mais dont la preuve peut se révéler délicate à rapporter*».[310] Le constat d'huissier est, par conséquent, d'une

---

[309]OLINGA (Alain-Didier), « Contentieux électoral et État de droit au Cameroun », *Juridis Périodique*, n°41, janvier-février-mars 2000, p. 43.
[310]OLINGA (Alain-Didier), *La constitution de la République du Cameroun*, Yaoundé, Presses de l'UCAC, 2e éd., revue et corrigée, 2013, p. 206.

importance décisive dans cette procédure de la preuve,[311] en vue de la manifestation de la vérité.

La Cour suprême a néanmoins fait preuve de hardiesse en annulant des élections à l'occasion des affaires portées à sa connaissance.

2. Les cas d'annulation des élections

Les irrégularités constatées concernent, dans l'ensemble, la falsification des procès-verbaux et des décomptes de voix, le bourrage des urnes et l'abus de fonctions.

a) La falsification des procès-verbaux et des décomptes des voix

Cette falsification est généralement le fait des autorités administratives. Dans l'affaire de l'*Election législative dans la circonscription électorale du Mayo-Banyo* (CS/CE, arrêt n° 22/CE/96-97 du 03 juin 1997), la Cour suprême a admis, se fondant sur les éléments de preuve produits, qu'*« attendu que le recourant dénonce entre autres la falsification par les autorités administratives du Mayo-Banyo des procès-verbaux de recensement des votes ; attendu qu'il a été produit aux débats des constats d'huissier établissant la véracité de l'ensemble des faits ; attendu par ailleurs que certains griefs ont été corroborés par le contenu du procès-verbal de la Commission départementale de supervision des votes (...) »*. On peut également citer, dans ce registre, l'arrêt du 17 juillet 2002.[312] Claude MOMO souligne, dans ce cas, qu'il a été fait état de falsification des décomptes de voix par les sous-préfets dans le but de parvenir au partage de voix de l'UNDP et du SDF, avec le RDPC. Ainsi, sur 37 procès-verbaux, 36 avaient des chiffres différents de ceux de l'Observatoire national des élections (ONEL), comportant des rajouts de 100 à 200 noms. C'est à cause de cette discordance entre les chiffres issus des procès-verbaux de l'ONEL et ceux transmis par les sous-préfets, que la Cour suprême a jugé ce scrutin irrégulier et décidé de l'annulation de l'élection dans le département de la Mifi.[313]

---

[311]OLINGA (Alain-Didier), « contentieux électoral et Etat de droit au Cameroun », *op. cit.*, p. 46.
[312]CS/CE 17 juillet 2002, SDF et UNDP c/Etat du Cameroun (MINAT).
[313]MOMO (Claude), « De la justice électorale au Cameroun », *Revue camerounaise de droit et de science politique*, n° 1, juin 2005, p. 191.

Ce motif de falsification des procès-verbaux de recensement des votes, a été le « sport préféré » de plusieurs sous-préfets, cheville ouvrière de la fraude électorale, il y a encore quelques années. Ces comportements contraires à l'hygiène morale avaient cours à l'époque où les élections étaient organisées par l'Administration.

b) Le bourrage des urnes et les électeurs fictifs

L'affaire de la *circonscription du Ndé*[314]est éclairante sur la pratique du bourrage des urnes, qui avait fait le lit de la fraude électorale, avant l'institution des urnes transparentes. Dans cette affaire, le *Social Democratic Front (SDF)* avait sollicité l'annulation de l'élection en invoquant, entre autres griefs, le bourrage des urnes et la participation au scrutin des électeurs fictifs et clandestins. Toutes les preuves fournies par ce parti politique n'ont pas emporté la conviction du juge et l'attitude de cette autorité est compréhensible. En effet, une photocopie d'un journal comportant une étude statistique, ainsi que deux photocopies de pièces dont l'une relative aux opérations du scrutin dans un arrondissement de la circonscription électorale, et l'autre donnant la liste des représentants du SDF dans les bureaux de vote, n'ont pas semblé pertinentes pour constituer des éléments probants de nature à emporter la conviction du juge administratif. Sa démarche est donc cohérente, car les photocopies des documents suscités sont insuffisantes pour établir la fraude alléguée.

Le juge en a décidé qu' *«... qu'en l'absence d'autres pièces à conviction, l'on ne saurait attribuer à ces documents la valeur de preuves irréfutables »*.

En revanche, dans d'autres circonstances, des preuves fournies à l'audience, la lettre du préfet du département du Ndé et les constats d'huissier établissant l'implantation des bureaux de vote dans les zones inhabitées, en l'occurrence les plantations du sieur TCHANKEU Pierre, maire RDPC de Bazou (...), ne pouvaient qu'entraîner la conviction de la juridiction administrative. L'implantation ou la délocalisation des bureaux de vote dans des lieux insolites, y compris dans les domiciles privés était une pratique courante entretenue par des élites politiques, comportant le risque de provoquer des troubles sociaux. Narcisse MOUELLE KOMBI rappelle une affaire qui s'est déroulée dans la localité de Bafoussam rural, dans laquelle le chef supérieur avait installé

[314]Arrêt n° 46/CE/96-17, 03 juin 1997, *Circonscription électorale du Ndé.*

un bureau de vote clandestin dans l'une des chambres de la chefferie, avant de se réfugier dans la forêt sacrée (interdite d'accès à ses sujets) avec une urne dont le dépouillement avait « très opportunément » donné le RDPC vainqueur avec 299 voix, contre 9 pour le SDF …[315]

Il faut admettre que ces comportements ridicules, fortement « conflictogènes », n'ont heureusement plus cours de nos jours dans le jeu électoral camerounais, surtout depuis l'institution des urnes transparentes dans le système électoral, comme signalé plus haut.

c) L'abus de fonctions et d'autres irrégularités

Certaines autorités administratives profitent de leurs positions pour commettre des forfaits, en matière électorale, sans mesurer les conséquences de ces actes sur la paix sociale. Cette attitude desdites autorités est condamnée par l'article 40 du Code pénal camerounais.[316]Avec l'arrêt UNDP et SDF[317]dans le département de la Sanaga maritime, les autorités administratives avaient confisqué les listes électorales, ce malgré l'injonction du ministère de tutelle et l'instruction de l'ONEL sur la publication des listes. Cette attitude de l'autorité administrative, empreinte d'arrogance, a été sanctionnée par la commission départementale de supervision des élections dans ladite circonscription, présidée par le président du tribunal de grande instance, qui avait ordonné la radiation des listes électorales de tous les inscrits tardifs.[318] Claude MOMO justifie la décision d'annulation de ce scrutin dans cette circonscription, au motif que *« [L]e procureur général a estimé que pour la crédibilité de l'élection, le refus d'obtempérer à la décision de l'autorité judiciaire…et à l'autorité de l'ONEL… encourait l'annulation »* (*ibid.*).

---

[315]CS/CA 26 septembre 1996, *SDF (Social Democratic Front)* c/État du Cameroun. Lire *La démocratie dans la réalité camerounaise*, *op. cit.*, p. 216, note 6. Cette affaire se déroule avant l'institution des urnes transparentes au Cameroun, et on peut se demander pourquoi le chef supérieur avait adopté une telle attitude en se réfugiant dans la forêt sacrée, s'il n'était pas convaincu que l'urne querellée avait été bourrée. Il est fort probable que ladite urne ait été bourrée dans la chambre en question, ce qui était un agissement manifestement frauduleux et moralement répréhensible, en plus de l'attitude partiale du chef traditionnel, contraire à l'éthique.

[316]Loi n° 2016/007 du 12 juillet 2016 portant Code pénal.

[317]CS/CE 17 juillet 2002, *SDF et UNDP* c/ Etat du Cameroun (MINAT).

[318]MOMO (Claude), « De la justice électorale au Cameroun », *op. cit.* p. 191.

La Cour suprême a par ailleurs annulé les élections législatives dans la circonscription de Kumba-urbain,[319] motif pris de ce qu'elles avaient été émaillées d'incidents graves, les violences ayant entraîné la destruction des procès-verbaux, alors que, précise Alain-Didier OLINGA, *« [L]e vote doit se dérouler en secret et en toute sécurité, les actes de violence étant susceptibles d'altérer sa sincérité ».*[320] Claude MOMO a jugé à ce sujet l'attitude du juge électoral hardie, puisque, dans une affaire semblable, rendue le même jour, il a souligné que les violences et incidents relevaient de la justice pénale.[321]

Les gestionnaires indélicats se heurtent également à la sentence de la Chambre des comptes.

§ 2. La Chambre des comptes et la lutte contre la mauvaise gestion des fonds publics.

L'une des sources fondamentales de l'éthique publique au Cameroun réside dans la création par la Constitution, de la Chambre des comptes, qui constitue une des innovations majeures du nouveau paysage constitutionnel camerounais, issu de la révision de la loi fondamentale du 18 janvier 1996. Les détournements de deniers publics et autres indélicatesses reprochés aux gestionnaires de crédits ont largement justifié la création de cette institution. La Chambre des comptes a pour missions de contrôler et statuer sur les comptes publics et ceux des entreprises publiques et parapubliques.[322] Elle veille ainsi à la légalité de la dépense publique.

Sous ce sceau, la Chambre des comptes a rendu plusieurs décisions qui dévoilent sa lutte contre les déviances éthiques dans la gestion des fonds publics. Les irrégularités constatées et sanctionnées comme telles se fondent, pour la plupart, sur l'absence de base juridique. Il faut préciser que ce motif qui a entraîné des fautes de gestion des ordonnateurs n'a pas forcément un lien avec les règles de la morale, puisqu'il ne révèle pas l'intention malveillante du gestionnaire de crédits. Si l'ignorance des règles et procédures de gestion des finances publiques expose

[319]CS/CE 17 juillet 2002, RDPC et UNDP c/Etat du Camerounais (MINAT).
[320]OLINGA (Alain-Didier), *La Constitution de la République du Cameroun*, *op. cit.*, p. 204.
[321]MOMO (Claude), *op. cit.*, p. 193. Il s'agit de l'arrêt CS/CE 17 juillet 2002, *SDF, MDP et UNDP* c/ État du Cameroun (MINAT).
[322]Article 41 de la loi n° 96/06 du 18 janvier 1996 portant révision de la Constitution du 02 juin 1972.

l'ordonnateur ou le gestionnaire aux fautes de gestion, les motifs retenus par le juge des comptes font ressortir clairement les forfaits commis par les mis en cause, constitutifs de violations des règles éthiques.

Les faits observés se rapportent généralement à la gestion des collectivités territoriales décentralisées et à celle des victimes des détournements des fonds (A). Ils concernent aussi les établissements publics (B).

A. La distraction des fonds des collectivités territoriales décentralisées

La distraction des fonds des collectivités territoriales décentralisées par le biais des détournements est récurrente au Cameroun. Elle prend une forme plus subtile avec la gestion de fait.

1. La sanction des détournements des deniers publics

Les détournements de fonds sont reprochés à plusieurs gestionnaires de crédits des collectivités territoriales décentralisées au Cameroun. Certains cas peuvent être signalés. Le maire de la commune rurale de Ndop, dans la région du Nord-ouest, avait ordonné le déblocage et perçu une somme d'argent pour la réparation de son véhicule, alors que celui-ci n'avait pas été endommagé. Cet argent avait donc été détourné, à d'autres fins. Appelé à statuer sur ladite cause, la Chambre des comptes a établi le détournement de fonds[323]lié au dépannage du véhicule du maire.

L'auguste chambre décida qu' : *« Attendu que c'est le Maire qui a perçu les 150 000 F à la caisse et non le mécanicien et qu'aucune preuve de versement de cet argent à un quelconque mécanicien n'est rapportée ; Attendu que rien ne prouve que le véhicule a été endommagé ou même qu'un quelconque mécanicien a travaillé sur ledit véhicule ;*

Attendu que cette opération ressemble étrangement à une remise pure et simple des fonds au maire alors que le véhicule en question n'est qu'un prétexte, ledit véhicule n'étant même pas identifié ;

Attendu que les arguments avancés par le Receveur Municipal sont légers et ne sauraient le dédouaner ; qu'il y a lieu de le constituer

---

[323]Arrêt n° 01/CSC/CDC/S2 du 5 juin 2008, *Compte de gestion de la commune rurale de Ndop*.

débiteur envers la commune de NDOP pour la somme de 150 000 francs. En conséquence, Monsieur AYONG Moses est constitué débiteur envers la commune de NDOP d'un montant de 150.000 FCFA».

La décision cohérente du juge des comptes se fonde sur le fait que le maire de la commune rurale de Ndop n'a pas pu rapporter la preuve que la somme d'argent débloquée avait été remise au mécanicien en vue de la réparation de son véhicule. Il s'agissait d'un prétexte, d'une dissimulation, étant donné que le véhicule en question était fictif, n'ayant pas été identifié. En revanche, c'est le receveur municipal, le sieur AYONG Moses, qui a payé de sa naïveté.

Le même motif de détournement de fonds a été retenu à l'encontre de ce maire, s'agissant de l'équipement de son logement, pour lequel le receveur municipal avait remis au maire la somme de 7 000 000 Fcfa. Le juge a constaté, avec désolation et amertume, qu' *« il n'est même pas prouvé que le maire a acquis un seul meuble avec cet argent (...) ».* N'ayant pas présenté d'arguments convaincants pour sa défense, le juge des comptes en a conclu *« que cette manière de faire ressemble probablement à un détournement voilé de fonds publics ».*[324]

Les faits évoqués et réprimés par le juge des comptes sont révélateurs d'un élu local qui sacrifie le développement de sa collectivité et le bien-être de ses populations au profit de ses intérêts égoïstes. Ce comportement du maire de la commune rurale de Ndop est décevant et traduit sa mauvaise foi, puisqu'il s'acharne sur les maigres ressources de sa commune pour s'enrichir. M. ROUSSIGNOL rappelle, pourtant, qu'*« on attend d'un élu local qu'il soit aussi un gestionnaire capable de concevoir un programme réaliste, de diriger une équipe administrative et technique et de gérer un budget dans le respect de la loi ».*[325]

---

[324]SIETCHOUA DJUITCHOKO (Célestin), « Contrôle de la motivation des actes unilatéraux au Cameroun », *Revue juridique et politique*, n° 2, 2014, p. 221.

[325]ROUSSIGNOL (J.-M.), « Quelle contribution possible à la réussite de la décentralisation en Afrique ? », Information et documents, n° 6, Institut international d'administration publique, 1990, p. 298, cité par PEKASSA NDAM (Gérard), « La cessation anticipée de fonctions des organes municipaux au Cameroun », *in Regards sur droit public en Afrique*, *op. cit.*, pp. 260-261.

Le détournement de deniers publics a également été sanctionné dans la gestion de la commune de Bertoua.[326] En effet, par son injonction de reversement n° 4 portant comptabilisation d'une dépense sur plusieurs exercices, la Chambre des comptes a demandé à Monsieur ABOUBAKAR KOMBO de reverser à la caisse de la commune la somme de 10. 971. 811 francs CFA représentant le total des mandats payés à tort. La Chambre des comptes a observé que ces dépenses, comptabilisées au cours des exercices 2000 et 2001 ainsi que l'indiquent les références d'écritures au livre journal de caisse et reprises en comptabilité au cours de l'exercice 2006, ont gonflé les dépenses propres de cet exercice en diminuant son solde, en conséquence.

Célestin SIETCHOUA DJUITCHOKO a souligné que la finalité de cette manœuvre de report irrégulier des écritures comptables était « le camouflage du déficit du compte, c'est-à-dire l'occultation des écarts en moins pouvant exister entre les prévisions et les réalisations du budget au titre d'un exercice ».[327] La Chambre des comptes a par conséquent condamné cette pratique, en décidant qu'elle : *« n'est plus ou moins qu'une manœuvre du receveur municipal visant à détourner les deniers publics à son propre profit en masquant la réalité avec de vieux mandats payés il y a longtemps »*. La responsabilité personnelle et pécuniaire de l'auteur du forfait a été par conséquent engagée et la Chambre des comptes l'a constitué débiteur envers la commune urbaine de Bertoua de la somme de 10.971.811 francs CFA.

2. La question particulière de la gestion de fait

Il n'est par ailleurs pas superflu de se demander en quoi la gestion de fait au sein d'une structure administrative peut avoir un lien avec la moralité professionnelle. La gestion des communes justifie une telle interrogation. Dans l'affaire de la *Commune rurale de Mogode*,[328] la Chambre des comptes, après avoir rappelé les dispositions de l'article 6 de la loi n° 2003/005 du 21 avril 2003 fixant les attributions, l'organisation et le fonctionnement de la Chambre des comptes de la

[326]Arrêt n° 74/AD/CSC/CDC/S2/CVA du 06 septembre 2012, *Compte de gestion de la commune urbaine de Bertoua*, Exercices 2004, 2005 et 2006.
[327]SIETCOUA DJUITCHOKO (Célestin), *La Chambre des comptes de la Cour suprême au Cameroun*, Les Éditions Le Kilimandjaro (EDKL), 1e éd., 2016, p. 290.
[328]Arrêt n° 78/AD/CSC/CDC/S2 du 06 juin 2012, *Compte de gestion de la commune rurale de Mogode*, Exercice 2005.

Cour suprême,[329] a révélé« ...qu'il résulte des pièces du dossier de procédure que le sieur X, maire de la commune de Mogode, sans être comptable ou préposé aux comptes a manipulé la somme de 1. 500 000 FCFA ». Cet argent qui avait été débloqué pour la location des véhicules n'a pas été utilisé à cette fin et le maire n'a produit aucun compte d'emploi afférent aux dépenses effectuées. Célestin SIETCHOUA DJUITCHOKO soutient que *« l'extraction irrégulière des fonds des caisses publiques »* est un des éléments constitutifs de la gestion de fait.[330]

D'une part, ladite extraction est favorisée par le mandat fictif émis par l'ordonnateur et présenté effectivement à la caisse publique en vue du paiement, comme tout mandat de paiement dans le circuit de la dépense publique. Ce mandat, poursuit Célestin SIETCHOUA DJUITCHOKO, en apparence régulier, comporte des mentions ou des certifications fallacieuses ou est appuyé de pièces justificatives mensongères et, de ce fait, provoque l'extraction irrégulière des fonds qui reçoivent ainsi une affectation différente de celle annoncée dans ledit mandat (*op.cit.*, p. 398).

D'autre part, à ce mandat fictif, s'ajoute la participation à la fraude mettant à contribution, de façon décisive, les personnes sans lesquelles le mandat fictif en cause n'aurait jamais existé. Cette situation s'apparente à celle du maire de Mogode qui s'est fait remettre les fonds par le comptable sans pièces justificatives, ni compte d'emploi (*idem*, p. 400). Son comportement est frauduleux dans la mesure où, sans autorisation légale, il s'est ingéré dans le maniement des deniers publics, au moyen d'un mandat de paiement fictif (*ibid.*). Le détournement des fonds des établissements publics s'inscrit dans la même logique de fraude.

---

[329]Ce texte dispose qu'est comptable de fait « toute personne qui, n'ayant pas la qualité de comptable ou n'agissant pas en cette qualité, s'ingère dans les opérations de recettes, de dépenses, de maniement de valeurs de deniers publics, ceux réglementés ou non réglementés, ainsi que ceux des établissements publics et des entreprises du secteur public ou parapublic ».

[330]SIETCHOUA DJUITCHOKO (Célestin), *La Chambre des comptes de la Cour suprême du Cameroun*, *op.cit.*, p. 396.

B. La sanction du détournement des fonds des établissements publics.

La pertinence et la cohérence des documents financiers et comptables constituent une garantie essentielle de bonne gestion de l'organisme public. Ces éléments sont opposables à tout gestionnaire de crédits ou comptable public, qui aurait des velléités de détournement des fonds publics. Ces précautions n'ont malheureusement pas été prises dans la gestion financière d'un établissement public hospitalier.

La Chambre des comptes avait enjoint l'agent comptable du Centre hospitalier et universitaire de Yaoundé (CHUY)[331]de reverser la somme de 3 600 000 francs CFA représentant les frais de mission payés en double au directeur général du CHUY, alors que les feuilles de déplacement n'étaient pas visées au départ et au retour par la police des frontières. La réponse fournie par l'agent comptable avait été partiellement satisfaisante, car elle ne concernait pas l'injonction n° 1, mais plutôt celle portant sur le voyage du directeur général à Boston, aux Etats-Unis (injonction n° 14). La Chambre des comptes a par conséquent accédé à la première injonction relative à la justification du paiement de 2 600 000 francs CFA. Toutefois, pour ce qui est de la somme de 1 000 000francs CFA, représentant la différence entre la somme de 3 600 000 et 2 600 000 francs CFA, il a été avéré que l'ordre de paiement de cet argent avait été touché le 25 avril 2005 à la caisse par un tiers, alors que le directeur général était absent du Cameroun

Compte tenu de cette irrégularité constatée dans sa gestion, la Chambre des comptes a constitué l'agent comptable débiteur envers le CHUY d'un montant de 1.000 000 Francs CFA payé en double et sans pièces justificatives propres. On comprend pourquoi cet ordre de paiement a été taxé par Célestin SIETCHOUA DJUITCHOKO de « faux » et « rejeté sans ménagement » par la Chambre des comptes, en le privant de tout effet probant.[332]

En ce qui concerne la production de faux documents, la Chambre des comptes a exprimé des doutes sur l'effectivité des congés de l'exercice 2004 du sieur Coulibaly BOUDOU et sa famille, de Garoua à

---

[331]Arrêt n° 23/AD/CSC/CDC/S3/12 du 21 novembre 2012, *Compte de gestion du Centre Hospitalier et Universitaire de Yaoundé* (CHUY), Exercices 2004 et 2005.
[332]SIETCHOUA DJUITCHOKO (Célestin), *La Chambre des comptes de la Cour suprême au Cameroun, op. cit.*, p. 281.

Yaoundé.[333] Le juge, après avoir observé un changement de destination, *« la province du Centre ayant curieusement remplacé la province du Nord »* dans les documents, a déclaré qu' « attendu qu'à l'analyse, l'autre copie de la décision de congé produite par l'agent comptable peut être qualifiée de fausse et que dès lors, l'effectivité du déplacement reste toujours contestable ».

Le congé du sieur Coulibaly BOUDOU était donc fictif, dans le but de lui permettre de bénéficier indûment des frais y afférents. Les explications fournies par l'agent comptable n'ont pas emporté l'adhésion de la Chambre des comptes. Sa responsabilité a été engagée et le juge des comptes l'a constitué débiteur envers l'Office céréalier, d'un montant de 1. 000 800 francs CFA.

La distraction des deniers publics a également été sanctionnée par la Chambre des comptes à la suite du constat de livraisons fictives à l'Hôpital Général de Yaoundé. Dans l'arrêt Compte de gestion de l'Hôpital Général de Yaoundé, Exercice 2004 (CSC/CDC/S3, arrêt du 18 février 2009), l'agent comptable de cet hôpital avait procédé à des dépenses sans justification de service fait, violant ainsi une règle classique de gestion budgétaire et financière.

Le juge des comptes a sanctionné ce comportement frauduleux en décidant, qu' *« [A]ttendu que tout laisse penser qu'il s'agit des livraisons fictives pour distribuer les deniers publics ».*[334] Il y aurait donc eu des complicités entre le mis en cause et l'Agence comptable de l'Hôpital général de Yaoundé. C'est davantage en matière administrative que l'œuvre jurisprudentielle du juge administratif s'illustre par son ampleur, sa densité et sa fertilité, relativement à la morale et à la question éthique.

SECTION II.- LE JUGE ADMINISTRATIF, GARANT DU RESPECT DES RÈGLES ÉTHIQUES

L'œuvre du droit administratif est immense dans la répression des comportements déviants des justiciables, qu'il s'agisse des particuliers

---

[333] Arrêt n° 4/P/CDC/S3 du 26 février 2008, *Compte de l'Office Céréalier*.

[334] SIETCHOUA DJUITCHOKO (Célestin), « Le contrôle de la motivation des actes unilatéraux… », art. pécité, pp. 214-215.

ou de l'Administration elle-même. Le contentieux examiné ici concerne les matières autres que le contentieux électoral relevant de la Chambre administrative, et la densité du contentieux s'explique par le fait que le droit administratif touche à la quasi-totalité des pans de la société et constitue le reflet de l'environnement dans lequel il est profondément ancré. Cette réalité justifie la fertilité du contentieux administratif camerounais sur les questions morales et éthiques. Les comportements contraires à l'éthique sont par conséquent réprimés par le juge administratif en cas de fraude et autres indélicatesses commises (§ 1), d'agissements incompatibles avec le service public (§ 2), et de malversations financières (§ 3). Une attention est accordée à la sanction aux atteintes à la propriété foncière, qui prennent de l'ampleur dans le contexte camerounais (§ 4).

§ 1. La sanction des actes de fraude et autres indélicatesses

Les comportements réprimés sont nombreux. Ils concernent la production des faux actes de carrière et la complicité de fraude dans les concours administratifs (A), l'attitude malveillante de l'Administration (B) ainsi que les faits de corruption et d'escroquerie. L'attitude du juge administratif dans la répression de certains actes de corruption n'est pas à l'abri de la critique (C).

A. La répression des comportements illicites dans la production des faux actes de carrière et la fraude dans les concours administratifs

La fraude est sanctionnée sans ménagement par le juge administratif, appelé à se prononcer sur les différentes affaires consécutives à la prise des actes administratifs à l'encontre des fonctionnaires indélicats. Sont ainsi visés les agents détenant et faisant usage des faux actes de carrière ainsi que ceux coupables de complicité aux concours administratifs.

1. La sanction par le juge de la détention des faux actes de carrière

Les faux actes de carrière circulent au sein de l'administration camerounaise et bénéficient indûment aux fonctionnaires qui se font délivrer lesdits actes, le plus souvent avec la complicité des agents administratifs. Les développements consacrés à cette question (voir Deuxième partie, chap. I, section 2) ont révélé le nombre suffisamment élevé de faux actes de carrière ainsi que la détermination des pouvoirs publics à combattre ces agissements, par les sanctions de révocation ou de licenciement. Une de ces mesures prise par le ministre de la Fonction publique a été contestée devant le juge administratif par un fonctionnaire des Douanes (CS/CA, jugement du 13 avril 2011, *Yennyemb Ngena*).

Le sieur YENNYEMB NGENA, adjudant des douanes a été « révoqué de la fonction publique pour détention et usage d'un faux acte de gestion de sa carrière administrative ». Jacques BIPELE KEMFOUEDIO rappelle qu'il s'agit d'une faute extra-professionnelle, en ce qu'il est reproché à ce fonctionnaire d'avoir fabriqué un faux acte de carrière pour faciliter son avancement professionnel, comportement qui mettrait en cause l'éthique et la déontologie professionnelles.[335] Les moyens développés par le mis en cause, s'agissant de l'absence de motivation de l'acte attaqué ou le non-respect du principe *non bis in idem* (qui interdit à l'Administration de sanctionner un fonctionnaire deux fois pour les mêmes faits) se sont révélés fallacieux et inopérants devant le juge administratif, lequel a rejeté son recours en annulation de la décision prise à son encontre.

2. La complicité de fraude aux concours administratifs

L'on a été habitué au Cameroun à la fraude des candidats lors des concours administratifs, mais on avait rarement observé une situation de complicité de fraude impliquant un haut commis de l'État, un préfet, de surcroît. L'affaire *Keyanfé Jean Robert* (CS/CA, jugement du 26 avril 1979) nous donne l'occasion de suivre le juge administratif dans une démarche cohérente. Les faits de la cause vont être brièvement résumés dans le but de comprendre cette affaire dans laquelle le juge administratif s'est montré particulièrement hardi.

Le sieur KEYANFÉ, préfet du département de la Kadei dans la région de l'Est, avait été condamné à 18 mois d'emprisonnement ferme avec quatre autres fonctionnaires, par le jugement n° 491/68-69 du 28 août 1969, pour complicité de fraude au concours organisé à Batouri, le 19 janvier 1968, en vue du recrutement de 30 commis d'administration. Il sera révoqué de la Fonction publique par un décret du 29 décembre 1969 à la suite d'une correspondance du Premier ministre du Cameroun oriental en date du 12 novembre 1969. Il se trouve cependant que, deux jours avant la correspondance du Premier ministre, intervient la loi n°

[335]BIPELE KEMFOUEDIO (Jacques), note sous CS/CA, 13 avril 2011, *Yennyemb Ngena*, *Juridis périodique*, n° 115, juillet-août-septembre 2018, p.79.

69/LF/11 du 10 novembre 1969 portant amnistie à l'occasion du 10e anniversaire de l'indépendance du Cameroun. Le décret le révoquant est logiquement annulé et le sieur KEYANFÉ est réintégré dans ses fonctions. Il est par la suite suspendu desdites fonctions et traduit devant le conseil de discipline pour les faits amnistiés puisque, comme le précise le juge administratif, « l'amnistie n'empêche pas les faits de subsister matériellement ». La culpabilité du mis en cause a été établie et il a, à nouveau, été révoqué de la Fonction publique, par le décret n° 71/05/COR du 20 janvier 1971. C'est cet acte que le sieur KEYANFÉ conteste devant le juge administratif et sollicite son annulation pour excès de pouvoir.

Les arguments présentés par le mis en cause n'ont pas retenu l'attention de la juridiction administrative, laquelle justifie la décision de révocation en ces termes : *« Considérant qu'il appert du dossier que l'existence matérielle de la complicité de fraude dont s'est rendu coupable Keyanfé a été démontré par le tribunal correctionnel d'Abong-Mbang dans son jugement n° 491/68-69 du 28 août 1969 devenu définitif ; que c'est sur la matérialité des faits que l'administration s'est basée pour prendre son acte de révocation et non sur la condamnation amnistiée ».*

Le juge précise que la loi d'amnistie efface la peine, mais pas les faits qui subsistent. Par ailleurs, *« il (le sieur KEYANFÉ) a été révoqué en vertu des dispositions de l'article 20 de la loi du 4 décembre 1968 (portant Statut général des fonctionnaires de l'État fédéré du Cameroun oriental), ayant perdu, de par sa condamnation, sa bonne moralité ».* Le juge en conclut que, *« [C]onsidérant que dans le cas d'espèce, la matérialité des faits a été établie par la juridiction pénale dont la décision n'a pas été attaquée par Keyanfé qui y a ainsi expressément acquiescé ; qu'il va de soi que, commet une faute grave, de nature à justifier sa révocation, le Préfet qui favorise une fraude lors d'un concours administratif, alors que ce haut représentant du gouvernement dans un département avait pour mission de veiller au bon déroulement dudit concours ».*

Le juge administratif ne pouvait être plus clair. Il a rappelé que le principe de légalité exigeait la soumission des différents acteurs à la loi, quelle que soit la place qu'ils occupent dans la hiérarchie administrative. En outre, le fait qu'un préfet se rende coupable des faits de complicité de fraude dans un concours administratif alors qu'en sa qualité de représentant du gouvernement il lui incombait de veiller au bon déroulement du concours, est hautement répréhensible et devrait constituer une circonstance aggravante. Le préfet KEYANFÉ l'aura appris à ses dépens, pour avoir été moralement disqualifié par le juge administratif. Son comportement indélicat justifie l'attitude malveillante de l'Administration, dans certains cas.

B. La répression du comportement malveillant de l'Administration

L'attitude de l'Administration n'est pas toujours objective et il lui arrive de révéler sa partialité dans le règlement des litiges. Le juge administratif sanctionne de ce fait les actes de favoritisme, mais vérifie également l'intention malicieuse de l'Administration dans la gestion de la carrière des fonctionnaires.

1. La sanction du favoritisme, constitutif du détournement de pouvoir

Le détournement de pouvoir peut cacher une intention de nuire de l'Administration, laquelle accable l'agent d'un motif ne se justifiant pas dans la réalité. Le juge administratif procède alors à la qualification des faits, pour voir si le comportement reproché à l'agent est de nature à fonder la sanction prononcée contre lui. L'attitude de favoritisme peut aussi établir un détournement de pouvoir. Il revient alors au juge de déceler l'intention malveillante de l'Administration, dans ce cas.

Le favoritisme est considéré comme une « tendance à accorder des avantages par faveur, au mépris de la règle ou du mérite ».[336] Il se fait au mépris du mérite ou de la règle établie et entretient, de ce fait, des relations avec le principe de légalité et même de l'égalité devant le service public. L'infraction du favoritisme est réprimée par le Code pénal camerounais et concerne les fonctionnaires (art. 143). La question qui se pose est de savoir dans quelle mesure un acte de favoritisme de l'Administration peut être constitutif d'un détournement de pouvoir et connaître la sanction du juge, pour excès de pouvoir. C'est à ce niveau que ladite mesure entretient un lien avec la moralité et l'éthique.

Plusieurs décisions rendues par le juge administratif traduisent la volonté pour cette autorité de rappeler à l'Administration son obligation de respecter sa propre « loi » et de traiter de façon égalitaire les citoyens. La première décision illustrant notre propos est le jugement Société

[336] *Dictionnaire Universel*, 4e éd., Paris, Hachette/EDICEF, 1995, p. 474.

"Assureurs-Conseils Franco-Africains" » (CS/CA, 25 septembre 1980, *ACFRA*). Ladite société avait introduit un recours tendant à l'annulation de la décision contenue dans la lettre n° 1203/MINFI du 26 octobre 1979 du ministre des Finances lui retirant son agrément pour gérer le portefeuille de courtage d'assurances, à la demande d'une compagnie concurrente de la place, la Société camerounaise d'assurances et de réassurances (SOCAR). La société ACFRA estime que la décision du ministre des Finances est constitutive d'un excès de pouvoir, dans la mesure où elle a été prise en violation des dispositions de l'arrêté n° 358/MINFI/CE du 17 décembre 1973 portant réglementation de la profession d'intermédiaire d'assurances. Ladite décision tendait à favoriser la SOCAR, prétendant que la société ACFRA constituait une menace pour son portefeuille en plaçant des affaires auprès d'autres compagnies.

La décision querellée avait été jugée doublement illégale : d'une part, elle traitait de façon inégalitaire deux compagnies d'assurances, en favorisant une au détriment de l'autre. D'autre part, elle avait été prise en violation de la « loi », en l'occurrence, l'arrêté du 17 décembre 1973 susmentionnée. Ce détournement de pouvoir est justifié par le fait que l'administration des Finances a exercé un pouvoir dans un but autre que celui que lui conférait la loi. C'est avec juste raison que Salomon BILONG a trouvé cette attitude de l'administration des Finances « grossière », puisque *« [L]a motivation de sa décision cache mal, sous le couvert fallacieux de combattre le danger de déstabilisation de l'activité des assurances au Cameroun et les menaces contre le développement économique du pays, la volonté manifeste de favoriser une structure concurrente, traduisant ainsi un détournement de pouvoir patent ».*[337]

Le commentaire que fait Salomon BILONG dévoile une administration partiale (le ministère des Finances), voulant favoriser un partenaire sur le marché concurrentiel des assurances, au détriment d'une autre compagnie, en lui retirant abusivement son agrément pour la gestion du portefeuille de courtage d'assurances et se rendant ainsi coupable d'un détournement de pouvoir. C'est cette attitude de l'Administration qui a justifié qu'elle succombe dans l'instance.

[337]Lire les obs. sous CS/CA n° 62/79/80 du 25 septembre 1980, *Société ACFRA*, in *Mémento de la jurisprudence administrative du Cameroun*, Presses Universitaires de Dschang, 1ère édition, 2014, p. 301.

Cette intention de l'Administration consistant à favoriser un tiers a été décelée dans l'arrêt *Ono Ngafor* (CS/AP, 16 août 1990), concernant l'arbitrage d'un titre foncier. La décision querellée avait été prise par le préfet du département de la Mezam, non pour des motifs de maintien de l'ordre, mais pour un motif déguisé, dans le but de favoriser un tiers dans l'arbitrage d'un titre foncier, obtenu dans la régularité, par le requérant. Dans un cas comme dans l'autre, l'objectivité et l'impartialité de l'Administration sont compromises, malgré la pertinence des propos de Célestin KEUTCHA, soulignant que la preuve du détournement de pouvoir n'est pas facile à rapporter, cette illégalité étant subjective. Il s'agit, en fait, opine-t-il « d'un contrôle de la moralité administrative » dans lequel le juge vérifie les intentions de l'auteur de l'acte ainsi que le but en vue duquel l'autorité administrative a agi.[338]L'intention malicieuse et partiale de l'Administration, contraire à l'éthique, a été clairement établie dans ces deux affaires.

2. Le contrôle de l'intention malveillante de l'Administration dans la gestion de la carrière d'un fonctionnaire

L'intention malveillante de l'Administration peut révéler sa volonté de nuire à un fonctionnaire, pour des desseins inavoués. Déféré devant le conseil de discipline, cette instance devait dire si le comportement et la manière de servir du sieur ELOUNA Jean Marie[339]prouvaient qu'il faisait « preuve d'une insuffisance professionnelle notoire dans l'exercice de ses fonctions » et, dans l'affirmative, le mettre à la retraite ou le licencier, conformément à la réglementation.

Le Tribunal d'État rejette l'argument du représentant de l'État, car le requérant ne devait pas être révoqué, mais plutôt, appelé à faire valoir ses droits à la retraite ou être licencié. Il décide que *« l'autorité chargée du pouvoir de nomination...ne pouvait...sans excéder ses pouvoirs et violer les droits de la défense, prononcer contre le requérant une des sanctions disciplinaires prévues par l'article 64 puisque le sieur Elouna n'avait pas été appelé à se défendre devant ledit conseil à propos des faits déterminés à son encontre[justifiant] l'application d'une sanction disciplinaire qui est de nature totalement différente des mesures prévues par l'article 120 ».*

---

[338]KEUTCHA TCHAPNGA (Célestin), *Les grandes décisions annotées de la jurisprudence administrative du Cameroun*, 1e éd., Paris, L'Harmattan, 2017, p. 191.
[339]T.E., arrêt du 08 mars 1963, *Elouna Jean Marie* c/ État du Cameroun.

Commentant cette décision, Salomon BILONG fait valoir que celle-ci *« donne l'occasion au juge de mettre à nu et de faire échec aux pratiques mesquines d'une administration malveillante, relativement à l'obligation de communication du dossier disciplinaire ».*[340] L'auteur dénonce une communication incomplète du dossier qui, à ses yeux, est un « faux semblant », avec pour conséquence de faire de la décision de l'Administration une forme dissimulée de détournement de pouvoir (*idem*, p. 66). Ses propos sont peut-être sévères à l'endroit de l'Administration, mais ils traduisent la réalité d'une administration qui, parfois, use de son pouvoir pour justifier son action, trahissant ainsi l'objectivité attendue d'elle. Son action peut donc avoir un lien avec la moralité, signalée plus haut par Célestin KEUTCHA, puisque le contrôle du détournement de pouvoir est en réalité un contrôle de la moralité administrative,[341] permettant au juge de connaître les intentions réelles de la puissance publique dans la prise de sa décision. Le contrôle du juge administratif s'étend également aux actes de corruption et d'escroquerie posés par des citoyens.

C. Le traitement juridictionnel des faits de corruption et d'escroquerie

Les « aspects éthiques », tels que perçus à l'entame de cette réflexion, englobent dans l'ensemble des comportements contraires à la vertu, comme l'escroquerie. Le juge administratif est sensible à ce genre d'agissement et n'hésite pas à sanctionner leurs auteurs, dans la mesure où ceux-ci spolient parfois des âmes innocentes de leurs biens. En revanche, la démarche du juge administratif surprend devant les actes de corruption pourtant avérés, perpétrés par certains administrés.

1. L'appréciation critiquable des actes de corruption

Le principe de la légalité impose des limites à l'Administration dans son action. Ceci est salutaire pour l'administré qui court, à tout moment, le risque de subir l'arbitraire administratif. Un des moyens de contrôle que l'Administration exerce couramment en droit administratif camerounais, dans le cadre du recours pour excès de pouvoir, est celui de la matérialité ou de l'exactitude des faits reprochés à un administré

---

[340]BILONG (Salomon), obs. sous T.E., 08 mars 1963, *Elouna Jean Marie, in Mémento de la jurisprudence administrative…*, *op. cit.*, p. 65.

[341]KEUTCHA TCHAPNGA (Célestin), *Les grandes décisions annotées de la jurisprudence administrative du Cameroun*, ouvrage préc., p. 191.

(CS/CA, jugement du 30 mars 1995, *Nyam Charles*). Le contrôle des faits indélicats qui accablent un gendarme (CS/CA, jugement du 30 juin 1983, *Metou Josué*) nous a semblé significatif, au regard des éléments extra-juridiques introduits dans la résolution du litige. Les circonstances de cette affaire méritent d'être signalées :

a) Les faits de la cause

Un important crédit avait été débloqué et mis à la disposition du service de casernement de la brigade de gendarmerie de Ngoyla, compagnie d'Abong-Mbang, département du Haut Nyong, dans la région de l'Est du Cameroun. Ce financement était destiné à des travaux d'investissement. L'adjudant-chef METOU Josué, chef secrétaire de ladite compagnie de gendarmerie, chargé du contrôle de la gestion du crédit de casernement des brigades, avait été mandaté par son supérieur hiérarchique, de jouer le rôle d'intermédiaire entre le commandant de brigade de Ngoyla et le commerçant KOUANGA, chargé de la livraison du matériel de construction.

Pour avoir accepté de jouer ce rôle, les poursuites pénales ont été engagées contre le mis en cause, qui se serait rendu coupable de « détournement d'effets militaires, notamment de 34 sacs de ciment ». Poursuivi devant une commission de discipline, le sieur METOU a été révoqué des cadres de la gendarmerie nationale au motif « d'indiscipline notoire indigne d'un sous-officier ». C'est cet acte que le mis en cause porte à la connaissance du juge de l'excès de pouvoir.

b) L'analyse de la décision du juge

La Chambre administrative de la Cour suprême constate, d'une part, que l'administration des Forces armées n'a pas suffisamment motivé sa décision, puisqu'elle n'a pas précisé en quoi consiste l'indiscipline notoire et le comportement indigne d'un sous-officier alors et surtout que dans ses écritures, le représentant des intérêts de l'État reconnaît « à ce militaire expérimenté un très grand degré de confiance ». D'autre part, le sieur METOU, chargé du contrôle de la gestion du crédit de casernement des brigades n'est pas allé au-delà de ses fonctions en acceptant de jouer le rôle d'intermédiaire entre le commerçant KOUANGA et le commandant de brigade, à la demande de ce dernier. Le juge administratif renchérit, en relevant - obéissance hiérarchique oblige ? - qu'il est fort à parier qu'en cas de refus du sous-officier

METOU de jouer l'intermédiaire dans cette transaction, sa hiérarchie lui aurait certainement reproché un manque de collaboration.

Cette perception des choses est pertinente et dévoile un juge bien ancré dans son environnement. Elle tient compte des rapports de force existant dans ce groupe social, où l'obéissance est de règle. Toutefois, au regard du droit, le sieur METOU était-il obligé d'obéir aux instructions illégales du commandant de brigade, puisque celles-ci sortaient du cadre de ses attributions ? La réponse à cette préoccupation ne peut être que négative. En effet, s'agissant de l'obligation d'obéissance, le subordonné s'en trouve déchargé si l'ordre reçu est manifestement illégal. Ce principe est valable, même dans l'armée…

Quant à l'insuffisance de motivation, le motif de la révocation du sieur METOU d'indiscipline notoire et comportement indigne d'un sous-officier n'est pas édifiant pour permettre au juge administratif d'apprécier la légalité de l'acte contesté. En effet, si « les actes administratifs doivent être motivés pour permettre tant à la personne intéressée de connaître les motifs qui soutiennent l'acte dont s'agit, qu'à la juridiction en cas de contentieux d'en apprécier la légalité » (CS/CA, jugement du 11 mars 2009, *Muma Zofunyui*), l'Administration a l'obligation de motiver suffisamment la sanction disciplinaire qu'elle inflige à un fonctionnaire.

En effet, au regard des faits reprochés au sieur METOU et qualifiés de détournement de 34 sacs de ciment, il faut nécessairement que ces faits soient avérés, le motif d'indiscipline notoire et comportement indigne d'un sous-officier n'étant pas éclairant pour édifier le juge administratif, et même le recourant. Cette carence pouvait, à elle seule, entraîner l'annulation du décret de révocation pour détournement de pouvoir, au regard des faits matériellement inexacts, reprochés à ce sous-officier.

Toutefois, l'argumentaire du juge justifiant le comportement du mis en cause n'est pas à l'abri de la critique, en raison de ce que le sieur METOU, chargé du contrôle de la gestion du crédit de casernement des brigades, ne pouvait pas, en même temps, être partie de la transaction. Le seul fait qu'il ait signé le bon de livraison alors que le ciment n'était pas encore livré était révélateur de son indélicatesse, complice dans la transaction, à forte odeur de corruption.

Le juge administratif tente de justifier ce comportement déviant du mis en cause en reconnaissant d'emblée, «une certaine négligence parce qu'il a signé le bon de livraison alors que le ciment n'était pas encore livré ; mais quand on sait que les faits se déroulent dans une petite ville où tout le monde se connaît et où les rapports sont empreints de confiance, on ne peut même pas parler de négligence puisque le commerçant avait promis à Metou que le ciment serait livré au retour du camion de Yaoundé, le soir même ».

Le raisonnement du juge administratif surprend par sa légèreté et son manque de pertinence, car on ne voit pas l'urgence qui pouvait justifier de ne pas attendre que le ciment soit livré ce « soir même », avant de signer le bon de livraison. Le ciment aurait pu ne jamais être livré, et seul le bon de livraison de ce matériau de construction aurait attesté de l'effectivité de la transaction. Le juge a curieusement relativisé la négligence de METOU, pour finalement l'écarter…Ce faisant, il a manqué à son devoir d'impartialité et violé les règles de l'éthique de sa profession.

A supposer que le ciment ait été livré le « soir même » comme le confirme le juge, rien n'indique, le bon de livraison ayant déjà été signé, que la marchandise aurait été livrée dans sa totalité. Il n'est pas interdit de le penser, puisque les « rapports de confiance » établis entre le commandant de brigade et le commerçant KOUANGA pouvaient permettre d'autres comportements répréhensibles, nés des complicités douteuses établies. L'observation du fonctionnement de l'Administration atteste que les relations entre les fournisseurs et les fonctionnaires ne sont pas toujours innocentes.

Nous n'insistons pas davantage sur la décision du juge, profondément ancrée dans un environnement où prévalent les rapports interpersonnels. Toutefois, il faut retenir qu'il y a eu bel et bien livraison fictive. La signature du bon de livraison du ciment sans être en possession de la marchandise est fautive et révélatrice d'une grave indélicatesse.

2. La condamnation des faits d'escroquerie

Un cas de révocation des cadres de la Sûreté nationale pour « escroquerie »,[342] a retenu l'attention. Cet acte illicite a reçu un

[342]CS/CA, jugement du 20 septembre 1984, *Belinga Mfoumou Gervais.*

traitement équitable devant le juge administratif. Les faits méritent d'être connus. L'inspecteur de Police BELINGA MFOUMOU Gervais avait emprunté de l'argent à sa concubine, la nommée NGO LIKENG Julienne, pour s'acheter un véhicule et s'était engagé à rembourser ledit argent après l'admission de sa dulcinée au concours de recrutement des gardiens de la paix (session de 1980), pour lequel il lui avait promis d'user de tout son entregent. A la suite de la rupture de leur relation, la concubine éconduite dénonce son amant d'hier auprès de ses supérieurs hiérarchiques, en l'accusant de lui avoir extorqué de l'argent pour faciliter son recrutement dans la Police. Appelé à statuer sur ladite cause, le juge décide : *« qu'il est incontestable que ces agissements délictueux ont été facilités par le service ; qu'ils sont de nature à justifier l'application d'une sanction disciplinaire "pour escroquerie", à l'instar de toute faute commise par le fonctionnaire dans l'exercice de ses fonctions ou à l'occasion de l'exercice de celles-ci »*.

Ces comportements sont fréquents dans la société camerounaise, et des individus s'illustrent par l'escroquerie des postulants à la Fonction publique, partisans du moindre effort, en leur promettant un succès infaillible aux concours administratifs, moyennant une compensation financière. Le juge administratif sanctionne également les agissements des particuliers, incompatibles avec le service public.

§ 2. La répression des comportements incompatibles avec le service public

Le fonctionnaire représente le service public et, pour ce faire, il doit avoir un comportement exemplaire dans la société, lequel lui interdit toute attitude contraire à la morale. On observe pourtant que certains fonctionnaires optent pour des agissements immoraux (A) entravant le fonctionnement harmonieux du service public (B), en même temps qu'ils portent atteinte à la dignité et à l'honorabilité de la Fonction publique (C).

A. La condamnation des agissements immoraux et des relations indécentes

« Qui se ressemblent s'assemblent », dit l'adage. Celui-ci est valable pour tout individu et pour le fonctionnaire dont les fréquentations ou les relations douteuses sont susceptibles de ternir l'image de la Fonction publique et entraver la bonne marche du service public. Le juge administratif sanctionne les fréquentations douteuses du fonctionnaire ainsi qu'un comportement révélateur de sa mauvaise foi.

1. Les fréquentations douteuses reprochées à un fonctionnaire

Certains agents du maintien de l'ordre nouent des « amitiés louches » avec les malfaiteurs. Ils deviennent autant, sinon, plus dangereux que leurs complices. Le gendarme TEK Jean (CS/CA, jugement du 28 janvier 1993) compte parmi ces fonctionnaires malhonnêtes. Par la décision n° 0410/AM/MINDEF/02422 du 25 avril 1986, Monsieur TEK Jean est révoqué de la gendarmerie nationale, pour « protection de malfaiteurs et abandon de service commandé ». Il lui est reproché d'avoir noué des rapports amicaux avec un prisonnier, le nommé KENFACK Jean Claude, qu'il avait connu à la prison centrale de Bafoussam où il était lui-même en détention préventive, pour des faits de corruption. Dans le cadre de cette relation, il a eu à accompagner KENFACK Jean Claude chez SOBUGWI Benjamin Pascal pour y percevoir la somme de 80.000 franc CFA, sous la fallacieuse promesse de lui obtenir une promotion sociale auprès des autorités politiques.

C'est à cause de ce comportement jugé indigne d'un gendarme que le sieur TEK Jean fut traduit devant le Conseil de discipline et révoqué de la gendarmerie nationale, conformément au règlement militaire. La décision révèle que ce gendarme n'a jamais été un modèle de discipline et de probité, puisqu'il a été, à plusieurs reprises, impliqué dans les affaires louches.

Cette affaire rappelle l'inefficacité et la subjectivité de la condition de bonne moralité, qu'il faut satisfaire pour l'accès à la Fonction publique (militaire). L'Administration n'avait pas pu déceler, malgré les enquêtes de moralité menées, que Monsieur TEK Jean était de moralité douteuse. Les faits reprochés à cet agent se rapprochent de ceux accablant certains fonctionnaires français, sanctionnés par le Conseil d'État. C'est le cas d'un gardien de CRS qui cohabite avec une prostituée, comportement de nature à apporter la déconsidération sur le corps auquel il appartient;[343] ou encore « des relations jugées incompatibles avec l'honneur professionnel » qu'un inspecteur des

---

[343]C.E., arrêt du 14 mai 1986, *Boitteloup, in* CHAPUS (René), *Droit administratif général,* tome 2, 15e éd., Paris, Montchrestien, 2001, p. 303.

impôts entretient avec des trafiquants d'alcool (C.E., 13 décembre 1986, *Gomard, ibid.*).

En réalité, il est plus facile pour un fonctionnaire, présumé de bonne moralité à l'entrée dans l'Administration, de perdre cette crédibilité lorsque sa culpabilité est avérée dans une affaire louche ou douteuse, comme dans le cas du gendarme TEK Jean. La révocation de la gendarmerie nationale de ce fonctionnaire véreux est intervenue en toute logique et son recours, non fondé, a été rejeté par le juge administratif.

2. La mauvaise foi du fonctionnaire et la méconnaissance du principe hiérarchique

Le fonctionnaire est par ailleurs appelé à servir avec compétence, dévouement, loyalisme et sens de responsabilité. Il doit par conséquent se soumettre aux ordres légaux de ses supérieurs hiérarchiques. Le principe de l'obéissance hiérarchique veut que le fonctionnaire soit uniquement chargé de l'exécution des ordres donnés par ses supérieurs hiérarchiques, ce qui lui impose un devoir d'obéissance vis-à-vis de la hiérarchie,[344] toute désobéissance étant, en principe, fautive et justifiant une sanction disciplinaire (*ibid.*, p. 52).

La méconnaissance du principe hiérarchique a valu au sieur MEYONGO Christophe (CS/CA, jugement du 30 juin 1983) la révocation des cadres de la Fonction publique.

L'intéressé, en service au ministère des Postes et Télécommunications avait été révoqué de la Fonction publique, par arrêté du 04 décembre 1980, pour refus de rejoindre son poste d'affectation à Kousseri, dans la région de l'Extrême-Nord. Le requérant, par la voix de son Conseil, avait estimé que l'arrêté de révocation était la conséquence d'un message télégraphique affectant son client et que celui-ci ne saurait tenir lieu de décision administrative ou de note de service affectant le requérant à Kousseri. Aussi le sieur MEYONGO Christophe n'a-t-il pas désobéi à un acte d'affection de son administration et qu'en conséquence, toutes les décisions à l'origine de sa révocation manquaient de base légale.

[344]AYOUB (Eliane), *La Fonction publique en vingt principes*, Paris, Éditions FRISON-ROCHE, 1994, pp. 51-52.

Nous n'insistons pas sur l'ignorance des textes du défenseur des intérêts du requérant, en particulier l'article 49 du décret n° 74/138 du 18 février 1974 portant Statut général de la Fonction publique, qui dispose que : *«Le fonctionnaire est tenu d'obéir aux ordres individuels ou généraux donnés par les supérieurs hiérarchiques dans le cadre des lois et règlements en vigueur pour l'exécution du service public »*.

Bien plus, le requérant ignore que si le télégramme n'est pas signé, comme doit nécessairement l'être une décision ou une note de service identifiant clairement l'auteur de l'acte et l'authentifiant, en lui donnant une validité, l'acte administratif peut emprunter d'autres formes. Il peut, en effet, être verbal, gestuel (l'agent de police qui règle manuellement la circulation dans un carrefour émet des actes administratifs unilatéraux, sans que cela entame leur validité) ou mécanique, tel que les feux de signalisation. Ces actes peuvent même se déduire du silence de l'Administration. On parle alors des décisions implicites de rejet ou d'acceptation.[345]

L'affectation du sieur MEYONGO Christophe par voie de télégramme ne souffrait donc d'aucune irrégularité et on comprend que le juge ait déclaré son recours infructueux. Ce qui préoccupe davantage ici est le fait que non seulement le requérant n'a pas rejoint son poste d'affectation à Kousseri sur le motif fallacieux sus-évoqué, mais il a, pendant toute cette période, déserté son poste à Yaoundé. A ce sujet, le juge souligne : *« Attendu qu'ayant été notifié de son affectation à la Poste de Kousseri, le requérant a refusé de s'y rendre et ne travaillait non plus dans son ancien poste de Yaoundé pendant 8 mois. C'est donc à juste titre qu'il a été mis en position d'absence irrégulière puisqu'il ne se trouvait dans aucun des deux postes »*.

Pourtant, pendant toute cette durée, le requérant qui a déserté son poste de travail a continué de percevoir indûment « son salaire », sans contrepartie de service fait. L'agissement du sieur MEYONGO constitue un détournement de deniers publics, couplé de sa mauvaise foi manifeste. Cette attitude est aggravée par le fait que le mis en cause a subitement évoqué son état de santé précaire pour échapper à son affectation, situation qui n'a pas été constatée par le conseil de santé compétent. L'agissement de ce fonctionnaire est contraire au comportement digne que doit afficher un agent public dans l'exercice

[345]Lire ce rappel dans les observations sous le jugement commenté, Salomon BILONG, *Mémento de la jurisprudence administrative du Cameroun*, préc., p. 358.

de ses fonctions. Le fonctionnement harmonieux du service public nécessite que les agents publics adoptent une attitude vertueuse, au risque d'engager, dans certaines circonstances, la responsabilité de la puissance publique.

B. L'immoralité comme cause de fonctionnement défectueux du service public

Le mauvais fonctionnement du service public est une cause d'engagement de la responsabilité de la puissance publique pour faute de service. Un cas de fonctionnement défectueux du service public intervenu en France ressemble étrangement à la situation vécue au Cameroun. Il s'agit d'un litige porté à la connaissance du Conseil d'État, dans lequel l'Administration avait payé un mandat au mauvais bénéficiaire, sans vérification suffisante (C.E., 17 mars 1971, *Mezzar*). Certes, il y avait dans l'arrêt *Mezzar* une légèreté de la part de l'Administration, sans volonté de malveillance, puisqu'il n'y avait ni intention de détourner de l'argent ni complicité avec l'usager qui, à tort, a touché ledit mandat.

Un jugement concernant le paiement des mandats à des tiers, est resté célèbre en droit camerounais, en ce qu'il révèle le génie malsain et le gangstérisme des agents postaux dans le détournement des mandats des particuliers. Ces comportements ont sans doute contribué à la perte de la crédibilité du service public de la Poste. Le sieur ENYENGUE DIPOCKO Bernard (CS/CA, jugement du 23 novembre 1989), avait adressé de Paris, en France, douze (12) mandats télégraphiques de 100 000 francs CFA chacun, à ses propres nom et adresse.

Ces mandats qui devaient être perçus au Cameroun avaient été « détournés avec la complicité des agents du bureau des postes de Douala-Bassa ». La responsabilité de l'État avait été engagée du fait du mauvais fonctionnement des services postaux et la somme de 1 500 000 francs CFA allouée au sieur ENYENGUE DIPOCKO, en réparation du préjudice subi.

La doctrine s'est attardée sur la carence administrative perçue comme une défaillance dans l'exécution du service public (Salomon BILONG, *idem*, p. 434). Mais l'aspect intéressant notre sujet a été révélé par le juge administratif lui-même, celui du détournement des mandats postaux qui est, sans conteste, un manquement à l'éthique et à la déontologie professionnelle.

Il n'y a pas de doute que le détournement décelé a été pensé et exécuté, et l'hypothèse de l'existence d'un « réseau » de détournement des mandats des usagers n'est pas à exclure non plus. Le désintérêt des Camerounais pour les services de la Poste depuis plusieurs décennies et la floraison des agences privées de transfert des fonds trouvent en grande partie leur origine dans le type de comportement sanctionné par le juge administratif dans le jugement *Enyengue Dipoko*. Cette situation suscite des interrogations quant au rôle que le service public est appelé à jouer au sein de la société, puisqu'il est considéré comme un instrument de « cohésion sociale », présent sur tout le territoire national et affirmant son égal accès à l'ensemble des citoyens.[346] Malheureusement les comportements à la fois déviants et grossiers que le sieur ENYENGUE DIPOCKO a eu le courage de dénoncer ont parfois été observés au Cameroun, peut-être pas avec la même ampleur. Le fonctionnement défectueux du service public de la Poste, au lieu de contribuer à jouer le rôle de « ciment social » de la société à travers cette activité d'intérêt général, a réussi à détériorer ce lien au point de faire perdre tout l'intérêt que les citoyens camerounais avaient pour cette administration.

Par contre, la position du juge a manqué de pertinence dans un litige impliquant les mœurs. Dans une affaire de détournement de caution ayant entraîné la condamnation d'un justiciable, le juge administratif, tout en reconnaissant la faute commise, s'est déclaré incompétent pour connaître de ladite cause (CS/CA, jugement du 25 août 2004, *Fotso Dieudonné*).

Il déclare : *« [Q]u'à cet égard, les fautes résultant des actes de faiblesses, de passions et d'imprudence de l'agent public constituent des fautes à caractère personnel détachables des actes d'administration et de ce fait doivent être déférées aux juridictions judiciaires »*.

Salomon BILONG qualifie ce raisonnement de « boiteux » (Mémento de la jurisprudence…, *idem*, p. 82), et sa position se justifie, puisqu'il écarte toute idée de substitution de responsabilité, procédure qui fait que, vis-à-vis de la victime, l'Administration est le seul répondant, et il lui appartient de se retourner contre son agent par le mécanisme de l'action récursoire. Il s'agit d'une question de procédure qui, en droit

[346]LACHAUME (Jean François), BOITEAU (Claudie), PAULIAT (Hélène), *Grands services publics*, Paris, Dalloz, 2000, p. 6.

public, ne répond pas aux règles du Code civil. La responsabilité de l'agent n'est pour autant pas écartée, et son acte de détournement de caution ayant entraîné la condamnation d'un justiciable est hautement répréhensible et contraire à l'éthique et à la déontologie professionnelles, autant que l'atteinte par un fonctionnaire à la dignité et à l'honorabilité de la Fonction publique.

C. La préservation de la dignité et de l'honorabilité de la Fonction publique

La courtoisie est une valeur éthique en société, mais aussi dans le service public. Elle entretient un lien avec l'obéissance hiérarchique qui est un principe fondamental de la Fonction publique, parfois perdu de vue par certains fonctionnaires, lesquels adoptent une attitude désobligeante vis-à-vis de leurs supérieurs hiérarchiques, en tenant des propos indécents à leur endroit. D'autres s'adonnent à l'alcool et entravent de ce fait le bon fonctionnement du service public tout en portant atteinte à l'honorabilité de la Fonction publique. L'une et l'autre attitudes sont sanctionnées par le juge administratif.

1. La tenue des propos indécents et irrévérencieux à l'endroit d'une autorité

Une fois titularisé, le fonctionnaire fait corps avec la Fonction publique. Sa vie privée ne lui appartient plus entièrement, étant donné qu'il est passible de sanction, si son comportement discrédite le service public. La dignité et l'honorabilité de la Fonction publique dépendent du respect de ces qualités par le fonctionnaire lui-même.

On comprend pourquoi le juge, le Statut général de la Fonction publique et la doctrine parlent indifféremment de l'un ou de l'autre mérite, s'agissant du fonctionnaire ou de la Fonction publique. Dans l'arrêt *Mikoma Albert* (C.C.A., arrêt du 27 novembre 1953), le juge décide que l'atteinte à la dignité et à l'honorabilité du fonctionnaire est une attitude constitutive d'une faute de service, alors que le Statut général de la Fonction publique aborde les questions d'éthique et de moralité publique dans la définition qu'il attribue à la faute extra-professionnelle (art. 93 al. 3 du SGFPE).

S'agissant de la doctrine, René CHAPUS rappelle que les agents publics, dans l'exercice de leurs fonctions, doivent éviter que leur comportement dans leur vie privée porte atteinte à la dignité de la

Fonction publique et au bon renom, c'est-à-dire à la réputation de la Fonction publique.[347]

Le fonctionnaire peut donc avoir des soucis disciplinaires du fait de son comportement indécent observé dans sa vie privée. Guy BRAIBANT et Bernard STIRN ont pris l'exemple d'un instituteur qui, à la suite d'un chagrin d'amour, s'était livré à la boisson. Il avait pris l'habitude de fréquenter les cafés de la ville et il arrivait souvent que ses élèves le rencontrent saoul, titubant dans la rue. Ce comportement indigne d'un éducateur lui a valu la révocation de la Fonction publique alors que, sur le plan purement professionnel, sa compétence n'était pas remise en cause.[348]

La position du juge administratif camerounais n'est nullement empreinte d'indulgence à ce sujet. Le juge rappelle que *« la dignité de la vie privée est une obligation fonctionnelle des agents public, et un fonctionnaire qui en dehors de son activité professionnelle, porte atteinte à son honorabilité ou à sa dignité commet une faute de service légitimant l'exercice du pouvoir disciplinaire »* (*ibid*).

C'est ce dont s'était rendu coupable le requérant, en frappant sur la voie publique un commandant de la Fonction publique, de surcroît officier de police judiciaire. Non seulement le sieur MIKOMA avait troublé l'ordre dans la rue, mais il avait également perdu le contrôle de ses actes et, par conséquent, affiché un comportement incompatible avec sa qualité de fonctionnaire.

Le juge administratif affirme :

« Qu'en effet, un fonctionnaire se doit de garder en toutes circonstances un comportement digne et honorable et être un exemple pour tous ses concitoyens » ;

« Qu'en se livrant sur la voie publique à des violences sur un officier de police judiciaire et en perdant le contrôle de ses actes il a manifestement eu une attitude incompatible avec son état de fonctionnaire ».

347CHAPUS (René), *Droit administratif général*, tome 2, 15e éd., Paris, Montchrestien, 2001, p. 303.
348BRAIBANT (Guy), STIRN (Bernard), *Le droit administratif français*, 2e éd., Paris, Presses de Sciences Po et Dalloz, 2005, pp. 468-469.

Cette exigence de moralité et de courtoisie concerne également le fonctionnaire en service, et son comportement malveillant peut être constitutif d'une faute de service. Les faits de la cause sont les suivants. Par requête du 3 mai 1969, sieur BAKALAG[349]a introduit un recours en appréciation de la légalité du refus du secrétaire d'État à la Fonction publique de le nommer à la suite de son admission au concours du 19 octobre 1965 pour le recrutement de 110 maîtres de l'enseignement général. Le mis en cause a été licencié pour faute lourde, en sa qualité de maître auxiliaire, pour avoir traité de « farceur » le secrétaire d'État à l'Enseignement, dans une lettre écrite à son collègue en poste à Dschang, Monsieur NYOBE Samuel.

Le juge administratif reproche au requérant d'avoir commis une indélicatesse, constitutive d'*« un manquement au devoir de moralité dont est tenu chaque fonctionnaire »*.

Ce manquement au devoir d'obéissance hiérarchique incombant à tout agent public l'oblige à une retenue envers son supérieur hiérarchique. Le manquement au devoir d'obéissance hiérarchique est une atteinte à la moralité, imputable à ce fonctionnaire.

Le commentateur de cet arrêt relève que la décision de la Cour fédérale de justice précise le contenu des règles déontologiques, communes, à peu de choses près, à tous les corps de l'Administration, et rappelle le respect de l'obéissance hiérarchique et l'obligation de réserve imposés à tous les agents publics. Il conclut que le requérant, en qualifiant son supérieur hiérarchique...de « farceur », a commis une faute professionnelle grave.[350]

Les propos discourtois de ce fonctionnaire à l'endroit du secrétaire d'État à l'Enseignement révèlent de sa part un manque de politesse et de civisme, toutes choses attendues d'un agent public. Ils ne pouvaient qu'être réprimés par le juge administratif, puisque le devoir de moralité auquel est astreint un fonctionnaire exige de sa part un comportement digne, empreint de retenue. En revanche, l'attitude d'un fonctionnaire peut révéler un manque de civisme, sans toutefois constituer une atteinte à l'honneur (personnel et professionnel), en raison des

---

[349]CFJ/CAY, arrêt du 15 mars 1969, Sieur *Bakalag Joseph Emile*.

[350]Lire observations sur l'arrêt sieur *Bakalag Joseph Emile*, *Recueil des textes juridiques et de la jurisprudence en matière de fonction publique*, tome III, Jurisprudence, Édition 2008, p. 188.

circonstances. Le manque de civisme reproché au sieur TSOUNGUI ZIBI Elie (T.E., arrêt du 28 septembre 1962) tient à ses propos irrévérencieux, prononcés à l'endroit du sous-préfet de l'arrondissement de Djoungolo, qui voulait le verbaliser pour avoir organisé une réunion d'un parti de l'opposition, en violation des textes en vigueur.

Le mis en cause a interpellé violemment cette autorité, en ces termes : *« Et toi, valet du gouvernement, que viens-tu faire ici, Imbécile, valet de l'Haoussa, vaurien, idiot, traître... »*[351].

Les propos du sieur TSOUNGUI sont grossiers et indécents, mais ne forment pas un manquement à l'honneur du fait des circonstances dans lesquelles ce citoyen avait commis des faits ayant entraîné sa condamnation.

En effet, au moment de la perpétration des faits, l'intéressé se trouvait en position hors cadre pour remplir un mandat parlementaire, *« et qu'on ne saurait imposer au fonctionnaire se trouvant dans cette position une obligation de loyalisme envers l'administration et de réserve dans ses actes... »*, précise le juge.

Sa thèse est pertinente et se justifie par la position dans laquelle le mis en cause se trouvait au moment des faits, laquelle légitimait les écarts de comportement signalés. Toutefois, si l'attitude du sieur TSOUNGUI n'était pas juridiquement condamnable, il lui appartenait néanmoins d'adopter un comportement courtois et révérencieux dans ses propos, en sa qualité de citoyen et de surcroît, d'homme politique.

2. La condamnation des faits d'éthylisme

Nous insistons également sur l'éthylisme, comme fondement de la faute professionnelle et extra-professionnelle, portant atteinte à la moralité professionnelle, à la dignité et à l'honorabilité du fonctionnaire et de la Fonction publique. La décision du juge sur quelques affaires s'appuie sur la réglementation et emporte des conséquences sur l'éthique professionnelle et la déontologie.

---

[351]Le mot « Haoussa » renvoie au premier président camerounais, Ahmadou AHIDJO, considéré à tort par la majorité des « Sudistes » comme étant de ladite ethnie, alors qu'il était Peulh ou Foulbé.

a)Le fondement de la décision du juge administratif

Le Statut de général de la Fonction publique de 1974,[352] aujourd'hui abrogé, condamnait l'éthylisme et l'ivresse publique en autorisant le licenciement des fonctionnaires à ce titre. L'article 160 de ce texte disposait que le licenciement d'un fonctionnaire pouvait intervenir pour incapacité professionnelle ou éthylisme, l'ivresse publique étant un comportement contraire à la dignité du fonctionnaire et portant atteinte à l'honorabilité de la Fonction publique.

Le juge administratif camerounais s'est, à plusieurs reprises, prononcé sur le licenciement pour faits d'éthylisme chronique.[353] Dans les affaires *Emougou* et *Bollo Ekodo*, les mis en cause avaient interjeté appel des décisions prises à leur encontre par la Chambre administrative de Yaoundé de la Cour fédérale de justice. Il était reproché à ces fonctionnaires de la Sûreté nationale et de l'administration des Postes et Télécommunications de s'être livrés à la consommation abusive d'alcool. Ces faits étaient réprimés parle décret n° 68/DF/431 du 29 octobre 1968 portant Statut général de la Sûreté nationale.

Les différents conseils de santé saisis avaient établi que les appelants étaient « inaptes pour incapacité professionnelle résultant d'éthylisme chronique », et les différents arrêtés de licenciement étaient juridiquement fondés. Les comportements d'ivrognerie affichés par le sieur EMOUGOU Michel Gabriel, particulièrement, sont contraires à l'éthique et à la déontologie professionnelle. Ils sont révélés par le juge-rapporteur,[354] en ces termes :

« que le demandeur entré en service le 14 février 1952, était noté dès 1954 comme s'adonnant à la boisson ; que dans la plupart de ses bulletins de note, il était porté qu'il était enclin à la boisson ; qu'il avait eu deux blâmes au cours de sa carrière, le premier pour s'être endormi à son point de service alors qu'il était chef de poste, le deuxième pour avoir abandonné son poste le 28 janvier 1968 et y avoir été trouvé dans

---

[352]Décret n° 74-138 du 18 février 1974 portant Statut général de la Fonction publique. Les rédacteurs du nouveau texte de 1994 n'ont pas jugé opportun de retenir l'éthylisme comme motif de licenciement du fonctionnaire.

[353]Arrêts des 5 juillet 1973, *Emougou Michel-Gabriel* ; 27 octobre 1972, *Ndzana Gabriel-Lavoisier* et 27 octobre 1972, *Bollo Ekodo Gustave.*

[354]Lire les conclusions du rapporteur, Recueil des *Grands Arrêts de la Jurisprudence Administrative de la Cour Suprême du Cameroun*, tome II, Yaoundé, Éditions KENKOSON, 1975, p. 101.

une case en train de consommer du vin et se trouvant sous l'emprise de l'alcool ».

Et le rapporteur de conclure « qu'il résultait donc du dossier de l'intéressé que sa mauvaise manière de servir était due à l'éthylisme ; que le Conseil de santé a proposé son dégagement des cadres pour incapacité professionnelle résultant d'éthylisme chronique ».

b) Les conséquences sur l'éthique et la déontologie

La récurrence des faits reprochés à EMOUGOU Michel Gabriel, n'est pas de nature à honorer ce fonctionnaire et nuit au prestige de la Fonction publique. Abandonner, en effet, son poste de service pour consommer du vin dans une case, ou encore s'endormir à son poste est fortement répréhensible pour un fonctionnaire du corps de la Police.

De même, la consommation abusive d'alcool reprochée aux sieurs EMOUGOU et EKODO ne pouvait que justifier leur licenciement. C'est à juste raison que le conseil de santé a proposé le dégagement de ces fonctionnaires des cadres de la Fonction publique, parce qu'ils étaient devenus incapables d'exercer leur métier du fait de leur addiction à l'alcool, tout en percevant pourtant la totalité de leur rémunération.

Les faits reprochés au sieur EMOUGOU, plus particulièrement, avaient été constatés dans l'exercice de ses fonctions. Il est certain que sa vie privée était entachée des mêmes vices. Son attitude aurait toujours été coupable si la faute avait été commise en dehors du service, puisque, nous l'avons relevé, la faute extra-professionnelle renvoie directement à l'éthique et à la moralité, qui constituent le lien entre le statut du fonctionnaire et sa vie privée. Il est dommage que le Statut général de la Fonction publique de 1994 n'ait plus retenu le cas de licenciement pour faits d'éthylisme. Pourtant, contrairement à son devancier de 1974, il s'efforce de clarifier la définition de la faute extra-professionnelle.[355] Peut-on expliquer ce choix par le fait que les fonctionnaires camerounais n'aient plus un goût prononcé pour l'alcool ? Ou qu'ils adoptent désormais un comportement responsable au point qu'il ne

[355]L'article 129 du décret n° 74/138 du 18 février 1974 portant Statut général de la Fonction publique se bornait à disposer que « [Sans] préjudice de l'application, le cas échéant, de la loi pénale, la faute professionnelle ou extra-professionnelle peut entraîner des sanctions disciplinaires à l'encontre du fonctionnaire mis en cause » sans établir une distinction entre les deux fautes.

semble plus nécessaire de leur rappeler que l'alcool nuit non seulement à la santé mais affecte leur efficacité et leur rendement au travail ? Nous ne le pensons pas. La réglementation de 1974 avait le mérite de poser des règles préventives et dissuasives contre l'alcoolisme. Courir le risque de perdre son emploi et le prestige qui entoure le statut de fonctionnaire est préjudiciable à un agent public, puisque, après son dégagement des cadres de la Fonction publique pour cause d'éthylisme, il devient la risée de son entourage. La répression de l'ivresse publique pas le Code pénal prouve que ce comportement dégradant pour le fonctionnaire est une préoccupation majeure du droit et des pouvoirs publics camerounais. Ce texte condamne l'individu ou le fonctionnaire ivre, tout comme le débitant qui sert des boissons à une personne manifestement ivre (art. 243 du Code pénal).

Le motif de licenciement pour faits d'éthylisme préserve l'honorabilité de la Fonction publique, mais aussi les intérêts de l'Administration, puisqu'il ne faut attendre aucun rendement du fonctionnaire qui affiche un tel comportement.

Les affaires *Emougou* et *Bollo Ekodo* rappellent, dans une certaine mesure, les faits d'ivresse reprochés au chauffeur de camion militaire dans l'arrêt du Conseil d'État français, *Delville* (C.E., 28 juillet 1951), à la différence que, dans ce cas, avait été mise en cause la responsabilité personnelle du sieur Delville.

Les comportements incompatibles avec le service public sont aussi liés à la fraude, révélatrice des malversations des gestionnaires de crédits placés à la tête des organismes paraétatiques et dans la passation des marchés publics.

§ 3. La répression des malversations des gestionnaires de crédits

Les fraudes et autres malversations financières reprochées à plusieurs gestionnaires et dirigeants des entreprises publiques ne constituent pas une nouveauté dans le paysage camerounais, de même que la détermination des pouvoirs publics à combattre ces agissements contraires à la morale (A). Le domaine des marchés publics, identifié comme l'un des secteurs les plus poreux en matière de fraude et de corruption, n'échappe pas à cette logique (B).

A. La sanction de détournement des fonds d'une entreprise publique

La légalité formelle peut servir de paravent aux activités louches des citoyens, croyant ainsi tromper la vigilance du juge administratif. L'étude de la force juridique des usages en droit administratif camerounais[356]a permis d'observer comment les manœuvres frauduleuses d'un dirigeant d'une entreprise publique avaient été révélées au grand jour par le juge administratif. Les faits du jugement *Ngoumou Richard* (CS/CA, 23 novembre 1989) sont significatifs de la clairvoyance de la Chambre administrative de la Cour suprême quant à la faute de gestion commise par ce responsable.

1. Le contenu de la décision *Ngoumou Richard*

La gestion du requérant avait été mise en cause à la tête du Fonds de développement de l'industrie cinématographique (FODIC). Le responsable incriminé s'était rendu coupable de nombreuses irrégularités, parmi lesquelles, des fautes de gestion consistant en l'institution d'une procédure particulière de paiement des factures aux fournisseurs. Ainsi, au moment du règlement des créances, l'argent était remis aux fournisseurs sans décharge, alors que les chèques libellés au nom de ces derniers étaient touchés par des tiers, complices. Cette attitude clairement fautive avait justifié la traduction du sieur NGOUMOU devant le Conseil de discipline budgétaire et comptable (CDBC) et la prise par cet organe à l'encontre du mis en cause, d'une décision de mise en débet, ainsi que d'autres textes subséquents, en exécution de ladite décision. C'est ce qui va décider le sieur NGOUMOU Richard à solliciter de la Chambre administrative de la Cour suprême, l'annulation de l'ensemble de ces textes.

Pour s'insurger contre les moyens soulevés par le représentant des intérêts de l'État, le recourant relève, entre autres, qu'il ne comprend pas pourquoi le CDBC peut exiger [sans texte] une décharge sur le montant payé par chèque, et « retenir cette situation de fait comme constituant une faute de gestion ». Il prétend que les faits qui lui sont reprochés n'existent pas, car aucun texte ne l'oblige à procéder au règlement des factures d'une certaine façon.

---

[356]DJAME (François Narcisse), *Usages et coutume en droit administratif camerounais*, Paris, Dianoïa, 2009.

Cet argument n'a pas retenu l'attention du juge et sa décision a été sans appel. Elle dévoile, non seulement la force juridique de la pratique comme fondement de la faute reprochée au sieur NGOUMOU Richard, mais surtout la volonté de malversation et de détournement des fonds, clairement affichée par le requérant. La Chambre administrative s'exprime en ces termes :

« Attendu que cette façon d'agir dénote indubitablement une volonté de malversation de la part du sieur Ngoumou Richard, car quoiqu'un texte ne définit point explicitement un système de règlement des factures, il est de pratique que les services soient réglés par chèque libellé au nom du fournisseur ou en espèces au niveau de la caisse où est tenu un journal de caisse qui retrace toutes les opérations effectuées en caisse ;

Que dès lors nous ne pouvons que conclure à une irrégularité de gestion commise par le requérant ».

2. L'indéniable faute de gestion sanctionnée par le juge administratif

L'opinion camerounaise est désormais familière de la notion de « faute de gestion », au regard des multiples implications des gestionnaires de crédits dans ladite procédure, ces dernières années. L'on pense, généralement, que celui qui est indexé par la faute de gestion est considéré tel un fraudeur ou un détourneur de fonds publics. La faute de gestion, de même que toute autre faute, consiste en une imprudence, une négligence, une maladresse ou une inobservation des règlements.[357] Cette définition ne renseigne pas sur la place axiale qu'occupe l'ordonnateur dans ladite procédure. Aussi la faute de gestion est-elle consubstantielle aux fonctions de ladite autorité et justifie que sa responsabilité soit perçue comme la contrepartie de ses pouvoirs.[358]

Ainsi que le signale BEGNI BAGAGNA, *« la notion de faute de gestion fait couler beaucoup d'encre dans le cadre de la répression des atteintes à la fortune publique »* (*idem*, p. 120). Elle doit être distinguée à deux niveaux : elle peut être quasi délictuelle lorsque « l'auteur a agi,

---

[357]GUILLIEN (Raymond), VINCENT (Jean), *Lexique des termes juridiques*, 18e éd., Paris, Dalloz, 2011, p. 165.
[358]BEGNI BAGAGNA, « Recherches sur la notion de faute de gestion en droit public financier camerounais », *Juridis Périodique*, n° 107, 2016, p. 121.

par imprudence ou négligence, sans intention de nuire ».[359] Cette faute résulte le plus souvent de l'ignorance par un gestionnaire des procédures financières, les gestionnaires camerounais ne disposant pas toujours des compétences managériales requises. Conscients de ces carences pouvant être source de désagréments pour les concernés, les pouvoirs publics, de plus en plus, favorisent la formation des gestionnaires par l'organisation des séminaires et autres fora, afin de sensibiliser et former les responsables de structures publiques et parapubliques à la gestion de la chose publique.

Il y a de l'autre côté la faute de gestion commise dans l'intention de nuire ou de frauder. BEGNI BAGAGNA souligne que *« l'intention de nuire et de tirer profit à titre personnel sont des critères qui permettent de moduler la faute de gestion ; en fonction de ces deux éléments, la faute de gestion, action ou abstention volontaire, peut prendre la forme de la corruption, du trafic d'influence... »*.[360] C'est dans ce registre qu'il faut ranger la faute de gestion reprochée au sieur NGOUMOU, lequel a voulu se réfugier derrière l'absence de texte prescrivant une procédure de paiement des chèques aux fournisseurs du FODIC, en mettant en place une indélicate stratégie destinée à détourner les fonds de l'entreprise, pourtant placés sous son contrôle.

On comprend pourquoi le juge a signalé une indubitable « volonté de malversation » de la part du mis en cause, qui a pris pour prétexte l'absence d'une réglementation, pour justifier son action perverse. Sa mauvaise foi ne fait pas de doute. Le juge administratif lui a opposé la pratique, devenue la règle au sein du groupe social considéré, laquelle lui faisait obligation de régler les services par chèque libellé au nom du fournisseur ou en espèces au niveau de la caisse où est tenu un journal de caisse, retraçant toutes les opérations financières effectuées. En sanctionnant l'inobservation par ce gestionnaire, de la « légalité coutumière », c'est-à-dire des règles obligatoires imposées par la pratique, le juge administratif a invité le sieur NGOUMOU au respect du droit.

Le juge examine à ce niveau la nature du fait constitutif de la faute de gestion, pouvant être la violation d'une obligation formelle de source législative, réglementaire ou statutaire, et/ou de la violation de

---

[359]CORNU (Gérard), *Vocabulaire juridique*, *op. cit.*, p. 403.

[360]BENGNI BAGAGNA, « Recherches sur la notion de faute de gestion... », *op. cit.*, p. 125.

l'obligation matérielle et managériale. Dans ce dernier aspect, en particulier, les fautes de gestion visées sont celles qui sont commises relativement au contenu des actes ou en violation des règles non écrites d'éthique (idem, p. 123). BEGNI BAGAGNA précise, s'agissant de la violation de l'obligation managériale, « qu'il s'agit d'une obligation non écrite résultant du devoir d'éthique voire de bonnes mœurs ou simplement de bon sens. Cette violation peut consister en la négligence ayant pour conséquences la distraction ou le gaspillage de la fortune publique, l'engagement des marchés sans études préalables, les commandes excessives alors que la société est en situation déficitaire…» (*idem*, p. 124).

La faute de gestion n'est donc pas sans lien avec l'éthique, et nous adhérons au judicieux conseil prodigué par BEGNI BAGAGNA, dressant le profil du futur manager camerounais. L'auteur soutient que, « pour éviter que se développent de nouvelles formes de fautes de gestion, il paraît indispensable que la nouvelle génération de responsables d'administration et d'entreprises publiques intègrent des valeurs morales et d'éthique » (*idem*, p. 132). Le conseil de l'auteur est tout aussi valable pour une gestion saine des marchés publics.

B. La répression de la fraude dans le domaine des marchés publics

Le domaine des marchés publics a mis en cause des ordonnateurs indélicats, condamnés par le juge administratif, pour violation de la réglementation sur les marchés publics et pratique de surfacturations. Ainsi, à la suite d'une présomption de malversations financières qui auraient été commises au secrétariat d'État à la Sécurité intérieure (actuelle Délégation générale à la Sûreté nationale), le président de la République avait commis une équipe spéciale d'enquête composée de l'Inspection générale de l'État et de la Réforme administrative (IGERA) et du ministère de l'Économie et des Finances (MINEFI), à l'effet de faire la lumière sur les détournements présumés. Le rapport d'enquête transmis au président de la République avait conduit à la traduction du commissaire divisionnaire YAP Jean Emile devant le conseil de discipline budgétaire et comptable.

L'équipe d'enquête devait, notamment, vérifier l'existence d'un réseau de détournement de deniers publics qui aurait été mis en place par certains hauts responsables du Secrétariat d'État à la Sécurité intérieure et opérés avec la complicité de certains fournisseurs.

La décision rendue par cette instance sera déférée au juge administratif par le mis en cause, pour annulation, en ce qu'elle est entachée d'excès de pouvoir. Parmi les griefs retenus contre le sieur YAP Jean Emile par le juge administratif et qui sont susceptibles de choquer la morale, on note qu'il a passé des marchés de gré à gré avec sa propre secrétaire sur la base des prix exorbitants, en violation flagrante de la réglementation sur les marchés publics. Le juge a ainsi décidé que *« la mauvaise foi de Yap ne fait pas l'ombre d'un doute... »*.

En effet, passer des marchés avec sa propre secrétaire équivaut à une « livraison à soi-même » et comporte en toute évidence une bonne dose de subjectivité et de partialité.

Par ailleurs, le requérant était loin d'ignorer que les marchés de gré à gré, parce que peu objectifs, se limitaient aux faibles montants ; pourtant les prix pratiqués par YAP Jean Emile par le biais de la surfacturation étaient grossièrement élevés, en ce *« qu'ils n'avaient aucun rapport avec ceux pratiqués couramment sur le marché »*.[361] Ces prix atypiques ne pouvaient donc pas se justifier et avaient causé de lourdes pertes à l'État du Cameroun.

C'est cette pratique que dévoile Isaac TAMBA, en soulignant que : *«[L]a corruption influence significativement le processus de concession des marchés publics. La priorité accordée à leurs intérêts personnels par les fonctionnaires chargés de mener ce processus les amène à fausser le jeu de la concurrence qui devrait caractériser la procédure d'octroi des marchés publics. Au Cameroun, ce phénomène constant est devenu une règle, "la règle de K %". Selon cette règle, tout soumissionnaire des marchés publics devrait tenir compte de ces K % dans l'évaluation des travaux. La corruption fait ainsi payer par l'État plus qu'il n'en fallait pour chaque marché public concédé aux entrepreneurs privés»*.[362]

Ce qui était aussi moralement répréhensible est que le sieur YAP avait modifié de façon irrégulière et illicite des affectations de crédits, en violation flagrante des règles du droit budgétaire, particulièrement celle de la spécialité des crédits. Les atteintes à la propriété foncière, de plus

---

[361]BILONG (Salomon), note sous jugement n° 14/94/95 *Yap Jean Emile* contre État du Cameroun, *Mémento de la jurisprudence administrative du Cameroun*, Presses Universitaires de Dschang, 1e éd., sept. 2014, p. 485.

[362]TAMBA (Isaac), *De la corruption au Cameroun*, *in* TITI NWEL (Pierre), (sous la coordination de), Yaoundé, Presses de l'imprimerie SAAGRAPH, 1999, p. 218.

en plus nombreuses, interpellent également le juge administratif, davantage sollicité par les justiciables.

§ 4. L'action du juge administratif dans la répression des atteintes à la propriété foncière

Le domaine foncier et domanial fait de plus en plus l'objet d'une attention du juge administratif. Il a tendance à prendre le pas sur le contentieux des fonctionnaires qui, pendant longtemps, a écrit les belles pages du droit de la Fonction publique camerounaise. Les enjeux sont de taille, en ce que la maîtrise de la terre est source de richesse. Le titre foncier, dans ce contexte, ne manque de subir les atteintes des particuliers, malgré sa forte protection affirmée (A). Ce d'autant plus que l'établissement et la délivrance de ce document de certification de la propriété immobilière ne sont pas toujours entourés de la clarté et de la transparence nécessaires. L'action du juge administratif permet de concilier l'autorité du titre foncier avec les droits des particuliers, souvent spoliés par des tiers, avec la complicité de l'Administration (B).

A. La nature des atteintes à l'autorité du titre foncier et le fondement de la compétence du juge administratif

Les atteintes à la propriété foncière, prévues par la législation, concernent les citoyens et les agents publics impliqués dans les transactions foncières, et sont suffisamment attentatoires à l'éthique. L'intervention du juge administratif se justifie par conséquent en vue de la sécurité juridique des citoyens.

1. Les atteintes à l'infaillibilité du titre foncier

La loi condamne les atteintes à la propriété foncière et domaniale. Ces atteintes ne sont pas sans lien avec des comportements immoraux ou irréguliers. Ainsi, aux termes de l'article 2 de la loi n° 80-22 du 14 juillet 1980 portant répression des atteintes à la propriété foncière et domaniale, « sont passibles d'une amende de 50 000 à 200 000 FCFA et d'un emprisonnement de 2 mois à 3 ans ou de l'une de ces peines seulement :

a) ceux qui exploitent ou se maintiennent sur un terrain sans autorisation préalable du propriétaire ;

b) les agents de l'État convaincus de complicité dans les transactions foncières de nature à favoriser l'occupation irrégulière de la propriété d'autrui.

De lourdes conséquences sont attachées à ces actes indélicats d'occupation du terrain d'autrui, sans autorisation, et de complicité de transaction foncière orchestrée par un fonctionnaire dans le but de favoriser l'occupation de la propriété d'un tiers. Ainsi, pour l'occupation illicite d'un terrain appartenant à autrui, la loi précise que la juridiction compétente ordonne le déguerpissement immédiat de l'occupant à ses propres frais. En outre, les mises en valeur réalisées sur le terrain sous forme de plantations, de constructions ou d'ouvrages de quelque nature sont acquises de plein droit au propriétaire, sans aucune indemnité pour l'occupant. Ceci nous paraît logique ; tout comme la possibilité donnée au propriétaire du fonds d'obtenir la suppression des réalisations effectuées sur le terrain aux frais de l'occupant et sans aucune indemnité pour ce dernier. Celui-ci peut, en plus, être condamné à des dommages-intérêts pour le préjudice éventuellement subi par le propriétaire du fonds.

La course pour l'accession à la propriété foncière au Cameroun donne le plus souvent lieu à des comportements difficilement saisissables par le droit. La fraude et la corruption dans ce secteur sont massives, et l'observateur constate que si un audit est commis pour vérifier la régularité des titres de propriété délivrés au Cameroun, la plupart de ces titres tomberont sous le coup de l'illégalité. En effet, le législateur, reconnaissant les droits de propriété coutumière, a donné la possibilité aux personnes, installées avant 1974 d'y établir directement le titre foncier.

C'est la voie de l'immatriculation directe dans laquelle plusieurs nationaux s'engouffrent pour se faire établir des titres fonciers et acquérir de vastes espaces, avec la complicité de l'Administration, moyennant une compensation en nature[363]ou en argent au bénéfice des fonctionnaires impliqués. Il est par exemple facile d'établir au Cameroun qu'un détenteur du titre foncier était âgé de moins de 15 ans au moment de l'établissement de son titre de propriété, lorsque l'on procède à un calcul simple entre son âge au moment de l'établissement

---

[363]Il s'agit des parcelles de terrain que les membres de l'Administration reçoivent des propriétaires du titre foncier, sur lesquelles ils se font délivrer leur propre titre de propriété.

du titre foncier et la période alléguée de ses droits (occupation avant le 5 août 1974)…[364]

2. Le fondement de la compétence du juge administratif

Les atteintes signalées prouvent que l'accession à la propriété foncière n'est pas toujours régulière et loyale au Cameroun. Pourtant, l'acte décisoire du titre foncier bénéficie d'une perfection et d'une protection absolues. Il est crédité de bonne foi, comme tous les actes administratifs unilatéraux, qui bénéficient du privilège du préalable, puisqu'il est « inattaquable, intangible, définitif » (art. 1er du décret n° 76-165 du 27 avril 1976, *op. cit.*). Ce caractère, à plusieurs reprises, a été sublimé par le juge administratif camerounais.[365] Sa position n'est pas toujours cohérente puisque, en même temps, il affirme que *« le titre foncier est un acte de l'administration ; que de ce fait, il est susceptible d'être attaqué devant le juge administratif qui doit se déclarer compétent…l'exception d'incompétence soulevée par le représentant de l'Etat n'est pas fondée »* (jugement ADD, 30 juin 2004, *Bomba Essomba Alphonse*).

Cette dernière position est salutaire pour les usagers et constitue une garantie contre l'arbitraire de l'Administration, dont les comportements observés chez les fonctionnaires dans l'établissement du titre foncier ne sont pas toujours impartiaux. Dans cette veine, dans le jugement *Nkong Emmanuel* (CS/CA, 19 décembre 1975), le requérant avait sollicité l'annulation d'un titre foncier obtenu frauduleusement par un tiers.

Le représentant des intérêts de l'État avait invoqué l'irrecevabilité du recours au motif que le titre foncier n'était pas un acte administratif et que, pour cette raison, la Chambre administrative devait se déclarer incompétente pour connaître du litige. Il estimait, en effet, que le titre foncier n'étant pas un acte administratif mais un élément de preuve de

---

[364]Le décret n° 76-165 du 27 avril 1976 fixant les conditions d'obtention du titre foncier, en son article 9, dispose que les collectivités coutumières, leurs membres ou toute autre personne de nationalité camerounaise sont habilitées à solliciter l'obtention d'un titre foncier sur une dépendance du domaine national qu'elles occupent ou exploitent,« à condition que l'occupation ou l'exploitation soit antérieure au 5 août 1974, date de publication de l'ordonnance n° 74-1 du 6 juillet 1974 fixant le régime foncier ».

[365]Jugements CS/CA, 26 mars 1987, *Mbida Mathernus* ; CS/CA, 25 juin 1987, *Mpondo Dibongue Louis* ; CS/CA, 31 mars 1988, *Akoa Ndongo Luc* ; CS/CA, 16 décembre 2009, *Matip Benjamin* ; CS/CA, 14 janvier 2009, *Dame Ngouekom.*

la propriété foncière, son contentieux relevait du juge civil et non du droit administratif.

La Chambre administrative a opposé une cinglante réponse à cet argument du représentant de l'Etat, en relevant : *« ...que la procédure selon laquelle ces titres (extraits du registre foncier) sont émis, est réglementée pour assurer l'impartialité et la paix sociale en évitant les abus ».*

« Considérant qu'en droit, la décision exécutoire ou acte administratif est tout acte juridique unilatéral d'une administration qualifiée et agissant en tant que telle, susceptible de produire des effets de droit.

Considérant que le législateur en prévoyant dans l'ordonnance n° 74/1 du 6 juillet 1974 fixant le régime foncier, des règles postérieures, à fixer des décrets réglementaires, relatives à l'annulation du titre foncier, reconnaît qu'un titre foncier est susceptible d'être entaché d'excès de pouvoir ; qu'il s'ensuit qu'en l'absence des règles exceptionnelles d'annulation d'un titre foncier, celui-ci est un acte administratif susceptible d'être déféré devant le juge administratif ».

La position de la Chambre administrative est suffisamment claire : le titre foncier est un acte administratif unilatéral, susceptible de censure du juge administratif. En revanche, l'attitude du juge méconnaissant la nature de l'acte administratif au titre foncier peut donner l'impression qu'il se préoccupe plus de la protection du titre foncier et de son détenteur, parfois irrégulier, sans se soucier de la sécurité juridique, dans son ensemble.

Cette situation, dans le contexte camerounais, peut servir de caution aux abus et à l'arbitraire administratifs, au regard du contexte social et des actes de complicité de fraude et de corruption auxquels se livrent souvent les agents de l'Administration.

L'absence des riverains à l'opération de bornage et la violation du principe du contradictoire ainsi que l'établissement d'un titre foncier par un requérant sans qu'il ait mis le terrain querellé en valeur, attestent de la tricherie orchestrée par l'Administration, à l'origine du litige opposant les pionniers planteurs aux détenteurs frauduleux des titres fonciers dans le 3e arrondissement de la ville de Douala (*supra*, chapitre I, section II, § 2), sans que ce cas soit isolé.

Aussi le législateur a-t-il prévu des situations qui peuvent justifier, exceptionnellement, l'annulation du titre foncier. Elles fondent l'intervention du juge administratif.

B. La sanction juridictionnelle de la fraude dans l'établissement du titre foncier

La position du juge administratif sur le caractère attaquable du titre foncier signale qu'il aurait été désastreux et foncièrement contraire à l'éthique, de voir l'Administration et ses affidés dépouiller les citoyens de leurs droits, si cette autorité, garante de l'Etat de droit, n'intervenait pas pour « clarifier le débat », en encadrant dans la légalité le caractère « inattaquable », « intangible » et « définitif » du titre foncier. Si les textes au Cameroun ont consacré la sacralité juridique du titre foncier, cela ne signifie pas que ce document bénéficie d'une immunité juridictionnelle, puisqu'il peut être attaqué par un tiers et annulé par le juge administratif.

Les deux conditions susceptibles d'ouvrir droit à obtention de l'annulation du titre foncier, sont la faute de l'Administration et la fraude du bénéficiaire. Ces conditions sont intimement liées, en ce qu'elles portent le plus souvent atteinte à l'éthique.

1. La faute de l'Administration comme motif d'annulation du titre foncier

Si la faute de l'Administration en matière d'établissement du titre foncier n'est pas spécifiquement définie, elle peut être considérée comme un manquement constaté dans la procédure d'immatriculation.[366] L'article 2 du décret n° 76-165 du 27 avril 1976 fixant les conditions d'obtention du titre foncier, modifié par le décret n° 2005/481, précise que « toute personne dont les droits ont été lésés par suite d'une immatriculation, n'a pas de recours sur l'immeuble, mais seulement en cas de dol, une action personnelle en dommages-intérêts contre l'auteur du dol…

Toutefois, le ministre chargé des domaines peut, en cas de faute de l'Administration, résultant notamment d'une irrégularité commise au cours de la procédure d'obtention du titre foncier et, au vu des actes

---

[366]NZANGUE KEAMBOU (Jephthe), L'autorité du titre foncier en droit camerounais, mémoire de Master 2, Université de Douala, année académique 2014-2015, p. 69.

authentiques produits, procéder au retrait du titre foncier irrégulièrement délivré ».

La réglementation prévoit l'hypothèse du dol dans la délivrance du titre foncier, et la possibilité pour celui qui en est victime, d'engager une action contre l'auteur d'un tel agissement indélicat, devant le juge judiciaire. Gérard CORNU définit le dol comme un « comportement malhonnête, le plus souvent d'un contractant envers l'autre, sous forme de manœuvres, mensonges, feintes, collusion, etc., destinés à surprendre le consentement de l'autre partie ».[367] Le dol dans la délivrance du titre foncier est donc un acte, non seulement malhonnête, mais aussi déloyal et frauduleux. C'est davantage la jurisprudence du juge administratif camerounais qui a déterminé les faits constitutifs de faute de l'Administration dans la délivrance du titre foncier. La faute de l'Administration est une faute de service, perçue comme *« une défaillance dans le fonctionnement normal du service, incombant à un ou plusieurs agents de l'administration, mais non imputable à eux personnellement ».*[368] Si la notion de faute de service a un caractère relatif étant donné que le même fait peut, selon les circonstances, être réputé fautif ou non (*idem*, p. 239), les comportements retenus par le juge administratif camerounais, dans l'ensemble, révèlent le caractère fautif de l'Administration du fait de son comportement irrégulier et répréhensible. Ainsi, les motifs les plus courants d'annulation du titre foncier pour faute de l'Administration sont, notamment:

- la production de faux actes en vue d'obtenir leur transformation en titre foncier (CS/CA, 26 mars 1992, *Mveng Ndy née Mendouga Marguerite*);

- l'absence des riverains à l'opération de bornage et la violation du principe du contradictoire (CS/CA, 30 mai 1991, *Sam Ebollo Mandessi Bell*);

- l'établissement du titre foncier en l'absence de mise en valeur du terrain (CS/CA, 28 septembre 2000, *Succession Mbewou*);

---

[367]CORNU (Gérard), *Vocabulaire juridique*, Association Henri CAPITANT, (dir.), 11e éd., Paris, PUF, 2016, p. 365.
[368]RIVERO (Jean), WALINE (Jean), *Droit administratif*, 15e éd., Paris, Dalloz, 1994, p. 238.

- l'établissement d'un titre foncier sur un terrain faisant déjà l'objet d'un premier titre de propriété (CS/CA, 29 juillet 1993, *Waha Emmanuel*).

On constate, à partir des faits sus-répertoriés, que la faute de l'Administration n'est pas toujours dénuée de l'intention de fraude ; elle semble même, à plusieurs égards, liée à la fraude foncière. Dans le jugement *Yongo Marc*,[369] la Chambre administrative décide que « le chevauchement des procédures d'immatriculation entreprises sur le même terrain caractérisent la faute de l'administration… ». L'annulation du titre foncier au profit du sieur DELANGUE KOLOKO Michel a été ordonnée en conséquence par le juge administratif. En effet, établir un titre foncier sur un terrain déjà immatriculé, sur la base des faux actes ou en l'absence des riverains à l'opération du bornage, n'est pas toujours innocent dans le contexte camerounais. Cette affaire l'atteste en révélant la fraude du bénéficiaire du titre foncier.

2. La sanction de la fraude du bénéficiaire du titre foncier

Conformément aux dispositions de l'article 2 (5) du décret n° 76-165 du 27 avril 1976, le retrait du titre foncier doit intervenir dans les délais du recours contentieux, « sauf cas de fraude du bénéficiaire ». La fraude, dans ce cas, autant que dans les autres, corrompt tout, en vertu de la maxime latine *fraus omnia corrumpit*. Dans le jugement *Deffo Christophe* (CS/CA, 27 juillet 2000), le juge administratif a défini la fraude comme « toute espèce de turpitude ». Aussi y a-t-il fraude lorsqu'un mandataire fait immatriculer un terrain en son nom (CS/CA, jugement du 27 mars 1997, Diocèse de Sangmélima ; T.A. du Littoral, jugement du 28 mai 2015, familles Komplempes et Nkomha Minonga),[370] ou le fait de faire immatriculer un terrain appartenant à

---

[369]CS/CA 27 avril 2005, *Yongo Marc* c/ Etat du Cameroun (MINUH) & Delangue Koloko Michel (intervenant volontaire).

[370]Ce jugement a un lien avec l'affaire PAPAS, déjà signalée (IIe partie, chapitre 1, section 2, §1, A (L'établissement des titres fonciers frauduleux), à la seule différence que le mis en cause, sieur TCHOKONDEU Léopold Alain, avait été mandaté par la famille demanderesse en s'engageant à assurer le financement et le suivi de la procédure d'immatriculation d'un immeuble d'une contenance superficielle totale de 90 hectares environ , en recevant, en contrepartie, un morcellement de 31 hectares. Toutefois, au lieu de se limiter aux termes du protocole d'accord, sieur TCHOKONDEU a fait insérer frauduleusement son nom dans les titres fonciers n° 34022 et 340481 qu'il était chargé de faire établir. On comprend pourquoi ladite fraude a été constatée par le juge administratif et sanctionnée par l'annulation des

autrui en usant de faux moyens (CS/CA, jugement du 27 août 1992, *Eyango Martin*). Si le titre foncier est la certification officielle de la propriété immobilière et qu'il bénéficie pour cela des garanties contre les empiètements des particuliers, l'on devrait s'attendre à voir son élaboration entourée d'autant de garanties. On remarque malheureusement que, du fait de la corruption rampante au Cameroun, la délivrance du titre foncier, appelée à être une opération délicate, contraste avec la légèreté qui accompagne la délivrance dudit titre de propriété, parfois établi dans les « bureaux », sans connaissance de la situation de l'immeuble et au mépris des prescriptions réglementaires.

La décision du juge d'annuler le titre foncier établi au profit du sieur DELANGUE KOLOKO, est révélatrice de la fraude du bénéficiaire dans l'établissement du titre foncier. La Chambre administrative décide qu'*« [A]ttendu que... le constat clandestin et le bornage fictif caractérisant la fraude du bénéficiaire DELANGUE KOLOKO Michel, le titre foncier n° 2333/SM doit être retiré en application de l'article 2 alinéas 3 et 6 du décret n° 76/165 fixant les conditions d'obtention du titre foncier »*.

Le chevauchement des procédures et le bornage fictif condamnés dans l'affaire *Yongo Marc* remettent en cause l'objectivité indispensable dans la délivrance du titre foncier, en même temps qu'ils établissent le lien qui existe, dans la majorité des cas, entre la faute de l'Administration et la fraude du bénéficiaire. Il est en effet impensable que, sur le même site, l'Administration chargée des affaires foncières entreprenne des procédures aboutissant parfois à la délivrance de deux titres fonciers aux différents bénéficiaires. Cette situation, hautement « conflictogène » et explosive, peut être source de conséquences incalculables ; et il est dommage que l'Administration elle-même soit à l'origine d'une telle manœuvre. Il en est de même du bornage fictif,

---

titres fonciers querellés, conformément aux dispositions de l'article 2 al. 2 et 5 du décret n° 76/165 du 27 avril 1976 fixant les conditions d'obtention du titre foncier. On rappelle que dans l'affaire PAPAS, sieur TCHOKONDEU, n'avait pas été mandaté par les pionniers planteurs, mais plutôt par des individus qui s'étaient prévalu des mises en valeur n'étant pas de leur fait. L'annulation du titre foncier au profit des familles Koplempes et Nkomha Minonga constitue une brèche pouvant profiter aux pionniers planteurs de PAPAS, puisque les titres fonciers annulés (n° 34022 et n° 34048) sont ceux signalés par sieur TCHOKONDEU lui-même dans sa correspondance du 23 mai 2014 adressée au ministre en charge des domaines et des affaires foncières, sollicitant leur annulation ainsi que tous les autres titres de propriété établis dans la zone de PAPAS avec son assistance et dont il a bénéficié, à tort.

orchestré par l'Administration, profitant indûment au bénéficiaire du titre foncier.[371]

L'on constate ainsi que des titres fonciers sont souvent établis dans le mépris de la procédure prévue par les textes. Pourtant, malgré cette irrégularité flagrante, le retrait desdits titres par l'Administration n'est pas aussi évident au regard des multiples obstacles qui ne peuvent se justifier que par la corruption.

Conclusion du chapitre 3

Les lignes qui précèdent attestent du rôle fondamental que le droit public camerounais, à travers le juge, joue dans la répression des comportements contraires à la morale. Les dérives dévoilent une société où les individus sont de plus en plus enclins à violer la règle de droit. L'Administration dans tous ses secteurs est gangrénée par les fraudes diverses, la corruption et d'autres comportements révélateurs des carences des agents et des citoyens dans l'intériorisation du sens de l'État et du service public.

La fraude en matière foncière prend de l'ampleur compte tenu des multiples enjeux du domaine concerné. L'efficacité du juge dans son action traduit sa détermination à sanctionner les agissements indélicats signalés. Les différentes interventions du juge électoral, de la Chambre des comptes et surtout, du juge administratif justifient l' « ampleur du mal » et la nécessité de combattre les multiples indélicatesses, dans l'optique de la préservation des valeurs éthiques.

---

[371]L'affaire *Yongo Marc* établit cette liaison entre la faute de l'administration et la fraude du bénéficiaire du titre foncier. Le juge administratif décide qu' « *[A]ttendu que le chevauchement des procédures d'immatriculation entreprises sur le même terrain caractérisent la faute de l'administration et le constat clandestin et le bornage fictif caractérisant la fraude du bénéficiaire DELANGUE KOLOKO Michel, le titre foncier n° 2333/SM doit être retiré en application de l'article 2 alinéas 3 et 6 du décret n° 76/165 fixant les conditions d'obtention du titre foncier* ».

Conclusion de la seconde partie

L'étude de cette seconde partie a mis en exergue moult manifestations de violations des dérives éthiques ainsi que l'action efficace que le juge exerce dans son office, dans le but de combattre les comportements et autres agissements contraires à la morale.

Les aspects examinés prouvent que l'Administration, particulièrement, est gangrénée par la corruption et la fraude, ainsi que par d'autres attitudes qui constituent parfois des délits, réprimés par la législation pénale. Le nombre élevé des sanctions administratives et juridictionnelles atteste de la détermination des pouvoirs publics à préserver les valeurs éthiques dans la société camerounaise.

Pour ce qui est de la sanction du juge, la part belle revient au juge administratif au regard du nombre suffisamment élevé de ses interventions dans des secteurs aussi divers que variés. L'on a néanmoins observé, pour le déplorer, de rares errements du juge dans le but de protéger des individus coupables de corruption (CS/CA, 30 juin 1983, *Metou Josué*, préc.), et même la partialité de l'Administration qui a parfois adopté une attitude de favoritisme pour préserver certains intérêts particuliers.[372] C'est la preuve que beaucoup reste encore à faire dans l'application stricte de la règle de droit, nécessitant la préservation des valeurs éthiques.

Les lignes qui suivent s'évertuent essentiellement à diagnostiquer le mal et à faire des propositions de nature à restreindre l'ampleur des dérives éthiques observées, de part et d'autre, en vue d'une expression effective et efficace du droit public camerounais.

[372]CS/AP, jugement du 16 août 1990, *Albert Ono Ngafor* ; jugement CS/CA, 25 septembre 1980, *Société "Assureurs-Conseils Franco-Africains"* (ACFRA).

TROISIÈME PARTIE

ESSAI DE SYNTHÈSE : LA NÉCESSITÉ DE COMBATTRE LES DÉRIVES ÉTHIQUES PAR LE RESPECT DE LA RÈGLE DE DROIT

« ... le droit ne se réduit pas aux seules règles de droit ; on estime opportun d'y inclure les comportements des individus conformes au droit, car ils en font partie intégrante ».

François TERRÉ, Introduction générale au droit, 2003, pp. 378- 379.

Plusieurs manifestations des dérives éthiques qui se sont présentées à l'analyse attestent de la corruption du droit. L'on signale que l'expression« corruption du droit », si elle n'est pas nouvelle dans le langage juridique camerounais, n'est pas pour autant courante. Elle a été utilisée par Alain-Didier OLINGA dans son analyse de la corruption au Cameroun.[373]

En soulignant la complexité des relations entre le droit et la corruption, l'auteur détermine quatre situations possibles qui rendent compte des relations entre ces deux réalités : le droit contre la corruption, le droit de la corruption, la corruption du droit et le droit corrompu (*idem*, p. 147). La corruption du droit, spécifiquement, est définie par l'éminent juriste camerounais comme « la norme investie par la logique de la corruption, qui tient de fait celle-ci en état » (*ibid.*).

La conception que nous avons de la corruption du droit est tout autre. Elle signifie que le droit, s'appliquant aux humains avec leurs faiblesses, est susceptible de subir des délitements et des altérations, en un mot, des violations de nature à lui faire perdre ses repères et sa vocation. Le terme « corruption » ici n'est pas perçu au sens que lui confère la législation pénale, mais il renvoie à son acception littérale voire littéraire, qui signifie « altération » ou « déformation » (*Dictionnaire universel*, 4e éd., Paris, EDICEF, 2002, p. 283).

[373]OLINGA (Alain-Didier), « De la corruption au Cameroun, le point de vue du juriste », *in* TITI NWEL (Pierre), *op. cit.*, pp. 145-160.

L'expression se rapproche dans ce sens du droit de la corruption susmentionnée, utilisée par Alain-Didier OLINGA, étant donné que, *« le droit défié par la corruption résiste dans sa fonction régulatrice et d'encadrement, pour que tout le système ne soit pas gangréné ».* C'est l'objectif recherché dans les pages qui suivent, pour que la « pyramide (du droit) reste toujours debout », en dépit des multiples altérations que lui font subir les déviances éthiques, compte tenu du contexte actuel de dégradation civique et morale de la société camerounaise.

Cette situation est mise en relief par Jean-Marie BRETON, observateur averti de la Fonction publique africaine. Le tableau que l'auteur dresse du « respect aléatoire » du droit de la Fonction publique est accablant. Il souligne, pertinemment, que *« les effets induits se traduisent en termes de démagogie chez les autorités investies du pouvoir de décision et de sanction, et de désinvolture ou de désobéissance chez les agents qui y sont soumis. La conséquence médiate et chronique en est la banalisation et la perte de crédibilité des normes qu'en fin de compte chacun applique et sanctionne à sa guise, ou peut à la limite se permettre de méconnaître voire de refuser ou de bloquer plus ou moins ouvertement ».*[374]

La réalité décrite par l'auteur justifie et renforce des attitudes et des comportements déviants s'ancrant rapidement dans la praxis de la Fonction publique comme habitudes et acquis, s'imposant en raison des privilèges et avantages induits, situation qui s'oppose à toute démarche réformiste (*ibid.*). L'attitude démagogique des autorités investies du pouvoir de décision et de sanction, dévoilée par Jean-Marie BRETON et contribuant à la dégradation du droit pour ce qui est du Cameroun, en particulier, est aussi liée au fait que ces autorités politico-administratives ne sont pas toujours respectueuses de la légalité.

L'encadrement de l'éthique par les textes et la jurisprudence doit nécessairement s'accompagner d'un changement de paradigme. Cette mutation interpelle tous les acteurs, producteurs du droit ou non, c'est-à-dire les personnes morales et/ou physiques, tout comme les pouvoirs publics, soumis au respect de leur propre droit. Il faut, pour ce faire, établir les responsabilités des uns et des autres, c'est-à-dire au premier chef, celle des agents, des usagers et de la société tout entière ; puis celle de l'Administration, personne morale, qui devrait également

---

[374]BRETON (Jean-Marie), *Droit de la Fonction publique des États d'Afrique francophone*, *op. cit.*, p. 236.

répondre de ses actes devant le prétoire de l'histoire (Chapitre 1). Et, pour que force revienne au droit, le renforcement du dispositif éthique s'avère indispensable ; mais il devrait nécessairement être précédé par un éveil de la conscience juridique (Chapitre 2).

CHAPITRE I

LA FAILLITE MORALE COLLECTIVE OU LE DIVORCE AUX TORTS PARTAGÉS

« Loin d'être au service du développement, l'administration, dans l'écrasante majorité des pays du tiers monde, et quelle que soit la nature du régime, constitue un corps parasitaire dont chacun des membres, par peur de dénonciations et de scandales, est solidaire de tous les autres, et qui constitue une caste fermée, consciente de ses privilèges et soucieuse de les préserver ».

Bernard CHANTEBOUT, Le Tiers monde, 1986, pp. 40-41

La faillite morale caractérisant la société camerounaise et nécessitant un encadrement du droit public est collective. Elle concerne les agents publics, les particuliers et, également, l'Administration. Les actes indélicats ou irréguliers constatés établissent la responsabilité des fonctionnaires et des particuliers (Section 1), tout en les invitant à des agissements conformes au droit. Cette situation est aggravée par le fait que l'Administration, par son attitude parfois complaisante et des complicités diverses, participe à la destruction morale de l'édifice juridique (Section 2).

SECTION I.- LA CULPABILITÉ DES FONCTIONNAIRES ET DES PARTICULIERS

La faillite morale de l'Administration interpelle au premier chef les fonctionnaires et agents publics dont les agissements contribuent à en ternir l'image, tout autant que les particuliers, partenaires de ladite administration. Au chapitre des travers observés, on note un déficit d'assimilation du système de carrière (Paragraphe 1) et une banalisation de la chose publique à laquelle on n'accorde plus aujourd'hui une grande considération (Paragraphe 2). En outre, l'on s'interroge sur la pertinence de la règle du service fait, au regard des violations au quotidien de ce principe de droit (Paragraphe 3) et sur la vocation manquée, dévoilée par des agissements indélicats constatés dans certaines professions (Paragraphe 4).

§ 1. Les bénéfices indus des travers du système de carrière

Le Cameroun a opté pour le système de carrière, sans l'adopter à l'état pur, ce que, il faut l'avouer, même la France n'a pu observer.[375] Son altération principale est liée au mouvement de la contractualisation de la Fonction publique. Au Cameroun, avec les recrutements « sociaux » massifs, de plus en plus fréquents, le nombre de fonctionnaires tend à s'amenuiser, par rapport à celui des agents contractuels.

Du fait de la garantie de la rémunération, les fonctionnaires camerounais, dans leur grande majorité, ont pris l'habitude d'adopter des comportements déviants, rassurés que leur salaire à la fin du mois ne souffrira d'aucune entorse. Ces comportements que nous qualifions de « carriéristes » sont contraires à l'éthique.[376] Le système de carrière, mal perçu ou mal assimilé au Cameroun, procure au fonctionnaire ainsi qu'à l'agent contractuel, stabilité et garantie de l'emploi. A ce titre, il est porteur des germes de la paresse et de l'inertie, dans un contexte où les concepts de l'État et de l'intérêt général peinent encore à prendre corps dans les esprits. Luc ROUBAN note à ce sujet que les fonctionnaires sont fondamentalement différents des salariés du secteur privé, en ce que leur statut juridique les protège de manière indue et les pousse à l'apathie.[377]

Le système de carrière, lié à la vision tronquée ou défaillante de l'État et de l'intérêt général, a généré des comportements irréguliers qui ont pour nom, retard, absentéisme, désinvolture, indiscipline, etc. Ces différents manquements au droit, encouragés par la lâcheté des contrôles ont, pour BENDEGUE Jean-Marie Vianney, *« essaimé dans*

---

[375]GAZIER (François), *La Fonction publique dans le monde*, Paris, Éditions CUJAS, 1972, pp. 28 à 30.

[376]Ce comportement est également contraire aux prescriptions religieuses. La sainte Bible déclare dans le livre de la Genèse (chap. 3, verset 19), que « c'est à la sueur de ton front que tu mangeras du pain…».

[377]ROUBAN (Luc), « L'univers axiologique des fonctionnaires », *RFAP*, n° 132, 2010, p. 773.

un environnement permissif caractérisé par l'automaticité relative des avancements et l'inefficacité du principal instrument d'évaluation (le bulletin de notes) »,[378] hautement subjectif.

Le cas des fonctionnaires du secteur de l'éducation est le plus préoccupant et cette situation s'est aggravée depuis 1993.[379] Auréolés au départ du prestige du savoir, les enseignants comptent aujourd'hui parmi les fonctionnaires aux revenus les plus modestes de la Fonction publique camerounaise. Ceci est dû au fait qu'ils n'ont généralement pas accès aux avantages extra-salariaux que d'autres corps procurent et que leurs membres ne perçoivent pas toujours dans l'illégalité ou la corruption. Les enseignants n'échappent par conséquent pas à la violation des règles éthiques, ce qui justifie qu'ils soient les plus concernés par les abandons de postes.

D'autres, relevant de l'Enseignement supérieur, signent des contrats de travail avec les entreprises publiques ou privées et s'arrangent, avec la complicité des services de la scolarité de leurs établissements, pour obtenir des programmations leur permettant de ne dispenser leurs enseignements que les samedis et dimanches, contraignant les étudiants à l'absence de repos, alors qu'ils ont la qualité d'« enseignants permanents ». Cette attitude est contraire à l'éthique, ce d'autant plus que ces enseignants ont déclaré être libres de tout engagement, au moment de la signature de leur contrat de travail avec l'Université.

Le fait que la carrière du fonctionnaire constitue une limite fondamentale au pouvoir hiérarchique et à la toute-puissance de l'administration publique, tenue de la respecter et d'assurer son bon déroulement, a installé les fonctionnaires dans un refuge où l'immobilisme a fait son lit. Bénéficiant de la stabilité de l'emploi et de solides garanties, et étant à l'abri des fluctuations économiques et

---

[378]BENDEGUE (Jean-Marie Vianney), *De la corruption au Cameroun*, précité, p. 181 ;

[379]Ce « corps du savoir » n'a pas été prestigieux au Cameroun par le passé parce que les enseignants étaient les mieux payés, mais en raison de ce que le fonctionnaire vivait de ses revenus réels. Or, depuis la baisse drastique des salaires en 1993, les fonctionnaires des autres corps ont trouvé des « voies de contournement » ou de « compensation » par des pratiques déviantes, leur permettant de combler leur manque à gagner. Les enseignants ou les « simples enseignants » - expression qui désigne au Cameroun ceux des enseignants n'occupant pas de postes de responsabilité - loin d'être des saints, sont restés dans leurs salles de classe ou de cours, avec pour seuls interlocuteurs les élèves et étudiants, à l'évidence, démunis.

sociales, la prise de conscience de cette stabilité qui fait des fonctionnaires une caste de privilégiés a créé chez eux des « attitudes négatives »,[380] sans souci de rentabilité et préjudiciables au service public et à l'intérêt général.

Assuré de la garantie de l'emploi et du paiement régulier de son traitement, le fonctionnaire camerounais est tombé dans le piège des comportements contraires à la morale professionnelle, réprimés par la législation pénale, que sont le trafic d'influence, la concussion, la corruption, etc. Par ailleurs, le système de notation mis en place tend, depuis quelques années, à institutionnaliser les avancements automatiques d'échelon et de classe (sans base juridique pertinente). Cette situation renforce l'immobilisme des fonctionnaires qui savent qu'avec le moindre effort ou sans effort du tout, ils glanent les échelons et progressent dans leur carrière. Ladite attitude déplorable contribue à la perte de crédibilité de la chose publique.

§ 2. La banalisation de la chose publique

Dans son commentaire du Statut général de la Fonction publique de l'État, Georges TEKAM s'indigne de ce que la chose publique s'est banalisée au point où elle n'est plus respectée ou protégée. Cette situation est justifiée par les divers maux qui minent la société camerounaise, ayant pour nom, la corruption, les détournements de deniers publics et le trafic d'influence...[381]

Les preuves ne sont pourtant pas difficiles à établir pour débusquer ces fonctionnaires véreux, en contribuant ainsi au respect de la chose publique dont parle Georges TEKAM, par les particuliers et à sa protection, par les pouvoirs publics.

L'appel ou le retour à un comportement digne et responsable interpelle tous les agents publics, qui considèrent pour la plupart l'Administration comme « l'affaire des autres », sciant la branche sur laquelle ils sont assis, tel que le dit l'adage. Tous les secteurs d'activités sont atteints par la gangrène et les actes décriés concernent les détournements de tous

---

[380]CISSOKO (Diango), *La Fonction publique en Afrique noire : le cas du Mali*, publication de l'Université de Rouen, 1986, p. 27.
[381]TEKAM (Georges), *Fonction publique camerounaise. Statut Général et textes d'application* (recueil de textes commentés), Yaoundé, février 2006, p. 27.

genres, la corruption et les fraudes diverses mettant en péril leur propre vie.[382] De même, s'agissant du non-respect des règles de vie relevant de simples civilités, comme le gaspillage de l'eau ou de l'énergie dans les administrations, pour ne citer que ces cas, les agents publics affichent une irresponsabilité déconcertante. À la décharge de plusieurs, leur entrée par effraction dans la Fonction publique, qui est loin d'être une simple vue de l'esprit ; elle est attestée notamment par le marchandage des concours administratifs, déjà signalé.

Le poste de responsabilité est considéré, non comme une charge, mais une prébende. On comprend pourquoi Alain-Didier OLINGA remarque que *« [L]e moindre agent de l'Etat nommé à un poste de responsabilité croit devoir mobiliser son hameau, son village ou le comité de base (du parti au pouvoir) de son quartier pour une motion de remerciement à la magnanimité du Chef »*. Et le droit est souvent interprété au compte des agents indélicats. En témoigne, la lecture qui est faite du fameux « Article 2 » contenu dans tous les actes de nomination des agents publics : « Les intéressés auront droit aux avantages de toute nature prévus par la réglementation en vigueur ». Ces agents ne retiennent de cet article que la première partie : « Les intéressés auront droit aux avantages de toute nature… », ignorant (ou faisant semblant d'ignorer) que ces avantages sont uniquement ceux prévus par la réglementation,[383] celle-ci entraînant aussi des obligations et leur imposant des prescriptions.

Le principe du service fait n'est pas sans lien avec le système de carrière et la banalisation constatée de la chose publique. Il suscite des interrogations quant à sa justification.

§ 3. Le service fait est-il toujours justifiable ?

Le salaire ou la rétribution sont-ils toujours la contrepartie du service fait au Cameroun, comme l'exige le droit ? C'est le lieu de convoquer le principe du service fait, pour se poser la question de savoir si ce principe est effectif dans l'administration camerounaise. En d'autres termes, tous les agents publics ou tous les opérateurs économiques

[382]C'est le cas longtemps observé du marchandage des permis de conduire. Des mesures sont heureusement mises en place pour mettre de l'ordre dans ce secteur.
[383]Jean-Jacques ZE, journaliste à la chaîne de télévision Vision 4, a rappelé cette perception des choses, de façon anecdotique, dans un de ses commentaires quotidiens, le jeudi, 28 juin 2018.

peuvent-ils prétendre à une rémunération mensuelle ou au paiement de leur prestation en contrepartie du service rendu à l'Administration ? Il s'agit-là d'une interrogation fondamentale qui devrait interpeller la conscience de tout un chacun. L'on devrait au préalable rappeler la signification du principe du service fait (A) avant de voir comment cette règle est mise en œuvre (B).

A. La signification de la règle du service fait

Le principe général du droit du service fait, est issu d'une règle de la comptabilité publique en France, en vertu de laquelle *« [A]ucun paiement ne peut être effectué qu'au véritable créancier justifiant de ses droits et pour l'acquittement d'un service fait »*.[384] Il s'agit donc d'une *« prestation exécutée par le créancier de l'Administration et qui doit être justifiée pour permettre le paiement des dépenses publiques »*.[385] Ce principe trouve matière dans les prestations de marchés ou d'ouvrages publics, mais aussi dans celui des traitements des agents publics, la logique étant que le salaire constitue la contrepartie du service fait.

La règle du service fait joue un rôle important dans l'exécution du budget et des dépenses publiques, en particulier. LEKENE DONFACK précise que *« l'Etat ne paie pas d'avance, il paie seulement lorsque son créancier a exécuté le service ou la prestation qui était à sa charge »*.[386]

Le champ d'application de la règle du service fait est suffisamment large et englobe les salaires des fonctionnaires, ministres, élus, les prestations de services et autres marchés publics… Ainsi, souligne LEKENE DONFACK, *« un fonctionnaire n'est payé qu'à la fin du mois, un fournisseur ne reçoit le prix qu'une fois les commandes fournies, un entrepreneur qu'une fois les travaux effectués. Pour obtenir leur dû, les créanciers de l'Etat doivent établir la preuve qu'ils ont effectué le service demandé »* (*ibid.*).

Le principe du service fait et sa contrepartie équivalente sont rappelés aux ordonnateurs, responsables des services techniques et membres des commissions de réception dans le cadre de l'exécution du budget. Ceux-

[384] AYOUB (Eliane), *La Fonction publique en 20 principes*, ouvrage précité, p. 119
[385] CORNU (Gérard), *Vocabulaire juridique*, 11e éd., Paris, PUF, 2016, p. 959.
[386] LEKENE DONFACK, *Finances publiques camerounaises*, Paris, Berger-Levrault, 1987, p. 446.

ci doivent s'assurer, avant toute certification, liquidation, signature ou visa, que les prestations et les livraisons constituent l'équivalent réel des sommes à décaisser et sont effectivement exécutées conformément à la commande.[387]

Il est par conséquent interdit de régler des prestations avant service effectivement rendu ou réalisé. La responsabilité personnelle des ordonnateurs, des responsables des services techniques et des membres des commissions de réception est par conséquent engagée en cas de non livraison, de livraison partielle, de livraison non conforme, de non-exécution ou d'abandon des travaux, sans préjudice des poursuites pénales et des sanctions administratives (*ibid.*).

Appliquée au fonctionnaire, la règle du service fait signifie que son traitement n'est dû qu'après qu'il s'est acquitté de l'ensemble de ses obligations. L'article 27 (1) du Statut général de la Fonction publique dispose que « le fonctionnaire a droit, après service fait, à une rémunération comprenant un traitement indiciaire, des prestations familiales obligatoires et, éventuellement, des indemnités et primes diverses ».

Ce qui veut dire, *a contrario*, qu'en l'absence de service fait, le fonctionnaire ne saurait prétendre à son salaire. Le juge administratif revient constamment sur cette question en rappelant qu'en l'absence du service fait, le fonctionnaire n'a pas droit au paiement de sa rémunération.[388]

La règle du service fait admet des assouplissements ou des exceptions. Ainsi, des acomptes ou des avances de démarrage peuvent être accordés aux entreprises de travaux publics, pour leur permettre de démarrer le chantier. En matière salariale, les avances de solde peuvent être accordées par le ministre des Finances, pour une durée n'excédant pas 6 mois. Les atteintes au principe du service fait sont pourtant nombreuses.

---

[387]Circulaire n° 001/C/MINFI du 02 janvier 2018 portant instructions relatives à l'exécution des lois de finances, au suivi et au contrôle de l'exécution du budget de l'Etat, des entreprises et établissements publics, des collectivités territoriales décentralisées et des autres organismes subventionnés, pour l'exercice 2018.
[388]CS/CA, jugement du 30 juin 1983, *Onambele Germain ;* CS/CA, jugement du 28 sept. 1978, *Owoundi Jean-Louis*, etc.

B. Les atteintes morales au principe du service fait

La signification de la règle du service fait participe de l'équité, puisqu'il n'est pas juste de rémunérer un fonctionnaire ou un agent public qui ne s'acquitte pas de ses obligations professionnelles. Ceci est autant valable si un fournisseur ne réalise pas ses prestations ou une entreprise qui n'exécute pas un marché, conformément aux clauses convenues. Les bornes sont donc implantées pour empêcher toute déviation dans le cadre de l'exécution du budget. Mais il y a une différence entre la prescription et son respect.

L'on constate malheureusement des déviances dans la réception et l'application de ce principe en droit camerounais. L'opération de comptage physique du personnel de l'État (COPPE), engagée en avril 2018 a révélé que sur 310 786 agents concernés, 285 092 ont été recensés à date, c'est-à-dire entre avril et juin 2018, et 4621 dossiers ont été invalidés.[389] Il est certain que sur les 25 000 personnels environ, non recensés ou dont les recensements ont été invalidés, la plupart ont déserté leur poste de travail et se trouvent à l'étranger, tout en percevant le salaire servi par l'Administration. Pourtant, l'absentéisme auquel se livrent plusieurs fonctionnaires nous conforte dans l'idée que les fonctionnaires et agents publics, qui adoptent des comportements contraires à leurs obligations statutaires, ne méritent pas une rémunération.

Les absences irrégulières et les abandons de postes sont fréquents chez les jeunes fonctionnaires, nouvellement sortis des Écoles normales, en particulier. Plusieurs de ces agents, le plus souvent affectés hors des grandes agglomérations, prennent le prétexte du paiement tardif de leur premier salaire lequel, il faut l'avouer, peut être perçu par les intéressés plus d'un an après l'intégration dans la Fonction publique.

Ces agents se présentent souvent dans leur établissement scolaire, parfois plusieurs mois après leur affectation. Et, avec la complicité ou la « compréhension » du chef d'établissement, ils disparaissent pour rejoindre leur poste de travail une fois leur salaire perçu.

---

[389]Cette opération prend également en compte les personnels pensionnés ainsi que les décédés dont les salaires étaient toujours payés. Lire *Cameroon Tribune* n° 11705/7904 du 22 octobre 2018, p. 14.

Les préoccupations de ces jeunes fonctionnaires, relatives au manque de moyens financiers, sont fondées et les pouvoirs publics camerounais s'attèlent à faire prendre en solde, le plus tôt possible ces personnels. Toutefois, il y a lieu de s'interroger sur le caractère équitable de la rémunération servie à titre de rappel de salaires, puisque les arriérés des traitements sont comptabilisés depuis la date de prise de service. Il est donc fréquent de voir un agent percevoir un an de salaire, alors qu'en réalité, il n'a servi que pendant deux ou trois mois…

On constate aussi que plusieurs fonctionnaires et agents « disparaissent » généralement de leurs bureaux, en l'absence du chef de structure ou de l'institution. Le siège des institutions, Yaoundé, est le théâtre de ce comportement à déplorer, surtout, à l'approche d'une élection politique, la campagne électorale pouvant durer plusieurs semaines. Le manque à gagner pour l'économie nationale pendant cette période est considérable. Il est pourtant paradoxal que les fonctionnaires concernés soient prompts à percevoir « leur salaire »[390]à la fin du mois. Ce nouveau statut de « fonctionnaire-politique » et cette attitude déteignent sur le travail administratif et l'indépendance du fonctionnaire. On imagine les dégâts que cette situation est susceptible de causer si plusieurs fonctionnaires d'une administration militent dans des partis politiques différents et qu'il faille répondre chacun à l'appel de sa chapelle politique pour « battre campagne » dans sa ville ou sa contrée d'origine. Nous pensons que l'on devrait exiger que le fonctionnaire ou l'agent public sollicite au préalable sa mise en disponibilité ou la suspension de son contrat de travail, s'il veut militer activement au sein de son parti politique. La situation actuelle continue à entretenir le flou sur le statut du fonctionnaire et l'obligation de loyalisme qui lui incombe.

Le principe de la rémunération comme contrepartie du service fait trouve un terrain de prédilection dans les retards et l'absentéisme des agents publics. Cette situation a été décriée, il y a plusieurs décennies, par les pouvoirs publics camerounais, au sommet de la hiérarchie politico-administrative. Ainsi, dans la circulaire n° 02-CAB-PR du 16 février 1979 relative au retard et à l'absentéisme dans les administrations publiques et parapubliques, le président de la République s'indigne de ce que « [L]'État subit un immense préjudice

[390]Si le salaire représente la contrepartie du service fait, il signifie une rémunération du travail effectué par un employé pour le compte d'un employeur.

moral et matériel du fait de ces retards, de ces abandons prématurés des services et de cette répugnance à réserver rapidement une suite aux requêtes des usagers. Ainsi le principe fondamental du salaire contrepartie du service fait ne correspond plus à rien, la durée légale de travail étant souvent réduite, sans aucune incidence sur le salaire ». Le président de la République poursuit qu' « [E]n fin de compte, ces habitudes freinent notre développement qui, comme vous le savez, est tributaire en grande partie de l'activité administrative dans son ensemble ».

Le constat de cette autorité est d'actualité, au regard des comportements de retards ou d'absentéisme, qui ont toujours cours. Il est vrai que s'agissant de la ponctualité, elle devrait être garantie par l'existence d'une voirie urbaine fiable et des moyens de transport adéquats. Il est par conséquent difficile, pour plusieurs fonctionnaires des villes de Douala et Yaoundé, par exemple, d'être présents à leur lieu de service tous les jours à 7h 30 mn, à cause des difficultés avérées de transport. Mais le fait choquant est que plusieurs agents qui arrivent en retard au travail soient prompts à quitter le lieu de service avant la fin de la journée, à 15h 30mn, souvent avant, sans que la possibilité soit donnée à l'Administration de récupérer le manque à gagner subi.[391]

Le préjudice matériel et moral causé à l'Administration par les agents véreux signalés dans la circulaire présidentielle porte atteinte à l'honorabilité de l'administration publique dans son ensemble, en même temps qu'il grève le budget de l'État, sans contrepartie de service fait, justifiant le salaire indûment perçu. Cette attitude est moralement répréhensible, de surcroît dans un pays ayant besoin de toutes ses ressources pour se développer.

Les deniers publics subissent également une hémorragie avec les chantiers de travaux publics, régulièrement abandonnés, quand ils ne sont pas tout simplement mal exécutés, contraignant les pouvoirs publics à attribuer de nouveaux marchés à d'autres prestataires, au

---

[391]L'article 29 du Statut général de la Fonction publique de l'État dispose que « [L']absence de service fait pour une fraction quelconque de la journée donne lieu à une retenue dont le montant est égal à la fraction du traitement indiciaire frappé d'indivisibilité…Il n'y a pas service fait lorsque le fonctionnaire s'abstient d'effectuer tout ou partie de ses heures de service ; ou lorsque le fonctionnaire, bien qu'effectuant ses heures de service, n'exécute pas tout ou partie des obligations de service qui s'attachent à son poste de travail telles qu'elles sont définies dans leur nature et leurs modalités par l'autorité compétente, dans le cadre des lois et règlements ».

détriment du contribuable. Les fournitures fictives de matériel dans les administrations sont tout aussi courantes. Il est pourtant rare que le prestataire défaillant soit contraint d'exécuter son marché ou poursuivi en justice.

Un des maux qui minent l'Administration camerounaise est la quasi-généralisation de la vocation manquée, préjudiciable au bon fonctionnement du service public, en ce qu'elle pousse à des comportements contraires à la morale professionnelle.

§ 4. La tricherie de la vocation

Deux aspects retiennent l'attention : le corps des fonctionnaires de la Documentation, qui a facilité les recrutements frauduleux des fonctionnaires (A) et ceux des enseignements secondaire et supérieur, en particulier, hébergeant des enseignants admis dans le corps, on dirait, par effraction (B).

A. La passerelle inique du corps des fonctionnaires de la Documentation

Dans la vie, on n'exerce pas toujours le métier de ses rêves. Cette assertion est d'autant plus justifiée, qu'au Cameroun, l'on se lance souvent dans la recherche d'un emploi administratif, quel qu'il soit, l'essentiel étant de trouver un gagne-pain. Cette attitude n'est pas blâmable en soi. Le numéro de matricule solde, qui constitue le code d'identification de l'agent public, n'est pas seulement recherché à cause du prestige de la Fonction publique ; il permet surtout d'accéder au « sésame » de l'emploi public sécurisé. Tous les moyens sont par conséquent bons pour y parvenir. C'est davantage à ce niveau qu'il faut déplorer le fait que la vocation semble ne plus exister, surtout dans des métiers où elle devrait le plus se justifier, tel un sacerdoce.

La première brèche, ouverte par la réglementation, a favorisé des recrutements dans la Fonction publique par la technique de la constitution initiale des cadres, afin de permettre l'intégration des agents de l'État relevant du Code du travail. Cette possibilité est offerte dans le cadre de plusieurs statuts spéciaux et particuliers. Un véritable scandale, pourtant passé sous silence, a été observé à la faveur du décret n° 86/752 du 23 juin 1986 portant statut particulier des fonctionnaires de la Documentation et a permis le recrutement frauduleux de nombreux agents de l'État dans ledit corps. Ces agents avaient été intégrés dans ce nouveau corps et trouvé une voie salutaire, à la suite du gel des recrutements imposé par les politiques d'ajustement structurel au début des années 1990.

Ladite intégration était réservée aux agents contractuels en service dans les bibliothèques et autres services de documentation, afin de récompenser le travail accompli au quotidien par ces agents et leur permettre d'envisager des perspectives de carrière.[392] Il s'est malheureusement avéré que cette constitution initiale des cadres a ouvert la porte à tous les abus, puisque les agents de tous horizons (secrétaires, agents de bureau, chauffeurs, etc.) ont accédé à ce nouveau corps, en violation de la réglementation.

Cette situation avait été facilitée par le fait que le recrutement de ces personnels à la catégorie B de la Fonction publique ne nécessitait pas le visa préalable des services du Premier ministre, ce qui a ouvert la voie aux fraudes et tricheries de toutes sortes.

D'autres agents, par la procédure de changement de corps, irrégulière, avaient quitté par la suite le corps des fonctionnaires de la Documentation, dans lequel ils avaient été titularisés, sans jamais y avoir servi, pour intégrer les corps des régies financières, (Douanes, Impôts, Trésor) plus rémunérateurs. Toutes ces manœuvres frauduleuses se déroulaient au ministère en charge de la fonction publique, initiateur de ces différents actes juridiques.

Plus grave encore, ces nouveaux fonctionnaires se faisaient payer, en régularisation et de façon fictive, des sommes importantes au ministère des Finances, pour compter de 1986, date de publication du décret portant organisation du corps des fonctionnaires de la Documentation. Ces rappels de solde fictifs ont entraîné une hémorragie financière considérable au ministère des Finances.

Ces paiements frauduleux devraient être considérés comme des détournements de deniers publics imputables aux fonctionnaires

---

[392]L'article 20 du décret n° 86/752 du 23 juin 1986 dispose, pour les inspecteurs principaux de la documentation, par exemple, que seront intégrés par des actes particuliers et sur leur demande…, parmi « [L]es contractuels d'Administration de 11e et 12e catégories, titulaires d'un doctorat d'État ou d'un diplôme équivalent, en poste dans un service de documentation à la date de signature du présent décret depuis deux ans au moins ».

bénéficiaires. Le métier d'enseignant, de plus en plus couru, suscite des interrogations sur sa place réelle au sein de la société camerounaise.

B. La spécificité du métier d'enseignant : une sinécure ?

Que l'on s'entende d'emblée sur la terminologie. Il est de notoriété que le métier d'enseignant est peu gratifiant au Cameroun, et pour celui qui l'exerce, il ne saurait être une sinécure. En effet, une sinécure est un « emploi où l'on est payé beaucoup pour très peu de travail » (Dictionnaire *Le Petit Larousse illustré*, 2009, p. 943). Ce métier est une sinécure pour l'agent qui y est arrivé par « effraction », sans vocation. Ce constat peut être étendu à l'ensemble de la Fonction publique camerounaise. Le métier d'enseignant a été choisi parce qu'il est le plus visible du fait de son fort impact sur la société, tout comme la médecine.

Le gel des recrutements par les pouvoirs publics dans le but de répondre aux exigences de réduction de la masse salariale de la Fonction publique, imposées par les bailleurs de fonds dans le cadre des politiques d'ajustement structurel, a limité l'accès à l'emploi public à l'ENAM, aux écoles normales supérieures d'enseignement général et technique et à l'INJS. Comme on le constate, le recrutement des « Normaliens » était l'une des rares voies d'accès à la Fonction publique, avant l'embellie de l'économie observée, ayant justifié une levée de bouclier par l'ouverture progressive des concours administratifs dans presque toutes les grandes écoles.

Cette situation a suscité des fausses vocations et l'accès des « mercenaires » dans les corps comme l'éducation où ils n'avaient jamais rêvé servir. En effet, le recrutement dans les écoles normales en particulier, depuis plusieurs décennies, amène à se poser des questions sur la qualité de la formation dispensée sur le terrain par les « normaliens » qui en sont issus.[393]

Les recrutements se fondant sur des critères pas toujours objectifs entraînent des conséquences non seulement sur la formation reçue, mais aussi sur la moralité des élèves-professeurs parfois impliqués dans les fraudes diverses aux examens, au cours de leur formation. L'objectif affiché est d'achever la formation « par tous les moyens », se faire

[393]Il est très fréquent de voir un enseignant de langue et civilisation espagnoles, par exemple, dispenser son cours en langue française…Ces lacunes peuvent être vérifiées dans toutes les disciplines.

intégrer dans le corps et mettre à contribution ses « réseaux » et relations pour obtenir, non un détachement en bonne et due forme, mais un poste de responsabilité dans une autre administration. C'est ce qui explique que les enseignants, notamment, soient les plus nombreux à quitter leurs administrations d'origine pour se faire nommer à des postes de responsabilité dans d'autres structures.[394]

L'on observe que le métier d'enseignant a perdu de sa valeur et de son attractivité « réelle » au Cameroun, et semble être le refuge de ceux qui n'ont pas pu trouver mieux ailleurs dans la Fonction publique. C'est aussi le lieu où, dans la perception communément partagée, à tort, que l'on devrait y retrouver le maximum de femmes (comme si elles étaient par nature incapables de trouver une autre alternative dans l'Administration) afin de leur permettre de disposer suffisamment de temps pour s'occuper de leurs familles. N'a-t-on pas souvent entendu dire au Cameroun que l'enseignement (dans les cycles primaire et secondaire, en particulier) était le métier des femmes ? Autant de clichés qui font perdre du sens à la vocation dans ce métier.

Le problème de la tricherie de la vocation prend une ampleur inquiétante dans l'enseignement secondaire. S'il est légitime et humainement admis pour un jeune de chercher une autre alternative dans son projet professionnel (plan B), lorsque cet objectif est atteint, l'intéressé devrait savoir qu'il ne constitue pas une fin en soi et qu'il doit exercer son métier avec compétence et abnégation. Dans ce cadre, l'admission des ingénieurs dans les ENSETs notamment, suscite des interrogations. Devrait-on continuer à recruter ces élèves, sachant qu'ils n'exerceront jamais convenablement le métier d'enseignant ? Cette ouverture qui devrait enrichir le métier d'enseignant de nouvelles compétences ne paraît pas pertinente. Il est en effet de notoriété que les ingénieurs qui intègrent les ENSETs ont d'autres préoccupations au cours de leur formation et sont davantage à la recherche de leur numéro de matricule solde. Ils n'attendent que la moindre occasion pour changer d'administration ou pantoufler, tout en conservant, pour ceux qui migrent vers le secteur privé, le salaire de la Fonction publique, avec

[394]On constate que les enseignants sont les agents publics qui sollicitent le plus, par des voies obscures et inavouées, leur déplacement vers d'autres administrations, signe de l'expression d'un mal-être. Sans remettre en cause le principe de la mobilité au sein de l'Administration, cette attitude cache aussi l'incapacité de ces enseignants à assumer convenablement leurs tâches en restant dans leur corps. L'École normale est de plus en plus un tremplin permettant uniquement d'accéder à la Fonction publique.

des complicités évidentes, la fraude étant toujours découverte longtemps après.

Le problème se pose à l'identique pour les candidats admis à l'ENSET avec le Brevet de technicien supérieur (BTS) ou le DUT (Diplôme universitaire de technologie), qui passent moins d'une année de formation à l'École pour se retrouver sur le terrain, sans avoir les compétences et les aptitudes pédagogiques requises pour l'encadrement des élèves des lycées et collèges d'enseignement technique. Il est compréhensible que ces professeurs d'un genre particulier, formés dans la précipitation, lorgnent en permanence le secteur privé ou d'autres administrations plus gratifiantes, une fois nantis du diplôme de l'ENSET. Pourtant, les titulaires du DEUG (Diplôme d'études universitaires générales) ne sont pas admis en troisième année du premier cycle de formation dans les écoles normales supérieures (ENS).

Par conséquent, les personnels qui gonflent les rangs de l'enseignement se recrutent de plus en plus parmi les agents n'ayant aucune vocation pour ce métier. Ils semblent les plus concernés par l'adresse du chef de l'Etat du Cameroun à la nation à l'occasion de la fête de la jeunesse, le 10 février 2016. Prenant l'exemple des vaillants soldats camerounais qui défendent la nation au péril de leur vie, le président de la République relève qu' : *« [I]ls ne se comportent pas comme ces autres jeunes qui se sont fait recruter, au prix d'importants sacrifices, dans l'administration. Ils désertent ensuite leurs postes d'affectation, tout en continuant de recevoir une rémunération. Ceux-là sont l'exemple de ce qu'il ne faut pas faire. D'aucuns s'intègrent dans la fonction publique seulement en quête d'un matricule, comme ils aiment à le dire. Ceux-là ne méritent pas de la nation. La recherche du gain facile et l'enrichissement sans cause sont des voies de perdition qu'il faut bannir des milieux jeunes ».*

Les comportements dénoncés par « la voie la plus autorisée » sont révélateurs du degré de dégradation morale de la société camerounaise actuelle. L'observation révèle que les propos du chef de l'État s'adressent davantage aux diplômés des écoles normales d'enseignement général et technique, qui éprouvent rapidement un malaise à exercer leur métier et préfèrent se réfugier dans des administrations où ils seront mieux rémunérés. L'époque où le jeune « Normalien » fraîchement sorti de l'école de formation était fier de transmettre le savoir aux élèves, en faisant carrière dans son corps, semble aujourd'hui révolue au Cameroun.

L'hémorragie des enseignants du secondaire et du supérieur vers d'autres administrations se poursuit au quotidien. Ceux de l'Université, plus qualifiés, sont davantage tentés par l'exode vers les pays du Nord, en particulier, mais n'osent pas démissionner[395]de leurs emplois pour se voir remplacés et offrir par leur acte courageux et citoyen la chance à d'autres Camerounais d'être recrutés dans la Fonction publique. Il serait prématuré de condamner ces agents qui aspirent aussi à un mieux-être. Ce que l'on ne saurait tolérer et qui est moralement répréhensible, c'est le fait que plusieurs fonctionnaires soient absents ou abandonnent leur poste, tout en continuant à ponctionner le Trésor public.

Il faut noter que le constat de l'abandon de poste et l'information des ministères de l'Enseignement supérieur et des Finances par les recteurs et *vice-chancellors* ne constitue pas une garantie de sauvegarde diligente des deniers publics. On a l'impression que le décret n° 2012/079 du 9 mars 2012 fixant le régime de la déconcentration de la gestion des personnels de l'État et de la solde est protecteur des agents absentéistes ou en abandon de poste. En effet, l'article 11 de ce texte réserve au seul ministre de l'Enseignement supérieur (ministre utilisateur) le pouvoir de solliciter de son homologue du ministère des Finances la suspension de la solde d'un enseignant absentéiste, sans préjudice du pouvoir de réformation, réservé au ministre de la Fonction publique (art. 12). Cette procédure consacre le désarmement du recteur ou du *vice-chancellor* qui ne peuvent plus directement saisir le ministre des Finances à cette fin et dans l'urgence, en cas de défection d'un enseignant et dans le but de sauvegarder les deniers publics.

Les enseignants du cycle secondaire et ceux du supérieur en particulier, qui abandonnent l'enseignement, reconnaissent aussi, implicitement, leur incompétence et leur incapacité à exercer correctement ce métier. Ils avouent qu'il est impossible de faire carrière dans l'enseignement sans en avoir la vocation et qu'à la moindre occasion, ils abandonnent les salles de classe et les amphithéâtres pour trouver bonheur ailleurs.

---

[395]Nous avons enregistré moins de cinq (5) démissions régulières des enseignants entre 2005 et 2017 lorsque nous étions en charge de la gestion de la carrière des enseignants à la direction des Affaires académiques et de la coopération de l'Université de Douala, contre une cinquantaine de défections.

Nous pensons, au vu de la situation décrite, que les pouvoirs publics, les gouvernants, en particulier, devraient faire leur autocritique et rechercher en premier lieu à s'interroger sur les causes d'un tel désintérêt pour le métier d'enseignant, puisque ces dérives signalées s'observent seulement depuis 25 ans environ. Il est par conséquent souhaitable que les autorités dirigeantes se penchent sérieusement sur ce problème et prennent des mesures de nature à rendre le métier d'enseignant plus attractif. Est-il encore besoin de rappeler que le développement de tout pays passe par la formation des hommes et des femmes de qualité ? L'attitude des pouvoirs publics n'est pas toujours innocente sur les dérives morales, lesquelles constituent des entraves au bon fonctionnement de l'Administration.

SECTION II.- LE PROCÈS DE L'ADMINISTRATION

« La femme de César ne doit pas être soupçonnée ». Ainsi s'exprimait l'empereur Jules César pour justifier la répudiation de son épouse, compromise par un jeune patricien.[396] Si la nécessité de responsabilisation des fonctionnaires devrait être soulignée, avec obligation de rendre compte, il appartient à la puissance publique de canaliser les comportements de ses agents, par des sanctions, mais aussi, par des récompenses, sans être complice du pourrissement de l'Administration. La fuite en avant des préoccupations majeures du service public observée jusqu'ici et la stratégie consistant à contourner les problèmes au lieu de les combattre de front, ont développé une attitude qui n'est pas favorable à la réforme des mentalités dans l'Administration. C'est cette « hypocrisie de l'Administration » qu'il est nécessaire de dénoncer, au préalable. L'« hypocrisie » est loin d'être un concept juridique, mais ne s'éloigne pas des préoccupations éthiques, puisqu'il est perçu comme « l'attitude qui consiste à affecter une vertu, un sentiment noble qu'on n'a pas » (*Dictionnaire universel*, 4e éd., Paris, EDICEF, 2002, p. 496). Ce concept pourrait ainsi être prêté à la science administrative dans l'étude de l'environnement administratif camerounais.

---

[396]Dictionnaire *Le Petit Larousse illustré*, 2009, Rubrique « Mots historiques », p. LXXV.

L'administration camerounaise, comme personne morale, a adopté une attitude de duplicité en prenant l'habitude de se passer pour ce qu'elle n'est pas, de prescrire des mesures dont elle est incapable d'assurer l'application effective. Au regard des faits examinés, l'administration camerounaise penche davantage vers une administration sociale que vers une administration de développement. Afin d'accompagner efficacement les pouvoirs publics dans leur marche pour la quête du développement, certains écueils devraient être signalés et levés. Ils se manifestent par la présence dans le paysage juridique camerounais, des textes sans grande signification (§ 1), un système de rémunération défaillant (§ 2) et des pratiques perverses générées par la faible rémunération des fonctionnaires et agents publics (§ 3).

§ 1. Des dispositions textuelles sans grande pertinence

Les textes comportent des dispositions encombrantes par leur inapplicabilité pratique, rendant le droit ineffectif. Ces dispositions constituent de simples ornements juridiques et devraient par conséquent être élaguées du paysage juridique, puisqu'il semble connu de tout le monde et de leur auteur, les pouvoirs publics, que lesdites dispositions peineront à se voir appliquées et tomberont même en désuétude. C'est le cas de l'introduction dans le Statut général de la Fonction publique de la notion de « poste de travail »,[397] qui a fondé tant d'espoirs et aiguisé l'attention des juristes,[398] ainsi que le système « d'évaluation des performances professionnelles »,[399] jamais mis en œuvre.

L'observation permet de relever que la notion de poste de travail que l'on plaçait au cœur de la réforme de la Fonction publique camerounaise souffrait déjà, à l'origine, d'une tare congénitale, en ce qu'elle ne concerne que les fonctionnaires *stricto sensu*. Et, depuis 2011, elle a été étendue aux personnels d'appui des institutions universitaires, laissant paradoxalement de côté la grande masse des agents contractuels

---

[397] Article 4 (1) du SGFPE. Ce texte dispose que « [L]e poste de travail, préalablement prévu au budget de l'Etat, correspond à l'ensemble des tâches, attributions et responsabilités, exigeant des connaissances et aptitudes particulières ».

[398] LEKENE DONFACK, « une réforme fondamentale sous influence : le nouveau statut général de la Fonction publique du Cameroun », *Revue juridique africaine*, n°s 1, 2 & 3, 1995, pp. 63-68.

[399] Décret n° 2001/108/PM du 20 mars 2001 fixant les modalités d'évaluation des performances professionnelles des fonctionnaires.

employés par les ministères et autres organismes publics. Il était en effet incohérent, pour les rédacteurs du nouveau Statut général de la Fonction publique de mettre à l'écart les personnels contractuels dans la mise en œuvre de la notion de « poste de travail »,[400] alors que ces personnels ont vocation à occuper les mêmes emplois que les fonctionnaires, en dehors de ceux relevant des statuts spéciaux.

Le système d'évaluation des performances individuelles s'inscrit dans la même veine. Venu à la rescousse des défaillances du système de notation jugé subjectif et hypocrite, et ne concernant que les fonctionnaires, le nouveau système est aussi resté lettre-morte, puisqu'on lui substitue aujourd'hui l'approche de l'« avancement automatique », sans qu'il ait eu l'occasion d'être expérimenté pour révéler ses lacunes éventuelles. Cette situation favorise l'immobilisme et l'incompétence déjà dénoncés chez les fonctionnaires, lesquels profitent des failles du système de carrière pour multiplier les comportements indécents tels que les absences répétées et prolongées, les détournements des biens et valeurs publics ou encore la corruption.[401] Au bout du compte, le fonctionnaire sait qu'il va avancer d'échelon ou de classe et progresser dans sa carrière, quels que soient son degré d'implication au travail et son rendement.

Il se pose un réel problème de moralité et de sincérité, puisque l'on a l'impression que les pouvoirs publics, en accédant à ce nouveau système d'évaluation des fonctionnaires, avaient voulu uniquement satisfaire les exigences des bailleurs de fonds, sans s'engager véritablement dans un processus de réforme en profondeur de la Fonction publique. On rappelle que les bailleurs de fonds, le FMI et la Banque mondiale, en particulier, à l'origine du nouveau Statut général de la Fonction publique de 1994, avaient exigé que la notion de poste de travail et de système d'évaluation des performances professionnelles

[400]LEKENE DONFACK souligne pertinemment que, « *[D]ans la logique d'une fonction publique de poste de travail, on se serait attendu à l'adoption des dispositions générales applicables à l'ensemble des agents publics, fussent-ils permanents ou contractuels. Tout en spécifiant les différents catégories d'agents publics, un texte de portée générale aurait pu déterminer leurs droits et obligations légales ainsi que l'éthique et la déontologie auxquels ils sont astreints* ». Lire son article intitulé, « Une réforme fondamentale sous influence : le nouveau statut général de la fonction publique du Cameroun », *Revue juridique africaine*, n°s 1, 2 & 3, 1995, p. 1, note 3.

[401]Plusieurs de ces actes ont été décrits par Jean-Marie BRETON et ne sont pas propres au Cameroun. Lire *Droit de la Fonction publique*..., préc., p. 184.

des fonctionnaires figurassent dans ce texte. Cette réforme fondamentale de la Fonction publique camerounaise était justifiée par le souci de rationnaliser les recrutements, pour plus d'efficacité de l'Administration. À ces dispositions textuelles qui s'illustrent par leur vacuité, s'ajoutent des défaillances constatées dans le système de rémunération.

§ 2. Les défaillances du système de rémunération des fonctionnaires et agents publics

La rémunération servie aux fonctionnaires et agents publics renforce l'idée de l'existence d'une administration sociale au Cameroun, peu encline à l'efficacité. Les salaires que perçoivent ces agents ne reposent sur aucun élément objectif et le niveau de rémunération varie profondément d'un corps à un autre, malgré l'apparente harmonisation salariale affichée. La doctrine s'accorde sur le fait que les bas salaires constituent la cause principale de la corruption dans la Fonction publique (A), situation aggravée par la présence d'indemnités sans contenu réel (B).

A. Le faible niveau de rémunération comme cause principale de corruption dans l'administration camerounaise

La rémunération est un élément du statut de l'agent public et une garantie fondamentale à lui accordée par ledit statut.[402] Elle comprend le traitement ou le salaire de base, comme élément fondamental, et les indemnités, primes et autres avantages, considérés tels des accessoires de solde.

Un fait sans précédent a marqué la vie de l'administration camerounaise et est, depuis plus de deux décennies, à l'origine de son infirmité, au regard des conséquences désastreuses engendrées sur le plan de la moralité administrative. Il s'agit de la double baisse des salaires de janvier et novembre 1993, en guise de réponse du gouvernement camerounais à l'exigence de réduction de la masse salariale de la Fonction publique, qui constituait une des « conditionnalités » des bailleurs de fonds, dans le cadre des politiques d'ajustement structurel (PAS). Cette situation a eu un fort impact sur la vie des fonctionnaires

[402]OWONA (Joseph), *Droit administratif spécial de la République du Cameroun*, Paris, EDICEF, 1985, p. 76.

et agents publics camerounais et sur la société, dans son ensemble, du fait des conséquences désastreuses engendrées.

1. Le constat

Les salaires suffisamment bas des fonctionnaires sont une cause majeure de la corruption et ne permettent pas à l'Administration de participer efficacement au développement du Cameroun, tant son action est entravée par des obstacles d'ordre éthique. Michel ROCARD affirme, à ce sujet, que *« lutter contre la corruption est indispensable mais je ne crois pas qu'on puisse le faire sans comprendre à quoi l'on s'attaque et sans se donner des objectifs raisonnablement susceptibles d'être atteints. Dans les pays où le pouvoir d'achat moyen est de deux (2) dollars par jour et où le salaire d'un Ministre n'atteint pas deux (2) SMIG français, un certain niveau de corruption est largement inévitable ».*[403]

Cette option des pouvoirs publics africains relèverait d'une stratégie, que KARAMOKO KANÉ désigne par « stratégie du salaire de corruption », laquelle permet à l'État de payer des salaires beaucoup plus faibles que ceux qu'il devrait payer en adoptant une autre stratégie salariale,[404] dont l'objectif est sûrement d'acheter la paix sociale (*ibid.*). Cette insuffisance des salaires a été justifiée par des auteurs comme liée à l'extrême pauvreté de l'État africain. Ainsi, pour Bernard CHANTEBOUT, l'État africain est *« généralement trop pauvre pour assurer un traitement décent à ses fonctionnaires... »*.[405] L'opinion de l'éminent juriste est à relativiser, puisque la faiblesse des traitements des fonctionnaires et agents publics africains est aussi, dans plusieurs pays, liée à la mauvaise répartition des ressources, aux multiples fraudes et à la corruption généralisée, fléaux qui affectent sérieusement le budget de l'État.

Le point de vue de Jean-Marie BRETON, observateur averti de l'administration publique africaine, paraît plus pertinent. L'auteur

[403]ROCARD (Michel), « Le développement de l'Afrique, affaire de volonté politique », *Revue Étude*, janvier 2003, cité par Georges TEKAM, « La gouvernance : une exigence majeure dans la gestion des affaires publiques », *in* Benjamin AMAMA, (dir.), *20 propos sur l'administration publique camerounaise*, Yaoundé, juin 2003, p. 121.

[404]KARAMOKO KANÉ, *La corruption des fonctionnaires africains*. Comment sortir d'un système de capitulation générale, Yaoundé, Éditions CLE, 2009, p. 164.

[405]CHANTEBOUT (Bernard), *Le Tiers monde*, Paris, Armand Colin, 1986, p. 40.

justifie l'insuffisance généralisée des rémunérations par leur fonction socio-économique particulière au-delà de la stricte rationalité budgétaire,[406] situation pouvant avoir des implications déterminantes dans les pays en voie de développement (*ibid.*). Les tableaux ci-après font ressortir les salaires de base des fonctionnaires de la catégorie A2 et les contractuels de la XIIe catégorie, qui se situent au sommet de la hiérarchie administrative camerounaise.

TABLEAU N° 1 : GRILLE DES SALAIRES (en Francs CFA) DES FONCTIONNAIRES DE LA CATEGORIE A2 ET ASSIMILÉS

Indice	**Salaire de base**	**Indice**	**Salaire de base**
530	179 978	1115	289 467
605	194 015	1140	294 147
665	205 245	1200	305 376
715	214 603	1240	312 862
785	227 704	1300	324 092
870	243 613	1350	333 450
940	256 714	1400	342 808
1005	268 279	-	-
1050	277 302	-	-

TABLEAU N° 2. GRILLE DES SALAIRES (en Francs CFA) DES CONTRACTUELS DE LA XIIe CATEGORIE

Catégorie	**Salaire de base**	**Catégorie**	**Salaire de base**
12/1	147 862	12/7	192 046
12/2	154 055	12/8	200 469
12/3	160 993	12/9	209 395
12/4	168 335	12/10	218 672
12/5	176 265	12/11	229 579
12/6	183 776	12/12	240 050

[406]BRETON (Jean-Marie), *Droit de la Fonction publique des États d'Afrique Noire Francophone*, Paris, EDICEF, 1990, p. 150.

L'examen de ces deux tableaux laisse apparaître des salaires globalement bas, et davantage plus faibles chez les agents contractuels. Par ailleurs, il ressort du nouveau barème des salaires élaboré en 2014,[407] que la valeur du point d'indice de rémunération, depuis l'augmentation de 2008 est de 434,7 Fcfa quand l'indice du fonctionnaire est inférieur ou égal à 300, et de 178,25 lorsque cet indice est supérieur à 300. Depuis 2014 le salaire de base a connu une augmentation de 5%. L'on remarque ainsi que ce barème accorde une prime aux partisans du « peu d'efforts », en pénalisant les cadres moyens et supérieurs dont la valeur du point d'indice n'atteint même pas la moitié de celle des autres fonctionnaires ! Si l'on a tenu compte de l'équité en favorisant les fonctionnaires des catégories inférieures, payer les autres fonctionnaires à moins de 400 francs CFA le point d'indice salarial, paraît injuste et hautement préjudiciable aux intéressés.

Pendant des décennies, les salaires des fonctionnaires agents publics n'ont posé de problèmes majeurs, ni à l'Administration, ni aux concernés. Ces salaires semblaient « à peine suffisants » - du moins les fonctionnaires ne s'en plaignaient pas, outre mesure - ce qui justifiait l'accalmie observée naguère, favorable à l'efficacité de l'Administration, ce que l'observateur averti de l'administration camerounaise aurait du mal à démentir. La valeur du point d'indice de rémunération avait un sens et c'est le salaire qui était la première source de revenus du fonctionnaire, en dehors de ce qu'il pouvait glaner des autres activités autorisées par le Statut général de la Fonction publique comme la production agricole ou les enseignements donnés à titre de vacations (art. 37. 2-c du SGFPE). Le fonctionnaire dont l'indice de salaire élevé était respecté, de ce fait, puisqu'il appartenait à la classe tant enviée des « hauts fonctionnaires ».

L'accalmie signalée ci-dessus découlait aussi de ce que les fonctionnaires menaient un train de vie compatible avec leurs revenus réels, sous la surveillance des pouvoirs publics, qui n'hésitaient pas à sanctionner les dérives constatées. Les augmentations de salaires étaient régulières, en dehors des ajustements consécutifs aux avancements d'échelon, de classe ou de grade. La valeur financière des avancements d'échelon ou de classe, était par ailleurs consistante. La situation a basculé en 1993 avec les baisses drastiques des salaires,

[407]Sources : MINFI/MINFOPRA

suivies de la dévaluation du franc CFA en 1994. BENDEGUE Jean-Marie Vianney soutient que l'année 1993 a engendré la pauvreté, facteur de désordre et d'instabilité sociale. Dans le domaine de la Fonction publique, cette année constitue le point culminant de ladite situation avec les compressions de personnels et la diminution des revenus allant jusqu'à 70% ! Cette paupérisation des fonctionnaires a eu pour corollaire la généralisation de la débrouille et la compétition sauvage ou débridée qui ont exacerbé le vice et fragilisé l'Administration, chargée pourtant de l'arbitrer.[408]

Il faut louer le courage et la résilience des fonctionnaires et agents publics qui ont supporté cette situation. Mais il convient de signaler que la double baisse des salaires, si elle n'a pas fait plus de victimes en termes de vies humaines (au sens propre du terme), c'est parce que plusieurs fonctionnaires ont trouvé l'astuce mesquine de se rémunérer sur le dos des usagers qu'ils arnaquent, afin de survivre. Ce comportement est loin d'être vertueux.

2. Les conséquences

Les baisses drastiques des salaires dont le niveau aurait rarement été atteint auparavant en Afrique, ont plutôt causé des dégâts à l'administration camerounaise, qu'il sera difficile de réparer dans les prochaines décennies, sans une réforme radicale, sur le double plan structurel et éthique. La situation décrite, générée par la baisse des salaires de 1993, est à l'origine de la mise en place informelle d'autres moyens de rémunération, alimentés par la corruption et les fraudes diverses. Bernard CHANTEBOUT le reconnaît, lorsqu'il affirme que « *[L]a corruption est…répandue et admise qu'il existe, dans nombre de pays, un barème officieux des revenus susceptibles d'être illégalement tirés des emplois, et que ceux-ci sont hiérarchisés en conséquence dans l'esprit de tous* » (*Le Tiers-monde*, *op. cit*., p. 40).

L'Administration disposait pourtant d'autres moyens pour satisfaire aux exigences des bailleurs de fonds, en licenciant les agents publics et en leur payant des indemnités conséquentes pour leur permettre de se reconvertir dans d'autres secteurs d'activité. L'objectif de réduction de la masse salariale de la Fonction publique aurait été le même, avec une plus-value sur le plan économique du fait de la création des richesses

---

[408]BENDEGUE (Jean-Marie Vianney), *De la corruption au Cameroun*, ouvrage préc., p. 174-175.

dans le secteur privé par plusieurs personnels licenciés. En utilisant un langage démagogique, évitant le terme « licenciement » et pour lui préférer celui, plus subtil et savant, de « déflation » (contraire de l'inflation), et après moult atermoiements, l'Administration a fini par franchir le Rubicon en licenciant des milliers d'agents, après les baisses des salaires.[409]Les conséquences de cette double baisse de salaires ont été désastreuses pour l'administration camerounaise, et les comportements les plus indélicats des fonctionnaires ont été observés à partir de ce moment. Les médecins et les autres fonctionnaires de la catégorie A, par exemple, en début de carrière, percevaient à l'époque un salaire mensuel équivalent à 80 000 francs CFA, soit 120 euros environ, situation qui a engendré des comportements contraires au service public. A l'hôpital Laquintinie de Douala, pour ne citer que ce cas, le service public avait été « pris en otage », pour ne pas dire « privatisé », pendant longtemps par des médecins qui avaient transformé leurs bureaux en cliniques privées.[410] Des agents « recruteurs » (c'était le terme utilisé) étaient engagés par des médecins et postés à l'entrée de l'hôpital pour détourner les malades et les orienter vers leurs complices, moyennant le paiement d'un prix, ou vers les cliniques privées dans lesquelles ces médecins exerçaient en clientèle privée, ou même dans leurs domiciles. Les médicaments dont la commercialisation était interdite étaient vendus aux malades, déjà démunis.

D'autres médecins, se souvenant du serment d'Hippocrate, avaient un peu de scrupule et faisaient des apparitions sporadiques à l'hôpital pour rapidement repartir vers les cliniques, après avoir consulté quelques malades, laissant les autres, dans la désolation et le désarroi.

Les hôpitaux et dispensaires publics étaient ainsi devenus des lieux de l'indifférence et de la mort pour ceux des malades qui ne pouvaient pas « motiver » le personnel médical en plus des frais réglementaires requis, observe BENDEGUE Jean-Marie Vianney.[411]Il ne s'agit point ici de

[409]Jeannine EVEHE renseigne que les premières mesures de licenciement ont permis de ramener les effectifs de 188 200 à 164 946, entre 1990 et 1994 et, par la suite, à un peu plus de 156 000 en 1997. Lire son article intitulé : « Les grands axes de la réforme de la Fonction publique camerounaise », *20 propos sur l'administration publique camerounaise*, ouvrage préc., p. 198.

[410]Une telle pratique était inimaginable avant les baisses des salaires. A l'hôpital central de Yaoundé, il était placardé sur les portes et autres endroits bien visibles l'avertissement suivant, en français et en anglais : HOPITAL PUBLIC, PRATIQUE PRIVÉE INTERDITE/ *PUBLIC HOSPITAL, PRIVATE PRACTICE IS FORBIDEN.*

[411]BENDEGUE (Jean-Marie Vianney), *De la corruption au Cameroun*, p.175.

faire le procès des médecins en prétendant que la vertu existe ailleurs. D'autres corps de métiers ont vu le comportement de leurs membres profondément changer avec les baisses de salaires de 1993. Le marchandage des enseignements et des notes s'est intensifié dans l'enseignement secondaire et à l'Université, tout comme la pratique de la « prise en charge du jury » par le candidat à une soutenance de thèse de doctorat ou de mémoire de master. Il est évident qu'un tel jury rémunéré par le candidat ne pourra plus siéger, en toute objectivité. Une bonne frange d'enseignants, en particulier ceux des cycles supérieur et secondaire, a adopté la même attitude d'indifférence ou de négligence du travail de l'Administration, en préférant dispenser des enseignements à titre de vacations dans d'autres structures. Si ces enseignements sont autorisés par la réglementation, il n'est pas moralement admissible que l'enseignement dispensé dans les instituts et collèges privés soit privilégié au détriment de celui du secteur public, alors que l'enseignant est rémunéré par le Trésor public.

Les salaires actuels de l'Administration n'ont pas manqué de développer des comportements malsains, consistant à travailler uniquement quand on y voit son intérêt.[412] L'observateur peut aisément constater que ces baisses de salaires ont été le point de départ de la corruption à grande échelle qui a cours depuis plusieurs décennies au Cameroun. Jeannine EVEHE souligne que le bas niveau des salaires a entraîné une généralisation des pratiques répréhensibles dans les différents services publics, telles que la petite et la grande corruption, qui apparaissent au grand jour.[413] On est ainsi passé, et ce rapidement, selon BENDEGUE Jean-Marie Vianney, *« d'une situation conjoncturelle tolérable à une situation institutionnelle pernicieuse ; de la petite corruption, on glisse vers la moyenne et la haute corruption considérée comme bastion de l'enrichissement et de la concurrence illicites ».*[414]

Il faut admettre, avec KARAMOKO KANÉ que, dans un tel contexte de paupérisation généralisée, *« [l]e fonctionnaire honnête devient un*

[412]Le philosophe camerounais, Hubert MONO NDJANA, a élaboré à ce sujet sa nouvelle théorie du « mapartisme », une philosophie de l'égoïsme où chacun cherche en priorité « sa part ».

[413]EVEHE (Jeannine), « Les grands axes de la réforme de la fonction publique camerounaise », *in20 propos sur la fonction publique…*, précité, p. 197.

[414]BENDEGUE (Jean-Marie Vianney), *De la corruption au Cameroun, ibid.*

être socialement marginal. Surtout, il n'y a aucune rationalité de sa part à vouloir livrer un combat inégal en vain. Très souvent, il aura voulu appliquer une autre éthique et se sera heurté au système en place. S'il est demeuré honnête, c'est qu'il n'aura pas voulu l'intégrer et il doit raser les murs ».[415] Jacques BIPELE KEMFOUEDIO abonde dans le même sens, en soulignant que *« [L]e faux dans la fonction publique camerounaise semble être la règle et ceux qui s'abstiennent de le faire constituent l'exception et sont considérés comme des extra-terrestres ».*[416]

L'absentéisme et les abandons de poste se sont ainsi multipliés. Dans l'enseignement supérieur, les enseignants n'hésitent pas à s'exiler pour « vendre » leur expertise, sans toutefois prendre la peine de suivre la procédure réglementaire prévue, par la démission ou par la voie de la mise en disponibilité, pour ceux qui manifesteraient encore l'intention de revenir servir dans l'Administration.

Avec des complicités diverses, ils réussissent à conserver « leurs salaires », sans contrepartie de service fait. D'autres accordent la priorité aux Institutions privées d'enseignement supérieur (IPES), parfois sous-tutelle de leur Université, délaissant leurs obligations statutaires, tout en percevant le salaire offert par l'Administration.

Nous pensons par conséquent que la crise de moralité dans la Fonction publique camerounaise est davantage liée au faible niveau de rémunération des agents publics. Bernard-Raymond GUIMDO soutient, à ce sujet, que *« la baisse et la faiblesse de la rémunération de la majorité des agents publics a favorisé la compréhension, la tolérance, voire le laxisme des autorités administratives et, par ricochet, la pratique de la corruption dans la Fonction publique. Aussi estime-t-on que sanctionner un agent déjà diminué financièrement est plutôt contre-productif ».*[417]

L'auteur suggère, entre autres mesures à prendre par les pouvoirs publics pour combattre la corruption, le relèvement de la rémunération dans la Fonction publique (*idem*, p. 75). Au-delà des comportements

---

[415]KARAMOKO KANÉ, *La corruption des fonctionnaires africains…*, *op. cit.*, p. 165.

[416]BIPELE KEMFOUEDIO (Jacques), note sous CS/CA 13 avril 2011, *Yennyemb Ngena*, *Juridis Périodique*, n° 107, 2016, pp. 88-89.

[417]GUIMDO (Bernard-Raymond), « La corruption dans le droit de la Fonction publique : le cas du Cameroun », *Juridis Périodique*, n° 75, 2008, p. 64.

indélicats longuement décrits, nombre de fonctionnaires et agents publics, à défaut de s'y livrer, se sentent mal à l'aise dans leur corps où ils devraient pourtant faire carrière. Ils attendent plutôt, impatiemment, la moindre occasion pour changer d'administration ou s'expatrier. Cette attitude est humainement compréhensible. Alain-Didier OLINGA opine, fort à propos, que *« [L]orsque la fonction publique devient un engagement de pauvreté et de souffrance, un long couloir de la misère, quel miracle peut-on espérer des personnes qui ne s'y trouvent que faute de mieux, lorgnant en permanence vers les recoins les moins sinistrés en termes d'avantages matériels et financiers de la mécanique bureaucratique, ou des structures en dehors de l'État ? »* (*Propos sur l'inertie*, p. 54).

Nous pensons qu'une réflexion devrait parallèlement être menée dans le sens d'indexer les salaires de la Fonction publique sur le niveau de vie réel, à défaut d'être spectateur, au quotidien, d'un jeu malsain auquel Administration et fonctionnaires se livrent. KARAMOKO KANÉ a traduit ce jeu, en ces termes : *« Aux yeux de l'opinion publique chacune des deux parties fait semblant de respecter sa part du contrat : En Afrique, dit un adage célèbre, les fonctionnaires font semblant de travailler et l'État fait semblant de les payer. Au contrat entre employeur et employé, qui lie le fonctionnaire à son administration, va se superposer, en terme d'analyse économique, un pacte de corruption».*[418]Le fonctionnaire reçoit dans ce contexte un salaire de capitulation et ne se sent nullement obligé d'être honnête. L'auteur en déduit qu'une culture de la corruption finit par émerger (*idem*, p. 158).

La conséquence de cette situation est que les fonctionnaires camerounais, dans l'ensemble, tirent leur épingle du jeu par le privilège de l'occupation d'un poste de responsabilité gratifiant. Par ailleurs, le niveau de vie des fonctionnaires de certains corps est parfois incompatible avec les salaires servis à ces personnels.

Cette situation courante dans l'administration camerounaise devrait susciter des interrogations sur l'origine des revenus des fonctionnaires et autres agents publics. Elle contraste pourtant avec le caractère dérisoire et sans consistance de la plupart des indemnités servies aux agents publics.

---

[418]KARAMOKO KANÉ, *La corruption des fonctionnaires africains..., ouvrage précité*, p. 144.

B. Le manque de contenu des indemnités servies aux fonctionnaires et agents publics

L'on a déjà relevé que le fonctionnaire a droit à une rémunération, en contrepartie du service fait. Cette rémunération se compose au Cameroun, d'un volet fixe, qui comprend le salaire de base et l'indemnité de logement. L'autre volet, variable en fonction des situations juridiques particulières, du rendement de l'agent et de l'occupation d'un poste de responsabilité, permet au fonctionnaire de percevoir des primes, indemnités et autres avantages.

Nous n'insistons pas sur des éléments de la rémunération tels que l'indemnité d'entretien du véhicule d'un responsable, ou celle de logement, indexée au salaire de base, déjà dérisoire, encore moins sur le « complément forfaitaire de solde ». Cette dernière prime, apparemment oubliée dans les rubriques du bulletin de solde, est un vestige colonial dont les agents du ministère des Finances ignorent eux-mêmes la signification et la pertinence.[419]

Bien plus le montant alloué à ce complément forfaitaire frise le ridicule.[420] Nous pensons qu'il aurait été souhaitable, dans un souci de préservation de la dignité des fonctionnaires, que ce complément ne fût pas mentionné comme un élément de leur rémunération. Ce qui devrait plutôt retenir l'attention, au regard de l'analyse, c'est « l'indemnité de sujétion », servie aux responsables dans la Fonction publique.

On a l'impression que l'administration camerounaise ne connaît pas la signification et le rôle de cette indemnité, au regard du montant qui lui est alloué. L'on rappelle que ladite indemnité a été instituée pour compenser la charge et la responsabilité incombant au dirigeant d'une structure d'assurer la bonne marche de son service. Le Programme national de gouvernance, dans le cadre du Plan gouvernemental de lutte contre la corruption, avait recommandé que la nomination à des postes de responsabilité se fasse sur la base des critères objectifs tenant à la compétence, à l'expérience professionnelle, à la probité et au sens élevé

[419]Source : entretiens

[420]Ce montant varie de 550 à 1500 francs CFA pour tous les fonctionnaires. L'auteur de ces lignes a régulièrement perçu, aux Services du Premier ministre, entre 1991 et 1998, des « frais de représentation » de 5 000 francs CFA, soit 8 euros environ, en sa qualité de chargé d'études-assistant. Le paiement de cette indemnité devait lui permettre de soigner son image de représentation du service public aux côtés du chef du gouvernement…

de l'intérêt général.[421] On mesure alors l'ampleur de la responsabilité de celui à qui l'on confie la direction et la gestion d'une structure… C'est donc le paiement d'une indemnité conséquente qui permet de distinguer deux agents de même grade percevant un salaire de base identique, en attendant l'instauration des « indemnités de grade » pour les hauts cadres n'assumant pas de fonction de responsabilité, tel que prévu dans les « Chantiers de la gouvernance au Cameroun » (*idem*, p. 47). Cette indemnité de grade, dans une administration transparente, présente l'avantage d'éviter la course effrénée pour le poste de responsabilité, observée dans l'administration camerounaise.

Le tableau ci-dessous indique le montant de l'indemnité de sujétion servie aux responsables de la Fonction publique camerounaise, du poste de chef de bureau à celui de secrétaire général de ministère, en passant par celui de directeur de l'administration centrale, en particulier.

TABLEAU N° 3 : INDEMNITES DE SUJETION DES RESPONSABLES ADMINISTRATIFS

Fonction occupée	**Chef de bureau**	**Chef de service et assimilé**	**Sous-directeur et assimilé**	**Directeur et assimilé**	**Secrétaire général et assimilé**
Montant de l'indemnité	4 500 Fcfa	15 000 Fcfa	22 500 Fcfa	30 000 Fcfa	45 000 Fcfa

Le tableau ci-dessus est éloquent sur le peu d'importance qui est accordée à l'indemnité de sujétion dans la Fonction publique camerounaise. Le montant de cette indemnité est dérisoire. Cette situation est source de corruption, puisque l'indemnité perçue ne permet pas au responsable d'une structure d'assumer pleinement ses responsabilités. Il s'agit, en réalité, d'une « indemnité de tentation », c'est-à-dire celle qui expose ou incite le fonctionnaire à la corruption, proscrite par la loi morale. On comprend pourquoi Henri-Marcel NOAH relève que le paiement (officiel) des simples indemnités aux agents publics pousse naturellement à des cumuls divers, et incite à la recherche effrénée ou à l'acceptation sans limite d'avantages pluriels,

[421] *Programme national de Gouvernance, Cameroun : les chantiers de la gouvernance*, 2004, p. 46.

toujours pas licites…[422] La porte est alors ouverte aux « jongleries »[423]de toutes sortes avec les budgets (pour les fonctionnaires occupant des responsabilités à partir du rang de sous-directeur, dans l'ensemble), comme pour compenser le manque à gagner du fait de l'occupation du poste de responsabilité.

Henri-Marcel NOAH va plus loin, en affirmant que ces agents publics commencent par *« l'usage à des fins personnelles du véhicule de fonction et des bons d'essence (carburant), et vont toujours plus loin »*. Les propos de cet auteur étaient-ils prémonitoires de la corruption généralisée dans laquelle plusieurs fonctionnaires se trouvent aujourd'hui englués ?[424] L'insignifiance de l'indemnité de sujétion payée aux responsables dans l'administration publique camerounaise participe du « jeu » auquel se livrent l'État, ses démembrements et leurs agents. Conscient de cette situation, le Conseil d'administration de l'Université de Yaoundé II-Soa, en sa Section permanente du 22 septembre 2006, a autorisé le recteur de ladite institution à créer une « indemnité complémentaire de responsabilité »,[425] à côté, notamment, de l'indemnité de sujétion payée par le ministère des Finances aux personnels arrimés à la chaîne solde de cette administration.[426] Les

---

[422]NOAH Henri-Marcel), « Corruption et régulation des biens publics », *Juridis Périodique*, n° 56, 2003, p. 102.

[423] Ce terme plein de signification dans le contexte africain est emprunté à Guillaume PAMBOU TCHIVOUNDA, parlant de la corruption dans l'administration gabonaise, dans sa note sur la décision du 23 janvier 1983, *Moubele-Mouckala, In* Les grandes décisions de la jurisprudence administrative du Gabon, Paris, Pedone, 1994, p. 385.

[424]Le journal *Le Monde interactif* déclarait, le 17 janvier 2001, par l'entremise de son envoyée spéciale à Yaoundé, Babette STERN : « Le Cameroun victime d'une corruption endémique ». L'intéressée rappelait que, deux années d'affilée, en 1998 et 1999, le Cameroun a détenu la palme de premier pays le plus corrompu au monde pour le titre décerné par l'ONG *Transparency International.* Les fonctionnaires occupent une place importante dans ces réseaux de corruption. L'envoyée spéciale souligne néanmoins que cette mauvaise publicité a conduit le chef de l'État à faire de la lutte contre la corruption son cheval de bataille. Les fruits de cette lutte sont aujourd'hui palpables.

[425]Voir les décisions n°s 340, 341, 344 du 09 novembre 2006 et 346 du 08 novembre 2006 du recteur de l'Université de Yaoundé II. Ces textes fixent ces indemnités complémentaires à 35 000 F CFA pour les comptables-matières, assimilés aux chefs de service-adjoints, 50 000 FCFA pour les chefs de service, 75 000 F CFA, pour les sous-directeurs et assimilés, et 100 000 F CFA, pour les directeurs.

[426]L'article 2 de la décision du recteur de l'Université de Yaoundé 2-Soa précise que « l'indemnité complémentaire de responsabilité est cumulable avec toute autre prime ou indemnité ».

montants servis à ces responsables donnent un sens à la responsabilité confiée à ces personnels. Point n'était besoin que le texte prescrive à ces responsables, dans un souci de saine gestion et de cohérence, d'opter, soit pour l'indemnité servie par l'Université, soit pour celle payée par le ministère des Finances (qui peut présenter l'avantage de ne souffrir d'aucun retard de paiement). Il est évident que tous les responsables choisiraient, sans hésitation aucune, le traitement de l'Université, de loin plus favorable et plus valorisant.

On convient alors que le terme « sujétion » (dans indemnité de sujétion) utilisé dans l'administration publique camerounaise est aussi trop «savant » et moins expressif de la charge incombant au responsable du service. Nous lui préférerons le vocable « responsabilité », existant en droit gabonais[427]et qui rend le plus compte du mandat confié au fonctionnaire.

Aussi, l'expression « indemnité de responsabilité » pourrait-elle être étendue à l'administration publique camerounaise, pour plus de cohérence et de clarté. A cette insignifiance de la plupart des indemnités servies mensuellement aux fonctionnaires et agents publics, se greffent des pratiques liées à leur faible rémunération défiant les normes juridiques posées et établies, tout en contribuant à leur banalisation.

§ 3. L'émergence des pratiques liées à la faible rémunération des agents publics.

La faible rémunération des fonctionnaires a fait naître des pratiques tolérées par l'Administration, afin de permettre à son personnel d'y trouver un complément de salaire et, pour les responsables, de tenir leur rang social. Il faut signaler ici la pratique des déplacements fictifs (A) et celle de la multiplication des comités et commissions (B). L'on devrait également s'interroger sur le phénomène de la phobie de la retraite et établir les responsabilités (C). Si ces pratiques peuvent être humainement compréhensibles, elles sont moralement répréhensibles.

[427]Voir loi n° 001/2005 du 04 février 2005 portant Statut général de la Fonction publique du Gabon.

A. La généralisation des déplacements fictifs ou occultes

Les baisses de salaires de 1993 ont favorisé l'émergence des pratiques, parmi lesquelles, les missions fictives. Ce sont des déplacements, en principe, pour des raisons de service, prévus par le décret n° 2000/693/PM du 13 septembre 2000 fixant le régime des déplacements des agents publics civils et les modalités de prise en charge des frais y afférents, modifié et complété par le décret n° 2018/1968/PM du 13 mars 2018. On distingue les déplacements définitifs de ceux temporaires. Ces derniers ouvrent droit à l'établissement d'un ordre de mission avec[428]ou sans frais. Les missions « avec frais » donnent lieu au paiement d'une indemnité journalière, calculée en fonction du classement des agents dans des groupes correspondant à leur niveau de rémunération indiciaire ou à la fonction éventuellement occupée.

La pratique des missions fictives s'est généralisée au sein de l'administration camerounaise. Il s'agit d'une faute de gestion qui a été reprochée à certains gestionnaires de crédits ou ordonnateurs camerounais.[429] Plusieurs responsables des structures étatiques poussent le vice en faisant bénéficier aux fonctionnaires et autres responsables des missions dont la durée excède parfois 365 jours au cours d'un même exercice budgétaire !

D'autres responsables, apparemment dotés du don d'ubiquité, se font mettre en mission dans plusieurs localités au même moment, leurs feuilles de déplacement étant visées par les services d'accueil compétents dans plusieurs villes ou missions diplomatiques, pour le cas des déplacements à l'extérieur du pays.

La « légalité » de telles pratiques semble se justifier par le fait qu'un « chef de mission » peut voir sa délégation se déployer dans plusieurs

---

[428]Les différents taux d'indemnités et le classement des agents publics sont fixés par les Annexes I et V du décret n° 2000/693 du 13 septembre 2000, et varient en fonction de l'indice de rémunération du fonctionnaire ou de l'occupation du poste de responsabilité. Si les missions « sans frais » sont exceptionnelles, elles concernent le plus souvent les enseignants du supérieur bénéficiaires d'une bourse offerte généralement par un organisme étranger ou qui s'engagent à financer eux-mêmes leur séjour à l'étranger. Le document de l'ordre de mission délivré par l'Université vaut tout simplement, dans ce cas, autorisation de déplacement et « couverture administrative » de l'enseignant.

[429]BEGNI BAGAGNA, « Recherches sur la notion de faute de gestion… », *op. cit.*, p. 123.

localités, voire dans certains pays, et bénéficier ainsi de la somme de la durée de toutes ces missions…

Cet argument manque de pertinence, puisque le fonctionnaire dirigeant une mission est supposé être présent pendant toute la durée de ladite mission, étant donné qu'il lui appartient d'introduire son équipe de mission auprès des administrations d'accueil et d'effectuer le travail qui lui a été confié. Il ne saurait être présent à plusieurs endroits à la fois. Ce comportement est par conséquent frauduleux.

L'Administration n'est pas innocente au sujet de la crise de valeurs que traverse le service public depuis une trentaine d'années au Cameroun. On a l'impression que les fonctionnaires semblent se venger de façon sournoise et hypocrite de l'État, au détriment du service public dont l'usager attend un minimum de dignité. Les fonctionnaires, en ce qui les concerne, méritent autant de considération et de dignité pour se livrer avec beaucoup plus de sérénité et d'engagement dans l'accomplissement de leurs missions de service public, au lieu de multiplier les astuces pour compléter leurs faibles revenus salariaux.

B. La multiplication et le dévoiement des comités et commissions

La recherche constante de l'efficacité de l'action administrative et le souci d'adapter l'Administration à de nouvelles tâches, de plus en plus complexes, a conduit les pouvoirs publics à la création des structures de mission. C'est ce qui justifie qu'une mission précise, au regard de son urgence, de sa complexité et même de ses exigences techniques, échappe au domaine de l'administration traditionnelle pour exiger la création d'organes autonomes dotés d'un budget, d'une organisation et d'un fonctionnement propres.[430] L'objectif d'efficacité visé par ce type d'administration est de conduire un projet ou une opération jusqu'à son aboutissement.

Si l'importance de ces structures est indéniable, il faut déplorer le « dévoiement technique » consistant à supplanter et même à « chapeauter » les structures classiques dans la conduite de leurs missions, clairement définies dans les textes organiques. C'est ce que traduit en d'autres

[430]OUMBE FONE (Christophe), « Du bon usage des comités et des commissions dans l'administration camerounaise : regard sur le dévoiement d'une modalité de modernisation de la gestion administrative de l'État au Cameroun, *in* ABOUEM à TCHOYI (David) et M'BAFOU (Stéphane Claude), (dir.), *50 ans de réforme de l'Etat au Cameroun : Stratégies, bilans et perspectives*, Paris, L'Harmattan, 2013, p. 405.

termes Alain-Didier OLINGA, en relevant qu' *« il peut être problématique de créer des structures rognant sans raison valable sur les compétences statutaires de structures administratives existantes et nullement submergées de travail »* (*Propos sur l'inertie*, p. 56). L'auteur se demande si *« tout cela n'est-il pas source de confusion et d'embouteillage institutionnel ? »* (*idem*, p. 57). Il en déduit que « la création de certains comités semble manifestement participer plus de la gesticulation symbolique que de l'action » (*ibid.*).

Une autre dérive tient au fait que ces nouvelles entités constituent un succédané sournois à la faible rémunération des fonctionnaires et agents publics. Ce phénomène a pris de l'ampleur avec la double baisse des salaires des fonctionnaires de 1993. Celle-ci a réveillé chez les fonctionnaires camerounais le « génie » de la multiplication des commissions et comités. La participation à ces cercles de travail donne lieu à la perception ou au paiement des indemnités et autres perdiems, ce malgré la présence dans les textes créant des instances d'une disposition rituelle consacrant la gratuité des fonctions et le bénévolat des membres.[431] Pour des raisons évidentes, la rémunération de ces comités variait, avant leur réglementation, d'une administration à une autre. Elle était, de toute évidence, « plus intéressante » au ministère des Finances, argentier de l'État, qu'au ministère des Affaires sociales ou au ministère de la Condition féminine...

Un dernier travers constaté dans la création des comités et commissions a été relevé par Christophe OUMBE FONE. Il tient au fait qu'aucun texte au départ n'encadrait la rémunération des membres de ces comités, situation qui a *« laissé prospérer une gabegie dont il sera difficile de mesurer l'ampleur et l'impact sur le développement de notre pays, toutes choses qui ont favorisé la constitution de "véritables féodalités administratives" ».*[432]

Cette pratique décriée a abouti à la publication de la lettre circulaire n° 006/CAB/PM du 27 mai 2010 relative à la détermination des montants des indemnités des membres des comités et secrétariats techniques. Ce texte fixe le plafond des montants alloués aux membres, mais il demeure lacunaire par le fait que les décideurs peuvent, à leur guise,

---

[431]Il est prévu dans tous les textes créant les comités que « les fonctions de membre de Comité sont gratuites...Toutefois il peut leur être allouée une indemnité... ».
[432]OUMBE FONE (Christophe), *50 ans de réforme de l'Etat au Cameroun*, précité, p. 416.

multiplier les comités afin de compenser, à coup sûr, les « faibles montants » servis. Ainsi, « ce qu'on perd en énergie cinétique on le récupère en énergie potentielle… », pour parler comme les physiciens. La question de la retraite interpelle également les pouvoirs publics camerounais, et n'est pas sans lien avec les considérations éthiques.

C. L'Administration responsable de la phobie de la retraite chez les fonctionnaires

En quoi la phobie de l'admission à la retraite chez les fonctionnaires et agents publics peut-elle être imputable à l'Administration et avoir un lien avec les règles de la morale ?

Alors que sous d'autres cieux, en Occident, notamment, les fonctionnaires aspirent à une retraite bien méritée après de longues années de dur labeur,[433] les fonctionnaires et agents publics camerounais adoptent une démarche contraire, en souhaitant rester le plus longtemps à leur poste. Pourtant, la retraite marque la fin normale d'activité du fonctionnaire ou de l'agent public. Elle varie en fonction du grade de l'agent, et fixée à 55 ans pour les fonctionnaires des catégories A et B et à 50 ans, pour ceux des catégories C et D (art. 124 du SGFPE). Ces tranches d'âge sont les mêmes pour les agents contractuels de l'Administration, en dehors des personnels d'appui des universités, qui sont mis à la retraite à 60 ans, en vertu des dispositions de l'article 54 du décret n° 2011/119 du 18 mai 2011 fixant les dispositions communes applicables aux personnels d'appui des institutions universitaires publiques du Cameroun.

L'on déplore qu'une véritable réflexion sur la retraite ne soit pas menée à ce jour au sein de l'administration camerounaise, du moins, depuis le début des années 1980. On peut penser que la détermination de l'âge de la retraite lors de l'élaboration du Statut général de la Fonction publique de 1974 correspondait à l'espérance de vie des Camerounais à l'époque, qui n'excédait pas 50 ans. Celle-ci a considérablement augmenté si bien qu'elle est en 2016, selon l'OMS, de 59 ans pour les femmes et 57 ans

[433]Si la retraite peut aussi être redoutée ailleurs, en Occident, ce n'est nullement pour des raisons financières, mais davantage pour celles d'adaptation à une nouvelle vie. René CHAPUS soutient que la retraite est le « temps critique » des fonctionnaires que le romancier Balzac s'est amusé à décrire : « Quelques-uns meurent ; beaucoup s'adonnent à la pêche, occupation dont le vide se rapproche de leur travail dans les bureaux » (Balzac, *Les Petits bourgeois*, 1856, chap. II). *Droit administratif général* 2, 15e éd., Paris, Montchrestien, 2001, p. 229.

pour les hommes.[434] Cette donnée objective devrait être prise en compte par les pouvoirs publics dans la fixation de l'âge de la retraite des fonctionnaires et agents publics. On a plutôt l'impression que la mise à la retraite constitue un gain financier pour l'Administration, qui pense économiser un salaire et d'autres avantages éventuels servis à un agent. Mais l'on a fait tôt d'oublier que le fonctionnaire percevra sa pension de retraite jusqu'à la fin de ses jours. L'Administration semble perdante, dans cette affaire.

Il est possible de faire le lien entre la morale professionnelle et l'âge d'admission à la retraite, malgré la difficulté qu'il y aurait, *a priori*, à établir un rapport entre les deux considérations. Toutefois, il est observé, dans le contexte camerounais, que la durée de carrière dans la plupart des corps est relativement courte (50 et 55 ans). Les fonctionnaires accédant à la Fonction publique, en moyenne à 30 ans, auront à travailler pendant 20 ou 25 ans pour être admis à faire valoir leurs droits à la retraite. L'on convient que la mise à la retraite d'un médecin à 55 ans constitue une perte pour l'État, puisqu'il peut se mettre en clientèle privée ou s'expatrier pour servir et être utile ailleurs.

L'engouement des dix (10) premières années de service se transforme très rapidement en un cauchemar, lorsque le fonctionnaire met en liaison la modicité de son salaire et l'imminence de sa retraite, sans oublier l'incertitude du paiement à temps de sa pension.[435] A cinq (5) ans environ de leur mise à la retraite, plusieurs fonctionnaires deviennent frileux à l'idée de n'avoir pas investi pour leurs « vieux jours » ou, pour utiliser le langage local, « pour n'avoir pas préparé leur retraite ».

Cette situation est paradoxale, car le fonctionnaire ou l'agent public devrait plutôt aspirer à un repos mérité, ce d'autant plus que, par sa mise à la retraite, il se libère des multiples contraintes liées à la vie professionnelle.

Quant à ceux qui occupent des positions gratifiantes, ils usent de toutes les manœuvres pour ne pas perdre leurs privilèges constituant le dernier

---

[434]Source : URL : https://www.who.int/countries/cmr/en consulté le 13 février 2019.
[435]La pension de retraite, dans sa totalité, a toujours été payée tardivement au Cameroun, et il est arrivé, dans plusieurs cas, qu'elle soit perçue par les ayants-droits, après le décès du retraité. Il faut néanmoins louer les efforts accomplis par les pouvoirs publics, ces dernières années, en faisant payer des acomptes sur la pension des retraités, en attendant le paiement intégral de celle-ci.

rempart et leur ultime source de revenus extra-salariaux. Plusieurs fonctionnaires refusent par conséquent de libérer le poste occupé une fois admis à la retraite. L'indélicatesse des fonctionnaires indexés provient de ce que, manifestement, le fonctionnaire retraité qui « s'accroche » à son fauteuil, sert ses propres intérêts, et non ceux de l'Administration.

Les fonctionnaires retraités continuant de travailler sans autorisation du président de la République, matérialisée par une décision de prolongation d'activité, sont ceux occupant généralement un poste de responsabilité. Ils s'appuient sur un argument qui, au regard du droit, est dénué de pertinence : ils ont été nommés par un acte de l'autorité compétente et demeurent en fonction tant qu'il n'y aura pas l'intervention d'un acte contraire de la même autorité, les destituant de leurs fonctions. Ces fonctionnaires semblent ainsi fonder leur démarche sur les principes du parallélisme des formes et des compétences. Cet argument peut séduire plus d'un profane. Cependant, ces individus oublient ou feignent certainement d'ignorer que leur retraite intervient à la date anniversaire de naissance. Ils en sont d'ailleurs avertis par l'Administration plusieurs mois avant la date limite d'activité.

Par conséquent, les compétences d'un fonctionnaire ne s'exercent légalement que dans la période qui court de son investiture à la cessation de ses fonctions, dont l'issue normale est la mise à la retraite, marquant la fin de sa carrière. Ainsi, tout acte pris ou signé et qui méconnaît cette rupture du lien unissant le fonctionnaire à l'Administration est entaché d'une illégalité tellement grave qu'il devient juridiquement inexistant.[436]L'Administration a longtemps toléré de telles pratiques malsaines en s'abstenant de désigner des intérimaires aux postes occupés par les retraités, ou en procédant à leur remplacement, en bonne et due forme, avant leur mise à la retraite, afin d'assurer la continuité du service public. Les administrations où les intérêts financiers sont le plus en jeu, comme le ministère des Finances, ont constitué le lit des fonctionnaires « indispensables », que l'on ne saurait mettre à la retraite. Cette idée a été dissipée par la mise aux trousses de ces fonctionnaires des huissiers de Justice pour les sommer de libérer les locaux qu'ils occupent illégalement, chose inédite dans l'Administration camerounaise !

---

[436]CHAPUS (René), *Droit administratif général*, tome 2, 15e éd., Paris, Montchrestien, 2001, p. 229.

Le pas a été franchi avec la circulaire du Premier ministre du 12 novembre 2015.[437] Par ce texte, ladite autorité rappelle l'invalidité juridique des actes posés par les retraités et les dangers de leur cohabitation avec les agents publics en situation régulière, qui est par ailleurs source de tension et génératrice de démotivation. En rappelant également que la prorogation d'activité relève de la seule compétence du président de la République, le Premier ministre a instruit les départements ministériels et les autres administrations publiques de proposer la nomination d'un nouveau responsable en lieu et place du fonctionnaire retraité et, dans l'attente, de désigner un responsable chargé d'assurer l'intérim du poste devenu vacant.

En réalité, la circulaire du Premier ministre n'avait pas sa place dans une administration organisée et citoyenne, qui fonctionne normalement et dans laquelle prévalent les règles de l'éthique. On n'a pas besoin, en effet, de recourir aux huissiers de Justice pour sceller les bureaux administratifs, dans le but de contraindre, *manu militari*, leurs occupants illégaux, à les libérer. Cette attitude dévoile l'impuissance publique qui a parfois caractérisé l'administration camerounaise dans la mise en application de la réglementation et dans la prise de certaines de ses décisions. À la question posée de savoir si la phobie de la retraite chez les fonctionnaires peut se justifier, nous répondons par l'affirmative, tout en invitant les pouvoirs publics à mettre en place un cadre de travail favorisant l'épanouissement des personnels de l'Administration, afin que ceux-ci aspirent légitimement, en fin de carrière, à une retraite digne, bien méritée.

La solution peut se trouver dans le cadre d'une réflexion sur l'âge d'admission à la retraite, qui ne semble pas être à l'ordre du jour des préoccupations actuelles des pouvoirs publics. En tenant compte de la hausse de l'espérance de vie, de la nature de l'activité et de la perte pour l'Administration des agents expérimentés « à la force de l'âge », nous pensons qu'il est indispensable de relever l'âge d'admission des fonctionnaires à la retraite à 55 et 60 ans au moins, selon qu'ils sont respectivement des catégories C-D, et A-B, pareillement pour les personnels contractuels et décisionnaires.[438] En ce qui concerne les

[437]Voir circulaire n° 004/CAB/PM/du 12 novembre 2015 relative à la cessation de service des agents publics admis à faire valoir leurs droits à la retraite.

[438]L'âge de ces personnels est fixé à 55 ans pour les contractuels de la VIIe à la XIIe catégorie, et à 50 ans, pour les agents décisionnaires, de la I^e^ à la VIe catégorie. La situation est différente à l'Université, où l'ensemble des personnels soumis au régime

enseignants du supérieur et les médecins, leur âge de retraite pourrait être porté à 65 ans pour les médecins fonctionnaires et les contractuels, et à 68 ans pour les professeurs des universités ainsi que les magistrats hors hiérarchie.

Ce relèvement de l'âge de la retraite qui tient compte de la durée des études et de la formation dans les corps cités, devrait permettre aux fonctionnaires de se sentir beaucoup plus sécurisés et de donner le meilleur d'eux-mêmes, sans avoir l'impression d'être éjectés à tout moment de la Fonction publique. L'on a en effet noté que la durée de la carrière dans l'administration camerounaise, relativement courte, et le niveau bas des rémunérations poussent parfois le fonctionnaire à commettre des indélicatesses, dès que s'annonce sa retraite précoce. Cet argument est valable pour le commun des fonctionnaires, en dehors de ceux qui, dans leurs corps, bénéficient de gratifications particulières, mais qui, paradoxalement, ne sont pas toujours prompts à quitter les rangs de la Fonction publique, une fois admis à la retraite.

Le relèvement de l'âge de la retraite, suggéré, devrait nécessairement s'accompagner d'une hausse significative des salaires, au risque de donner tout simplement l'occasion aux fonctionnaires de « prolonger leur agonie » en maintenant le niveau des salaires actuels.

Conclusion du chapitre 1er

Dans les lignes précédentes, il a été question de démontrer que la faillite morale observée au Cameroun et que les pouvoirs publics ont de la peine à juguler a des causes multiples, interpellant à la fois les particuliers et l'Administration elle-même. Les responsabilités sont par conséquent partagées, de part et d'autre. Les particuliers et les agents publics développent des pratiques déviantes mettant à mal la saine application de la règle de droit. Ils profitent le plus souvent d'un système de Fonction publique importé et inadapté, mal assimilé et générateur des comportements empreints notamment de paresse, de laxisme et de mauvaise foi de la part des agents publics et de l'Administration, cette dernière entretenant, malheureusement, des comportements contraires à la morale publique. La « stratégie des

---

des pensions de la Caisse nationale de prévoyance sociale, est mis à la retraite à 60 ans.

salaires de corruption » relève davantage, au Cameroun, d'un choix politique que de la carence des ressources, si l'on se réfère à l'ampleur des actes de corruption et de détournements des fonds publics perpétrés. Un éveil de la conscience juridique s'avère indispensable, assorti d'un nécessaire renforcement du dispositif juridique de lutte contre les dérives éthiques.

CHAPITRE II

LE NÉCESSAIRE ÉVEIL DE LA CONSCIENCE JURIDIQUE ET LE RENFORCEMENT DU DISPOSITIF ÉTHIQUE

« [le] droit n'est pas un don du ciel, ni une fonction préprogrammée par la nature. Ses normes n'engendrent pas des prophéties autoréalisatrices. Les comportements délétères ne disparaissent pas par la seule vertu des normes juridiques. L'éradication est une affaire de civisme qui interpelle la conscience et la responsabilité de chaque citoyen ».

Narcisse MOUELLE KOMBI, La démocratie dans la réalité camerounaise, 2013, p. 350.

Les propositions de réformes suggérées justifient l'ouverture du droit public à d'autres disciplines environnantes, comme l'administration publique, l'économie, la sociologie ou l'éthique publique (cf. Introduction générale, Méthodologie choisie). Cette démarche se fonde sur le fait que la corruption, par exemple, qui prospère dans les failles du système juridique, n'est pas sans lien avec l'économie ou la sociologie. Toutefois, un sursaut de conscience ou, plus prosaïquement, un « changement de mentalités » s'avère au préalable nécessaire pour la réussite des réformes envisagées.

Le Rapport sur l'état de la lutte contre la corruption au Cameroun, 2011, élaboré par la CONAC, fait ressortir le postulat suivant : « [C]'est dans les esprits que naissent les pratiques de corruption. C'est, par conséquent, dans les esprits que doivent être semées et cultivées les graines de la lutte contre la corruption ». Ce postulat interpelle les consciences des individus et les dirigeants administratifs en particulier, chargés du respect et de la mise en pratique de la règle de droit. Ce préalable est indispensable, puisque, sans ce changement de paradigme, le droit connaîtra toujours les assauts des comportements immoraux (Section 1). La prise de conscience du nécessaire éveil de la conscience juridique doit s'accompagner de moyens juridiques et managériaux adéquats, sans lesquels l'entreprise pourrait s'avérer vaine (Section 2).

SECTION I -L'INDISPENSABLE ÉVEIL DE LA CONSCIENCE JURIDIQUE

KANT nous apprend que *« [L]a conscience est le représentant en nous du tribunal divin »*,[439] ceci pour une triple raison : d'abord, elle juge nos intentions et nos actions d'après la sainteté et la pureté de la loi ; ensuite, nul ne peut la tromper et, enfin, parce qu'elle est naturelle, on ne peut pas y échapper car elle habite en nous tout comme l'omniprésence divine (*ibid.*). Le simple fait que les règles de droit contiennent des prescriptions éthiques interpelle la conscience individuelle et collective.

En effet, selon KANT, si l'éthique traite de la bonté intrinsèque des actions en se préoccupant uniquement de l'intention, elle s'étend également aux lois juridiques, car elle recouvre des actions auxquelles on peut être forcé par la loi… (*Leçons d'éthique*, *op. cit.*, p. 167). La prescription juridique de l'éthique est insuffisante pour que les individus et même l'Administration, par ses agents, respectent le droit établi. Le tout n'est pas de proclamer un droit ; encore faut-il se déterminer à le respecter pour sa mise en œuvre effective.

Jean-Marie BRETON soutient que, conjointement à l'amélioration de la situation salariale des fonctionnaires et agents publics, il est indispensable que se réalise une prise de conscience chez les responsables gestionnaires de la Fonction publique de même que chez les agents, des exigences de la chose publique et de la prééminence de l'intérêt général.[440] La promotion du sens de l'Etat, qui ferait défaut en Afrique en général et que l'auteur appelle de tous ses vœux, est certainement à l'origine des comportements déteignant sur le processus de développement de l'ensemble de la collectivité nationale (*ibid.*).

L'éveil de la conscience juridique est, par conséquent, une donnée incontournable pour une application saine et efficace des normes juridiques élaborées par la puissance publique.

En effet, cet éveil fait appel à une conception de l'éthique, qui «procède davantage de la liberté de conscience, du sens des responsabilités que

---

[439]KANT (Emmanuel), *Leçons d'éthique*, Paris, Librairie Générale Française, 1997, p.248.
[440]BRETON (Jean-Marie), *Droit de la Fonction publique des Etats d'Afrique francophone,* Paris, EDICEF, 1990, p. 184.

s'imposent de leur plein gré les individus ou les groupes sociaux, sans que n'intervienne une pression autre que morale pour en assurer la sanction ».[441] Il nécessite au préalable une responsabilisation des différents acteurs, particuliers et agents administratifs (§ 1), en même temps qu'il invite au respect du principe de légalité (§ 2).

§ 1. La responsabilisation des acteurs

La doctrine a posé les bases théoriques pour une application efficace de la règle de droit. On rappelle la réflexion de Joseph-Marie BIPOUN-WOUM, qui a suggéré que toute entreprise nationale de moralisation soit nécessairement précédée par une restauration de la conscience juridique auprès des citoyens et la sensibilisation des autorités publiques à la notion de légalité.[442]

Cette conscientisation exige que l'on intègre la responsabilité telle une valeur éthique (A) et se justifie par le fait que l'éthique est, avant tout, un effort individuel qui considère un individu seul face à ses semblables, sans lui dicter la conduite à suivre.[443]

Elle interpelle également les acteurs sociaux sur la nécessité de ne pas contribuer à la dévalorisation morale du service public par leur participation à la corruption et à la fraude (B).

A. La responsabilité comme valeur éthique

Un des objectifs déontologiques qui repose sur une des valeurs communément partagées dans les administrations publiques modernes porte sur la « responsabilité ».[444] C'est l'un des critères essentiels de la gouvernance, qu'il faudrait prévaloir sur le plan éthique.[445] Selon Pierre

---

[441]LAPERRIÈ R., « Éthique du travail et droits des travailleurs », *in Cahiers de recherche éthique*, n° 16, 1991, p. 82, cité par BOISVERT (Yves), « Éthique et politique : un nouvel enjeu pour la gouvernance contemporaine », *Télescope*, vol. 9, n° 1, novembre 2002, p. 4.

[442]BIPOUN-WOUM (Joseph-Marie), « La représentation de l'Etat en Justice au Cameroun », article précité, p. 50.

[443]YATIM (Fatima), « L'éthique de la gestion : éléments de réflexion pour une distinction entre les organisations publiques et les organisations privées », *op. cit.*, §9.

[444]BERNIER (Pierre), « La modernisation des pratiques de gestion de l'éthique dans l'administration publique », *Télescope*, vol. 9, n° 1, novembre 2002, p. 16.

[445]ONANA (Hugues François), *Pratique de la gouvernance au Cameroun. Entre désétatisation et démocratisation*, Paris, L'Harmattan, 2011, 113.

BERNIER, la première valeur généralement promue dans l'administration publique est la « responsabilité », laquelle signifie *« la conviction que doit avoir l'administrateur public qu'il a l'obligation de prévoir et de prévenir ce qui peut survenir dans son champ d'attributions, l'obligation d'agir à temps, celle, le cas échéant, de réparer s'il y a eu carence, et l'obligation de rendre compte en vue d'une évaluation des résultats et des aptitudes manifestées »* (*ibid.*).

L'éthique se situe dans un processus d'amélioration continue et fait appel à l'autonomie de jugement des acteurs, tout en comportant une dose de responsabilisation,[446] chacun étant invité à justifier ses actions (*ibid.*) et à rendre compte.

La responsabilisation figure parmi les valeurs éthiques de l'administration publique, à côté de l'honnêteté, de l'intégrité ou du professionnalisme. Tel que l'indique MACOMBE, l'éthique implique de disposer d'une certaine capacité d'action, c'est-à-dire une liberté consciente pour veiller individuellement à une conformité entre les valeurs partagées et son propre comportement.[447]

Toutefois, en contrepartie de la liberté, toute approche de l'éthique pose le principe de la responsabilité, qui constitue une exigence morale et personnelle, perçue comme l'une des dimensions fondamentales de l'éthique, dans la mesure où elle éclaire le choix des individus, et donne par conséquent à celle-ci sa pleine dimension collective (*ibid.*).

L'idée de reddition des comptes est rappelée par Georges TEKAM, qui constate que, *« [L]e sens de responsabilité... pourrait être rapproché de l'obligation de rendre compte. L'agent public doit pouvoir intégrer le fait qu'il doit régulièrement rendre compte aussi bien de l'exécution des tâches qui lui sont confiées que des moyens mis à sa disposition pour les accomplir »*.[448] La Commission de déclaration des biens et avoirs, déjà analysée, participe, dans cette optique, de « mécanismes de la responsabilité, de la reddition des comptes, de la traque de la corruption».[449]Les fonctionnaires et agents publics sont au service de l'intérêt général. Le Statut général de la Fonction publique rappelle au fonctionnaire qu'il « est tenu d'assurer personnellement le service

---

[446]GIRARD (Diane), « Ethique et service public. Où en sommes-nous ? », *op. cit.*, §6.
[447]Cité par Fatima YATIM, « L'éthique de la gestion… », *op. cit.*, §14.
[448]TEKAM (Georges), *Fonction publique camerounaise. Statut général et textes d'application*, Yaoundé, février 2006, p. 27.
[449]OLINGA (Alain-Didier), *Propos sur l'inertie*, ouvrage déjà cité, p. 63.

public à lui confié et de s'y consacrer en toutes circonstances avec diligence, probité, respect de la chose publique et sens de responsabilité» (art. 36 du SGFPE).

Cette interpellation individuelle est porteuse de signification ; elle met aussi en relation la responsabilité et la probité, cette dernière notion étant rattachée à l'idée de droiture, de justice et d'honnêteté, toutes choses qui renvoient au respect de l'éthique et de la morale. La dimension « éthique » du service public traduit l'idée de responsabilisation individuelle et collective dans le cadre des prestations offertes aux usagers.[450] Ladite exigence éthique voudrait que l'accent soit mis sur la place accordée à l'usager, qui se situe au cœur du service public.

La notion de responsabilité implique une parfaite connaissance de l'environnement juridique de la profession et constitue un impératif pour tout fonctionnaire. Elle est liée aux attitudes et comportements professionnels des agents publics. Cette notion se confirme, ainsi que l'affirme Benoît NDONG SOUMHET, comme l'un des éléments fondamentaux de composition de l'éthique ainsi que de la nouvelle vision du service public.[451] Comme dans une entreprise privée, l'attitude des dirigeants administratifs - qui doivent servir de modèle de comportements vertueux - est déterminante pour l'adoption d'une culture d'éthique par les fonctionnaires, chacun se sentant responsable de ses actes[452].

L'appel à la responsabilité interpelle particulièrement les membres du corps social à résister à la corruption et à la fraude.

---

[450]TEKAM (Georges), « La gouvernance : une exigence majeure dans la gestion des affaires publiques », *in* AMAMA (Benjamin), (dir.), *20 propos sur l'administration publique camerounaise*, Yaoundé, Éditions du MINFOPRA, 2003, p. 112.

[451]NDONG SOUMHET (Benoît), « Pour une nouvelle compréhension de la notion de responsabilité appliquée à la gestion des affaires publiques », *20 propos sur l'administration publique camerounaise*, p. 63.

[452] BIKIM (Madeleine Rosette), DOMENI NJEMBA (Maéva Yvanna) et autres, « Elargir les finalités de l'entreprise avec l'éthique de l'avenir », *in* Epiphane KINHOUN & Oliver RUPPEL (dir), *La question de la responsabilité sociale et environnementale de l'entreprise – Perspective africaine, cas du Cameroun*, Yaoundé, Presses de l'UCAC, mai 2018, p. 87.

B. L'invitation à la résistance des différents acteurs sociaux à la corruption et à la fraude

La gangrène de la corruption prend de plus en plus de l'ampleur dans le tissu social camerounais. Les facteurs juridiques d'expansion de ce phénomène ont pour nom la porosité du système normatif, le caractère tatillon et irrationnel des procédures, le pouvoir discrétionnaire, l'impunité, ou encore la faiblesse dissuasive des pénalités.[453] Il faut noter que les rapports entre le droit et le phénomène de la corruption se caractérisent par l'antinomie de leurs logiques réciproques, ce qui débouche sur le caractère relativement inadapté du droit de combattre efficacement la corruption (*ibid.*).

Dans sa Lettre aux usagers de la fonction publique, à l'occasion de la célébration de la 23e édition de la Journée africaine de la Fonction publique et de l'Administration,[454] le 23 juin 2018, le ministre de la Fonction publique, avant son adresse proprement dite aux citoyens, a situé son propos à la suite des instructions données par le président de la République, Paul BIYA, lors du Conseil des ministres du 15 mars 2018. Il a rappelé la détermination du chef de l'État à combattre la corruption, après le constat dressé par cette haute autorité, selon lequel, « [n]ous avons encore, je dois le dire, un grave problème de morale publique. Malgré nos efforts pour les combattre, la fraude, les détournements de deniers publics, la corruption continue de miner les fondements de notre société ». Le ministre de la Fonction publique relève qu' « [A]u-delà du travail important abattu au sein des ministères et par les organes chargés de la lutte contre la corruption, notamment la Commission Nationale Anti-Corruption (CONAC), l'Agence Nationale d'Investigation Financière (ANIF) ainsi que les cellules ministérielles de lutte contre la corruption, ce tableau peu reluisant de notre Administration nous interpelle tous. La corruption a plusieurs visages et se manifeste sous diverses formes. Passive ou active, elle implique un corrupteur et un corrompu. Si nous voulons véritablement tordre le cou à la corruption, nous devons considérer le combat contre ce fléau comme une affaire de tous. La corruption ruine les efforts de la

[453]OLINGA (Alain-Didier), *De la Corruption au Cameroun*, ouvrage préc., Résumé introductif, p. 143.

[454]Le thème de cette Journée était : « Combattre la corruption dans les institutions publiques avec la participation des parties prenantes et la promotion du leadership éthique en vue de réaliser les objectifs de l'agenda 2063 et les Objectifs du développement durable ».

nation. La corruption retarde le développement. La corruption aggrave la souffrance des populations, notamment les plus vulnérables».[455]

Les propos du ministre de la Fonction publique invitent à la méditation, en raison de ce que les actes de corruption compromettent gravement le développement et le bien-être des populations. Les premières victimes de ces comportements sont les populations démunies et les plus vulnérables. Narcisse MOUELLE KOMBI rappelle les propos de M. KOFFI ANNAN, alors Secrétaire général des Nations-Unies, qui soulignait que *« [L]a corruption est un mal dont les effets sont aussi multiples que délétères...Ce sont les pauvres qui en pâtissent le plus, car là où il (le mal de la corruption) sévit, les ressources qui devraient être consacrées au développement sont détournées, les gouvernements ont moins de moyens pour assurer les services de base, l'inégalité et l'injustice gagnent et les investisseurs et donateurs étrangers se découragent... »*.

On n'imagine pas, en effet, les dégâts humanitaires causés par le détournement des fonds destinés à la construction d'un point d'eau potable, d'une école publique ou d'un dispensaire, en zone rurale, dans un pays en développement...Les élites nanties, elles, peuvent se soigner dans les grandes villes ou bénéficier d'une évacuation sanitaire...Leurs enfants également sont scolarisés dans les écoles de réputation...

Tout comme le détournement d'un avenant d'un marché public au profit des tiers, tel qu'il a déjà été observé,[456] peut compromettre la vie de plusieurs personnes, destinataires initiaux du projet.

Le délit de corruption est pourtant une infraction pénale, réprimée par la loi. L'idée de contribuer à son développement devrait interpeller la conscience des individus, au regard de ses effets néfastes décrits, de façon non exhaustive.

Il faut louer l'engagement des pouvoirs publics camerounais à combattre de plus en plus, par les voies de droit, la corruption et d'autres délits tels que la fraude. Ces comportements sont contraires à l'hygiène morale et à la légalité, ce dernier principe occupant une place essentielle en matière d'éthique publique, en particulier.

---

[455]Voir *Cameroon Tribune* n° 11622/7821 du 22 juin 2018, p. 21.

[456]Décisions n°s 018, 019 et 020/CAB/PM du 20 octobre 2011 suspendant certaines personnalités de l'activité des marchés publics, *op. cit.*, p. 379.

§ 2. Le nécessaire respect de la légalité

Le principe de légalité qui signifie, brièvement, soumission au droit, constitue le pilier du droit, dans son ensemble. Pierre BERNIER souligne que la conduite des administrateurs publics doit être en tout temps légale, éthique et opportune.[457] Il situe la légalité parmi les impératifs de l'administration publique que sont l'imputabilité, l'intégrité et l'impératif attaché au service à l'égard des citoyens. L'auteur signale, dans ce cadre, que « le principe de la primauté du droit et le principe de légalité sont le socle en vertu duquel la loi, et elle seule, doit régir habituellement l'action dans un État de droit. Et le cadre juridique habilitant doit être respecté aussi longtemps qu'il n'a pas été remplacé ou abrogé selon la procédure légale prévue à cette fin » (*op. cit.*, pp.16-17). LEKENE DONFACK invite à cette fin, les autorités administratives à quelque niveau que ce soit, à *« appliquer les textes en évitant le ponce-pilatisme qui conduit fatalement au pourrissement de l'Administration »*.[458]

On rappelle que, dans son étude sur la représentation de l'État en justice, Joseph-Marie BIPOUN-WOUM soutient que la nécessaire remise en ordre de l'État (camerounais) passe par la moralisation des comportements et la rationalisation des actions.[459] L'auteur déplore le fait que la *« réelle dégradation civique et morale constatée dans le pays n'a pu s'installer que parce que ceux qui formulaient le droit (les décideurs) étaient de ceux-là même qui prenaient trop de liberté avec la légalité »* (*ibid.*). L'observation de l'auteur est pertinente, et cette attitude de violation des règles de droit établies n'est pas propice au respect de la légalité. Elle constitue plutôt un aliment de dérives éthiques par les particuliers et par l'Administration elle-même.

C'est donc à juste titre que Joseph-Marie BIPOUN-WOUM en déduit qu' « il va de soi que dans un tel contexte la règle de droit n'a pratiquement plus de force et ne joue plus son rôle. Car dans les affaires ou ailleurs, les comportements contraires à la morale générale ou professionnelle sont toujours contraires à la loi, celle-ci ne pouvant les

---

457BERNIER (Pierre), « La modernisation des pratiques de gestion de l'éthique dans l'administration publique » *Télescope*, vol. 9, n° 1, novembre 2002, p. 16.
458LEKENE DONFACK, « Une réforme fondamentale sous influence : le nouveau statut général de la Fonction publique du Cameroun », *Revue Juridique Africaine*, n°s 1, 2 & 3, 1995, p. 67.
459C'est nous qui le soulignons.

tolérer : ils ne peuvent donc s'installer que s'ils ne sont plus sanctionnés. Par conséquent l'inaction ou le déclin du droit est l'huissier de service qui ouvre toute grande la porte à la dégradation morale, individuelle et collective, dans la société. Il s'ensuit que toute entreprise nationale de moralisation doit nécessairement être accompagnée, sinon précédée par une restauration de la conscience juridique auprès des citoyens et une sensibilisation des autorités publiques à la notion de légalité » (*ibid.*).

Le respect des règles éthiques suppose au préalable l'existence des règles posées ou élaborées par la puissance publique, en vertu de la légalité, principe qui ne dédouane pas les auteurs de la norme de son observance. L'exemple de la soumission à la règle de droit revient prioritairement, en vertu du principe « legem patere quam fecisti ». Il est par conséquent déplorable que ceux qui font la loi s'y soustraient et s'attendent à ce qu'elle soit observée par les autres membres du corps social.

Par ailleurs, l'Administration n'est pas souvent très exigeante vis-à-vis de ses agents. Cette tolérance exprime-t-elle le sentiment que les fonctionnaires sont mal rémunérés et qu'il ne faudrait pas les « bousculer » dans leurs habitudes, même lorsque celles-ci ne sont pas toujours recommandables ? Bien plus, l'Administration, au quotidien, participe à un « jeu de simulation et de dissimulation », sous prétexte de la gouvernance.[460] Hugues François ONANA relève que le processus de libéralisation notamment en ce qui concerne le volet privatisation des entreprises publiques, a parfois ignoré les règles de l'éthique, attitude qualifiée par l'auteur de « criminalisation » (*idem*, p. 139).

L'Administration qui devait donner l'exemple est plutôt complice des comportements déviants des citoyens. Hugues François ONANA fait valoir que *« c'est la duplicité qui caractérise de nombreux apparatchiks du régime camerounais qui usent de stratégies de simulation et de dissimulation pour asservir l'Etat en prétendant le servir. Officiellement, les hauts dignitaires de l'administration publique, de l'armée ou des sociétés d'État, subliment le projet de société du chef de l'État, bâti sur le socle de la bonne gouvernance, tout en posant régulièrement sinon quotidiennement des actes visant à ne faire valoir que leurs petits intérêts sordides ».*

---

[460]ONANA (Hugues François), *Pratique de la gouvernance au Cameroun…*, p. 138.

Cette préoccupation éthique rejoint le cri d'alarme lancé par le président Paul BIYA lors de son discours de prestation de serment, le 3 novembre 2004. Il déclarait, à cette occasion, que « la fraude et la corruption se sont malheureusement infiltrées dans l'administration qui devait pourtant donner l'exemple. Je l'ai déjà dit et je le répète : ces comportements ne seront plus tolérés ! Il faudrait que l'Administration se réforme et qu'elle retrouve le sens de l'Etat » (*idem*, p. 138).

Cette hypocrisie de l'Administration se traduit par la violation de la légalité par les acteurs étatiques. Pourtant, ainsi que le relève avec pertinence Jacques BIPELE KEMFOUEDIO, *« [D]ans un État malade de la rectitude morale et du devoir de probité, il faut appliquer sans état d'âme des normes juridiques »*,[461] puisque le respect de la légalité implique l'existence d'un droit réellement appliqué. GARGA Haman ADJI, parlant de la corruption, souligne qu'elle *« ne peut être vaincue que par un droit qui lui soit assorti et dont l'application sur le terrain ne souffre d'aucun laxisme »* (cité par Magellan OMBALLA, *Les politiques publiques…*, p. 323). L'auteur de l'article en déduit que l'observation de l'ancien ministre de la Fonction publique et du Contrôle de l'État renvoie au syndrome de « l'État mou », caractérisé par une absence de discipline se traduisant par des carences législatives, notamment pour la mise en œuvre de l'application de la loi (*supra*). D'où la nécessité d'un renforcement du dispositif juridique pour un meilleur encadrement des comportements contraires à l'éthique.

SECTION II.- LE RENFORCEMENT DU DISPOSITIF D'ENCADREMENT DE L'ÉTHIQUE

Le respect du droit public, en particulier, nécessite une observation stricte des textes dont l'interprétation partiale peut occulter des intentions malveillantes de l'Administration, responsable de l'application de la légalité. Un des couloirs de corruption dévoilé se trouve dans le traitement des dossiers où le droit se trouve parfois mis à l'écart, au profit des contacts perfides, du fait de l'absence des

[461]BIPELE KEMFOUEDJIO (Jacques), note sous CS/CA 13 avril 2001, *Yennyemb Ngena*, *Juridis Périodique* n° 107, 2016, p. 88. Le commentaire de ce jugement a été repris par l'auteur dans le n° 115 de la même revue, juillet-août-septembre 2018, pp. 79.

procédures préalablement établies, ou du non-respect de celles existantes. Les manuels de procédures de gestion de ressources humaines constituent par conséquent des leviers de transparence et de lutte contre la corruption (§ 1). Leur institution systématique se doit d'être complétée par la mise en place d'un cadre juridique approprié (§ 2).

§ 1. La systématisation des manuels de procédures de gestion des ressources humaines, comme instrument de transparence et de lutte contre la corruption

Le recrutement des ressources humaines de qualité limite considérablement les écarts de comportement dans l'administration publique. Un personnel méritant recruté et motivé, est peu enclin aux comportements irréguliers. Le facteur humain conditionne par conséquent la réussite de la bonne gouvernance. Celle-ci, relève Georges TEKAM, peut se percevoir comme une éthique appliquée à la gestion de l'Etat et de ses ressources, sur la base des principes d'intégrité et de responsabilité.[462]

Il convient toutefois de canaliser ces valeurs par la définition des procédures de traitement des dossiers. L'adoption des manuels de procédures permet d'introduire une plus grande transparence dans l'étude des dossiers.

Le « Manuel des procédures de gestion des ressources humaines » est un document de transparence administrative précisant, sur la base des textes réglementaires, les tâches à accomplir ainsi que les différents intervenants, de l'initiation de l'acte ou de la procédure jusqu'à son aboutissement.

Ce document limite considérablement l'intervention de l'usager dans le suivi de son dossier et contribue de ce fait à la lutte contre la corruption, étant donné par ailleurs que le traitement du dossier est encadré dans des délais précis.

Ainsi, se prononçant sur les pratiques de récupération des sommes investies par les fonctionnaires pour l'achat de leur place au concours

[462]TEKAM (Georges), « Gouvernance : une exigence majeure dans la gestion des affaires publiques », *op. cit.*, p. 111.

d'entrée à l'ENAM, François ANOUKAHA souligne que *« [S]i en amont, de bonnes procédures sont instituées, dans la perspective de la prévention de la commission de cette infraction, cela peut entraîner à terme, un recul considérable de la corruption dans notre pays ».*[463] L'objectif poursuivi par l'introduction et le respect des manuels de procédures de GRH, entre autres, est de promouvoir les valeurs de transparence et d'intégrité. Ces manuels comportent une dimension éthique, dans la mesure où, en plus de la réduction du contact humain, ils contribuent également à la responsabilisation des agents publics.

Alain-Didier OLINGA observe que *« [L]a corruption prospère (...) dans les interstices du système juridique ; elle se complaît du formalisme excessif des procédures, de la complexité du droit, des délais élastiques... »* (*De la corruption au Cameroun*, p. 154).

Les manuels des procédures ont été initiés au ministère de la Fonction publique et de la Réforme administrative (MINFOPRA) et devraient être généralisés à toutes les administrations publiques, avec l'assistance technique de ladite administration.

Toutefois, ces documents de GRH rencontrent des difficultés et des résistances dans leur mise en œuvre. En outre, ils ne peuvent valablement prospérer que dans le cadre des administrations organisées suivant le système du poste de travail.

L'administration publique camerounaise tout entière n'est pourtant pas soumise à la logique du poste de travail, initialement prévu par le Statut général de la Fonction publique pour les seuls fonctionnaires. Les préoccupations éthiques liées aux manuels des procédures de GRH peuvent, de ce fait, connaître des difficultés dans leur mise en œuvre, plusieurs administrations utilisant à la fois les fonctionnaires et les contractuels.

Hugues François ONANA rappelle que la transparence et l'intégrité sont les critères importants de bonne gouvernance, valeurs qui ne sont pas la vertu du monde la mieux partagée dans la Fonction publique camerounaise (*Pratique de la gouvernance au Cameroun*..., p. 109). Par ailleurs, l'éthique dans le service public constitue la clé de voûte d'une bonne gouvernance. Il est donc question d'alléger les lourdeurs

---

[463]ANOUKAHA (François), *Le Code pénal du 12 juillet 2016 et la lutte contre la corruption au Cameroun*, Presses des imprimeries Les Grandes Editions, juin 2017, p. 45.

bureaucratiques et de moraliser la gestion administrative, saine, exempte de corruption,[464] tout en mettant en place de nouveaux instruments juridiques efficaces de lutte contre les agissements illicites.

§ 2. Proposition de mise en place de nouveaux instruments normatifs.

La garantie du respect des règles éthiques passe par l'application stricte du droit établi. L'efficacité du droit est donc nécessaire pour lui permettre de jouer pleinement son rôle de répression, lié à celui de prévention, suffisamment exposé. Mais il est indispensable, d'emblée, de fixer un cadre d'éthique déontologique afin de situer les uns et les autres sur leurs obligations. Ce rôle est assigné au code d'éthique de la Fonction publique (A), pour les agents publics, sans préjudice de leur soumission à la législation pénale. Par ailleurs, le renforcement du dispositif disciplinaire et judiciaire devrait ramener les uns et les autres « à de meilleurs sentiments » (B). La décision révolutionnaire que les pouvoirs publics devraient avoir le courage de prendre consiste en la création d'un organe juridictionnel indépendant de répression de la corruption (C).

A. L'adoption d'un code d'éthique applicable à tous les fonctionnaires et agents publics.

L'éthique est une préoccupation majeure du service public. On n'imagine pas, de nos jours, une administration qui fonctionne harmonieusement sur des bases étrangères à l'éthique. L'éthique du service public s'appuie sur les règles de gouvernance et prend la dénomination d'éthique publique. Cette bonne gouvernance est donc incompatible avec toute violation des règles éthiques. Contrairement à l'éthique qui est inscrite dans les consciences et n'est par conséquent pas de création législative, les codes d'éthique qui renferment les règles déontologiques auxquelles les fonctionnaires sont tenus de se conformer, doivent être inscrites dans la législation.[465]

---

[464]TEKAM (Georges), « La gouvernance : une exigence majeure dans la gestion des affaires publiques », précité, p. 111.

[465]BISSON (Claude), « Pourquoi légiférer l'éthique ? Pour apaiser le service public ou pour soutenir l'exercice d'une charge publique ? », *Éthique publique,* Revue internationale d'éthique sociétale et gouvernementale, [En ligne],vol. 13, n° 1/2011, mis en ligne le 20 décembre 2011, consulté le 19 avril 2018. URL :

Plusieurs entreprises publiques, conscientes de cette nécessité, ont pris de l'avance sur la Fonction publique dans l'élaboration et la mise en place des codes d'éthique. Un code unique, applicable à tous les agents publics, devrait préciser les règles déontologiques qui leur sont applicables. L'élaboration de ce document nécessite de regrouper autour d'une même table l'administration et les représentants du personnel, afin d'arrêter un minimum de règles consensuelles au fonctionnement du service public. La concertation entre les différents acteurs est indispensable dans le but de garantir l'applicabilité du code, arrêté d'accord parties. Diane GIRARD souligne, en effet, qu' *« il ne suffit pas de dire que l'employé se doit de suivre ce qui a été édicté comme comportement : il serait illusoire de penser que, dans la pratique, les choses peuvent se résoudre aussi aisément »*.[466] Un travail préalable d'éducation à l'éthique s'avère indispensable dans la mise en œuvre du code d'éthique de la Fonction publique.

Contrairement au Statut général de la Fonction publique camerounaise qui s'intéresse uniquement aux personnels titulaires, le code d'éthique suggéré devrait concerner tous les fonctionnaires et agents publics, en laissant le soin aux statuts spéciaux de régir des spécificités propres à certains corps. S'agissant de son contenu, le code d'éthique doit aborder des questions liées au travail, à l'accueil des usagers, au comportement des agents, concernant notamment l'impartialité, la réserve, la discrétion professionnelle, etc. L'adoption du code d'éthique de la Fonction publique devrait être entourée de garanties de sincérité.

La réforme des textes suggérée doit être obligatoirement précédée par un changement de mentalités. KANT pense, à ce sujet, que la distinction entre le bien et le mal ne saurait dépendre de la volonté de quelqu'un d'autre, elle doit plutôt « valoir en soi, antérieurement à tout décret » (*Leçons d'éthique*, p. 32). Cette prise de conscience individuelle et collective à laquelle l'Administration et ses agents sont interpellés est indispensable pour l'efficacité et la pérennité du code d'éthique, à défaut de créer un ornement juridique de plus, sans consistance. Le renforcement de la répression disciplinaire et judiciaire complète le rôle du code éthique suggéré.

---

http://journals.openedition.org/ethiquepublique/345;DOI:10.4000/ethiquepublique.345, § 3.

[466]GIRARD (Diane), « Ethique et service public : où en sommes-nous ? », *op. cit.*, § 9.

B. Le renforcement de la répression disciplinaire et judiciaire

Il convient de relever, d'emblée, que les instruments juridiques de répression disciplinaire et judiciaire ne font pas défaut dans le paysage normatif camerounais. Ce dispositif existe et on peut même dire qu'il est bien ficelé. Le problème se trouve au niveau de la mobilisation de cet arsenal juridique pour sanctionner les agissements des agents publics et des autres citoyens contraires à la morale, puisque la crise de moralité que traverse le Cameroun est *« aggravée par l'impunité totale dont bénéficient les déviants »* (Hugues François ONANA, *Pratique de la gouvernance*..., p.129). Cette thèse devrait être relativisée, étant donné que des actions énergiques sont menées ces dernières années par les pouvoirs publics à l'encontre des détourneurs de fonds publics, en particulier.

La doctrine a néanmoins tenté une justification du laxisme ou de la tolérance des dirigeants administratifs sur les actes de corruption des agents publics. Bernard-Raymond GUIMDO signale le laxisme ou la tolérance coupable de certains responsables administratifs devant l'irresponsabilité de quelques fonctionnaires. Ces dirigeants s'illustrent eux-mêmes par leur absentéisme du fait de leurs sollicitations par des déplacements ou des festivités sans rapport avec leur tâche.[467]

Cette fuite en avant des dirigeants de leur responsabilité est avérée, quand on compare par exemple la tenue sporadique des conseils de discipline et des litiges, par rapport au nombre d'actes irréguliers et indélicats posés au quotidien par les fonctionnaires. La traduction du fonctionnaire devant le conseil de discipline est exceptionnelle au Cameroun, tout comme sa sanction ou sa traduction devant les tribunaux, toutes choses qui créditent la thèse de Bernard-Raymond GUIMDO sur le laxisme et la tolérance « compréhensibles » de l'Administration. En revanche, une telle attitude de « compréhension », de « tolérance » ou de « laxisme » affecte l'efficacité de la règle de droit et rend celui-ci incapable de combattre les dérives éthiques.

Elle est aussi porteuse des germes de l'arbitraire et de la partialité, puisqu'il n'est pas certain que tous les fonctionnaires fautifs, par exemple, bénéficient de la « bienveillance » de l'Administration. Cette démission des responsables administratifs traduit leur incapacité à faire

---

[467]GUIMDO (Bernard-Raymond), « La corruption dans le droit de la Fonction publique », *Juridis Périodique*, n° 75, 2008, p. 64.

respecter la règle de droit dans leurs structures, tout en contribuant à la dévalorisation morale de la Fonction publique.

Il arrive même, le plus souvent, dans certains domaines concernant la gestion des fonds publics comme le recouvrement des recettes des péages routiers ou celles issues des vignettes automobiles,[468] que les mesures conservatoires de suspension de fonctions ou d'activités, justifiées par l'urgence, ou même de relèvement des fonctions, interviennent tardivement.

Si bien que l'agent indélicat sait pertinemment qu'il est gagnant dans « l'affaire », quand on compare le montant de ce qu'il a irrégulièrement perçu pendant une période relativement longue, avec les conséquences de l'acte répréhensible sur sa carrière. Le détournement de deniers publics auquel se livrent ces agents a pourtant été qualifié de « crime » par le juge administratif camerounais.[469]Un organisme indépendant de lutte contre la corruption s'avère par conséquent indispensable, au regard de l'importance de ce fléau, sans cesse grandissant au Cameroun. Il s'agit d'une voie salutaire, que l'on devrait valablement explorer.

C. Proposition de création d'un organisme indépendant de lutte contre la corruption

La corruption et les fraudes diverses constituent l'essentiel des dérives et de violations au droit public camerounais, tout au long de l'étude, ce qui conduit à suggérer la création d'une institution indépendante de lutte contre la corruption pour combattre efficacement ce fléau. Cette préoccupation rencontre celle déjà faite dans le cadre du Programme national de gouvernance (PNG), à la suite d'une évaluation à mi-parcours dudit programme révisé, dans la période comprise entre 2006 et 2010 (Hugues François ONANA, Pratique de la gouvernance…, pp. 131-132). Le nombre suffisamment important des structures de prévention des dérives éthiques et de la corruption, en particulier, n'est pas le gage d'une lutte efficace contre ce fléau. Claude BISSON renseigne que *« [D]e tous les gouvernements européens, c'est en Suède que l'on retrouve le moins de règles d'éthique (Demmke et al., 2007).Ce*

---

[468]La récurrence des détournements de fonds issus de la vente des vignettes automobiles a amené les pouvoirs publics, depuis 2016, à confier le recouvrement de ces recettes aux compagnies d'assurances, exigibles en même temps au moment de l'établissement de la police.

[469]CS/AP, 29 déc. 1994, Ministère public et Okalla Emana Benjamin c/ Ndongo Simon, Ndjana Fouda et Mevobiyo'o.

pays figure pourtant presque toujours au premier rang des pays les moins corrompus au monde selon la classification de Transparency International (2009 : 33-34) ».[470] L'inflation législative ou réglementaire de prévention de l'éthique ne garantit pas non plus une protection efficace contre les violations des règles de la morale. Par ailleurs, la CONAC, dont l'action essentiellement pédagogique et se limitant à la prévention, à la communication et aux investigations, a montré ses limites structurelles, en ce que cet organisme est avant tout une commission dont le rôle est sans impact sur la décision. D'aucuns pensent même que l'efficacité de cet organisme est plombée par le fait qu'il *« n'a aucune autonomie vis-à-vis du président de la République qui peut bloquer toute investigation qui est en contradiction avec ses intérêts »*[471]. Il serait judicieux de renforcer les pouvoirs de cette structure en l'affranchissant au préalable de l'emprise de l'exécutif.

En outre, les cellules ministérielles de lutte contre la corruption ont, dans l'ensemble, identifié certaines causes de corruption, liées en particulier à la faiblesse du pouvoir d'achat, à la perte des valeurs éthiques, à l'insuffisance des lois et règlements réprimant la corruption et à la lutte contre la corruption et à l'impunité de corrompus (Hugues François ONANA, *Pratique de la gouvernance…*, p. 145).

En plus de la faiblesse identifiée sur le plan stratégique concernant l'inexistence d'un état des lieux dans les différentes administrations, ces structures ne sont pas suffisamment visibles et dissuasives, et ne présentent pas toutes les garanties d'impartialité et de probité souhaitées. En effet, on ne sait pas sur quels critères repose le choix des membres desdites structures, lesquels peuvent poser des actes contraires aux objectifs assignés à ces organes.

Il est par ailleurs difficile de faire le bilan de la lutte contre la corruption dans une administration ou un ministère, la tolérance administrative se confondant parfois avec la corruption, dans toutes ses déclinaisons.[472]La frontière entre la tolérance administrative et la

---

[470]BISSON (Claude), « Pourquoi légiférer l'éthique ? Pour apaiser le public ou pour soutenir l'exercice d'une charge publique ? », *op. cit.*, § 9.

[471]LEMBE MUNGOLE TIKY, *Les six plaies du Cameroun…*, *op. cit.*, p. 130.

[472]OMBALLA (Magellan), *50 ans de réforme de l'Etat au Cameroun*, (*op. cit.*, p. 309) s'appuie sur Hyacinthe SAWADOGO qui appréhende la corruption comme un phénomène comportant cinq principaux aspects que sont : « la corruption proprement dite », « les infractions apparentées à la corruption : le trafic d'influence, l'ingérence

corruption est en effet opaque, puisqu'on ne sait pas exactement jusqu'où s'arrête la tolérance et à quel moment la corruption intègre le processus de dévoiement du droit. Célestin KEUTCHA TCHAPNGA, parlant des associations, a pu écrire : *« À la limite, dans un contexte comme celui du Cameroun, tolérances administratives et corruption fusionnent. L'ampleur de la corruption et des tolérances administratives explique d'ailleurs pourquoi l'État camerounais est considéré comme un " État mou" ».*[473]

Dans le domaine de l'urbanisme et de la domanialité publique, par exemple, nul n'ignore que les constructions dans les zones marécageuses, dépendances du domaine public fluvial, sont interdites. Pourtant des titres fonciers y sont délivrés, alors que ces zones sont dites *non aedificandi*, c'est-à-dire non constructibles.

Il y va de l'intérêt des populations qui sont menacées d'inondations dans les zones concernées, en particulier, en saison pluvieuse, avec des risques de pathologies diverses. L'on observe, pour le déplorer, que ces constructions anarchiques, le plus souvent marquées d'une croix et comportant l'inscription en couleur rouge, « À DEMOLIR », sont rarement détruites à cause des ententes mafieuses entre les autorités des municipalités compétentes et les propriétaires illégaux de ces habitations.

Jean BIAMO souligne, dans ce sens, que l'obtention d'un permis de construire dans le mépris de la réglementation est à l'origine d'un désordre urbain décrié et favorise le développement *« des niches de corruption tant et si bien que les agents chargés de contrôle sur le terrain du respect de la réglementation d'urbanisme sont beaucoup plus enclins à recevoir des pots de vin qu'à exercer véritablement leur mission ».*[474]

---

et la concussion », « les infractions assimilées à la corruption », « le détournement de deniers publics » et « la destruction des pièces par les fonctionnaires ».

[473]KEUTCHA TCHAPNGA (Célestin), *Le régime juridique des associations*, Paris, L'Harmattan, 2013, p. 137.

Le concept de l' « État mou » renvoie à l'impuissance publique, alors que l'État africain est en même temps un « État fort », c'est-à-dire autoritaire et dont l'action repose sur l'arbitraire et la violence exercée le plus souvent en dehors de la légalité. Lire à ce sujet GUNNAR (Myrdal), « L'État mou dans les pays sous-développés », *Revue Tiers Monde*, janvier-mars 1969, tome X, n° 37, p. 18.

[474]BIAMO (Jean), « L'obtention d'un permis de construire au Cameroun : histoire d'une épreuve », *Juridis Périodique*, n° 113, 2018, p. 144.

Le Programme national de gouvernance signale qu' « il est avéré que pour les infractions de corruption et de concussion, les pouvoirs publics ont des difficultés à les réprimer. Pour ce qui est de la répression du détournement des deniers publics la justice est suspendue à l'action de l'administration qui lui transmet les dossiers à sa discrétion, attitude qui n'est pas de nature à décourager de fléau » (Programme national de gouvernance, 2006-2010, p. 26). Il y aurait donc, soit une complicité entre l'Administration et la Justice, soit que cette dernière est inféodée à la première. La préoccupation de création d'une institution indépendante de lutte contre la corruption s'inscrit dans la nécessité de renforcer l'encadrement normatif des activités les plus exposées à la corruption.

C'est le point de vue d'une frange de la doctrine. Alain-Didier OLINGA penche pour une institutionnalisation du combat contre la corruption en créant un service central de prévention de la corruption placé auprès du ministère de la Justice.

L'auteur conclut qu' *« [E]n tout état de cause, c'est d'un appareil judiciaire indépendant et non corrompu qu'on a véritablement besoin pour lutter contre la corruption »* (*De la corruption au Cameroun*, p. 159). Cette conviction est partagée par Claude BISSON, qui précise qu'il est important que *« les manquements soient sous le contrôle d'une personne ou d'un organisme dont l'indépendance et l'efficacité inspirent pleine confiance »*.[475]

L'indépendance de l'organe en charge de la répression des actes de corruption est la seule garantie de la lutte efficace contre ce fléau. Tant qu'elle sera à tête chercheuse, la lutte contre la corruption continuera de générer des frustrations et l'injustice sociale dont seront en majorité victimes les plus démunis, quand on sait que la grande corruption qui est source d'enrichissement illicite des plus grands se fait au détriment des masses laborieuses.[476] Que l'on se souvienne que l'absence d'indépendance de la Justice constitue un frein à l'efficacité de la lutte contre la corruption et les détournements des deniers publics, l'Administration décidant souverainement des dossiers à transmettre aux tribunaux. C'est donc le règne de la partialité et même, de

[475]BISSON (Claude), « Pourquoi légiférer l'éthique ? Pour apaiser le public ou pour soutenir l'exercice d'une charge publique ? », *op. cit.*, § 14.
[476]OMBALLA (Magellan), « Les politiques publiques de lutte contre la corruption au Cameroun », *in50 ans de réforme de l'État au Cameroun*, p. 316.

l'impunité. Cette attitude contraire au principe d'égalité peut expliquer que, paradoxalement, pendant que le Cameroun devient un « pays pauvre très endetté » (PPTE) au début des années 2005, c'est aussi pendant ces années de crise économique que l'élite politico-administrative s'est constituée les plus grosses fortunes de la République ».[477]

Conclusion du chapitre 2

Les principes de responsabilité et de légalité sont des valeurs indispensables au respect de l'éthique publique, en particulier. Ces valeurs éthiques interpellent la conscience individuelle et collective sur la nécessité d'une intériorisation de la règle de droit, en vue de son application, étant entendu que la prise de conscience devrait précéder l'élaboration de la règle de droit. L'adhésion des agents publics à l'élaboration des codes d'éthique, par exemple, est indispensable à la réussite de cette opération. De même, le respect de la règle de droit exige un renforcement de la procédure disciplinaire et judiciaire compte tenu du laxisme généralement observé, générateur de corruption. Enfin, la défaillance du système judiciaire actuel, accusé d'intelligence ou d'inféodation à l'Administration, n'est pas favorable à la lutte efficace contre la corruption. Les pouvoirs publics devraient être conscients de cette réalité et opter résolument pour la mise sur pied d'un organisme indépendant, matérialisant leur ferme engagement dans la lutte efficace contre la corruption. Tout organe dédié à cette tâche, sans coudées franches, serait une institution de plus, sans consistance, qui viendrait grossir les rangs des autres structures encombrantes observées dans le paysage juridique et institutionnel camerounais.

[477] *Idem*, p. 318. Les fonctionnaires n'ont pas peur d'exhiber leur richesse. Un quartier huppé de la ville de Yaoundé est né pendant ces années de crise économique aiguë et porte ostentatoirement le nom de « *Kuweit City* ».

Conclusion de la troisième partie

Que faut-il retenir à la fin des développements de cette troisième partie, après le cadre de prévention des valeurs éthiques par le droit public camerounais ainsi que l'examen des sanctions administratives et juridictionnelles infligées tant aux individus qu'à l'Administration, en cas d'atteinte à la moralité ? Des propositions ont été faites, tendant à l'éveil de la conscience juridique, mais aussi au renforcement du dispositif juridique de lutte contre les dérives éthiques. Il s'agit de deux données essentielles, intimement liées, puisque la conscience juridique, qui intègre la conscience individuelle et collective devrait précéder la mise en place des règles de droit. Au centre de ce processus, se trouve le pouvoir politique qui se doit d'opérer des choix pour la préservation des valeurs éthiques par le respect de la règle de droit.

CONCLUSION GÉNÉRALE

Concilier la conscience individuelle et collective avec l'autorité de l'État

Les Camerounais ont réclamé, pendant longtemps, le retour de l'enseignement de la morale à l'école, estimant le rôle bénéfique que cette discipline a joué par le passé dans la formation de la jeunesse. Le *civic education* ou le *citizenship,* dispensés dans les régions anglophones du pays, ont fait leurs preuves et forgé, d'une certaine manière, à côté de l'éducation purement civique, la morale des jeunes desdites régions.

C'est désormais chose faite, et il faut louer cette initiative des pouvoirs publics d'avoir réintroduit dans les programmes d'enseignement en zone francophone en particulier, à partir des cycles primaire et secondaire, l'enseignement de l'éducation à la citoyenneté, qui intègre la morale et l'éthique.

Ces enseignements préparant les jeunes au respect des règles éthiques afin de les amener à être moralement armés pour affronter la vie, complètent l'éducation religieuse inculquée aux citoyens de demain dans les différentes chapelles et obédiences, les familles et les lieux d'initiation des sociétés traditionnelles.

A l'Université, le processus d'introduction des enseignements portant sur l'éthique du service public se poursuit. Il trouve son fondement juridique dans l'article 2 de la loi n° 005 du 16 avril 2001 portant orientation de l'Enseignement supérieur.

Ce texte dispose que *« l'État assigne à l'Enseignement supérieur une mission fondamentale de production, d'organisation et de diffusion des connaissances scientifiques, culturelles, professionnelles et éthiques pour le développement de la Nation et le progrès de l'Humanité ».*

Cette mission confiée à l'Enseignement supérieur justifie un de ses objectifs : *« le renforcement du sens éthique et de la conscience nationale ».*Dans ses correspondances adressées aux recteurs des universités d'État et *vice-chancellors*,[478] le ministre de l'Enseignement supérieur rappelait aux concernés, dans l'optique d'une contribution significative de l'Université au développement du Cameroun, l'urgence d'introduire des enseignements en éthique publique dans les programmes de formation dans toutes les filières, à compter de l'année académique 2017/2018. Cette formation est indispensable, les fonctionnaires camerounais n'étant pas suffisamment imprégnés du sens de l'État et du service public. Le rôle de l'éthique dans la formation de la jeunesse camerounaise n'est donc plus à démontrer.

Si le respect des valeurs éthiques par les fonctionnaires dans les deux premières décennies de l'administration post-indépendance est plus avéré et n'est pas sans lien avec le respect de la chose publique - ce qu'aucun observateur de bonne foi ne saurait démentir - il était aussi le fait d'une administration autoritaire, dont le chef suprême, le président de la République, leader du parti unique, était autant vénéré que redouté. L'esprit de plusieurs fonctionnaires, quant à lui, est resté inchangé. Débarrassés de la peur à la faveur de l'ouverture démocratique et prenant prétexte des revenus salariaux bas, ils donnent l'impression que l'indiscipline est leur mode de conduite préféré. Sinon, comment comprendre qu'il y ait autant d'actes moralement répréhensibles au quotidien dans tous les secteurs de la vie publique, malgré tous les rappels à l'ordre des pouvoirs publics ainsi que les mesures mises en place pour combattre la corruption et les multiples fraudes ?

Plusieurs idées émises ici rencontrent certaines propositions déjà faites par des experts et les programmes spécialisés, le Programme national de gouvernance (PNG), en particulier, en vue de la promotion de la « bonne gouvernance ».Jean-Bernard AUBY relève que la Banque mondiale, *« considère qu'un certain type d'organisation et de fonctionnement des appareils publics, mêlant des principes démocratiques et managériaux, est une condition essentielle du développement économique »*.[479] Pour l'auteur, la bonne gouvernance exige, selon les instances internationales agissant dans le cadre de la globalisation, la lutte contre la corruption des agents publics (*ibid.*).

[478]Voir par exemple, correspondance du 03 mai 2017 adressée au recteur de l'Université de Douala.

[479]AUBY (Jean-Bernard), « La bataille de San Romano. Réflexions sur les évolutions récentes du droit administratif », préc. p. 914.

Aussi, poursuit-il, elle « pousse dans le sens de la décentralisation, moyen de contourner les gouvernements inefficaces ou corrompus » (*ibid.*). Cette remarque est profonde, en ce que, dans le contexte camerounais, on a le sentiment que les lenteurs décriées dans la mise en œuvre de la décentralisation, annoncée dans la Constitution du 18 janvier 1996, profitent à certains qui souhaitent que perdure le jacobinisme.

Les lenteurs de l'Administration dans la mise en œuvre de certaines des recommandations du Programme national de gouvernance, entre autres, celles portant sur la décentralisation ne sont donc pas sans lien avec l'inefficacité et la corruption soulignées par Jean-Bernard AUBY (*ibid*).

S'il est établi que les recommandations n'ont aucune valeur obligatoire et n'engagent pas les décideurs, mettre en place des structures de réflexion et de proposition comme le PNG, en le dotant de moyens de fonctionnement conséquents et ne pas prendre en compte ou exécuter certaines de ses recommandations, amène à s'interroger sur le rôle et la place de pareille structure. Si bon nombre des propositions du PNG sont pertinentes, ne pas les mettre en œuvre depuis plus de deux décennies, ne peut manquer de susciter des interrogations[480] … Il est donc question de porter un regard attentif sur les recommandations suggérées, afin de donner force au droit, ainsi que le souligne Danièle LOSCHAK, *« le système juridique ne se borne pas à refléter les croyances et les valeurs de la société ou de l'institution qu'il régit ; il concourt aussi à la façonner, à les reproduire, à les imposer ».*[481]

---

[480]Ce n'est pas avec le Programme national de gouvernance (PNG) que des propositions de réforme de l'Administration ont été faites. L'élaboration des plans de carrière des fonctionnaires, par exemple, est une prescription des bailleurs de fonds dans le cadre des politiques d'ajustement structurel (PAS). Cette prescription qui avait mobilisé des ressources dans l'identification des postes de travail et la définition des profils adéquats est restée lettre-morte. L'auteur de ce livre a fait partie de ces missions sur le terrain entre 1989 et 1991, en sa qualité de chef de brigade aux Services du contrôle supérieur de l'Etat et de la réforme administrative. C'est cette prescription des PAS que le PNG reprend pour son compte, sous forme de recommandations dans le cadre du « Plan gouvernemental de lutte contre la corruption ». Lire OYONO (Dieudonné), (dir.), *Cameroun : les chemins de la gouvernance*, Yaoundé, 2004, pp. 46 et suiv.

[481]LOSCHAK (Danièle), « La science administrative et le droit », Mélanges Georges LANGROD, Paris, Éd. d'Organisation, Paris, 1980, pp. 63-64.

La présente contribution atteste que le droit public camerounais repose sur un socle éthique suffisamment dense, toute chose prouvant, s'il en était encore besoin, que le droit entretient des relations étanches avec l'éthique. On peut même dire qu'il est vidé de sa substance sans considération des valeurs éthiques. Dieudonné MUANZANGALA-MUNZIEWU rappelle, à ce propos, que *« depuis Portalis, et même bien avant, il est de notoriété que les "lois ne peuvent rien sans les mœurs"».*[482]Mais cette affirmation fondée n'est pas suffisante pour que le droit soit respecté, puisque la conscience individuelle est interpellée lorsque l'on est tenté de violer la règle de droit. À ce niveau, on doit se souvenir que le pouvoir politique est l'auteur de la norme juridique ; ce qui signifie que, sans volonté politique, le droit sous-tendu par les valeurs éthiques n'est rien, ou presque…

---

[482]MUNZANGALA-MUNZIEWU (Dieudonné), « De la justice et des droits de l'homme en démocratie », *Palabres actuelles*, n° 4-2010, « La Justice », pp. 157-158.

INDICATIONS BIBLIOGRAPHIQUES

I. Ouvrages généraux, manuels, traités

BRAIBANT (Guy) et STIRN (Bernard), Le droit administratif français, 7e édition revue et corrigée, Paris, Presses de Science po et Dalloz, 2005, 653 p.

CHAPUS (René), Droit administratif général, tome 1, 15e édition, Paris, Montchrestien, 2001, 1427 p.

CHAPUS (René), Droit administratif général, tome 2, 15e édition, Paris, Montchrestien, 2001, 797 p.

PLANTEY (Alain), La Fonction publique. Traité général, Paris, Litec, 1991, 705 p.

RIVERO (Jean), WALINE (Jean), Droit administratif, 15e édition, Paris, Dalloz, 1994, 482 p.

STEFANI (Gaston), LEVASSEUR (Georges), BOULOC (Bernard), Droit pénal général, 13e édition, Paris, Dalloz, 1987, 799 p.

TERRÉ (François), Introduction générale au droit, 6e édition, Paris, Dalloz, 2003, 609 p.

II. Ouvrages spéciaux, thèses et mémoires

ABOUEM à TCHOYI (David), M'BAFOU (Stéphane Claude), (dir.), 50 ans de réforme de l'Etat au Cameroun, Paris, L'Harmattan, 2013, 526 p.

AMAMA (Benjamin), (dir.), 20 propos sur l'administration publique camerounaise, Yaoundé, Éditions du MINFOPRA juin 2003, 375 p.

ANOUKAHA (François), Le Code pénal du 12 juillet 2016 et la lutte contre la corruption au Cameroun, Yaoundé, Presses des imprimeries Les Grandes Editions, 1997, 96 p.

ANQUETIL (Alain), L'éthique des affaires, Marché, règle et responsabilité, Paris, Librairie Philosophique J. VRIN, 2011, 384 p.

AYOUB (Eliane), La Fonction publique en vingt principes, Paris, Éditions Frison-Roche 1994, 290 p.

BILONG (Salomon), Mémento de la jurisprudence administrative du Cameroun, Presse universitaire de Dschang, 1e édition, septembre 2014, 576p.

BIYA (Paul), Pour le libéralisme communautaire, Paris, Éditions Favre SA, 1987, 158 p.

BIYA (Paul), Pour le libéralisme communautaire, Paris, Editions Favre S.A., nouvelle édition revue et actualisée, 2018, 165 p.

BRETON (Jean-Marie), Droit de la Fonction publique des Etats francophones d'Afrique, Paris, EDICEF, 264 p.

CARBONNIER (Jean), Flexible droit. Pour une sociologie du droit sans rigueur, 6e édition, Paris, L.G.D.J., 1988, 382 p.

CHANTEBOUT (Bernard), Le Tiers Monde, Paris, Armand Colin, 1986, 184p.

CISSOKO (Diango), La Fonction publique en Afrique Noire : le cas du Mali, Publication Universitaire de Rouen, n°116, 1986, 298 p.

COMPTE-SPONVILLE (André), Petit traité des grandes vertus, Paris, PUF, 1995, 385 p.

CORNU (Gérard), Vocabulaire juridique (dir.), 11ème Édition mise à jour, Paris, PUF, 2016, 1101 p.

DJAME (François Narcisse), Usages et coutume en droit administratif camerounais, Paris, Dianoïa, 2009 (Diffusion PUF), 355 p.

GAZIER (François), La fonction publique dans le monde, Éditions Cujas, 1972, 246 p.

GOLTZBERG (Stefan), L'argumentation juridique, 3e édition, Paris, Dalloz 2017, 136 p.

GUILLIEN (Raymond), VINCENT (Jean), Lexique des termes juridiques, 18e édition, Paris, Dalloz, 2011, 357 p.

KAMTO (Maurice), DOUMBE BILLE (Stéphane), METOU (Brusil Miranda), (dir.) Regards sur le Droit public en Afrique, Mélanges en l'honneur du doyen Joseph-Marie BIPOUN WOUM, Paris, L'Harmattan 2016, 466 p.

KANT (Emmanuel), Leçons d'éthique, Paris, Librairie Générale Française, 1997, 413 p.

KARAMOKO KANÉ, La corruption des fonctionnaires africains. Comment sortir d'un système de capitulation générale ?, Yaoundé, Édition CLE, 2009, 218 p.

KEUTCHA TCHAPNGA (Célestin), Le régime des associations en droit public camerounais, Paris, L'Harmattan, 2013, 196 p.

LACHAUME (Jean-François), BOITEAU (Claudie), PAULIAT (Hélène), Grands services publics, 2e édition, Paris, Armand Colin, 2000, 454 p.

LEKENE DONFACK, Finances publiques camerounaises, Paris, Berger-Levrault, 1987, 490 p.

MARCEAU (Long), WEIL (Prosper), BRAIBANG (Guy), GENEVOIS (Bruno), Les grands arrêts de la jurisprudence administrative, 12e édition, Paris, Dalloz, 1999, 894 p.

MBOUYOM (François-Xavier), Recueil des grands arrêts de la jurisprudence administrative de la Cour suprême de Cameroun (12970-1975), tome 2, Éditions KENKOSON, 1975, 368 p.

MENDRAS (Henri), Eléments de sociologie, Paris, Armand Colin, 1967, 252p.

MOUELLE KOMBI (Narcisse), La démocratie dans la réalité camerounaise, Paris, Dianoïa, 2013, 361 p.

NKELZOK KOMTSINDI (Valère), La corruption. Une lecture systémique, Paris, Dianoïa, 2004, 110 p.

NZANGUE KEAMBOU (Jephthe), L'autorité du titre foncier en droit camerounais, Mémoire de Master 2 en droit public, Université de Douala, année académique 2014/2015, 116 p.

OLINGA (Alain-Didier), Propos sur l'inertie, Yaoundé, Éditions CLE, Yaoundé, 2009, 84 p.

OLINGA (Alain-Didier), La Constitution de la République du Cameroun, Yaoundé, Presses de l'UCAC, 2e éd. revue et corrigée, 2013, 272 p.

ONANA (Hugues François), Pratique de la gouvernance au Cameroun. Entre désétatisation et démocratisation, Paris, L'Harmattan, 2011, 242 p.

OUEDRAOGO (Séni Mahamadou), La lutte contre la fraude à la Constitution en Afrique noire francophone, thèse de doctorat en droit public, Université Montesquieu-Bordeaux IV, 16 mai 2011, 449 p.

OWONA (Joseph), Droit administratif spécial de la République du Cameroun, Paris, EDICEF, 1985, 256 p.

OYONO (Dieudonné), (dir.), Cameroun : Les chantiers de la gouvernance (sous la direction de), publication du Programme national de gouvernance, Imprimerie Saint Paul, Yaoundé, 2004, 144 p.

PERELMAN (Chaïm), Ethique et droit, 2e édition, Université Libre de Bruxelles, 2012, 824 p.

RIPERT (Georges), Les forces créatrices du droit, Paris, LGDJ, 1955, 431 p.

RUPPEL (Oliver), KAM YOGO (Emmanuel D.), (dir.), Droit et politique de l'environnement au Cameroun, Yaoundé, Presses de l'UCAC, juin 2018, 714p.

SIETCHIOUA DJUITCHOKO (Célestin), La Chambre des comptes de la Cour Suprême du Cameroun, Yaoundé, Les Éditions Le Kilimandjaro, 1e édition, 2016, 478 p.

SINDJOUN-POKAM, La philosophie politique trahie : Le Monofascisme, L'AIGLE, Ateliers Silex, 1987, 88 p.

TEKAM (Georges), Fonction publique camerounaise. Statut général et textes d'application, Yaoundé, février 2006, 312 p.

TERRÉ (François), Introduction générale au droit, 6e édition, Paris, Dalloz, 2003. 580 p.

TITI NWEL (Pierre), De la corruption au Cameroun, (sous la coordination de), ouvrage de la fondation Friedrich Ebert Stiftung, Yaoundé, Presses de l'imprimerie SAAGRAPH, 1999, 268 p.

WANDJI K. (Jérôme Francis), La justice constitutionnelle au Cameroun, Paris, Éditions MANAIBUC, 2015, 253 p.

III. Articles, observations et notes de jurisprudence

AUBY (Jean-Bernard), « La bataille de San Romano. Réflexions sur les évolutions récentes du droit administratif », AJDA, n° 11, 20 novembre 2001, pp. 912-926.

BEGNI BAGAGNA, « Recherches sur la notion de faute de gestion en droit public financier camerounais », Juridis Périodique n° 107, 2016, pp. 120-132.

BERNIER (Pierre), « La modernisation des pratiques de gestion de l'éthique dans l'administration publique », Télescope, vol. 9 n° 1, novembre 2002, pp. 14-20.

BIAMO (Jean), « L'obtention du permis de construire au Cameroun : histoire d'une épreuve », Juridis Périodique, n° 113, 2018, pp. 138-144.

BIKIM (Madeleine Rosette), DOMENI NJEMBA (Maéva Yvanna) et autres, « Elargir les finalités de l'entreprise avec l'éthique de l'avenir », *in* Epiphane KINHOUN & Oliver C. RUPPEL (dir.), La question de la responsabilité sociale et environnementale de l'entreprise – Perspective africaine, cas du Cameroun, Yaoundé, Presses de l'UCAC, mai 2018, pp. 83-88.

BILONG (Salomon), « Clair-obscur sur la répartition des compétences entre le juge administratif et le juge judiciaire au Cameroun : à propos des actes administratifs des personnes privées », Revue du CAFRAD, n° 82, 2017, pp. 107-119.

BIPELE KEMFOUEDIO (Jacques), note sous CA/CS, jugement n° 96 du 13 avril 2011, Yennyemb Ngena c/Etat du Cameroun (MINFOPRA), Juridis Périodique, n° 115, juillet-août-septembre 2018, pp. 78-83.

BIPOUN-WOUM (Joseph-Marie), « La représentation de l'Etat en justice au Cameroun », RCD, n° 28, 1984, pp. 17-57.

BISSON (Claude), « Pourquoi légiférer l'éthique ? Pour apaiser le public ou pour soutenir l'exercice d'une charge publique ? » Éthique publique, Revue internationale d'éthique sociétale et gouvernementale, [En ligne], vol. 13, n° 1/2011, mis en ligne le 20 décembre 2011, consulté le 19 avril 2018. URL : http://journals.opcncdition.org/cthiqucpubliquc/345;DOI:10.4000/cthiqucpu blique.345.

BOIS (Yves), « Éthique et politique : un nouvel enjeu pour la gouvernance contemporaine », Téléscope, vol. 9, n° 1, novembre 2002, pp. 2-6.

DJAME (François Narcisse), « Eléments d'introduction au droit forestier camerounais », Oliver RUPPEL & Emmanuel D. KAM YOGO (dir.), Droit et politique de l'environnement au Cameroun, Yaoundé, Presses de l'UCAC, 2018, pp. 337-335.

DJAME (François Narcisse), « La protection de la faune en droit camerounais», Droit et politique de l'environnement au Cameroun, pp. 357-368.

DJAME (François Narcisse), « La suspension de fonctions. Nouveau regard sur une figure complexe du droit administratif camerounais », Juridis Périodique, n° 80, 2009, pp. 91-106.

DUCAROUGE (Françoise), « Le juge administratif et les modes alternatifs de règlement des conflits : transaction, médiation, conciliation et arbitrage en droit public français », RFDA, n° 12, janvier-février 1996, pp. 87-95.

EVEHE (Jeannine), « Les grands axes de la réforme de la Fonction publique camerounaise », Benjamin AMAMA, (dir.), 20 propos sur l'administration publique camerounaise, Yaoundé, juin 2003, pp. 195-209.

FLAUSS (Jean François), « L'interdiction de spectacles dégradant et la convention européenne des droits de l'homme, note sous T.A. de Versailles, 25 février 1992, Sté Fun productions, M. Wackenheim c/Commune de Morsang-sur-Orge, RFDA, n° 08, nov.-déc., 1992, pp. 1026-1031.

GIRARD (Diane), « Ethique et service public : où en sommes-nous ? », Éthique publique, Revue internationale d'éthique sociétale et gouvernementale, [En ligne], vol. 4, n° 1/2002, mis en ligne le 15 mai 2016, consulté le 19 avril 2018. URL : http://journals.openedition.org/ethiquepublique/2500;DOI:104000/ethiquepublique.2500.

GUIMDO (Bernard), « La corruption dans le droit de la Fonction publique : le cas du Cameroun », Juridis Périodique, n° 75, pp. 59-65.

KAMTO (Maurice), « Le contentieux électoral au Cameroun », Lex Lata, n° 020, 1995, pp. 3-13.

KEUDJEU DE KEUDJEU (John Richard), « Réflexions sur une ambiguïté institutionnelle locale camerounaise : la communauté urbaine », Juridis Périodique, n° 98, avril-mai-juin 2014, pp. 64-79.

LAVEISSIÈRE (Jean), « En marge de la transparence administrative : le statut juridique du secret », Mélanges en l'honneur de Jean-Marie AUBY, Paris, Dalloz 1992, pp. 181-205.

LEKENE DONFACK, « Une réforme fondamentale sous influence : le nouveau Statut général de la Fonction publique du Cameroun », Revue Juridique Africaine, n°s 1, 2, 3, 1995, pp. 51-85.

MACRA (Tadin), « Les pratiques déviantes des marchés publics au Tchad », Cahiers Africains d'Administration Publique, n° 82, 2017, pp. 91-105.

MELLERAY (Fabrice), « Le retrait d'un acte administratif obtenu par fraude. Le cas d'un plagiat », note sous C.E., 23 février 2009, Mme B.-R., req. N° 310277, RFDA, n° 2, 2009, pp. 226-228.

MITARD (Eric), « L'impartialité administrative », AJDA, n° 6, 1999, pp. 478-495.

MOMO (Claude), « De la justice électorale au Cameroun », Revue camerounaise de Droit et de Science politique (Janus), n° 1, 2005, pp. 157-200.

MUZANGALA-MUNZIEWU (Dieudonné), « De la justice et des droits de l'homme en démocratie », Palabres actuelles, n° 4-2010, « La Justice », pp. 145-161.

NDONG SOUMHET (Benoît), « Pour une nouvelle compréhension de la notion de responsabilité appliquée à la gestion des affaires publiques », in Benjamin AMAMA (dir.), 20 propos sur l'administration publique camerounaise, Yaoundé, juin 2003, pp. 49-63.

NGUELE ABADA (Marcelin), « La réception des règles du procès équitable dans le contentieux du droit public », Juridis Périodique, n° 63, 2005, pp. 19-32.

NLEP (Roger-Gabriel), note sous jugement CS/CA, 28 janvier 1982, Dame Binam née Ngo Njom Fidèle, RCD, n° 25, 1982, pp. 102-107.

NOAH (Henri-Marcel), « Corruption et régulation des biens publics », Juridis Périodique, n° 56, 2003. Pp. 100-115.

OLINGA (Alain-Didier), « L'exigence de la prise en compte des composantes sociologiques de la circonscription en droit électoral camerounais », Juridis Périodique, n° 28, 1996, pp. 66-72.

OLINGA (Alain-Didier), « L'article 67 de la Constitution », Lex Lata, n° 033, 1997, pp. 3-9.

OLINGA (Alain-Didier), « Contentieux électoral et État de droit au Cameroun», Juridis périodique, n° 41, 2000, pp. 35-51.

OMBALLA (Magelan), « Les politiques publiques de lutte contre la corruption au Cameroun », in David ABOUEM à TCHOYI, Stéphane Claude MBAFOU, (dir.), 50 ans de réforme de l'Etat au Cameroun, Paris, L'Harmattan, pp. 309-347.

ONDOUA (Alain), « Le juge du sursis à exécution à l'épreuve du contentieux des actes préliminaires aux élections. A propos de l'ordonnance n° 08/OSE/CCA/CS/2013 du 19 août 2013, "Mouvement pour la renaissance du Cameroun (MRC) c/État du Cameroun" », RJP, n° 74, avril-juin 2014, pp. 253-265.

OUMBE FONE (Christophe), « Du bon usage des comités et des commissions dans l'administration camerounaise : regard sur le dévoiement d'une modalité de modernisation de la gestion administrative de l'Etat au Cameroun », ABOUEM à TCHOYI (David), MBAFOU (Stephan Claude), (dir.), 50 ans de réforme de l'Etat au Cameroun, Paris, L'Harmattan, 2013, pp. 401-436.

PEKASSA NDAM (Gérard), « La cessation anticipée de fonctions des organes municipaux au Cameroun », *in* KAMTO (Maurice), DOUMBE

BILLE (Stéphane), METOU (Brusil Miranda), (dir.), Regards sur le Droit public en Afrique, Mélanges en l'honneur du doyen Joseph-Marie BIPOUN WOUM, Paris, L'Harmattan 2016, pp. 233-265.

PLAMONDON (Jacques A.), « Fonder l'éthique de l'administration publique», Téléscope, vol. 9, n° 1, novembre 2002, pp. 7-9.

RICOEUR (Paul), « Morale, éthique et politique », Revue Pouvoirs, n° 65, 1993, pp. 5-17.

RIVERO (Jean), « Sur l'obligation de réserve », AJDA, 1977, pp. 580-583.

ROUBAN (Luc), « L'univers axiologique des fonctionnaires », RFAP, n° 132, 2010, pp. 771-788.

SIETCHOUA DJUITCHOKO (Célestin), « Contrôle de la motivation des actes unilatéraux au Cameroun », Revue Juridique et Politique, n°2, 2014, pp. 205-223.

TANG ESSOMBA (Augustin Claude), « La fonction de Secrétaire général et la bonne gouvernance des services publics au Cameroun », in AMAMA (Benjamin), (dir.),20 propos sur l'administration publique camerounaise, Éditions du MINFOPRA, Yaoundé, 2003, pp. 65- 81.

TEKAM (Georges Jean), « La gouvernance : une exigence majeure dans la gestion des affaires publiques », in AMAMA (Benjamin), (dir.), 20 propos sur l'administration publique camerounaise, Éditions du MINFOPRA, 2003, pp. 107-124.

TÜRK (Pauline), « La souveraineté des Etats à l'épreuve d'internet », RDP, n° 6, nov.- déc. 2013, pp. 1489-1521.

YATIM (Fatima), « L'éthique de la gestion : éléments de réflexion pour une distinction entre les organisations publiques et les organisations privées », Éthique publique, Revue internationale d'éthique sociétale et gouvernementale, [en ligne], vol. 17, n° 2, 2015

TABLE DES MATIÈRES

Structures éditoriales du groupe L'Harmattan

L'Harmattan Italie
Via degli Artisti, 15
10124 Torino
harmattan.italia@gmail.com

L'Harmattan Hongrie
Kossuth l. u. 14-16.
1053 Budapest
harmattan@harmattan.hu

L'Harmattan Sénégal
10 VDN en face Mermoz
BP 45034 Dakar-Fann
senharmattan@gmail.com

L'Harmattan Cameroun
TSINGA/FECAFOOT
BP 11486 Yaoundé
inkoukam@gmail.com

L'Harmattan Burkina Faso
Achille Somé – tengnule@hotmail.fr

L'Harmattan Guinée
Almamya, rue KA 028 OKB Agency
BP 3470 Conakry
harmattanguinee@yahoo.fr

L'Harmattan RDC
185, avenue Nyangwe
Commune de Lingwala – Kinshasa
matangilamusadila@yahoo.fr

L'Harmattan Congo
67, boulevard Denis-Sassou-N'Guesso
BP 2874 Brazzaville
harmattan.congo@yahoo.fr

L'Harmattan Mali
Sirakoro-Meguetana V31
Bamako
syllaka@yahoo.fr

L'Harmattan Togo
Djidjole – Lomé
Maison Amela
face EPP BATOME
ddamela@aol.com

L'Harmattan Côte d'Ivoire
Résidence Karl – Cité des Arts
Abidjan-Cocody
03 BP 1588 Abidjan
espace_harmattan.ci@hotmail.fr

L'Harmattan Algérie
22, rue Moulay-Mohamed
31000 Oran
info2@harmattan-algerie.com

L'Harmattan Maroc
5, rue Ferrane-Kouicha, Talaâ-Elkbira
Chrableyine, Fès-Médine
30000 Fès
harmattan.maroc@gmail.com

Nos librairies en France

Librairie internationale
16, rue des Écoles – 75005 Paris
librairie.internationale@harmattan.fr
01 40 46 79 11
www.librairieharmattan.com

Lib. sciences humaines & histoire
21, rue des Écoles – 75005 Paris
librairie.sh@harmattan.fr
01 46 34 13 71
www.librairieharmattansh.com

Librairie l'Espace Harmattan
21 bis, rue des Écoles – 75005 Paris
librairie.espace@harmattan.fr
01 43 29 49 42

Lib. Méditerranée & Moyen-Orient
7, rue des Carmes – 75005 Paris
librairie.mediterranee@harmattan.fr
01 43 29 71 15

Librairie Le Lucernaire
53, rue Notre-Dame-des-Champs – 75006 Paris
librairie@lucernaire.fr
01 42 22 67 13

www.ingramcontent.com/pod-product-compliance
Lightning Source LLC
LaVergne TN
LVHW011436061026
849535LV00004BA/825